Jose und Lena Stevens

Zur Quelle der Kraft

Jose Stevens ist Psychotherapeut, Schriftsteller und Erzieher. Er lehrte am Institut für Bewußtseinsstudien der John F. Kennedy University und besitzt akademische Titel von der *University of California* in Berkeley und dem *California Institute for Integral Studies*. Seine Workshops und Kurse befassen sich mit dem Schamanismus, transpersonaler Psychologie und der Entwicklung der Intuition. Er ist der Verfasser von *Tao to Earth: Michael's Guide to Relationships and Growth*, Mitverfasser von *The Michael Handbook* und hat zahlreiche Artikel zum Thema Bewußtseinsstudien geschrieben.

Lena Sedletzky Stevens leitet Kurse und Workshops über Schamanismus, die Entwicklung der Intuition und Intuitionstraining für Geschäftsleute.

Jose und Lena Stevens

Zur Quelle der Kraft

Schamanische Techniken für das Leben von Heute

Deutsch von
Ditte König und Giovanni Bandini

Bauer

Verlag Hermann Bauer
Freiburg im Breisgau

Die Deutsche Bibliothek - CIP-Einheitsaufnahme

Stevens, Jose:
Zur Quelle der Kraft - schamanische Techniken
für das Leben von heute / Jose und Lena Stevens.
Dt. von Ditte König und Giovanni Bandini. -
2. Aufl., Freiburg im Breisgau : Bauer, 1994
Einheitssacht.: Secrets of shamanism ⟨dt.⟩
ISBN 3-7626-0475-4
NE: Stevens, Lena:

Die amerikanische Originalausgabe erschien 1988 bei
Avon Books, New York, unter dem Titel
Secrets of Shamanism

2. Auflage 1994 - 5.–8. Tsd.
ISBN 3-7626-0475-4

Umschlag: WerbeGrafik Nies-Lamott, Freiburg
Satz: CSF ComputerSatz GmbH, Freiburg
Druck und Bindung: Wiener Verlag GmbH, Himberg
Printed in Austria

Für unsere wunderbaren Kinder
Anna und Carlos

Folgenden Personen möchten wir von ganzem Herzen danken:

unseren Angehörigen und Freunden,
deren unschätzbare Hilfe und ermutigende Worte
dieses Buch überhaupt erst ermöglichten –

unseren Mit-Wanderern auf dem schamanischen Weg
für ihre Erfahrungen und Einsichten
in den modernen Schamanismus –

unseren Krafttieren und Beschützern,
deren Ratschläge und Informationen diesem Buch
eine Richtung und ein Ziel gegeben haben –

Inetz Walker für ihre Verbesserungsvorschläge
und ihre vielfältige praktische Hilfe
bei der Fertigstellung des Manuskripts –

Philip Lief, der dafür gesorgt hat,
daß dieses Buch einen Verlag fand –

Louise Quayle und Kevin Osborn
von The Philip Lief Group, Inc.,
für die ausgezeichnete redaktionelle Betreuung.

Inhalt

Vorwort

Dies ist ein Buch über Erfolg – den Erfolg des Schamanen über die Jahrhunderte hinweg und den Erfolg, den auch Sie haben können, wenn Sie den schamanischen Weg gehen.

Wir haben dieses Buch geschrieben, weil wir glaubten, daß die alte Kunst des Schamanismus einer Anpassung an die Gegebenheiten des einundzwanzigsten Jahrhunderts bedurfte. Die Aufgabe, die wir uns damit gestellt haben, war nicht leicht, da wir nicht beabsichtigten, irgendeine seiner zentralen Lehren oder Anschauungen zu verändern, sondern diese schlicht den Menschen von heute besser verständlich und zugänglich zu machen. Andererseits wollten wir dabei auch keinen puristischen Standpunkt einnehmen, sondern eher pragmatisch vorgehen, indem wir schamanische Grundideen mit uralten Einsichten in das Wesen und die Funktionsweise des Bewußtseins verwoben.

Was nun folgt, ist eine kurze Geschichte, die erzählt, wie wir dazu gekommen sind, dieses Buch zu schreiben.

Jose

Wie kam ich, ein Amerikaner baskisch-mexikanisch-irischer Abstammung, mit der Welt des Schamanismus in Berührung? Die Antwort auf diese Frage brachte zahlreiche halb vergessene Erinnerungen an die Oberfläche meines Bewußtseins. Ich entdeckte, daß vielerlei Fäden das bunte Muster meines gegenwärtigen Interesses an dem schamanischen Weg gewoben haben. Ich wuchs in East Hollywood (Kalifornien) auf und verbrachte viel Zeit mit meiner mexikanischen Großmutter, die mir unzählige Geschichten über ihre Kindheit im nördlichen Zentralmexiko und über die *brujos* der dort ansässigen Yaqui-Indianer erzählte. Sie hatte große Ehrfurcht vor ihnen, und wenn sie mir seltsame Geschichten über ihre Methoden und Praktiken erzählte, dann bekreuzigte sie sich als die strenggläubige Katholikin, die sie war, dabei immer wieder. Sie selbst praktizierte einige ihrer Bräuche, und für mein beeinflußbares junges Gemüt wurden die Magie und Kraft der schamanischen Weltsicht zu einem Lebensweg.

Ich lernte in meiner Kindheit, daß meine Handflächen »Augen«

hatten, daß ich mit ihnen Energie »lesen« und daß ich sie dazu einsetzen konnte, Gefahren abzuwehren und mich von unerwünschten negativen Einflüssen freizumachen.

Später wurde ich durch Strongheart, einen Freund meines Vaters, der in der Filmbranche arbeitete, mit der Weltanschauung der nordamerikanischen Indianer bekannt gemacht. Strongheart, der nebenberuflich als Schauspieler und Filmberater tätig war, schaute ab und an in unserem Geschäft für Bühnenbeleuchtungsbedarf vorbei, wo ich ein bißchen aushalf. Ich war jedesmal beeindruckt von seinem langen Haar, seiner Hakennase und seinem liebenswerten Auftreten. Er unterrichtete mich nie im strengen Sinne des Wortes, er erzählte einfach in seiner natürlichen indianischen Art, wie er die Welt sah.

Dies waren vielleicht einige der Einflüsse, die bewirkten, daß ich seit meiner frühesten Kindheit Psychologe und psychologischer Berater werden wollte. Möglicherweise waren sie auch der Grund dafür, daß ich auf der Suche nach anderen Perspektiven und Betrachtungsweisen der Wirklichkeit allein durch Indien, Nepal und Thailand reiste. Diese Reise brachte mich mit eindrucksvollen Lehrern in Kontakt, die meine schon recht »exzentrische« Sicht des Lebens nur noch bestärkten. Auch festigte sie meine Beziehung zu Lena, meiner jetzigen Frau, die geduldig auf mich wartete, während sie gleichzeitig selbst den schamanischen Weg beschritt.

Später nahm ich an einer Reihe von Kursen zur Ausbildung übersinnlicher Fähigkeiten teil und wurde dabei in wirkungsvolle Techniken initiiert, deren Ursprung ich als schamanisch erkannte. Diese dreijährige Periode streng methodischen Lernens führte dazu, daß ich »Krafttiere, Imaginationsarbeit und Selbstverwirklichung« zum Thema meiner Doktorarbeit wählte. Im Rahmen meiner diesbezüglichen Forschungen fand ich heraus, daß Menschen, die ganz bewußt Tiere in ihre Träume oder Phantasien mit einbeziehen, tatsächlich einen höheren Grad an Selbstverwirklichung erreicht haben und gesünder sind als solche, die dies nicht tun. Die Statistiken zeigten, daß solche Menschen dazu neigen, mehr in der Gegenwart zu leben, »selbst-motivierter« und positiver in ihrer Haltung dem Leben gegenüber zu sein. Dieses Ergebnis bestätigte, was ich bereits gewußt hatte: Der schamanische Weg führt den Menschen zu größerem Erfolg und größerer Effektivität in der Welt.

Während der Untersuchungen für meine Doktorarbeit am California Institute of Integral Studies hatte ich die einmalige Gelegenheit, Lehrer kennenzulernen, die nicht nur viel über Schamanismus wußten, sondern ihn auch als Teil ihres Lebens praktizierten. Angie

Arren, Expertin für den baskischen Schamanismus, und Ralph Metzner, ein Meister der transformativen Metapher, unterstützten mich bei meinen Studien, indem sie westliche Psychologie und Schamanismus zueinander in Beziehung setzten. Auch hatte ich das Glück, den Anthropologen und ausgezeichneten Schamanismus-Kenner Michael Harner kennenzulernen und mit diesem hervorragenden Lehrer und Betreuer zusammenzuarbeiten.

Während dieser Zeit begegnete ich noch vielen anderen Menschen, die sich mit dem Schamanismus beschäftigten und ihn mit unglaublichen Resultaten in ihr alltägliches Leben integrierten. Einige von uns bildeten eine Gruppe, die sich jahrelang wöchentlich traf, um Schamanismus zu praktizieren – das heißt konkret alles Erlernte in die Praxis umzusetzen und die gewonnenen Erkenntnisse mit den anderen zu teilen. Daraus entstand der »Empowering Circle«, der »Kraftspendende Kreis«, eine Gruppe von Leuten, die ihr Wissen dazu einsetzten, anderen Menschen schamanische Techniken zu vermitteln.

Seit langer Zeit wußte ich bereits, daß ich mich um so besser fühlte und effektiver in allen Bereichen meines Lebens wurde – als Vater, Psychotherapeut, »Channel«, Lehrer und Geschäftsmann – je mehr ich schamanische Techniken praktizierte. Als ich begann, den Schamanismus auch in meine therapeutische Arbeit und meine Seminare einzubeziehen, entdeckte ich, daß die Menschen nicht nur offen dafür waren, sondern daß sie förmlich nach diesen jahrhundertealten Methoden für ein effektives Leben hungerten. Sie wurden klarsichtiger, verantwortungsbewußter, sie lernten, ihre Ziele in kürzerer Zeit zu erreichen, und sie hatten mehr Freude daran. Auch verbesserte sich nach und nach ihr allgemeiner Gesundheitszustand, und sie litten unter weniger körperlichen Beschwerden.

Durch meine Kinder entdeckte ich auch, daß der Schamanismus ein natürlicher Lebensweg ist, eine Sichtweise der Welt, die uns von Schule und kulturellem Milieu regelrecht aberzogen wird. Was ich erfuhr, war, daß meine Kinder die Welt von sich aus mit schamanischen Augen betrachten und daß sie dann ganz besonders erfolgreich sind, wenn sie sich auf ihre eigenen inneren Fähigkeiten besinnen, um Probleme zu lösen.

Während ich schreibe, lehre, channele und mit anderen Menschen arbeite, erkenne ich immer wieder, daß meine bedeutendsten Lehrer jene Beschützer und Verbündeten sind, die ich in mir selbst entdecke. Diese sind meine Tutoren, meine ständigen Führer, die mich insbesondere dann, wenn ich verwirrt bin oder Hilfe benötige, mit wertvollen Informationen und Einsichten beschenken. Sie sind es, von denen ich am meisten profitiert habe, als ich dieses Buch schrieb. Es ist wahrhaftig so, daß Lena und ich es zusammen mit *ihnen* geschrieben haben. Das – hoffentlich nützliche – Ergebnis unserer gemeinsamen Bemühungen geben wir nun an Sie weiter. Möge Ihr Pfad Sie zum Licht der Selbsterkenntnis führen, dem Zentrum des Universums.

Jose Stevens; Berkeley, Kalifornien; 1. Januar 1988

Lena

Meine informelle Einführung in die schamanische Weltsicht begann bereits, als ich noch sehr klein war. Als Kind russisch-polnisch-schwedisch-stämmiger Eltern erinnere ich mich an Märchen, in denen Tiere als Helfer und Führer fungierten, Menschen in ihren Nöten beistanden und ihnen zu großem Reichtum und Glück verhalfen. Seit jeher fühlte ich mich zu Tieren hingezogen. Als ich sieben Jahre alt war, zog meine Familie aus der Großstadt nach Carmel (Kalifornien), wo ich meine restliche Kindheit und Jugend verbrachte. Der Zauber und die Kraft von Big Sur, einem Gebiet, in dem ich lange Wanderungen unternahm, übten auf mich während meiner gesamten Entwicklungszeit einen außerordentlich starken Einfluß aus. Auf vielen meiner Ausflüge in dieses Land, das von den amerikanischen Ureinwohnern als heilig verehrt wurde, enthüllten sich mir Kraftorte und magische Plätze, die meine innere Verbindung zur Natur in wesentlichem Maße festigten. Im Alter von dreizehn Jahren fiel ich von einer steilen Böschung – ein Ereignis, das um ein Haar tragisch endete und mir die unsichtbare Kraft der Natur nachdrücklich vor Augen führte. »Von Rechts wegen« hätte ich mich bei dem Sturz ernsthaft verletzen, wenn nicht gar sterben müssen. Ich erinnere mich undeutlich an den Fall als an etwas, das sich außerhalb der Zeit abspielte: Ich fiel, doch berührte ich die Felsen und Bäume, von denen ich abprallte, irgendwie gar nicht. Es war, als ob ein unsichtbares Kissen mich hinuntertrug und sanft in den Fluß bettete, der sechzig Meter tiefer dahinrauschte. Ich kam mit einigen leichten Kratzern und blauen Flecken davon – und mit einem neuen Gefühl großen Respekts vor der Macht der Geisterwelt. Dies war auch der Zeitpunkt, da ich erkannte, daß ich Verbündete hatte, die mir durchs Leben halfen.

Vielleicht war es das Wissen um diesen Schutz, was mich dazu antrieb, eine zwölfmonatige Reise durch Europa zu machen, und dabei darauf zu vertrauen, daß ich die richtigen Leute treffen und immer genug Geld zum Leben haben würde. Damals war ich einundzwanzig Jahre alt. Meine Reisen führten mich schließlich auch durch die Heimat der Lappen im hohen Norden Schwedens. Dort hatte ich intensive Klarträume und Déjà-vu-Erlebnisse. Als ich Jahre später mit einem Medium arbeitete, erfuhr ich, daß ich in einem früheren Leben ein Schamane in dieser nördlichen Region gewesen war.

In den nächsten neun Jahren befaßte ich mich eingehend mit Schamanismus, medialem Bewußtsein, Channeling – sowie mit der Geschäftswelt. Da mir mein Interesse an Kunst und Musik kein Geld einbrachte, begann ich, mich zum Erstaunen meiner Freunde und Verwandten als Maklerin zu betätigen. Diese Arbeit erwies sich als hervorragende Möglichkeit, meine in den vorangegangenen Jahren erworbenen und nunmehr tiefverwurzelten schamanischen Anschauungen und intuitiven Fähigkeiten auf geschäftliche Transaktionen anzuwenden. Mein Wechsel in die Welt des Managements gestattet mir, den Handelsvertretern, Maklern und Kunden, die ich tagtäglich sehe, auf natürliche Weise all das zu vermitteln, was ich über den schamanischen Lebensweg weiß. Die schamanische Weltanschauung ist so sehr Teil meiner Persönlichkeit und unseres Familienlebens geworden, daß ich mir nicht mehr vorstellen kann, auf irgendeine andere Weise zu leben. Die Tatsache, daß ich mit Jose und unseren beiden Kindern diesen Weg gemeinsam gehe, ist für uns ein ständiger Quell der Freude. Wir sind von Herzen dafür dankbar, daß es uns nun möglich ist, durch dieses Buch unser Wissen mit Ihnen zu teilen.

Lena Sedletzky Stevens; Berkeley, Kalifornien; 3. Januar 1988

Auch wenn wir beide einige todesnahe Erfahrungen gemacht haben, hat sich keiner von uns strengen Initiationsprüfungen unterzogen, noch ist keiner von uns je formell in den schamanischen Weg initiiert worden. Wir glauben nicht, daß eine solche formelle Initiation notwendig ist, um in den Genuß der Wohltaten der schamanischen Perspektive kommen zu können. Auch sind wir nicht der Ansicht, daß wirkliches Leiden unabdingbar ist, damit ein Mensch den Wert des inneren Weges erkennt. Es stimmt zwar, daß es vielfach extremer Prüfungen und harter Schicksalsschläge bedurft hat, um Menschen dazu zu bewegen, den schamanischen Lebensweg einzuschlagen. Wir glauben indes, daß es noch eine andere Möglichkeit gibt – die Möglichkeit, auf langsame, sanfte Weise die Kräfte der inneren Welt kennenzulernen.

Zum Schamanismus kann man auf zweierlei Wegen gelangen. Auf dem ersten müssen die Novizen erschütternde und oftmals lebensbedrohende Erfahrungen durchmachen, die sie regelrecht in die schamanische Arbeit *hineintreiben*. Nach jahrelangem Üben der traditionellen Techniken und Rituale wird ihnen allmählich klar, wie und warum diese Techniken funktioniert. Sie sind dann imstande, sich selbst und vielleicht auch anderen den Schamanismus zu erklären. Nach der anderen, eher auf westliche Bedürfnisse und Verhältnisse zugeschnittenen Methode werden die Novizen nach und nach und auf sanfte Weise in den Schamanismus eingeführt, wodurch es ihnen möglich ist, jeden einzelnen Schritt, den sie auf ihrem Weg tun, auch sofort zu verstehen. Beide Lehrmethoden haben ihre Fürsprecher, und da die Menschen verschieden sind, arbeiten die einen, wie wir glauben, lieber nach der ersten und die anderen nach der zweiten Methode. Am besten ist vielleicht eine Mischung aus beiden: praktische Erfahrungen unter der Aufsicht eines Lehrers sammeln, über sich selbst nachdenken und einfach seinem Gefühl folgen. Es gibt nicht »*den* einzigen richtigen Weg«, sich mit der schamanischen Weltsicht vertraut zu machen. Welchen Pfad Sie auch immer einschlagen, es wird der richtige für Sie sein!

Erstes Kapitel

Schamanen: Ein Überblick

Es war eine einmalige Gelegenheit, ein Angebot, das sie stets für völlig unerreichbar gehalten hatte. Seit Jahren hatte Shawna den Traum jedes Anthropologen geträumt: eine Feldexkursion nach Lima, Peru, und von da in die Anden. Und nun hatte man eine Gruppe zusammengestellt und sie gefragt, ob sie mitfahren wolle. Die Hindernisse erschienen ihr allerdings unüberwindbar. Shawna saß an einem Berg von Berichten über ihren letzten Forschungsauftrag und hatte deshalb überhaupt keine Zeit. Abgesehen davon war sie vollkommen abgebrannt. Sie verbrachte Stunden in der Julihitze von Los Angeles mit dem Kalkulieren der Kosten. Sie brütete über dem Kalender und überdachte jeden Aktivposten, den sie möglicherweise zu Geld machen konnte. Doch weder die Zahlen noch die Daten auf dem Kalender gingen auf.
Frustriert schleuderte Shawna schließlich ihren Stift in die gegenüberliegende Zimmerecke, wo er abprallte und in ihre geliebte Trommel aus Baumwollholz trudelte, die sie von ihrem Großvater aus New Mexico geschenkt bekommen hatte. Er war nicht wirklich ihr Großvater, doch sie nannte ihn so. Old Bill war jedermanns Großvater. Shawna hatte einige Sommer mit dem alten Apachen verbracht, und nun erinnerte sie sich plötzlich an etwas, was er sie gelehrt hatte: »Wenn dein Herz traurig ist und du deinen Pfad aus den Augen verloren hast, dann gehe in dich und suche dort Hilfe. Wenn dein Herz wahr spricht, kannst du nicht fehlgehen.« Mit einem Mal entspannte sich Shawna. Wie konnte sie nur so dumm sein, ihren Traum bloß wegen ein paar Berechnungen aufzugeben? Rasch durchquerte sie das Zimmer und hob die Trommel auf. Sie setzte sich ein Weilchen still hin und begann dann, sanft dazu trommelnd, ein kleines Lied zu singen, das Old Bill ihr beigebracht hatte: »Falke, ich ruf dich, Falke ich ruf dich, komm und sei bei mir . . .« Shawna schloß die Augen und konnte die ebenholzschwarzen Schwungfedern des Falken sehen, als er neben ihr auftauchte. »Falke«, wisperte sie, »ich könnte ein wenig Hilfe gebrauchen. Ich will nach Lima fahren, doch, wie du siehst, sitze ich hier fest. Irgendwelche Vorschläge?« Der Falke schien ihr direkt in die

Augen zu sehen und, ohne daß er dabei den Schnabel öffnete, zu sagen: »Melanie, ruf Melanie an. Du wirst fahren, du wirst fahren.« Dann verschwand er hinter einem imaginären Horizont.
Shawna rieb sich die Augen. Melanie? Die einzige Melanie, die sie kannte, war eine frühere Vorgesetzte aus ihrer College-Zeit; eine pedantische, strenge Frau, der man es, wie Shawna damals gefunden hatte, nur schwer recht machen konnte. Melanie hatte auch Macht, Geld und Einfluß an den richtigen Stellen. Shawna begann es zu dämmern.
Am nächsten Morgen rief Shawna Melanie an: »Ah, hallo, ich bin Shawna Michaelson, ich habe einmal für Sie gearbeitet und ...« Shawna war erstaunt. Nicht nur erinnerte sich Melanie an sie, sie bezeigte auch ein echtes Interesse an Shawnas Peruplänen. Sie vereinbarten, sich am nächsten Tag zu treffen.
»Ich kann es einfach nicht glauben, daß Sie mich angerufen haben«, rief Melanie aus. »Ich hatte vor, eine Stiftung für Wissenschaftler zu gründen, doch mir fehlte bis jetzt ein konkretes Projekt. Nun hab ich etwas, womit ich anfangen kann. Wieviel werden Sie brauchen?«
Shawna machte große Augen: »Ich, ich, ich weiß nicht. Fünftausend Dollar werden in Peru eine ganze Weile reichen.«
»Gut«, erklärte Melanie, »runden wir auf sechstausend auf. Das ist ein guter Anfang für die diesjährige Förderung.«
Über die Maßen aufgeregt beschloß Shawna nun, sich unverzüglich an ihre Berichte zu setzen. Dann hielt sie inne. »Falke arbeitet daran. Es wird klappen. Ich werde nach Peru fahren.«
Auf ihrem Weg nach Hause hielt Shawna an einer Tankstelle. »Hi, Shawna«, rief eine vertraute Stimme. Es war Larry Jackson, der sie bei ihrem letzten Forschungsauftrag, in Montana, betreut hatte. Er sagte: »Ich bin in der Stadt, um einige Vorlesungen an der University of California zu halten, und wollte Sie ohnehin anrufen. Ich möchte, daß Terry, dieser Doktorand, den Sie kennen, die Berichte beendet, an denen Sie gerade arbeiten. Es wird eine gute Übung für ihn sein und Ihnen eine Atempause verschaffen. Was halten Sie davon?«
Auf eine solche Reaktion war Larry nicht gefaßt gewesen: Shawna fiel ihm regelrecht um den Hals, bedankte sich verlegen und eilte dann hastig nach Hause, um ihre Angelegenheiten zu ordnen: »Mal sehen: Paß, Spritzen, warme Kleidung ... *Ich danke dir, Falke!* Mein Freund. Die Kampagne fängt gut an!«

Schamanische Beratung ist eine alte und wirkungsvolle Form der Informationsbeschaffung und Rücksprache mit dem eigenen Inneren, deren sich jeder in unserer modernen Welt bedienen kann. Der Schamanismus selbst ist ein altehrwürdiges, alle Kulturen durchziehendes Streben nach Wissen und persönlicher Kraft, das historisch die Vorstufe aller bekannten Religionen, psychologischen und philosphischen Systeme darstellt. Mit Hilfe einer Reihe über die Jahrhunderte hinweg entwickelter Techniken erlaubt er es dem einzelnen, die scheinbare Kluft zwischen der physischen Welt und den Reichen der Imagination und Vision bewußt überbrücken zu lernen. Der große Vorteil dieser Form spiritueller Führung ist, daß sie keinerlei äußere Werkzeuge, keinerlei Ausgaben und nur einen sehr geringen Zeitaufwand erfordert. Ja, sie entspricht so wenig unserer Vorstellung von einem Weg zum persönlichen oder beruflichen Erfolg, daß man allzuleicht versucht ist, sie überhaupt nicht ernstzunehmen.

Der Schamane verläßt sich eher auf innere Kräfte, die seine Entscheidungen in bestimmten Problemsituationen stützen, als auf »konkrete« Fakten, wie dies heutzutage oft der Fall ist. Der einzige Preis, den wir für diese Form der Beratung bezahlen müssen, ist die Bereitschaft, alle unsere überkommenen Vorstellungen und Begriffe von der Natur der Wirklichkeit aufzugeben.

Wenngleich Schamanen keine festen Dogmen haben oder bestimmte religiöse Lehren vertreten, glauben sie doch alle an das universale »Kraftgewebe«, das jegliches Leben erhält. Dem Schamanismus zufolge sind alle Elemente unserer materiellen Umwelt lebendig, und alle beziehen sie ihre Kraft aus der Geistwelt (oder Geisterwelt). Steine, Pflanzen, Tiere, Wolken und Wind sind lebendige Wesenheiten und müssen mit Respekt behandelt werden, damit Harmonie und Gesundheit gewährleistet sind. Schamanen betrachten alle Lebensformen als miteinander verknüpft, und ein wechselseitig förderndes, ausgewogenes Verhältnis aller Geschöpfe ist ihrer Ansicht nach die unabdingbare Voraussetzung für das Überleben der Menschheit. Unsere Aufgabe ist es, dieses ausgewogene Verhältnis zu verstehen und in Harmonie mit ihm zu leben, indem wir die Natur in jede unserer Handlungen mit einbeziehen. Das Kraftgewebe der Natur ist der Lebensspender und die Quelle aller erfolgreichen Unternehmungen.

Schamanen erhalten lebenswichtige Informationen und Wissen durch die sogenannte »Geist-Reise«. Wie die Schamanen es ausdrükken, reisen sie in ihrer Vorstellung, um Kontakt zur Geistwelt (*spirit world*), der Welt des Geist-Selbst (*spirit self*) aufzunehmen: Sie stellen eine Verbindung zur universalen Quelle allen Wissens her, indem sie tief in ihr Inneres hinein»fliegen«. Wenn sie sich hierbei auf eine Frage oder ein bestimmtes Problem konzentrieren, wird ihre ekstatische Reise ihnen eine Antwort liefern, die es ihnen ermöglicht, Hindernisse in der materiellen Welt zu umgehen und die aktuelle Situation aus einer umfassenderen Perspektive zu betrachten.

> Yat hockte am Rande des Wassers und hob Handvoll um Handvoll des kühlen Nasses an seine Lippen. Sein Durst war zwar gelöscht, doch das nagende Gefühl des Hungers, das er und seine Kundschafter in diesen letzten fünf Wintertagen verspürt hatten, linderte das Wasser nicht. Wenn sie nicht bald das Dorf seines Bruders fanden, würden sie mit Sicherheit sterben. Sie schlugen rasch ein Lager am schneebedeckten Flußbett auf und legten sich in Felle gehüllt ans Feuer. Yat wußte, daß es Zeit war, um Hilfe zu bitten. Er zog seine Trommel hervor und begann ein ruhiges Geisterlied zu Ehren seines Totemgeistes, der Känguruhratte, zu singen. Mit geschlossenen Augen sah er bald Känguruhratte in der Luft neben sich schweben. »O Ratte, meine Freundin, ich habe eine große Bitte an dich. Wir können das Dorf meines Bruders nicht finden, und wir haben nichts mehr zu essen. Kannst du uns helfen?« Ratte schwebte eine Weile über ihm und schwieg. Dann schwenkte sie herum und zauberte plötzlich einen langen Ast mit gegabelter Spitze hervor. Sie deutete auf die linke Spitze und war im Nu verschwunden. Yat war verwirrt. Er brütete über dieser Vision und begann nach einem Weilchen laut zu lachen. Am Morgen führte er seine Gefährten stromaufwärts. Nach kurzer Zeit teilte sich der Fluß in zwei kleinere Flüßchen. Ohne zu zögern folgte er dem linken, und bald darauf war das gesuchte Dorf in Sicht. Noch einmal bedankte sich Yat bei der Känguruhratte.

Fähigkeiten des Schamanen

Für den Schamanen ist die Imagination mehr als eine Funktion des Gehirns: Sie ist für ihn vielmehr ein wirkliches, konkretes Mittel, um in unbekannte Reiche zu gelangen. Gedanken und Gefühle sind nicht einfach »psychische Vorgänge«, wie man viele von uns zu glauben gelehrt hat, sondern Formen von Energie, die zu bestimmten Punkten im Kraftgewebe strömt.

Schamanen erfüllen eine Reihe von Funktionen, zu denen unter anderen die eines heiligen Künstlers, Dichters, Musikers, Vermittlers, Zeremonienmeisters, Tänzers und Sängers gehören. Die vier hauptsächlichen Fähigkeiten eines Schamanen sind: Heilen; das Zugreifen auf neues oder verlorengegangenes Wissen; das Erwerben von Kraft und die Gabe des Prophezeiens oder Voraussagens. Obgleich die meisten Schamanen alle diese Fähigkeiten beherrschen, neigen sie dazu, sich auf eine von ihnen zu spezialisieren, um sie vollständig zu meistern. So konzentrieren sich beispielsweise die *curanderos* oder Heiler darauf, alles über die Kräfte der Heilpflanzen und -kräuter zu lernen, um Krankheiten kurieren zu können. Andere Schamanen entwickeln die Fähigkeit, das Wetter vorherzusagen, gute Gelegenheiten zu »orten« und vor möglichen Gefahren zu warnen. Wieder andere werden zu Vermittlern von Kraft, zu Meistern in der Aufhebung der Gesetze der Schwerkraft oder von Raum und Zeit. Was immer aber ihre spezielle Fähigkeit auch sein mag: Sie sind alle Medizinmänner und -frauen ihrer jeweiligen Gemeinschaft, und es gibt sie überall auf der Welt - von Nord- und Südamerika über Europa bis nach Afrika und Asien. Seit paläolithischen Zeiten bedienten sich die Schamanen, obgleich sie durch Ozeane und Kontinente voneinander getrennt waren, überall ähnlicher Techniken.

In diesem Buch werden wir uns mit allen vier Hauptfähigkeiten des Schamanen befassen, da sie insgesamt dazu beitragen, die uns innewohnende Kraft zu entwickeln und ganz von selbst zu einem erfolgreichen Menschen zu werden. Zusätzlich möchten wir Ihnen Übungen vorstellen, die Ihnen dabei helfen werden, die künstlerischen Fertigkeiten des Schamanen in sich zu fördern. Wenn Sie den Künstler in sich nicht entwickeln, werden Sie nicht fähig sein, den Weg des Schamanen mit Erfolg zu beschreiten.

Der Schamane und die Gesellschaft

Dem Anthropologen Michael Harner zufolge, einem Experten auf dem Gebiet des Schamanismus, waren die Schamanen von jeher Pragmatiker, die alles in ihrer Kraft Stehende taten, um ihren Ruf als mächtige Heiler und Hellseher zu untermauern. Wenn die Methoden des Schamanen funktionierten, waren ihnen Respekt und ein guter Ruf sicher. Wenn sie nicht funktionierten, verloren sie an Glaubwürdigkeit. Durch Versuch und Irrtum fanden sie heraus, was tatsächlich wirkte, und setzten daraufhin ihr neu erworbenes Wissen mit erstaunlichen Ergebnissen in die Praxis um. Auf diese Weise hat der Schamanismus all die Jahrhunderte hindurch bis in die heutige Zeit überlebt – und dies trotz einer Vielzahl beharrlicher Versuche, ihn auszulöschen: durch christliche Missionare, die ihn als Bedrohung der starren Autoritätsstruktur ihrer eigenen Religion empfanden; durch die immer einflußreicheren Naturwissenschaften, nach deren Weltsicht der Schamanismus etwas völlig Unwissenschaftliches und rein Subjektives ist; durch »aufgeklärte Denker«, die den Schamanismus seines irrationalen Aspektes wegen abtaten; und durch die zunehmende Technologisierung, welche die vollkommen »natur-gemäße« schamanische Weltsicht verdrängte.

Im Widerspruch zu früheren Interpretationen, Schamanen seien schlicht von ihrer Umgebung tolerierte Psychotiker, haben neuere anthropologische Untersuchungen ergeben, daß sie in Wirklichkeit die produktivsten, psychisch stabilsten und intelligentesten Mitglieder ihrer jeweiligen Gemeinschaft sind. Sie sorgen durch ihren wirkungsvollen und geschickten Umgang mit Waren, Lebensmitteln und Handelsgütern oft für mehrere Untergebene. So hängt jede Gemeinschaft und jeder Stamm wesentlich vom Wissen und der Klugheit des örtlichen Schamanen ab, da dieser sein ganzes Leben der Erlangung von Wissen und Kraft zum Nutzen anderer geweiht hat.

Der vielleicht faszinierendste Aspekt des Schamanismus ist die Tatsache, daß er wirklich ein Basis-Phänomen ist. Er kennt keine Dogmen, keine Organisationen, keine speziellen Schriften (obgleich wir Ihnen in diesem Buch Beispiele geben und Übungen vorschlagen werden), keine Oberhäupter, keine oberste Lehrinstanz. Jeder von uns kann seine Techniken praktizieren und von seinen Methoden profitieren. Wie die Geschichte beweist, vermochte es noch jeder Mensch – ob Mann, ob Frau –, der Talent dafür besaß oder den intensiven Wunsch nach diesem persönlichen spirituellen Streben verspürte, zum Schamanen zu werden. Der Schamanismus war schon immer die spirituelle Praxis des Volkes. Jeder Schamane hat das Recht, neue Informationen und neues Wissen zu erlangen, ohne befürchten zu müssen, deswegen von irgendeinem organisierten Glaubenssystem ausgeschlossen oder verachtet zu werden.

Der Werdegang des Schamanen

Wie wird man zu einem Schamanen? In der Regel werden Menschen auf drei unterschiedliche Weisen in den Schamanismus initiiert: Sie entscheiden sich selbst dazu; sie werden von älteren Schamanen ausgewählt oder geschult – manchmal nach einem lebensgefährlichen Unfall oder einer schlimmen Krankheit; sie erben den »Beruf« von ihrem Vater oder ihrer Mutter. Nach welcher Weise er auch immer erwählt wird, muß der Kandidat traditionsgemäß eine lange Lehrzeit absolvieren und oftmals eine strenge und manchmal regelrecht brutale Prüfung bestehen, bevor er zu einem wirklichen Schamanen wird. Wir möchten Ihnen in diesem Buch nicht vorschlagen, ein Schamane zu werden, oder Ihnen nahelegen, sich einer jahrelangen Lehrzeit und brutalen Einweihungsprozedur zu unterziehen, als ob Sie schamanische Techniken nur so wirklich erfolgreich erlernen und anwenden könnten. Die Erfahrung vieler Menschen hat gezeigt, daß sich schamanische Techniken problemlos dem Gebrauch durch »Laien« anpassen lassen und auch in dieser »gemäßigten« Form ganz zweifelsohne zu einem erfüllteren und erfolgreicheren Leben beitragen.

Dennoch aber darf nicht verschwiegen werden, daß der aktive Einsatz der eigenen schamanischen Fähigkeiten kein Allheilmittel für alle anstehenden Probleme sein kann. Der Schamanismus beseitigt nicht alle Hindernisse in Ihrem Leben, er macht es nur einfacher für Sie, Ihre Probleme zu lösen – und hilft Ihnen vermutlich auch dabei, in dieser Hinsicht erfolgreicher zu werden. Allerdings wird weiterhin von Ihnen verlangt, daß sie aktiv handeln, wenn Sie Ihre Ziele erreichen wollen. Stammes-Schamanen beispielsweise können Ihre Kräfte dazu einsetzen, Jägern beim Aufspüren von Herden zu helfen. Doch ist damit das Wild noch lange nicht erlegt, abgehäutet und gekocht. Sie können sich Ihrer erworbenen schamanischen Fertigkeiten in genau derselben Weise bedienen, indem Sie nämlich lernen, *zur richtigen Zeit am richtigen Ort zu sein.* Ist dies erst einmal geschafft, müssen Sie auf ihre »natürlichen« Fähigkeiten zurückgreifen, um Erfolg zu haben. Der Vorsprung aber, den Sie auf diese Weise vor anderen erlangt haben, wird Ihnen Ihre Aufgabe beträchtlich erleichtern.

Was unterscheidet einen Schamanen von anderen Mitgliedern seiner Gemeinschaft? Was sind die Merkmale, die einen mächtigen Schamanen ausmachen? Welches Wissen besitzt er, das ihn vor anderen auszeichnet beziehungsweise ihm die Gabe verleiht, zu heilen und das Leben zu meistern? Nehmen wir uns einen Augenblick Zeit, um kurz Stellung zu diesen Fragen zu nehmen und vorab einige typische Eigenschaften des Schamanen zu skizzieren. In folgenden Kapiteln werden wir dann noch einmal auf dieses Thema zurückkommen und Ihnen ausführlich darlegen, was Sie tun können, um diese Eigenschaften in sich selbst zu entwickeln.

Was Schamanen wissen

Schamanen verfügen über einen großen Schatz an Wissen und besitzen eine Vielzahl ganz besonderer Eigenschaften. Im folgenden ist einiges davon aufgelistet:

- Schamanen können mit Energie umgehen und wissen, welche Wirkungen sie auf die Umgebung und den menschlichen Körper ausübt. Sie anerkennen die der ganzen Natur innewohnende Kraft und spüren ihre innere Verbundheit mit ihr. Sie kennen den Geistkörper und wissen, wie man mit ihm in Verbindung tritt, um Gesundheit, Kraft und Ausdauer zu erlangen.
- Sie haben es gelernt, ihren physischen Körper zu entspannen und ihre Anfälligkeit für Streß soweit zu reduzieren, daß sie erheblich aufnahmefähiger und ihre Handlungen wirkungsvoller sind. Sie sind imstande, ihre Gedankentätigkeit zur Ruhe zu bringen, damit sie innere Botschaften besser hören, sehen oder fühlen können.
- Schamanen benutzen die Kraft der inneren Schau und der Imaginationskraft gezielt dazu, um sich auf die Suche nach Wissen und wesentlichen Informationen zu machen. Sie haben erkannt, daß diese von innen her kommenden Hinweise und Symbole wichtig sind; sie glauben, daß sie es wert sind, angehört zu werden. Sie lernen, keine vorschnellen Urteile zu fällen und auf ihre innere Führung zu vertrauen.
- Sie lernen, mit natürlichen Bildern und Symbolen aus dem Inneren zu arbeiten, und wissen, wie man sie interpretieren muß, um Hindernisse und Probleme zu überwinden. Als wahre Künstler bringen sie ihre Symbole oftmals in rituellen Liedern, Tänzen, Bewegungen und Rhythmen zum Ausdruck.
- Schamanen lernen, wie man andere versteht und wie man mit ihnen als Heiler zusammenarbeitet. Sie haben eine ausgezeichnete Einsicht in die verschiedenen menschlichen Charaktere. Schamanen können lachen: Sie haben gelernt, sich innerlich so sehr vom Leben

als solchem zu distanzieren, daß sie es geradezu amüsant finden können.

- Sie lernen es, sowohl mit der Außen- als auch der Innenwelt zur selben Zeit in Verbindung zu treten. Sie stehen tatsächlich mit je einem Fuß in einer der beiden Welten und verlieren nie die eine oder andere aus den Augen. Sie korrigieren ihre Vorstellungen vom Wesen der linearen Zeit und geben den Glauben an die Begrenztheit des menschlichen Bewußtseins auf.
- Schamanen lernen, erfolgreich zu sein, und wissen immer, wann es Zeit ist zu handeln. Schamanen sind keine Stubengelehrten. Sie sind vielmehr äußerst geschickt im Umgang mit jeder Art von praktischen Problemen. Sie finden sich gut im Paradoxen zurecht.
- Sie wissen, wie man sich willentlich von einer Bewußtseinsebene in eine andere versetzt. Sie fühlen sich in einem ekstatischen Zustand ebenso wohl wie im Zustand des normalen Wachbewußtseins. Dies schenkt ihnen eine außerordentliche Flexibilität, die es ihnen ermöglicht, mit jeder Veränderung leicht fertig zu werden.
- Schamanen sind Kämpfer. Sie bemühen sich zielstrebig und ausdauernd darum, Kraft zu erlangen und sie zum Wohle der Gemeinschaft einzusetzen. Sie wissen sich in gefährlichen Situationen zu schützen.

Diese Eigenschaften und Fähigkeiten sind allen Schamanen auf allen Kontinenten seit jeher gemeinsam. Schamanen sind nichts weiter als Menschen, die sich aus Interesse an der Sache und durch fleißige Bemühung weiterentwickelt haben. Ihre Talente sind vermutlich nicht größer als *Ihre* Fähigkeit, eine ähnliche Erfolgsebene zu erfahren. Das Geheimnis des Erfolgs auf dem schamanischen Weg ist Interesse und die Bereitschaft zu glauben, daß man es schaffen wird. Wie wir schon weiter oben gesagt haben, verfolgen wir mit diesem Buch nicht den Zweck, aus Ihnen einen traditionellen Heiler und Wahrsager zu machen. Vielmehr möchten wir Ihnen die in mancherlei Hinsicht mysteriöse und magische Welt des Schamanen auf eine allgemein verständliche Weise nahebringen, damit Sie sie problemlos in ihr tägliches Leben integrieren können. Schamanische Techniken funktionieren in einer modernen städtischen Umgebung ebensogut wie im Urwald, in den Steppen oder unter der unbarmherzigen Wüstensonne. Vergessen Sie nicht, daß Schamanismus letztlich nichts anderes als eine von einfachen Menschen für einfache Menschen entwickelte Strategie zur Erlangung von Kraft ist – sowie eine Reihe von Techniken, die dazu beitragen, dieses Ziel zu erreichen.

Wir haben in dieses Buch moderne und alte Geschichten und Märchen eingestreut, um die schamanischen Techniken zu illustrieren und zugleich deutlich zu machen, wie nützlich sie im alltäglichen Leben sein können. Die zeitgenössischen Geschichten basieren auf wirklichen Situationen, die wir selbst, unsere Kollegen oder unsere Klienten erlebt haben. Die alten Märchen sind uns von unseren Schutzgeistern mitgeteilt worden, damit wir überall auf der Welt zeigen können, wie man auf schamanische Weise Probleme löst.

Positive Auswirkungen des Schamanismus

In den folgenden Kapiteln werden wir Sie Schritt für Schritt durch einen von uns entworfenen Prozeß führen, der Ihnen das spezifische Bewußtsein und die besonderen »Problemlösungsfähigkeiten« des Schamanen schenken soll. Hier einige der positiven Folgen, die Ihnen daraus erwachsen können:

- Sie werden einen neuen, besseren Begriff davon erhalten, wie Ereignisse in Ihrem Leben zustande kommen und wie sie sich auf Sie und Ihre Mitmenschen auswirken. Ihre anerzogenen Vorstellungen von der linearen Zeit werden sich ändern und Ihnen dadurch ein höheres Maß an Freiheit verschaffen.
- Ihre Vorstellung davon, wer für Ihr Leben verantwortlich ist, wird sich von Grund auf ändern, und Sie werden sich nicht länger als Opfer der Umstände fühlen.
- Sie werden Ihr bisheriges Bild von sich als einem Einzelwesen in Frage stellen und allmählich beginnen, Ihre Beziehung zu und Ihr Verbundensein mit allem Lebendigen zu erkennen. Ihre Perspektive wird sich erheblich erweitern.
- Ihre Ansichten über das Wesen der Wirklichkeit und darüber, wie sich Lebensziele »selbsttätig« einstellen, werden sich einer radikalen Wandlung unterziehen. Sie werden herausfinden, *daß* und *wie* Sie sich neue, genau für Sie passende Ziele stecken müssen, damit Sie wirklich erfolgreich sein können.
- Ihr Verständnis und Ihre Erfahrung wirklicher Kraft werden sich erheblich steigern.
- Sie werden persönliche Beziehungen mit anderen Augen betrachten und wesentlich besser mit ihren Mitmenschen umgehen können. Sie werden weit besser begreifen, was Mitleid bedeutet, weil Sie sich selbst und andere besser verstehen.

- Hindernisse auf Ihrem Weg werden Sie als Inspiration und Herausforderung empfinden, die Sie überwinden können – und unüberwindliche Hindernisse werden Sie zu umgehen wissen.
- Sie werden erkennen, wie Sie zu Wissen und Informationen Zugang erlangen, von denen Sie nicht einmal glaubten, daß Sie sie besäßen.
- Sie werden lernen, ein unendlich großes Energiereservoir anzuzapfen, das jedem Menschen, der den Weg zu ihm kennt, zur Verfügung steht.
- Sie werden lernen, sich tiefer zu entspannen und schwierige Situationen als weniger aufreibend zu empfinden.

Damit Sie Ihre schamanischen Fähigkeiten entwickeln können, müssen Sie zunächst einiges über die Energie erfahren und lernen, wie sie funktioniert, da die Intensität von Gedanken und Gefühlen Energie bündeln und lenken und sowohl in unserer vertrauten Welt als auch in den geistigen Welten Wirkungen zeitigen kann. So werden Sie einiges über Ihren Geistkörper erfahren, über das, was er für Sie tut, und wie Sie mit ihm umgehen müssen. Sie werden lernen, die Energie in Ihrem Geistkörper so zu nutzen, daß sie Ihnen Kraft verleiht und Sie nicht erschöpft. Sie werden das Wissen benötigen, wie Sie sich bei Ihren schamanischen Übungen »erden« und schützen können. Außerdem werden wir Ihnen zeigen, welche Wege in die geistigen Welten führen, und Sie selbst werden herausfinden, wie Sie Ihren ganz persönlichen Zugang zu größerer Kraft und Meisterschaft erweitern können.

Wenn Sie sich eingehend mit dem Schamanismus auseinandersetzen, so befassen Sie sich mit einem Wissenskomplex, der all Ihren familiären, sozialen und kulturellen Konditionierungen zeitlich vorausgeht. Sie lösen sich von allen Verwirrungen und Abstraktionen jahrhundertealter theologischer Lehren und Dogmen und kehren zu einem einfachen, direkten Verständnis der Welt zurück. Doch anders als die Menschen früherer Zeiten können Sie sich der unglaublichen Entdeckungen der Physik und Biochemie bedienen, um Ihre Erfahrungen zu beweisen. Sie können mit den Augen eines Kindes sehen und gleichzeitig mit dem Körper eines Erwachsenen handeln, dem jahrhundertelange Erfahrung und Weisheit zur unmittelbaren Verfügung stehen.

Wenn Sie Schamanismus praktizieren, werden Sie zu einem Mitschöpfer im kollektiven Willen der Natur. Sie werden zu einem

Faktor der Veränderung im Drama der Evolution. Und mehr noch: Sie befreien sich von der Illusion der Vereinzelung und des Getrenntseins und betreten eine Wirklichkeit, in der sie mit allem Lebendigen in Verbindung stehen. Schließlich wird Sie die Ausübung des Schamanismus dazu bewegen, Ihr Leben nach den heilenden Kräften der Natur auszurichten. Sie werden zu innerer Ausgewogenheit und Integration finden. Sie werden wissen, wer Sie sind und wohin Sie gehen.

Zweites Kapitel

Die Reise beginnt: Aufstieg in das Unbekannte

Zerschrammt und verbeult landete das Modellflugzeug zum zehnten Mal kopfüber im Gras. »Es funktioniert einfach nicht, Dad«, sagte der achtjährige Tod mit vor Enttäuschung verzogenem Gesicht. »Das Flugzeug fliegt nicht.« Der große Mann hockte sich neben ihn. »Also, ich weiß auch nicht, Tod; ich hab dir doch gezeigt, wie du es halten mußt. Vielleicht bist du einfach noch nicht groß genug, um es fliegen zu lassen. Nun komm, wir gehen hinein und essen was.« Tod aber blieb stehen und sah ärgerlich auf sein Flugzeug.

Opa betrachtete die beiden von der Veranda aus. »Komm mal her, Tod«, rief er jetzt mit seiner rauhen Stimme. »Bring das Flugzeug hierher und laß es mich anschauen, meine Augen sind nicht mehr so gut wie früher. Wir wollen mal sehen, ob irgendwas damit nicht in Ordnung ist.« Tod liebte Opa, und schon hatte sich seine Laune gebessert. »Hmmm, sieht mir nicht so aus, als ob mit dem Flugzeug was nicht in Ordnung wäre. Du hältst es genau richtig. Laß sehen. Was dagegen, wenn ich dir ein Geheimnis verrate?« sagte er und zwinkerte mit den Augen. »Es liegt nicht daran, wie du es hältst, und es liegt nicht am Flugzeug, und es liegt auch nicht daran, wie du es wirfst. Ich sag dir was – ob es fliegt oder nicht, liegt daran, wie du es ansiehst und wie du ihm gegenüber stehst.«

»Wie meinst du das, Opa?« fragte Tod.

»Nun, du siehst doch den Habicht, der da oben schwebt, nicht wahr? Mach die Augen zu. Kannst du den Habicht immer noch sehen?«

»Natürlich, Opa.« Tod hielt seine Augen fest geschlossen. »He, jetzt fliegt er weg.« Er öffnete die Augen, und der Habicht war nicht mehr da.

Opa lachte. »Hast du gemerkt, wie du mit geschlossenen Augen genau sagen konntest, wann der Habicht weggeflogen ist? Du hast einen Freund in dem Vogel da, und du hast die Macht, dieses Flugzeug hier fliegen zu lassen. Mach deine Augen noch einmal zu und sieh dein Flugzeug ganz hoch oben und ganz deutlich fliegen. Laß es aus deinem Herzen fliegen. Bitte den Habicht darum, es für

dich hinaufzutragen. Er weiß alles über das Fliegen.« Tod hob den Gleiter auf und schloß die Augen. In seiner Vorstellung ließ er das kleine Flugzeug in den Himmel hinaufschießen und es immer wieder im Kreis herum fliegen. Der Habicht war da und trug es auf seinem Rücken höher und höher hinauf. Tod spürte einen Strom von Wärme und Erregung aus seinem Herzen kommen. Er öffnete die Augen, schwang seinen Arm zurück und ließ das Flugzeug los. Der kleine Flieger segelte mit dem Wind hinauf und davon. »Essenszeit!« hörte er seinen Vater aus dem Haus herausrufen.
Opa zwinkerte mit den Augen: »Vergiß nicht, Tod, das ist unser kleines Geheimnis.« Tod rannte zur Tür, glücklich und hungrig.

Was ist Vorstellungskraft?

Ein Kind kommt zu Ihnen mit einer phantastischen Geschichte über ein violett gepunktetes Monster, das im Land der Zauberberge lebt, dort, wo die Sonne rosa ist und die Blumen so groß wie Häuser werden! Sie lachen und denken, es ist eine tolle Geschichte, und Sie sagen: »Na, du hast aber heute viel Phantasie!« Wenn dagegen ein Erwachsener, der nicht gerade von Berufs wegen Märchen, Science-fiction-Romane oder Kinderbücher schreibt, Ihnen dieselbe Geschichte erzählte, so würden Sie ihn doch wohl zumindest ein bißchen merkwürdig finden, wahrscheinlich aber sogar reichlich exzentrisch. Ganz bestimmt würden Sie ihn nicht als nach den Maßstäben unserer Gesellschaft »normal« bezeichnen. Im besten Fall wäre er für Sie ein Genie – im schlechtesten ein kompletter Idiot.

Als sachliche Menschen des zwanzigsten Jahrhunderts wissen die meisten von uns nicht genau, wie sie mit dem Begriff der Phantasie oder Vorstellungskraft umgehen sollen. Auf der einen Seite erscheint uns unsere Fähigkeit zu phantasieren ausgesprochen unlogisch und irrational, auf der anderen Seite erlaubt sie uns, unsere wildesten Träume Wirklichkeit werden zu lassen. Die unglaublichsten Errungenschaften auf dem Gebiet der Technik und der Architektur haben als mentale Bilder begonnen, die im Reich der Vorstellungskraft konzipiert wurden. Wir neigen dazu, die Phantasie mit Skepsis zu betrachten, weil wir der Ansicht sind, sie erzeuge »Einbildungen«, Illusionen – und doch bewundern wir ihre grenzenlose Schöpferkraft. Wir haben Angst davor, sie nicht unter Kontrolle halten zu können, und sind doch gleichzeitig fasziniert von den Visionen, die sie uns bietet. Wir zweifeln im Angesicht der Logik an ihrem Nutzen, und erfreuen uns dennoch an ihren unglaublich vielfältigen Bildern. Wir wünschen uns mehr davon zu besitzen und müssen uns doch bedauernd eingestehen, daß wir sie für immer in unserer Kindheit zurückgelassen haben. Die Wahrheit ist jedoch, daß jeder von uns über Vorstellungskraft verfügt und in hohem Maße kreativ sein kann – wir sind in dieser Hinsicht nur ein wenig eingerostet.

Für den Schamanen umfaßt die Vorstellungskraft mehr als nur eine Aktivität des Gehirns. Sie ist für ihn ein wirkliches Mittel, um zu dem Gewebe der Kraft und der allen Dingen innewohnenden Geistseele in Kontakt zu treten. Nach schamanischer Vorstellung verbindet uns die Phantasie mit der Geistwelt oder, wie Michael Harner sie nennt, der Welt der »nicht-alltäglichen« Wirklichkeit. Die Art und Weise, wie wir diese Verbindung zu diesem Reich des Geistes (*spirit*) herstellen können, ist ein kritischer Punkt in unseren schamanischen Bemühungen. Kinder, die mit dieser Fähigkeit geboren werden, vergessen in der Regel das meiste durch Enkulturation (das Hineinwachsen in eine bestimmte Kultur) und dadurch, daß in der heutigen Gesellschaft praktisch alle Vorgänge unseres Universums durch strikte Logik erklärt werden. Die Tür, die das Kind mit der Geistwelt verbindet, schließt sich langsam bei seinem Versuch, sich mit den physischen und kulturspezifischen Aspekten des heutigen Lebens erfolgreich auseinanderzusetzen. Dies ist bis zu einem gewissen Grade ein natürlicher Prozeß, der insofern sogar notwendig ist, als das Kind dabei zwischen der nichtalltäglichen, spirituellen und der alltäglichen, materiellen Welt zu unterscheiden lernt.

In seinem Buch *Das magische Kind* behandelt Joseph Chilton Pierce diese Verbindung zwischen den beiden Welten und das Reich, das er »*mind*« nennt – etwa »das Gemüt«, das Denken, Fühlen und Wollen. Wie viele andere auch hält er es für ausgesprochen wichtig, sich die kindliche Vorstellungskraft und die Fähigkeit, jenseits alles Konkreten und Physischen zu gelangen, zu erhalten. Unter einem »magischen« Kind versteht Pierce ein Kind, das imstande ist, sich auf Vorstellungsinhalte und Erinnerungen zu konzentrieren, ohne sich jedoch in ihnen zu verlieren.

Damit man sich schamanischer Fähigkeiten bedienen kann, muß diese Tür zur Vorstellungskraft wieder geöffnet werden, so daß die Verbindung zwischen der materiellen und der geistigen Welt wiederhergestellt wird. Indem Sie durch Visualisierungen und schamanische Visionen Ihre Phantasie trainieren, bereiten Sie sich auf den Prozeß des »Reisens« vor, der eine der Grundtechniken aller schamanischen Bestrebungen ist.

Trommelnd schloß Intzu die Augen und ging in den großen Traum ein. Augenblicklich breitete der goldene Vogel seine Flügel aus, nahm Intzu in seine Klauen und flog mit ihm über den Himmel in das Land der Nacht. Dunkelheit umgab sie, und alles, was er fühlen konnte, war der frische Wind, der durch die Federn des großen Vogels pfiff. Plötzlich sauste der Vogel im Sturzflug nach unten und ließ sich auf einem riesenhaften Baum mit silbriger Rinde nieder, dessen acht herrliche Äste sich bis zum Horizont erstreckten. Der Wipfel des Baumes verlor sich weit oben in der himmlischen Welt, und die großen Wurzeln reichten bis zum Herzen der Erde. Dann sang der große goldene Vogel mit leiser Stimme: »Hier finde dich im Zentrum, geh und komme wieder, geh und komme wieder, der Baum wird stets dein Heim sein. Singe mit dem Geist des Silberbaumes in deinem Herzen. Singe dieses Lied, singe dieses Lied, und du wirst für immer deine Kraft bewahren.« Mit einem Donnern war der Vogel verschwunden, und Intzu erwachte benommen und erfüllt vom Geist des Lebens.
Intzu war überglücklich. Durch seine Vision hatte er endlich seinen Pfad der Wahrheit gefunden.

Wie wir unserer Vorstellungskraft Grenzen setzen

Sie haben vermutlich schon oft in Ihrem Leben gehört, daß Ihre Überzeugungen Sie einschränken und daß Sie nicht mehr haben können, als Sie selbst imstande sind, sich vorzustellen. Zu diesem Zeitpunkt unserer historischen Entwicklung stimmen Experten auf dem Gebiet des menschlichen Potentials und metaphysische Denker darin überein, daß es von größter Wichtigkeit ist, sich sich selbst in genau der Situation vorzustellen, die einem den gewünschten Erfolg bringen wird. Sie sind der Ansicht, daß der weitverbreitete Spruch »Das glaube ich erst, wenn ich es sehe«, durch »Das sehe ich, sobald ich es glaube« ersetzt werden sollte. Schamanen sind sich dieser Tatsache vollkommen bewußt und benutzen sie stets für ihre Zwecke. Sie betonen, wie wichtig es ist, das Resultat einer Handlung zu *sehen*, bevor man es real zustande kommen läßt. Dabei sind sie sich aber auch der Tatsache bewußt, daß man nur ebensoviel erreichen kann, wie man sich selbst in seiner Vorstellung zutraut. Daher wird ein Schamane daran arbeiten, die Ebene oder die Fähigkeit eines Menschen, zu haben, zu tun und zu sein, langsam aber sicher zu steigern.

Die Fähigkeit zu phantasieren steigert unsere Fähigkeit zu haben. Wie ein Muskel, der des Trainings bedarf, der gekräftigt und gedehnt werden muß, erfordert auch die Vorstellungskraft ständige Übung. Schamanismus ist unter anderem eine Strategie zur Ausdehnung und Kräftigung der Phantasie.

Sandy saß mit gekreuzten Beinen auf dem schmutzigen Fußboden der einfachen Hütte des Schamanen. Es war ein richtiges Abenteuer gewesen, den alten Mann in der Wüstenhitze aufzuspüren. Selbst jetzt noch, im Schatten, rannen ihr Schweißperlen über Stirn und Gesicht, und Fliegen summten ihr erbarmungslos um die Augen. Ich hoffe, es ist die Mühe wert, dachte sie bei sich. Sie erinnerte sich an die Geschichten, die ihr Freund Mike über den Schamanen erzählt hatte, doch sie mußte auch daran denken, wie wenig Benzin sie noch hatte. Reza war einer der wenigen Schamanen in der Gegend, die Englisch sprachen, und Sandy freute sich, daß sie einen ganzen Tag in seiner Gesellschaft verbringen durfte. Sie hoffte, einige wertvolle Informtionen über schamanische Techniken zu erhalten - ein Thema, das sie faszinierte. Doch das blieb dem morgigen Tag vorbehalten - jetzt schien Reza einige Geschichten erzählen zu wollen, die von den Einheimischen und seiner Arbeit mit ihnen handelten.
Monate später sollte sich Sandy an eine dieser Geschichten erinnern, die ihr im Gedächtnis haftengeblieben war: Der Schamane hatte seine Fähigkeiten dazu eingesetzt, eine Herde wilder Esel zu lokalisieren. Zwei Dörfler waren an ein und demselben Tag, aber zu verschiedenen Zeiten zu ihm gekommen, um von ihm zu erfahren, wo sich diese Esel aufhielten. Beiden sagte der Schamane, wo sie eine Eselherde finden könnten, doch erklärte er dem einen, die Herde umfasse sechs und dem anderen, sie umfasse achtzehn Tiere. Sandy, die an diesem Punkt der Geschichte dachte, Rezas Gedächtnis sei offenbar nicht das beste, hatte gefragt, ob er denn beiden Dörflern ein und dieselbe Herde beschrieben habe. »Ja, selbe Esel, selber Platz«, war die Antwort. »Nicht selbes ist, wie viele finden«, fuhr er in seinem gebrochenen Englisch fort. Was der Schamane damit sagen wollte, war, daß der erste der beiden Dörfler sich einfach nicht vorstellen konnte, mehr als sechs Esel zu besitzen. Als Sandy fragte, was denn passiert wäre, wenn er an dem bezeichneten Ort tatsächlich nicht sechs, sondern achtzehn Esel gefunden hätte, antwortete Reza: »Mann wird nur sechs finden: Das ist, was er ›sehen‹.«

Genau auf diese Art und Weise wirken sich unsere Überzeugungen stets einschränkend auf unsere Erfolgschancen aus. Denken Sie an jene Leute, die völlig unvermutet ein Vermögen erben oder im Lotto gewinnen und so plötzlich in den Besitz einer großen Summe Geldes gelangen. Wie Untersuchungen ergeben haben, sind sie nur allzuhäufig nicht imstande, damit umzugehen, und verlieren schließlich alles oder einen Teil davon durch schlechte Investitionen, Verschwendung oder Fehlkalkulationen. Dasselbe Phänomen begegnet uns bei sehr übergewichtigen Menschen, die durch eine Radikaldiät in kurzer Zeit einen Großteil ihrer überflüssigen Pfunde verlieren. Sie können sich nur mit Hilfe einer konsequenten Beratung oder Unterstützung davon abhalten, sich alles in ebenso kurzer Zeit wieder anzuessen. Diese Menschen sind innerlich nicht gut auf ihren neu gewonnenen Reichtum oder schlanken Körper vorbereitet, denn obgleich sich ihre äußeren Gegebenheiten geändert haben mögen, sind ihre Überzeugungen dieselben geblieben.

Der physische Leib hat ein »Behaglichkeitsniveau«, einen Zustand der Homöostase, in den er sich von Natur aus begibt. Dem menschlichen Körper muß man ebenso wie einem Tier gut zureden, ihn massieren und überzeugen, um ihn zu einer Veränderung dieses Zustandes zu bewegen. Selbst wenn es sich um eine letztlich positive Veränderung handelt, gilt es, Faulheit und Gewohnheit zu überwinden. Dem physischen Körper erscheint jede Art von Veränderung als etwas Furchterregendes, da sie etwas Unbekanntes repräsentiert. Das »Angst-vor-Erfolg«-Syndrom existiert tatsächlich, und Schamanen wissen darum und arbeiten mit ihm seit Jahrhunderten. Man hat sie oft genug beschuldigt, zu lügen oder die Wahrheit zu verdrehen – wie Sandy das vielleicht in bezug auf die Eselgeschichte von Reza hätte denken können – eine Anklage, die sie, die es besser wissen, zumeist mit einem Achselzucken abtun. Nach schamanischer Auffassung muß das physische Selbst ausgetrickst, belogen, beschwindelt und bestochen werden, damit es endlich alle einengenden Überzeugungen losläßt, die es gefangen halten.

Wozu Vorstellungskraft?

Für einen Schamanen, der eine Information abrufen oder einen verlorenengegangenen Schutzgeist wiederfinden möchte, besteht der erste Schritt zum Erfolg darin, »sich vorzustellen, wonach er sucht«. »Sich vorzustellen, was man haben will«, ist ebenso wichtig, wenn Sie dringend einen Parkplatz brauchen, weil Sie sonst zu spät zur Arbeit kommen, wie wenn Sie etwa lernen wollen, ein Flugzeug zu fliegen. Ob es uns bewußt ist oder nicht, wir benutzen unsere Vorstellungskraft jedesmal, wenn wir mit einer neuen Situation oder einem neuen Problem konfrontiert werden und wir uns in irgendeiner Weise entscheiden müssen, was wir wollen. Wir bedienen uns unserer Phantasie, um auszuwählen, welche Fragen wir stellen oder worauf wir uns als nächstes konzentrieren wollen. Wir erzeugen lebhafte sinnliche Bilder, die uns dabei helfen, zu sehen oder zu fühlen, wonach wir suchen. Nach diesen Bildern handeln wir dann.

Visualisation oder Visualisieren ist eine Technik, die sich der Vorstellungskraft bedient, um geistige Bilder des jeweils erstrebten Gegenstands oder Zustands zu erzeugen. Wenn Sie sich beispielsweise ein neues Auto wünschen, dann erzeugen Sie ein Bild dieses Wagens und konzentrieren sich solange darauf, bis sich Ergebnisse einstellen. Diese Methode kann sich als äußerst effektiv erweisen, und Schamanen bedienen sich ihrer zuweilen, um ein bestimmtes Resultat zu erzielen. Sie manipulieren Gedanken und Gefühle, um ein visuelles oder andersgeartetes sinnliches Bild ihres Zieles zu erhalten. Dies wiederum hilft ihnen dabei, genau zu definieren, was sie vorrangig wollen. Und so funktioniert es:

1. Erzeugen Sie zunächst ein getreues geistiges Bild der Sache oder der Erfahrung, die Sie tatsächlich haben oder machen möchten: also etwa ein neues Haus, ein harmonisches Familientreffen, ein Urlaub in der Südsee.

2. Beschreiben Sie sich dann in Gedanken dieses Bild mit möglichst vielen Details.

3. Durchtränken Sie es mit aller Spannung und allem Enthusiasmus, die Sie aufbringen können. Beziehen Sie alle Ihre Sinne mit ein, um ein vollständiges Bild zu erhalten.

4. Lassen Sie das Bild los. Wiederholen Sie die Übung bis zu zehnmal hintereinander.

Die »Reise-Methode« ähnelt der Visualisation insofern, als sie mit der räumlichen Umgebung in Wechselwirkung steht, handlungsbezogen ist und auf Kraft basiert. Bei einer schamanischen Reise mobilisieren Sie Ihre Energie durch Ihre Gedanken und Gefühle und senden Sie aus, um zu den Kräften, die in der Welt existieren, in Kontakt zu treten. Wenn Sie genügend Kraft gespeichert haben, werden Sie imstande sein, mit Hilfe Ihrer Verbündeten Ihre Ziele zu verwirklichen. Diese Betonung der gespeicherten Kraft unterscheidet die schamanische Reise von der einfachen Visualisation. Ein zweiter Unterschied zwischen den beiden Methoden ist die Art des Ergebnisses. Anders als bei geplanten Visualisationen wissen Sie bei einer schamanischen Reise keineswegs immer, was in Ihren Visionen geschehen wird. Sie haben die Ereignisse und Situationen, deren Zeuge Sie werden, nicht unter Kontrolle - wohl aber die Weise, wie Sie darauf reagieren.

Die Fähigkeit zur Visualisation ist eine notwendige Voraussetzung für schamanisches Reisen. Je aktiver Ihre Phantasie arbeitet und je mehr Geschicklichkeit Sie darin entwickeln, sich ihrer zu bedienen, desto »kraftgeladener« werden Sie sein. Je mehr Kraft Sie besitzen, desto besser werden Sie imstande sein, die für eine Reise notwendigen Manöver durchzuführen und mit Herausforderungen und Hindernissen auf Ihrem Pfad fertig zu werden. Sie werden die Tür zwischen der Welt der gewöhnlichen Wirklichkeit und den geistigen Welten öffnen müssen, die Ihnen in Ihrer Kindheit stets zur Verfügung standen. Schamanische Techniken greifen auf diese kindliche Fähigkeit zurück. Besondere Visualisationstechniken sind ein integraler Bestandteil des Reiseprozesses. Indem Sie Ihre Vorstellungskraft trainieren, bereiten Sie sich darauf vor, sich bei der machtvollen Reise-Methode des »schamanischen Sehens« oder »*Schauens*« zu bedienen.

Jeder von uns hat schon Erfahrungen mit irgendeiner Form des Visualisierens gemacht. So könnten Sie sich etwa während einer langweiligen Arbeitssitzung Tagträumen über eine bevorstehende Urlaubsreise hingegeben oder in der Vorstellung schon die Speisen für ein romantisches Abendessen zusammenstellen. Bei »Tagträumen« lassen sich zweierlei Arten von Visionen unterscheiden: eine aktive und eine passive. Die passive Form verlangt von Ihnen, daß Sie alle Gedanken und Bilder, die sich einstellen, wie in einem wirklichen Traum fließen lassen. Die aktive dagegen erfordert bewußtes Denken und eine bewußte Manipulation der Bilder.

Anders als viele andere »Zielsetzungs-« und »Problemlösungs-Techniken« umfaßt das *Schauen* sowohl die aktive als auch die passive Form des imaginativen Tagträumens oder Visualisierens. Sie müssen sich zunächst solange aktiv auf Ihre Frage, Ihr Problem oder Ziel konzentrieren, bis sie imstande sind, es klar zu »sehen«, zu empfinden und zu fühlen, und dann empfänglich sein für die Antwort oder den Rat, der Ihnen zuteil wird.

Innerer Abstand und Hingabe

Da die zwei Säulen der schamanischen Arbeit Einfühlungsvermögen und Zuhören sind, tragen innere Distanz und Hingabe in wesentlichem Maße zum Erfolg eines jeden schamanischen Prozesses bei. Es ist ausgesprochen schwierig, zu einer befriedigenden Lösung eines Problems zu gelangen, wenn man gleichzeitig von ebendiesem Problem gefühlsmäßig völlig in Anspruch genommen ist. Wenn wir uns emotional absolut mit einer Situation identifizieren, hält sie uns in einem solchen Maße gefangen, daß es unmöglich wird, die gewünschten Veränderungen herbeizuführen. Die emotionelle Identifikation mit einem Problem wirkt sich in einer Blockierung der Energie aus, die wiederum jeglichen Fortschritt im Hinblick auf das angestrebte Ziel verhindert. In der Regel schwächt sich mit der Zeit die Intensität von Emotionen ab, und man kann seinen Weg fortsetzen. So hat die alte Redensart: »Schlaf nochmal drüber, morgen sehen die Dinge schon ganz anders aus« einen Kern von Wahrheit in sich, da der Schlaf tatsächlich ein Sichhingeben der Traum- oder Geist(er)welt erforderlich macht.

Dieser Zustand der Hingabe ist auch dann von Bedeutung, wenn es darum geht, uns ein Ziel zu setzen und erwünschte Dinge oder Situationen Wirklichkeit werden zu lassen. Eine große gefühlsmäßige Bindung an diese Wünsche kann in der Tat verhindern, daß sie sich realisieren. Es gibt ein englisches Sprichwort, das lautet: »Wasser, dem man zuschaut, kocht nie.« Dasselbe könnte auch auf einen Wunsch zutreffen, mit dem Sie sich zu sehr identifizieren. Gerade bei zwischenmenschlichen Beziehungen ist dies sehr häufig der Fall, da man hier in der Regel gefühlsmäßig stark engagiert ist. So werden Sie vermutlich in einem schamanischen Prozeß, bei dem es um einen Streit, den Sie mit einem Familienmitglied hatten, geht, größere Schwierigkeiten damit haben, Ihren inneren Abstand zu bewahren. Sie werden es wesentlich einfacher finden, distanziert zu bleiben, wenn das Wetter oder die Angelegenheiten eines Fremden Thema der schamanischen Sitzung sind.

In seiner Forderung nach völliger Hingabe geht der Schamanismus jedoch noch einen Schritt weiter. Nicht nur wird von Ihnen verlangt, daß Sie sich von jeglicher emotionalen Bindung an das anstehende

Problem freimachen, um es erfolgreich lösen zu können – Sie müssen darüber hinaus akzeptieren, was an deren Stelle tritt. Auch wenn eine Information, die Sie im Verlaufe Ihrer Reise erhalten, Ihnen zunächst nicht nützlich zu sein scheint, so sollten Sie sie dankbar annehmen und sie nicht ablehnen oder kritisieren. Es ist nämlich durchaus möglich, daß Sie erst zu einem späteren Zeitpunkt erkennen, welchen Wert sie tatsächlich besitzt. So könnten Sie, um ein Beispiel zu nennen, als Antwort auf ein Beziehungsproblem einen Vogel sehen, der während Ihrer Reise ständig im Kreis fliegt. Sie können nun dieses Bild als irrelevant oder sinnlos aus Ihrem Gedächtnis streichen – oder aber es als möglichen Schlüssel zu Ihrem Dilemma »im Hinterkopf behalten«. Später erkennen Sie dann vielleicht, daß Sie sich der Person, mit der Sie Schwierigkeiten haben, stets auf dieselbe Weise genähert haben – genau wie der Vogel, der ununterbrochen im Kreis flog.

Schamanen geben durchaus zu, daß Hingabe und innere Distanz zu den Forderungen gehören, die am schwersten zu erfüllen sind. Daher bedienen sie sich sehr häufig des Humors als eines integrierten Bestandteils ihrer Beratertätigkeit. Lachen erleichtert es uns, Abstand zu gewinnen, da es blockierte Emotionen freisetzt, und so wird es mit Fug und Recht als »die beste Medizin« bezeichnet. Es ist nicht leicht, eine intensive emotionale Identifikation mit einer Situation aufrechtzuerhalten, sobald Humor ins Spiel kommt. Schamanen wissen dies und legen daher großen Wert darauf, ihrer Arbeit eine gute Portion davon beizumischen. Sie führen sich nicht selten regelrecht wie Clowns auf, indem sie ihre Aktivitäten mit wilden Gesten, Tänzen und Gesängen ausschmücken. Westliche Anthropologen dachten lange Zeit, Schamanen seien verrückt, weil sie augenscheinlich über alles lachten. Verrückt vielleicht – aber schwerlich geisteskrank. Nur geistig wirklich gesunde Individuen sind imstande, über die Probleme zu lachen, die wir Menschen uns selbst einbrocken. Die Welt des Geist-Selbstes ist die wahre Quelle allen Lachens. Deshalb werden Sie erkennen, daß so mancher Rat, den Sie aus der inneren Welt erhalten, höchst amüsant ist oder sich gar über Ihr jeweiliges Problem lustig macht.

Die Auflösung einer Beziehung ist in keinem Fall eine angenehme Erfahrung, und auf Andrea Clover wirkte sie sich geradezu lähmend aus. Seit Wochen war sie zu nichts zu gebrauchen: Ihre schriftstellerische Arbeit kam nicht vom Fleck. Ihre Briefe blieben unbeantwortet. Ihr gesellschaftliches Leben existierte nicht mehr.

Andrea war so schockiert über Jacques plötzlichen Gefühlsumschwung, daß sie nicht einmal imstande war, über das Gefühl, zurückgewiesen worden zu sein, zu weinen.

Schließlich überredete ihre beste Freundin Lynne sie, sie zum »Zirkel der Kraft« zu begleiten, einer Gruppe von Leuten, die sich schamanischen Praktiken verschrieben hatten und mit denen sie sich regelmäßig einmal in der Woche traf, um zu tanzen, zu trommeln und auf schamanische Reisen zu gehen. Monatelang hatte sich Andrea geweigert mitzukommen, weil ihr die ganze Sache als völliger Humbug und ausgesprochen lächerlich erschien: einfach nur dazusitzen, sich verrückte Tiere vorzustellen und wie diese herumzuhüpfen! Dieser »Zirkel« mußte einfach ein Haufen von Bekloppten sein.

Andrea war also ziemlich überrascht, als sie eine Gruppe völlig normal aussehender Menschen vorfand, die sich aus allen Schichten und Berufen rekrutierte. Im Verlauf des Abends wurde sie allen vorgestellt, und man ließ sie wissen, daß sie willkommen sei, an allen Aktivitäten teilzunehmen. Sie begannen mit einem Erfahrungsaustausch und dem Verbrennen von Salbei, dann formierten sie sich zu einer Reihe, um, von Trommelschlag begleitet, lebhaft zu tanzen – was Andrea reichlich albern fand. Warum war sie nur hergekommen? Sie dachte daran, sich heimlich davonzuschleichen, fing dann aber an, die Situation mit Humor zu sehen. Sie lachte über das lächerliche Bild, das sie selbst und die anderen boten, wie sie da im Halbdunkeln herumhopsten, während lautes Getrommel die Luft durchdröhnte. Als sie so lachte, kamen ihr zur ihrer eigenen Überraschung die Tränen, und einen Augenblick lang wußte sie nicht, ob sie lachte oder schluchzte. Als der Tanz zu Ende war, fühlte sich Andrea verwirrt und seltsam energisiert. Ein Gruppenmitglied erklärte ihr, daß sie nun »ihre Tiere tanzen« würden und daß sie herzlich eingeladen sei mitzumachen. Er sagte ihr, da es für sie das erste Mal sei, solle sie einfach nur den Eindruck eines Tieres in sich aufsteigen lassen.

Als die Trommel wieder einsetzte, bezweifelte Andrea, daß sie überhaupt irgendein Tier »empfinden« würde, doch zu ihrer abermaligen großen Überraschung stellte sich sehr bald das Bild eines großen Hirsches ein. Langsam, zu Anfang regelrecht verlegen, ahmte sie also die Bewegungen eines Hirsches nach und spürte eine Wärme, die in Zusammenhang mit diesem Tier stand. Sie ertappte sich dabei, wie sie die Verteidigungshaltung einnahm, den Kopf gesenkt, die Geweihstangen abwehrbereit nach vorn gestreckt. Als das Getrommel intensiver wurde, ging der Hirsch zum Angriff über und kämpfte mutig. Andrea verspürte mit einem Mal eine ungeheure Erleichterung und vollführte heftige Stoß- und Parierbewegungen.

Später am Abend, als Andrea sich in ihrem Wagen auf dem Heimweg befand, hatte sie die seltsame Empfindung, als ob ein Hirsch im Fond säße. Sie lächelte bei sich und seufzte glücklich. Irgendwie schien Jacques nicht mehr so wichtig zu sein. Sie hatte einen neuen Freund und neue Kraft gefunden.

Um imstande zu sein, aufzustehen und das Tier zu tanzen, mußte Andrea zuvor die Bereitschaft zeigen, sich hinzugeben – ein Prozeß, der durch Lachen und Tränen enorm erleichtert wurde. Erst dann konnte sie dem Helfer, in diesem Fall einem Tiergeist, erlauben, zu ihr zu kommen.

Die Bestandteile des »*Schauens*«

Schamanisches *Schauen* fügt der Visualisation eine weitere Dimension hinzu, den Vorgang des »Er-sehens« oder Formens eines geistigen Bildes, das die gesamte Natur und alle Sinne mit einbezieht. Da der Geist alles Natürlichen die Quelle wahrer Kraft ist, liegt in ihm der Schlüssel zu erfolgreichem *Schauen*. Und da die Natur und alle natürlichen Wesen dreidimensional sind, erzeugen Schamanen ihre Bilder auch auf dreidimensionale Weise, indem sie sich nicht nur des Sehens bedienen, sondern ebenso des Klanges, des Gefühls und des Geschmacks. Wenn sie also beispielsweise das Bild eines Apfels in ihrer Vorstellung erzeugen wollten, dann würden sie ihn »sehen«, in ihren Händen fühlen, ihn riechen, ein Stückchen abbeißen und ihn schmecken und schließlich hören, indem sie ihn zerkauen.

Der andere Aspekt schamanischen *Schauens*, den es unbedingt zu beachten gilt, ist der, daß man bei der Erzeugung innerer Bilder so viele natürliche Phänomene wie nur irgend möglich einbeziehen soll. Wenn Sie sich vorstellen wollen, daß Sie sich auf einer weichen Unterlage entspannen, so lassen Sie diese weiche Unterlage weiches Gras, ein Bett aus Laub oder vielleicht der Pelz eines Ihrer Lieblingstiere sein – und nicht einen Kunstfaserteppich oder ein mit Vinyl bezogenes Sofa. Bei einer harten Unterlage stellen Sie sich besser festen Erdboden als Zement oder Plastik vor. Schamanisch gesprochen haben natürliche Objekte mehr Kraft als synthetische Materialien.

Das gleiche gilt für alle Sinne. Um eine Vision möglichst real zu gestalten, sollten Sie auch Geräusch-, Geruchs- und vielleicht auch Geschmacksempfindungen mit einbeziehen. Mit den Geräuschen ist das nicht immer einfach, da wir als Stadtmenschen am besten das reproduzieren können, was wir tagtäglich um uns herum hören: Autos, Busse, Züge, das Klingeln von Ladenkassen, Telefonen und dergleichen mehr. Doch wenn Sie genau lauschen, können Sie selbst inmitten einer Großstadt natürliche Geräusche vernehmen: den Wind, der durch die Bäume bläst, Vogelgesang, laufendes Wasser (selbst wenn es nur in Ihrer Spüle rinnt). Und zweifellos können Sie sich von einem Urlaub her an das Geräusch der Meeresbrandung erinnern oder an das Tosen eines Gewitters in den Bergen. In den Prozeß des *Schauens* integriert, helfen Ihnen alle diese kraftvollen natürlichen Geräusche dabei, das dreidimensionale Bild zu erzeugen, das für schamanische Ratgebung so wesentlich ist.

Der Geruch ist der stärkste, wirkungsvollste aller Sinne. Erinnerungen an Kindheitsgerüche, an Großmutters duftende Kuchen beispielsweise, lösen geradezu unglaubliche emotionale Reaktionen aus. Wenn wir daher einem mentalen Bild auch die Dimension des Geruchs hinzufügen, so gewinnt es weit größere Realität. Visionen von Blumen werden lebendig, wenn wir ihren Duft hinzufügen, und Früchte werden »mental eßbar«, wenn wir zu ihrem optischen Bild ihr Aroma ergänzen. Ebenso sollte die bildliche Vorstellung desjenigen Ortes, an dem Sie sich am allerliebsten aufhalten würden, warme und heimelige Gerüche einschließen. Eine uns befreundete Maklerin backt in jedem Haus, das sie verkaufen möchte, vor jeder Besichtigung Schokoladenplätzchen und macht Feuer im Kamin. Die potentiellen Käufer treten ein und fühlen sich sofort »zu Hause«. Es ist unnötig zu sagen, daß diese Maklerin außerordentlich erfolgreich ist und wenig Probleme damit hat, eines »ihrer« Häuser zu verkaufen.

Sie sollten allerdings darauf achten, daß Sie Ihre Visionen nur mit Gerüchen durchtränken, die Ihnen persönlich etwas bedeuten. Bei einer Person erzeugt beispielsweise der Geruch warmer dampfender Erde ein wohliges, heimisches Gefühl, bei einer anderen hingegen der Geruch frischer Seeluft. Was auch immer Ihre Lieblingsgerüche sein mögen – indem Sie sie beim *Schauen* »verwenden«, ergänzen Sie den Prozeß der Bilderzeugung in jedem Fall um eine machtvolle Dimension. Behalten Sie nur stets in Erinnerung, daß Sie auch diese sinnliche Komponente so natur-orientiert wie möglich halten sollten.

Mit dem Geruchssinn Hand in Hand geht der Geschmackssinn. Selbstverständlich können Sie sich seiner nur dann bedienen, wenn

Sie mit eßbaren Dingen arbeiten, und in einem solchen Fall ist in der Regel auch der Geruchssinn beteiligt. Doch da der Geschmack einer Sache Ihr inneres Bild ebensosehr bereichert wie deren Geruch, sollten Sie ihn, so oft dies irgend möglich ist, ebenfalls in Ihre Visionen einbeziehen.

Wir bieten Ihnen nun eine Reihe einfacher sensorischer Übungen an, die dazu dienen sollen, Sie mit den Sinnen des Fühlens, Hörens, Riechens und Schmeckens vertraut zu machen. Da bei den meisten Menschen das Sehvermögen viel weiter entwickelt ist als die übrigen Sinne, ist es besonders wichtig, diese vier zu trainieren, um Ihren schamanischen Bemühungen ein größeres Maß an Ausgewogenheit und Stärke zu verleihen.

Sinnes-Übung Nummer 1: Anleitung

Für diese Übung benötigen Sie einen Platz, vorzugsweise im Freien, an dem Sie einige Augenblicke lang wirklich ungestört sitzen können. Schließen Sie Ihre Augen, entspannen Sie sich und erforschen Sie Ihre Umgebung mit dem Tastsinn. Wenn es also sonnig oder kühl ist, so stellen Sie fest, wie sich das auf Ihrem Gesicht anfühlt. Wenn Sie auf dem Boden sitzen, vielleicht gegen einen Baum gelehnt, so ertasten Sie mit Ihren Händen alles, was sich in Ihrer Reichweite befindet. Registrieren Sie Härte, Weichheit, Temperatur und so weiter.

Wechseln Sie nun zum Hörsinn. Achten Sie auf alle Geräusche. Konzentrieren Sie sich immer nur auf jeweils einen Klang, indem Sie ihn wirklich hören. Wenn Sie in der Stadt sind, versuchen Sie sich nur auf die natürlichen Geräusche zu konzentrieren und lassen Sie die künstlichen gleichsam in der Ferne verklingen.

Wechseln Sie nun zum Geruchssinn. Notieren Sie im Geiste alle unterschiedlichen Gerüche. Auch dies kann schwieriger für Sie sein, wenn Sie sich in einer überbevölkerten städtischen Umgebung aufhalten. Doch in jedem Park dürften Sie eigentlich den Geruch von Gras, Bäumen, Erde und dergleichen finden. Konzentrieren Sie sich auch hier immer nur auf einen Geruch auf einmal, und versuchen Sie den natürlichen Düften zu folgen.

Und nun verbinden Sie alle Sinne. Registrieren Sie alle drei zur selben Zeit. Wenn Ihnen diese Aufgabe Schwierigkeiten bereitet, konzentrieren Sie sich zunächst auf einen und fügen dann nach und nach die anderen beiden hinzu.

Übung Nummer 1: Zusammenfassung

1. Schließen Sie die Augen und entspannen Sie sich.
2. Erforschen Sie Ihre Umgebung, indem Sie sich Ihres Tastsinnes bedienen.
3. Hören Sie auf alle Geräusche, die Sie umgeben.
4. Achten Sie auf alle Gerüche.
5. Nehmen Sie alle drei Sinne zur selben Zeit wahr.

Übung Nummer 2: Anleitung

Um den Geschmacksinn zu trainieren, ist es nicht unbedingt erforderlich, daß Sie sich im Freien aufhalten. Ihre Wohnung, Ihr Büro oder eine andere beliebige Räumlichkeit genügt hierzu vollauf. Diese Übung funktioniert am besten mit einer Frucht. Wählen Sie also ein beliebiges Obst aus, beispielsweise eine Birne. Schließen Sie die Augen und fühlen Sie die Frucht mit Ihren Händen. Spüren Sie ihre Oberflächenbeschaffenheit und Temperatur. Riechen Sie die Birne und beißen Sie hinein. Konzentrieren Sie sich auf Ihren Geschmacksinn, während Sie essen. Achten Sie gleichzeitig auf Ihren Gehörsinn.

Übung Nummer 2: Zusammenfassung

1. Wählen Sie eine Frucht aus.
2. Schließen Sie die Augen. Fühlen Sie die Frucht.
3. Riechen Sie die Frucht und beginnen Sie, sie zu essen.
4. Konzentrieren Sie sich auf Ihre Geschmacksempfindung.

Diese Übungen sind so konzipiert, daß Sie sie mit nur geringem Zeitaufwand beinahe überall machen können. Wenn Sie sie regelmäßig durchführen, steigern Sie damit Ihre Fähigkeit, Ihre Visualisationen zu bereichern und wirkungsvoller zu gestalten.

Das Sehvermögen ist derjenige Sinn, der in der Regel am meisten zur Erzeugung mentaler Bilder eingesetzt wird. Wenn man Ihnen sagt, Sie sollen sich einen Gegenstand vorstellen, dann erscheint Ihnen ebendieser Gegenstand vermutlich als inneres visuelles Bild. Beim schamanischen *Schauen* stellen Bilder lediglich das Grundgerüst dar, das dann durch die anderen Sinne erweitert und ausgefüllt wird. Deshalb müssen Sie imstande sein, Ihr Bild zu »sehen«, bevor Sie daran gehen können, es gewissermaßen »auszumalen«.

Für den Schamanen ist nicht nur die Gestalt oder Form eines visuellen Bildes von Bedeutung, sondern auch die Frequenz, mit der die Energie dieser »Form« vibriert. Dies ist eine abstrakte Vorstellung, mit der vielleicht nur Physiker, Schamanen und Mystiker vertraut sind. Schamanisch gesprochen hat jeder Körper im weitesten Sinne, sei er nun beseelt oder unbeseelt, eine Geistseele oder Energie, die auf einem bestimmten Niveau oder mit einer bestimmten Frequenz schwingt. So würde Gold beispielsweise eine höhere Frequenz haben als Blei. Diese Frequenz kann für den Prozeß des *Schauens* am einfachsten in Farbe und Dichte übersetzt werden. Jede Farbe des Spektrums besitzt eine bestimmte Frequenz: wenn man also in seiner Vorstellung diese Farbe erzeugt, erzeugt man gleichzeitig damit auch ihre spezifische Frequenz.

Je dichter oder dunkler eine Farbe ist, desto niedriger ist ihre Frequenz, während sich umgekehrt das Energieniveau beziehungsweise die Frequenz erhöht, je heller und leuchtender eine Farbe ist. Dunkle, »dicke« Farben wie Braun oder Schwarz bringen Bilder »düsterer« Stimmungen, von Lethargie und Depression, mit sich. Ein feuriges Rot beschwört dagegen Lebensfreude herauf, und ein leuchtendes Türkis kann sich aufregend und in höchstem Grade kreativ anfühlen.

Farben und ihre Frequenzen sind insofern von wesentlicher Bedeutung, als sie uns unsere natürlichen Eigenschaften ins Gedächtnis zurückrufen. Je mehr wir uns dieser Eigenschaften bei unseren Visionen bedienen, desto kraftgeladener werden diese. Deshalb wollen wir Ihnen den Gebrauch von Farbe und Dichte in ihrem spezifischen Verhältnis zu jedem Lebewesen nahebringen. Schamanen wissen, daß ein mentales Bild um ein Vielfaches lebendiger und machtvoller wird, wenn bei seiner Erzeugung die visuellen Eigenschaften von Lebewesen in der Vorstellung reproduziert werden, da diese – im Gegensatz zu künstlichen Objekten – alle eine Geistseele besitzen. Der Unterschied ist nur ein feiner, und Sie werden sich vielleicht fragen, inwiefern ein Naturgrün denn anders als ein »Kunstgrün« sein soll. Überlegen Sie sich aber folgendes: Wenn Sie jemand darum bittet, die Augen zu schließen und an die Farbe Grün zu denken, fällt Ihnen dann das Grün Ihres Tischtuches oder das Ihres Rasens ein? Die zwei

Farbtöne mögen Ihnen identisch erscheinen, dennoch aber besteht ein wichtiger - energetischer - Unterschied zwischen den beiden.

Ebenso könnten Sie bei der Farbe Gelb an den Anstrich Ihres Küchenbüfetts denken. Sie könnten sich aber auch das warme Gelb der Sonne in Erinnerung rufen oder vielleicht auch das Gelb einer reifen Honigmelone. Indem Sie sich der Farben natürlicher Objekte bedienen, reproduzieren Sie deren spirituelle Eigenschaften. Wenn Sie also ihre mentalen Bilder mit natürlichen Farben »kolorieren«, werden Ihre Visionen lebendig und dadurch wesentlich machtvoller.

Es folgt nun ein Beispiel für eine geleitete schamanische Vision. Obgleich es sich hierbei nicht direkt um eine schamanische Reise handelt, kann sie sehr wohl wirkungsvolle Ergebnisse zeitigen.

Ahritmah kauerte neben dem Feuer über seinem kargen Abendessen. In den letzten Tagen hatte er sich nach der Zeit zurückgesehnt, als seine Geistseele sich weit emporschwang und er sich energiegeladen und kraftvoll fühlte. Es war, als ob sich eine Dunkelheit über ihn gesenkt hätte, die sein Leben trüb und kalt machte. Saashima und einige andere Frauen und Kinder waren im Lager geblieben, während die übrigen in das Lager auf der anderen Seite des großen Flußes gegangen waren. Die junge und schöne Saashima war von einem alten Weisen in den Wegen der Geistseele unterrichtet worden. Nun bat Ahritmah sie um Hilfe. Sie legte ihre Handflächen auf seine Augen, um das Licht des Feuers abzuhalten und sagte: »Gehe in dich und sage mir, was du siehst.« »Dunkelheit«, antwortete er. »Nichts als Dunkelheit und Wüstennacht.«
»Was wünschst du dir?« fragte Saashima liebevoll.
»Kraft, ein neues Lager, mein Leben!« antwortete Ahritmah.
»Öffne dein Bewußtsein und finde den Himmel«, sagte sie zu ihm. »Mach ihn tagblau. Schau hinunter und siehe den Wüstensand, der golden glänzt wie die Sonne. Finde das Lager jenseits des großen Flusses und dein Zelt warm wie Kamelmilch und von der Farbe der Zungen deines Lagerfeuers. Deine Mutter wartet auf dich mit einem Herzen, das warm ist und leuchtet wie die Glut. Sie reicht dir eine Schüssel mit Flüssigkeit, rot wie frischer Safran; du trinkst sie und fühlst, wie deine Kräfte zurückkehren und die Dunkelheit hinweggespült wird und in der Erde versickert.«
Saashima nahm nun ihre Hände von Ahritmahs Augen, wandte sich nach Osten, verbeugte sich dankend und war verschwunden. Ahritmah blieb lange Zeit neben dem verlöschenden Feuer liegen und bewahrte die Vision in seinem Herzen. Dann schlief er ein.

Am nächsten Tag begrüßte er die Sonne, die über die Wüste heraufstieg, und machte sich, wieder ganz er selbst, auf zu dem Lager jenseits des großen Flusses.

Wie aus dieser Geschichte deutlich wird, kann die Verwendung von Farbe und anderen sinnlichen Hilfsmitteln beim *Schauen* nicht nur die gewünschten Veränderungen hervorbringen, sie kann uns darüber hinaus auch dazu motivieren, diese Veränderungen in die Wege zu leiten. Eine Situation, die trostlos und »trüb« erscheint, kann mit Hilfe ebendieser Techniken »rosiger« werden. Wenn Sie beispielsweise Ihre gegenwärtige Arbeitssituation deprimierend finden, könnten Sie die Frequenz Ihres Büros ändern, indem Sie ihm in Ihrer Vision eine hellere oder leuchtendere, *natürliche* Farbe geben.

Die folgende Übung ist einfach und bezieht alle bislang in diesem Kapitel behandelten wesentlichen Aspekte mit ein. Sie wird Ihnen dabei helfen, sich mit den Grundprinzipien schamanischen *Schauens* vertraut zu machen. Wir empfehlen Ihnen, sie mehrere Male durchzuführen, um sich auf die schamanische Reise vorzubereiten, in die wir Sie im Anschluß daran einführen wollen.

Übung Nummer 3: Anleitung

Wählen Sie einen beliebigen Gegenstand in Ihrem Haus oder Ihrer Wohnung aus. Entspannen Sie sich und schließen Sie die Augen. Bilden Sie den Gegenstand in Ihrer Vorstellung so sorgfältig wie möglich nach, indem Sie jedes Detail reproduzieren, an das Sie sich erinnern können. Wenn nötig, öffnen Sie zwischendurch die Augen und betrachten Sie den realen Gegenstand noch einmal.

Wenn Sie den Gegenstand Ihrer Wahl, so gut es Ihnen möglich war, neu erschaffen haben, beginnen Sie, sich auf jeden einzelnen Teil von ihm zu konzentrieren. Achten Sie auf jede Kleinigkeit: Farbe, Beschaffenheit, Klang, Temperatur. Jede Eigenschaft, die Sie festgestellt haben, bringen Sie nun, indem Sie sie in Gedanken mit einem Satz beschreiben, in einen »natürlichen Zusammenhang«. Wenn Sie also beispielsweise eine Lampe betrachten, die einen rauhen bräunlichen Keramikfuß hat und einen weißseidenen Schirm, dann könnte der Fuß in Ihren Augen dieselbe Beschaffenheit und dieselbe Farbe besitzen wie ein Felsen, der Schirm wiederum könnte dem weißen Blütenblatt einer Lilie gleichen. Verfahren Sie auf diese Weise nach und nach mit dem ganzen Gegenstand und benutzen Sie dabei alle Ihre Sinne.

Übergeben Sie jetzt Ihrer Phantasie die Kontrolle. Fangen Sie an, in Ihrer Vorstellung Veränderungen am betreffenden Gegenstand vorzunehmen, indem Sie sich abermals natürlicher Eigenschaften bedienen und all Ihre Sinne mit einbeziehen. Zusätzliche positive Wirkungen werden sich einstellen, wenn diese Veränderungen lustiger Natur sind. Ihrer Lampe könnte also plötzlich ein zottiges Fell wachsen, sie könnte nach Zimt riechen und laut singend im Zimmer herumtanzen. Dieser Schritt ist äußerst wichtig, da Sie mit ihm nicht nur Ihre Phantasie trainieren, sondern auch Ihre Fähigkeit, Ihre Bilder mit dem großen Geist der Natur zu beseelen. Widmen Sie dieser Übung soviel Zeit, wie Sie wollen. Sie können Ihrem Gegenstand sogar erlauben, sich ohne ausdrückliche, bewußte Anweisungen Ihrerseits ganz nach Belieben zu verändern. Schauen Sie einfach zu, was passiert: Lassen Sie sich einfach überraschen!

Übung Nummer 3: Zusammenfassung

1. Wählen Sie einen Gegenstand aus.
2. Entspannen Sie sich und schließen Sie die Augen.
3. Reproduzieren Sie den Gegenstand in Ihrer Vorstellung.
4. Konzentrieren Sie sich auf jeden einzelnen Teil des Gegenstandes, achten Sie auf jede Kleinigkeit, benutzen Sie dabei alle Ihre Sinne.
5. Beschreiben Sie jede einzelne Eigenschaft durch Vergleiche aus dem Naturreich.
6. Nehmen Sie in Ihrer Vorstellung Veränderungen am Gegenstand vor, die ebenfalls aus dem Reich der Natur stammen.

Der Beginn der schamanischen Reise

Nun, da Sie im wesentlichen wissen, wie man beim schamanischen *Schauen* wirkungsvolle Bilder erzeugt, lassen Sie uns auf eine schamanische Reise gehen. Einleitend sollten wir Ihnen noch sagen, daß eine solche Reise die bei der schamanischen Beratung am häufigsten angewandte Methode ist, zu dem inneren Geist-Selbst in Kontakt zu treten und Informationen abzurufen. Unser Geist-Selbst steht in ständiger Verbindung mit allen Aspekten der Natur, ob nah oder fern. Wir müssen lediglich lernen, in unserem Inneren umherzuschweifen, um Kontakt zu unserem Geist-Selbst aufnehmen zu können und auf diese Weise zu einem Teil dieses verborgenen Reiches zu werden. Wie Michael Harner in seinem Buch *Der Weg des Schamanen* erklärt, ist der Schamane »ein selbstverantwortlicher Entdecker der unendlichen Wohnungen eines großartigen, verborgenen Universums«.

Seit ältesten Zeiten haben sich Schamanen solcher Reisen bedient, um in jenes Reich zu gelangen, das sie die Unterwelt nennen. Während zahlreiche Schulen metaphysischen Denkens der Ansicht sind, Informationen könne man nur erlangen, wenn man sich nach außen an das Universum oder den Kosmos um Hilfe wendet, haben die Schamanen seit jeher geglaubt, daß die Antworten auf alle Fragen im eigenen Inneren gefunden werden könnten. Deshalb beginnt die schamanische Reise an einer Öffnung der Erde, in der Regel in einer Höhle oder bei einer heißen Quelle, und der Weg führt im allgemeinen durch einen Tunnel. Ein Freund von uns vergleicht ihn mit dem Schacht eines Bergwerks, der tief in die Erde hineinführt.

Bevor Sie mit der Reise beginnen, müssen Sie sich zunächst darauf vorbereiten, indem Sie sich auf eine Frage oder einen Gegenstand konzentrieren, über den Sie gern Aufklärung erhalten möchten. Wenn Sie sich auf die Reise begeben, ohne sich zunächst darüber klarzuwerden, was Sie sich davon erhoffen, so ist es ebenso, als schalteten Sie den Fernseher ein, um Ihre Lieblingssendung zu sehen, ohne jedoch den richtigen Kanal einzustellen: Sie werden vermutlich eine Menge Störungen empfangen, und Ihre Erfahrungen werden ein chaotisches Mischmasch sein. Überlegen Sie sich also unbedingt im voraus, welche Frage Sie beantwortet haben wollen, und stimmen Sie sich auf diese Frage ein. Als nächstes müssen Sie Ihren Geist von allem Ballast befreien und sich von dem Verlangen lösen, alles unter Kontrolle zu haben. Beginnen Sie Ihre Reise ohne Erwartungen und Vorstellungen von dem, was Sie möglicherweise entdecken werden. Wir werden Ihnen eine Entspannungsübung schildern, die Ihnen dabei helfen wird, alle diese Bedingungen zu erfüllen.

Um seine Energie zu zentrieren, benutzt der Schamane häufig raschen rhythmischen Trommelschlag, der ihn auf seine innere Reise treibt. Die Trommel nennt er liebevoll sein »Pferd« oder sein »Kanu«, weil sie ihm gewissermaßen als »Fahrzeug« dient, um in die Geisterwelt zu gelangen. Obwohl er keine unbedingte Voraussetzung für eine schamanische Reise ist, hilft uns der Trommelschlag dabei, uns zu konzentrieren, uns weniger Gedanken zu machen, den niemals endenden »inneren Monolog« zur Ruhe zu bringen und Bildern oder Visionen der Reise zu erlauben, in unserem Bewußtsein Gestalt anzunehmen. Indem wir mit der Trommel unsere Aufmerksamkeit um einen Punkt zentrieren, erzeugen wir in uns die Empfindung eines heftigen »Hinausdrängens«, die den Beginn unserer Reise erleichtert, und erhalten außerdem, wenn wir erst einmal am Ziel angelangt sind, leichter Zugang zu den benötigten Informationen.

Wenn Sie Angst haben, mit Ihrem Getrommel Ihre Nachbarn zu stören, so können Sie statt dessen auch über Kopfhörer einer geeigneten Bandaufzeichnung lauschen. (Sie können dieses Band entweder selbst bespielen oder aber ein fertig bespieltes kaufen). Sie können aber auch einfach rhythmisch mit den Fingern auf eine leere Dose oder Schachtel klopfen, denn Sie dürfen nicht vergessen, daß Schamanen zuerst und vor allem Pragmatiker sind: Sie tun das, was wirkt. Die wirklich guten unter ihnen verschwenden ihre Zeit nicht mit leeren Ritualen. Wenn Sie imstande sind, sich gut zu konzentrieren, können Sie mit der Zeit sicherlich lernen, sich - wie viele professionelle Schamanen - ohne die Hilfe einer Trommel auf die Reise zu begeben.

Damit die Reise für Sie zu einem Erfolg wird, müssen Sie nur die einzelnen Schritte gewissenhaft befolgen und willens sein, anzunehmen, was Ihnen begegnet. Wenn Sie sich zu sehr engagieren, sich selbst unter Druck setzen, Ihr Verhalten oder Ihre Handlungen beurteilen oder ungeduldig sind, so werden Sie sich selbst zu sehr in den Vordergrund drängen. Wir wollen jedoch hoffen, daß Ihre Erfahrungen mit den vorangegangenen Übungen Ihnen dabei helfen werden, etwaige diesbezügliche Angewohnheiten abzulegen, die bei Anfängern auf dem Gebiet durchaus an der Tagesordnung sind. Stellen Sie sich vor, Sie wären im Begriff, sich mit einer sehr weisen alten Frau oder einem sehr weisen alten Mann zu unterhalten: Sie würden ruhig, geduldig, respektvoll und für alles aufnahmebereit sein, was sie oder er zu sagen hätte. Schamanisch gesprochen ist *Ihr Geist-Selbst* diese weise alte Frau oder der weise alte Mann. Legen Sie also sich selbst gegenüber das gleiche Verhalten an den Tag wie gegenüber einem weisen Menschen.

Es ist selten von Nutzen, sich Informationen beschaffen zu wollen, mit denen man sich auf egoistische Weise persönlich bereichern oder andere Menschen übervorteilen kann. Einem Mitmenschen etwas zu mißgönnen oder seine Pläne zu vereiteln steht im Widerspruch zum

Grundgesetz der spirituellen Welt – der universalen Harmonie. Sie werden feststellen, daß ein solcher Wunsch Sie »blockiert«, da er sich auf eine unpassende Absicht gründet. Wenn das Problem, über welches Sie Aufklärung erwarten, mit anderen Menschen zu tun hat, so sollten Sie eine »Jeder-gewinnt-Haltung« einnehmen – das heißt, den ernsten Wunsch haben, daß jeder Beteiligte von der Lösung des Problems profitiert. Auf diese Weise gewährleisten Sie die Harmonie und Ausgewogenheit alles Natürlichen und erhalten leichter Zugang zu den gewünschten Informationen.

Während der Reise kann es vorkommen, daß Ihnen ein Rat oder eine Information erteilt wird, die Sie lieber nicht hören möchten. Wenn Sie dazu nicht bereit sind, *holen Sie sich keinen schamanischen Rat ein.* Sie verschwenden lediglich Ihre Zeit, wenn Sie nicht offen für alles sind, was Ihnen Ihre Reise bringen mag. *Wenn* Sie reisen, dann seien Sie auch bereit, alles zu akzeptieren, was Ihnen offenbart wird – ob Sie es nun mögen oder nicht. In der Regel werden Sie allerdings von den Bildern und Botschaften, die Sie empfangen, angenehm überrascht sein. Sollten Sie jedoch im alltäglichen Leben die Angewohnheit haben, sich selbst zu belügen, dann könnte es Ihnen passieren, daß Sie in der geistigen Welt plötzlich mit unbequemen Wahrheiten konfrontiert werden.

Gelegentlich werden Sie auf Ihrer Reise auch ein symbolisches Geschenk erhalten. Federn, Edelsteine, Lampen und Bücher wären beispielsweise typische Gaben. Nehmen Sie sie immer an, und bringen Sie sie in mentaler Form mit zurück. Hierbei wird Ihnen eine möglichst gut ausgebildete und trainierte Vorstellungskraft wertvolle Dienste leisten. Ein Geschenk zu erhalten ist immer eine wichtige Erfahrung. Es verleiht der Reise größere Realität und ist ein Zeichen dafür, daß Sie sich auf dem richtigen Weg befinden.

Sie werden vielleicht feststellen, daß während der Reise selbsttätig Werturteile und gedankliche Kommentare in Ihrem Bewußtsein auftauchen. Dieser Teil Ihrer Psyche muß einfach irgend etwas zu tun haben, also lassen Sie ihn gewähren. Registrieren Sie lediglich, daß es so ist, und ignorieren Sie es dann, so gut es geht.

Lernen Sie, sich zu entspannen

Als ausgesprochen hilfreich für erfolgreiches Reisen und ebenso auch für viele andere schamanische Techniken erweist sich die Fähigkeit, den Körper in kurzer Zeit vollständig zu entspannen. Wenn Sie diese Kunst kontinuierlich üben, wird sie sich in einer Fülle von Wohltaten auswirken. Je tiefer sich Ihr Körper entspannt, desto intensiver und wirkungsvoller wird Ihre Erfahrung sein. Es gibt viele gute Methoden, den Körper zu entspannen. Wenn wir Ihnen besonders die folgende empfehlen, so deswegen, weil sie sich bei unzähligen Menschen hervorragend bewährt hat und weil sie Sie gleichzeitig in die Elemente einstimmt und damit Ihre Sinne »öffnet«. Es steht Ihnen jedoch vollkommen frei, diejenige Entspannungsmethode zu wählen, die bei Ihnen am besten wirkt. Mit ein wenig Übung können Sie es lernen, innerhalb von wenigen Minuten einen Zustand absoluter, tiefer Entspannung zu erreichen. Schamanen schaffen es sogar in wenigen Sekunden, wenn sie es wünschen. Vielleicht möchten Sie die Anleitung zu dieser Übung auch auf Band aufnehmen und sie sich bei Bedarf vorspielen.

Übung Nummer 4: Entspannung

1. Suchen Sie sich einen geschützten, bequemen Platz, an dem Sie nicht gestört werden. Am besten dämpfen Sie die Beleuchtung und legen sich ausgestreckt auf den Rücken.

2. Atmen Sie dreimal tief ein und aus und blasen Sie dabei alle Spannung, die Sie vielleicht noch in sich spüren, aus sich heraus.

3. Werden Sie sich Ihres Körpers bewußt. Beginnen Sie bei Ihren Füßen und führen Sie Ihre Aufmerksamkeit durch jeden einzelnen Körperteil langsam nach oben, bis Sie bei Ihrem Kopf angelangt sind.

4. Beginnen Sie darauf zu achten, in welcher Weise sich die Schwerkraft auf Ihren Körper auswirkt. Stellen Sie fest, daß sie Sie nach unten zieht und dabei verschiedene Teile Ihres Körpers tiefer und tiefer in den Teppich oder die Unterlage, auf der Sie liegen, hineindrückt. Achten Sie darauf, wie sie Ihre Kleidung und Ihre Gliedmaßen am Boden hält. Spüren Sie ihre Wirkung auf Ihr Gesicht. Werden Sie sich dessen bewußt, daß Sie ohne Schwerkraft hinaufschweben und im Zimmer herumtreiben würden. Die Schwerkraft verleiht Ihrem Körper Gewicht.

5. Lassen Sie jeden Widerstand gehen, den Sie der Schwerkraft entgegensetzen. Sie ist eine natürliche, konstant wirkende Kraft. Geben Sie sich ihr hin. Erlauben Sie der Schwerkraft, alle Span-

nung aus Ihrem Körper herauszuziehen. Lassen Sie sie tief unten in der Erde versickern, dort, wo alle Energie erneuert wird.

6. Erkennen Sie jedoch, daß die Gedanken und Bilder in Ihrem Bewußtsein *nicht* der Schwerkraft unterliegen. Sie können mit ihnen an jeden Ort reisen, den Sie gern aufsuchen möchten.

Lernen Sie, »schamanisch« zu reisen

Wie jede andere Fähigkeit auch muß schamanisches Reisen geübt werden, damit man in den Genuß aller seiner Wohltaten gelangen kann. Schließlich heißt es nicht umsonst: »Übung macht den Meister.« Es könnte beispielsweise möglich sein, daß sich bei Ihrer ersten Reise überhaupt nichts ereignet. Alles, was Sie in sich vorfinden, ist Dunkelheit. So etwas passiert hin und wieder selbst erfahrenen »Reisenden«. Lassen Sie sich von solchen Hindernissen nicht abschrekken: Sie bleiben in den seltensten Fällen lange bestehen. Nach höchstens zwei oder drei Versuchen werden sich irgendwelche Resultate einstellen, und dann werden Sie wissen, daß Sie sich auf dem richtigen Weg befinden. Wenn Sie gelegentlich das Gefühl haben, daß Sie es einfach nicht schaffen »wegzukommen«, versuchen Sie nicht, sich dazu zu zwingen. Probieren Sie es einfach später noch einmal. Richtiges Timing trägt viel zum Erfolg einer schamanischen Unternehmung bei.

Die nun folgende Übung nimmt zwischen drei und fünfundzwanzig Minuten Zeit in Anspruch, wobei die Dauer abhängig ist von der Art Ihrer speziellen Frage, von dem Grad Ihres Könnens und davon, wieviel Zeit Sie gerade zur Verfügung haben. Lesen Sie die Übung zunächst einmal vollständig durch, um sich mit ihr vertraut zu machen. Später können Sie sie dann mit geschlossenen Augen aus dem Gedächtnis durchführen.

Übung Nummer 5: Reisebeschreibung

Machen Sie es sich so bequem wie möglich: Sie können sitzen, doch funktioniert es besser, wenn Sie flach auf dem Rücken auf einem Sofa oder auf dem Boden liegen. Schalten Sie das Licht aus und stellen Sie sicher, daß Sie durch nichts gestört werden können. Wenn Sie jedoch müde sind, sollten Sie sich besser nicht hinlegen, damit Sie nicht Gefahr laufen einzuschlafen.

Führen Sie die oben beschriebene Entspannungsübung durch.

Konzentrieren Sie sich dann auf das Problem, über das Sie Aufklärung wünschen. Bemühen Sie sich Sie dabei, jedes »mentale Geschwätz« und jede sonstige Ablenkung aus Ihrem Bewußtsein zu verbannen. Formulieren Sie das Problem so um, daß Sie eine konkrete Frage erhalten. Das Ergebnis könnte also etwa lauten:

- Wird »X« einen guten Mitarbeiter abgeben?
- Wie können die Probleme in meiner Beziehung gelöst werden?
- Wie kann ich mehr Zeit mit meiner Familie verbringen, wenn ich so viel zu tun habe?
- Wie kann ich meine Zeit am sinnvollsten verbringen?

Stellen Sie nun Ihre Frage oder formulieren Sie mit Ihren eigenen Worten, über was Sie gerne Bescheid wüßten. Um Ihre Empfangsbereitschaft zu steigern, fügen Sie dann hinzu: »Ich werde für jede Hilfe dankbar sein, die ich in dieser Angelegenheit bekommen kann. Ich werde mit den erhaltenen Informationen nach bestem Wissen und Gewissen umgehen.«

Nehmen Sie sich fest vor, das, was Sie in Ihren Visionen sehen, hören oder fühlen werden, nicht zu zensieren oder mit Werturteilen zu belegen. Sie brauchen einen Ihnen erteilten Rat nicht unbedingt zu befolgen, doch sollten Sie zumindest willens sein, sich die Botschaft anzuhören.

Schließen Sie die Augen und atmen Sie drei- oder viermal tief ein und aus. Erteilen Sie sich noch einmal die Erlaubnis, sich vollständig zu entspannen. Stellen Sie sich mit all Ihren Sinnen den Eingang einer Höhle oder eine sonstige Öffnung der Erde vor, die Sie schon einmal – real oder auf einer Abbildung – gesehen haben. Verbannen Sie alles außer diesem Bild aus Ihrem Bewußtsein. Sie können sich allerdings, wenn es Ihnen lieber ist, aus der Erinnerung auch einen Teich oder ein Loch in einem Baumstamm vorstellen. Wenn Ihnen nichts dergleichen einfällt, dann versuchen Sie, sich so genau wie möglich eine Erdöffnung auszumalen – alle Details, angefangen bei ihrer Form und ihrer Farbe bis hin zu ihrem Klang und den sie umgebenden Gerüchen.

Nähern Sie sich nun langsam dem Eingang oder der Öffnung und treten Sie ein. Stellen Sie sich die Wände der Höhle vor oder die Beschaffenheit der Sie umgebenden Erde. Vergessen Sie nicht, so viele verschiedene Sinneseindrücke wie möglich mit einzubeziehen. Hier werden Sie einer Wesenheit begegnen, die als Ihr Geist-Führer fungieren wird: einem Tier, einem Menschen, einer Stimme, einem

Licht, einer Kugel aus reiner Energie oder etwas anderem. Wenn Ihnen die bestimmte Gestalt, die »Ihre« Wesenheit angenommen hat, Probleme (Furcht, Unbehagen) bereitet, so bitten Sie sie, in einer anderen Form zu erscheinen.

Stellen Sie Ihrem Führer Ihre Frage und machen Sie sich dann reisebereit. Er könnte Sie dazu auffordern, auf seinem Rücken zu reiten oder ihn auf eine andere Weise zu begleiten. Die typische Form des Reisens ist ein rasches Durchlaufen eines Tunnels. Dieser kann recht kurz sein – oder auch beträchtlich länger, als Sie erwartet hatten. In der Regel werden Sie aber überrascht sein, wie spontan, wie wenig »gewollt«, die Reise und ihr Bestimmungsort sein werden. Manchmal geht es hinauf, dann wieder hinunter, manchmal reisen Sie auf gleichbleibender Höhe. Machen Sie sich darüber keine Gedanken, stellen Sie es einfach nur fest. Schamanen alter Zeiten hatten für diese verschiedenen Pfade, die sie in die jeweiligen Welten führten, besondere Namen. Wir werden hierauf in einem späteren Kapitel noch einmal ausführlich zu sprechen kommen. Für den Augenblick sollten Sie sich nur als »Forschungsreisender« betätigen und aus Ihren Erfahrungen lernen.

An diesem Punkt gibt es nun mehrere Möglichkeiten. Sie könnten ein offenes Gelände oder ein Zimmer erreichen und dort jemanden treffen, der Ihnen das sagt, was Sie wissen möchten. Sie könnten auch eine Bibliothek betreten, in der ein für Sie an der richtigen Stelle aufgeschlagenes Buch bereit liegt. Es ist aber auch möglich, daß Sie an einen Ort geführt werden, an dem eine symbolische Handlung oder Darbietung stattfindet, die Ihnen die erwünschte Einsicht vermittelt.

Was immer auf Sie zukommen mag – akzeptieren Sie es anstandslos, und wenn man Sie auffordert zu gehen, dann gehorchen Sie auf der Stelle. In der Regel wird Ihr Führer mit Ihnen zurückkehren. Wenn er es aber nicht tut, so müssen Sie genau demselben Weg folgen, den Sie gekommen sind. Andernfalls könnten Sie merken, daß Sie sich an das, was auf der Reise geschehen ist, anschließend nicht mehr oder nur undeutlich erinnern. Auch könnten Sie Schwierigkeiten haben, nach Ihrer Rückkehr das Wachbewußtsein wiederzuerlangen. Ihre Heimreise braucht nicht lange zu dauern: In der Regel geht sie sehr schnell vonstatten.

Sind Sie nun zum Eingang zurückgekehrt, danken Sie Ihrem Führer und treten Sie durch die Öffnung der Höhle oder des Loches wieder ins Freie hinaus. Rufen Sie sich ins Gedächtnis zurück, wo Sie sich gegenwärtig befinden, in welchem Zimmer oder an welchem sonstigen Ort, bewegen Sie Ihren Körper und öffnen Sie die Augen. Es hat sich als hilfreich erwiesen, die wesentlichen Ereignisse der Reise sofort, beispielsweise in Form von Stichworten, schriftlich festzuhalten. Diese Aufzeichnungen werden Ihnen von Nutzen sein, wenn Sie erst einmal mehrere Reisen unternommen haben und stückchenweise hinter die Bedeutung der verschiedenen Botschaften kommen, die Sie im Laufe der Zeit erhalten haben.

Übung Nummer 5: Zusammenfassung

1. Legen Sie sich an einem völlig ruhigen, vor jeder Belästigung geschützten Platz nieder.
2. Entspannen Sie sich.
3. Formulieren Sie die Frage, die Sie stellen möchten.
4. Stellen Sie sich eine Öffnung in der Erdkruste vor.
5. Treffen Sie einen Führer oder Verbündeten.
6. Erklären Sie ihm Ihr Problem oder stellen Sie ihm Ihre Frage.
7. Folgen Sie genau allen Instruktionen Ihres Führers.
8. Kehren Sie auf demselben Weg wieder zurück.
9. Danken Sie Ihrem Führer.
10. Notieren Sie Ihre Erfahrungen.

Die Deutung Ihrer Reise

In den meisten Fällen ist die Botschaft, die Sie auf einer schamanischen Reise erhalten, klar, deutlich und sachbezogen. Sie lautet also beispielsweise: »Fahren Sie mit Ihrem Vorhaben fort, gute Arbeit, alles in Ordnung.« Oder sie lautet: »Halt! Weiterzumachen wäre katastrophal.«

Gelegentlich kann es jedoch auch vorkommen, daß Sie Ihre Antwort in symbolischer Form, wie in einem Traum, erhalten. Sie werden sie dann interpretieren und selbst herausfinden müssen, was ihre Bedeutung für Sie ist. In der Regel läßt sich aus einer solchen symbolischen Antwort schließen, daß Ihre Situation komplizierter ist, als Sie geglaubt hatten. Sollte dies der Fall sein, nehmen Sie sich genügend Zeit bei der Deutung. Interpretieren Sie einen solchen schamanischen Rat, wie Sie einen Traum deuten würden. Auch wenn nur Sie selbst imstande sind, Ihre eigene Erfahrung genau zu analysieren, empfinden Sie es vielleicht als hilfreich, mit einem vertrauten Freund darüber zu sprechen, mit unterschiedlichen Assoziationen zu jedem Symbol oder Bild zu experimentieren – oder aber darüber zu schlafen. Versuchen Sie nicht, die empfangene Botschaft zu sehr zu analysieren oder zuviel in sie hineinzuinterpretieren. Die Bedeutung wird sich Ihnen zu gegebener Zeit von selbst offenbaren.

Oft stellen Adepten des schamanischen Weges mit Erstaunen fest, wie überaus anspruchsvoll und tiefsinnig das Wissen ist, das sie empfangen. Seien Sie also nicht überrascht, wenn sich Ihnen ein Aspekt Ihrer Situation auftut, den Sie vielleicht bis dahin übersehen hatten.

Positive Auswirkungen des Reisens

Je mehr Sie sich im schamanischen Reisen üben, desto besser werden Sie darin werden. Schließlich werden Sie sogar imstande sein, sich auf eine rasche innere Reise zu begeben, während Sie eine belebte Straße entlanglaufen, um einen Freund zu treffen, mit dem Sie eine Auseinandersetzung hatten. Niemand wird es Ihnen ansehen, aber wie alle Schamanen werden Sie in zwei Welten gleichzeitig sein: der gewöhnlichen, uns alle umgebenden materiellen Welt und der inneren Welt allen Wissens, über die Sie in den folgenden Kapiteln mehr erfahren werden. Eine solche innere Reise garantiert Ihnen nicht, daß die Begegnung mit Ihrem Freund einen glücklichen Verlauf nimmt, doch werden Sie bei dem Treffen mit Sicherheit vollkommen und mit einem aktiv intuitiven Gefühl auf Ihren Freund eingestimmt sein und genau wissen, welche Fallstricke Ihre Beziehung zu ihm gefährden.

Eines der positivsten Resultate der Entwicklung Ihrer schamanischen Fähigkeiten ist die Entdeckung, daß die spirituelle Welt die wahre Quelle aller Freude ist. Wie wir bereits erwähnten, gehören Spaß und Lachen unabdingbar zur Arbeit des Schamanen. Dies müssen Sie stets berücksichtigen, wenn Sie im Verlauf einer Reise einen humorvollen Rat erhalten. Die Helfer, denen Sie begegnen, necken Sie vielleicht wegen Ihrer Verbohrtheit oder übertriebenen Ernsthaftigkeit. Wenn Sie zurückkehren, fühlen Sie sich leichter, klarer und objektiver in bezug auf das Problem, das Sie beschäftigt.

Ein weiteres positives Ergebnis der Reise wird sein, daß Sie Ihre Situation anschließend in einer neuen Perspektive betrachten können. Im Streß der Geschäftswelt beispielsweise kann ein zu verbissenes Streben nach Erfolg den Zugang zur eigenen Kreativität und visionären Vorstellungskraft versperren. Selbst deutliche Anzeichen für eine positive oder negative wirtschaftliche Entwicklung, für Chancen und Risiken, werden dann schlichtweg übersehen. Man sieht den sprichwörtlichen Wald vor lauter Bäumen nicht mehr. Schamanisches Reisen erweitert den Blickwinkel und verschafft uns auf diese Weise Zugang zu allen notwendigen Informationen – wir erhalten einen wirklichen Überblick, wir sehen mit einem Mal das *ganze* Bild. Das Reisen ermutigt uns außerdem dazu, uns von der Fixierung auf den unmittelbaren Gewinn zu lösen und auch die Bedeutung anderer, mitunter noch wichtigerer Faktoren zu erkennen.

Jon war so darauf fixiert, den neuen Vertrag unter Dach und Fach zu bringen, daß ihn die Mitteilung, sein Flug sei gestrichen worden, fast an den Rand eines Nervenzusammenbruchs brachte. Die Verzögerung würde den Termin mit seinem neuen Klienten platzen lassen. Während er ungeduldig im Flughafengebäude auf und ab ging, fiel ihm ein, daß er die Zeit genausogut dazu nutzen konnte, auf eine schamanische Reise zu gehen, um den tieferen Grund für die Verspätung, also ihre eigentliche Bedeutung, zu erfahren. Er suchte sich einen bequemen Platz in einem ruhigen Teil der Wartehalle, schloß die Augen und brach auf. Er war überrascht über das, was sich ihm enthüllte.
Nachdem er durch den Tunnel gelaufen war, gelangte er in einen großen Versammlungsraum. Sein Klient, Mr. Cormick, erschien ihm in Gestalt eines tapsigen gutmütigen Bären. Er sagte: »Hallo, Jon, du erinnerst dich nicht an mich, aber ich bin dein Freund. Ich werde dir helfen. Mach dir über deine Verspätung keine Gedanken. Ich brauchte diesen Aufschub, weil ich noch nicht ganz bereit für dich bin. Ich warte noch auf einen wichtigen Brief, der unsere Geschäftsverbindung erst ermöglichen wird. Es war in der Tat so, daß ich ohne diesen Brief keinen Vertrag mit dir abgeschlossen hätte. Laß dir also ruhig Zeit.«

Jon war nun imstande, sich während der restlichen Wartezeit zu entspannen, und als er schließlich seinen Bestimmungsort erreichte, stellte er fest, daß seine Vision ihn alles in allem nicht getrogen hatte. Er und Mr. Cormick waren auf Anhieb die besten Freunde. Zwar hatte Mr. Cormick keinen Brief erhalten, wohl aber einen wichtigen Anruf, der den Abschluß erst zustande kommen ließ. Das ganze Bild zu sehen ist eben die Stärke des Schamanen.

Ein nicht so offensichtliches positives Resultat schamanischer Ratgebung ist schließlich, daß wir zunehmend humaner und mitfühlender werden, wenn wir ihr gewissenhaft Folge leisten. Sie denken vielleicht, derlei Eigenschaften hätten in Ihrer Berufswelt, wie auch immer sie beschaffen sei, keinen Platz, doch Sie irren sich: Wir können nur dann wirklich erfolgreich sein, wenn wir Mitleid gegenüber uns selbst und unseren Mitmenschen entwickeln. Dies bedeutet nicht etwa, daß wir die Rolle des Trottels oder Märtyrers zu übernehmen haben, sondern lediglich, daß wir erkennen sollen, was wir und andere Menschen wirklich benötigen, um uns sicherer und geborgener zu fühlen. Erst wenn wir diesen Bewußtseinszustand erreicht haben, werden wir wirklich erfolgreich sein.

Drittes Kapitel

Die geheime Welt: Was Schamanen wissen

Das Gewebe der Kraft

Das Sommergewitter brauste krachend zwischen den Bergen heran, während Teema und ihr kleiner Sohn Yol hastig Schutz auf der öden Paßhöhe suchten. Der Wind steigerte sich zum Sturm und peitschte ihre Augen mit Staub und Sandkörnern. Teema wußte, daß sie schleunigst den Berggrat verlassen mußten, da sie sonst über die Klippe geweht oder, schlimmer noch, vom Blitz getroffen werden würden. Als Yol neben ihr wimmerte, wurde sie innerlich ganz still und kauerte sich hinter einen Felsblock, der ein wenig Schutz gewährte. Sie merkte, wie ihr Körper erschlaffte, sobald sie sich auf den Geist des Windes konzentrierte. Plötzlich fühlte sie, wie ihr Geistkörper riesig groß wurde und auf eine seltsame Weise von dem wütenden Sturm und den ununterbrochen zuckenden Blitzen völlig unberührt zu bleiben schien. Ein großer Habicht schwebte neben ihr und sagte ruhig: »Geh den Berggrat höher hinauf und finde eine kleine Höhle, die sich genau unter dem rechten Gipfel befindet. Dort werdet ihr in Sicherheit sein, während der Sturm diesen Weg nimmt.« Teema, die schon zu manch anderen Gelegenheiten erfolgreich mit dem Wind gesprochen hatte, zögerte keinen Augenblick. Sie kletterte mit Yol zu dem Gipfel hinauf. Die Höhle, obgleich klein und nicht sehr tief, gewährte ihnen genügend Schutz vor dem Sturm. Nun hatte Teema Zeit, dem Geist des Windes für seine rechtzeitige Hilfe zu danken. Als das Unwetter nachließ, fühlte sie sich auf seltsame Weise gestärkt, als ob sich ihr während des Sturmes etwas von der Kraft des Windes mitgeteilt hätte.

Eines der Grundkonzepte des Schamanismus ist die Vorstellung, daß allem Leben ein »Gewebe der Kraft« oder *Kraftgewebe* zugrunde liegt – der Glaube, daß alle Dinge, die eine physische Gestalt haben, auch eine Geistseele besitzen. Diese Geistseele ist die Quelle aller Lebenskraft. Dem normalen Menschen scheint die Welt etwas rein Materielles zu sein, das nach ganz gewöhnlichen physikalischen Gesetzen funktioniert. Alles darin hat eine bestimmte Ordnung, doch keinerlei Bedeutung. In der Welt des Schamanen hingegen erzeugt das Kraftgewebe einen Zusammenhang zwischen allem Existierenden und verleiht der Welt als solcher eine inhärente Bedeutung. Ohne dies alles verbindende Gewebe würde reines Chaos herrschen. Für den Schamanen ist diese allem zugrunde liegende Quelle der Kraft keine Theorie, ebensowenig eine bloße Metapher - sie ist vielmehr eine absolute Realität, die genauso grundlegend ist wie die Erfahrung der Schwerkraft für jeden, der etwas aus der Hand fallen läßt. Und für Schamanen liegt der Schlüssel zum Erfolg darin, Einsicht in dieses Kraftgewebe zu erlangen.

Die Schamanen glauben, daß der Mensch, der nichts von diesem Sachverhalt weiß, ein bedauernswertes Opfer der Umstände ist und niemals die Fähigkeit erlangen wird, Herr über seine Entscheidungen und Handlungen zu sein. Sie halten es für vollkommen statthaft, die materielle Welt mit Hilfe moderner wissenschaftlicher Methoden und Techniken zu erklären, doch reicht dies ihrer Ansicht nach bei weitem nicht aus. Einer solchen naturwissenschaftlichen Welt-Deutung fehlt die Einsicht in das Reich der Geister, die von so wesentlicher Bedeutung für die schamanische Weltanschauung ist.

Die *geistige* oder *Geister*welt existiert in allem, was Form oder Gestalt hat, doch bleibt sie so lange verborgen, bis man sie entdeckt. In diesem Kapitel wollen wir beginnen, Sie mit dieser Welt vertraut zu machen, und Ihnen beibringen, wie Sie ihr Ihre Sinne öffnen können. Sobald Sie diesen entscheidenden Schritt geschafft haben, werden sich Ihnen Reiche des Wissens und daher auch der Kraft auftun und Ihnen zur Verfügung stehen. Wie die meisten anderen Schätze auch kann sich die Geisterwelt Ihnen jedoch eine ganze Zeit lang entziehen. Sie können viele Male über einen Diamanten oder Rubin laufen, bevor Sie entdecken, daß er direkt unter ihren Füßen unter einer Schicht von Erde und Staub verborgen liegt.

So ist es mit allem Materiellen. Für den Uneingeweihten und Unerfahrenen ist der Wind der Wind, ein Felsblock ist nur ein Felsblock, und ein Baum ist lediglich ein Spender von Holz oder Schatten. Das Wasser ist zum Trinken und zum Waschen da, Tiere sind fleischbedeckte Skelette, und Menschen bestehen lediglich aus Knochen, Fleisch, Blut, Gedanken und Gefühlen. Nimmt man sie auseinander, so findet man nichts anderes als jeweils kleinere Stückchen dieser verschiedenen Bestandteile. Führt man die Aufspaltung aber bis zur atomaren Ebene weiter, so entdeckt man zu seiner großen Überraschung, das alles am Menschen aus den gleichen

Grundbausteinen besteht. Gehen wir schließlich noch einen Schritt weiter, so erreichen wir die subatomare Ebene, und siehe da: Die ganze scheinbar so feste Materie besteht zum größten Teil aus leerem Raum (oder geistiger Substanz). Alle Dinge sind letztlich Zusammenballungen von Partikeln, die in Wirklichkeit Wellen sind - oder umgekehrt. An diesem Punkt beginnt für den Physiker das Reich des Chaos - nicht aber für den Schamanen. Selbst dieser konsequente wissenschaftliche »Reduktionsprozeß« öffnet nach schamanischer Auffassung die Tür zur Wahrheit erst einen Spaltbreit. Nach schamanischem Glauben findet sich diese geistige Substanz ebenso im Wind, im Stein und in der Erde, in allen Pflanzen und Bäumen, in den Wassern, den Tieren und den Menschen, und in jeder anderen belebten und unbelebten Lebensform. Und es ist ebendieses Geistige, diese universale Quelle der Kraft, zu der man bei der schamanischen Ratgebung in Kontakt tritt.

Mike schlug mit der Faust auf den Tisch: »Dieser Affe hat's doch tatsächlich schon wieder geschafft!« Die Tür zu Maxens leerem Käfig stand offen. Obwohl Mike seine kleine Tierklinik von oben bis unten absuchte, fand er nicht die geringste Spur vom eigenwilligen Rhesusaffen. Inzwischen konnte er schon die halbe Stadt durchquert und sich aus jeder Mülltonne mit Essen versorgt haben. Mike begriff, daß er schnell handeln mußte, wenn er das Tier wohlbehalten zurückhaben wollte.
Er wußte, daß er nur dann Erfolg haben würde, wenn er sich zuvor entspannte und sich in sein Inneres versenkte. So breitete er eine Karte der Stadt vor sich aus und studierte sie eingehend. Gemäß einer schamanischen Technik, die er erst kürzlich gelernt hatte, setzte er sich dann nieder, schloß die Augen und brachte sich innerlich zur Ruhe. Er erschuf in seiner Vorstellung ein Bild von Max und versuchte, mit seinen Gefühlen einen Kontakt zum Tier herzustellen. Lautlos rief er den Affen: »Max, Max, hier ist Mike. Du mußt unbedingt zurückkommen. Ich habe hier etwas Leckeres zu fressen für dich, und ich werde dich beschützen und warm halten.« Mike fuhr mit seinen Bemühungen eine Zeitlang fort, und plötzlich spürte er, daß eine Verbindung zustande gekommen war. Er streckte den Arm aus und berührte das Fell des Affen, streichelte es sanft und beruhigend. Nun reproduzierte er mit Hilfe seiner schamanischen visionären Fähigkeiten den Stadtplan in seinem Bewußtsein. Ein Lichtfunken blitzte in der Elm Street auf, genau dort, wo »Carls Pizza-Haus« stand. »Aha, jetzt hab ich dich. Bleib,

wo du bist!«, rief Mike und griff nach Mantel und Schlüsselbund. Er sprang in sein Auto und brauste los. Als er wenige Minuten später beim Restaurant ankam, ließ sich Max ohne jeden Widerstand hochnehmen. Er war mit Pizza vollgestopft.

Die Schamanen beherrschen die Kunst, nicht nur zu physischen Körpern, sondern auch zur Geistseele von unbelebten und belebten Dingen Kontakt aufzunehmen. Es ist ebendiese spirituelle Kommunikation, aus der die Schamanen ihre Kraft beziehen, da sie sehr wohl wissen, daß dieses unsichtbare Kraftgewebe, diese jeglichem Ding innewohnende Geistigkeit, der wahre Ursprung allen Lebens ist. Durch solch einen Kontakt zu den geistigen Welten gewinnen sie eine tiefe, ehrfurchtsvolle Einsicht in die Wirkungsweisen des Universums. Die Kraft, die sie erlangen, geht daher mit wirklichem, fundierten Wissen einher. Je mehr die Kraft des Schamanen wächst, desto besser lernt er es auch, mit ihr angemessen umzugehen und sie weiterzuleiten.

Diese »schamanische Kommunikation« führt fast immer zum Erfolg, und zwar selbst bei ganz alltäglichen Problemen, wie die Geschichte mit dem ausgerissenen Affen zeigt. Eine Freundin von uns – dies nur als ein weiteres Beispiel – steht in ständiger Verbindung zum Baum in ihrem Vorgarten. Sie erklärt, er informiere sie regelmäßig über den Gesundheitszustand ihrer Zimmerpflanzen und über die in den nächsten Tagen zu erwartenden Wetterverhältnisse.

Der menschliche Geistkörper

Schamanen glauben, daß die Menschen ebenso wie Gesteine, Tiere, Pflanzen und andere natürliche Phänomene einen sogenannten Geistkörper besitzen, zu dem man in Kontakt treten kann. Anders allerdings als bei Steinen, Tieren und Pflanzen ist jeder menschliche Geistkörper einzigartig und von allen anderen verschieden. Dieser Geist- oder Energiekörper wird mit Hitze in Verbindung gebracht, und dem Schamanen erscheint er wie eine Flammengarbe oder wie die Wellen flirrender Luft, die man an besonders heißen Tagen in der Wüste beobachten kann. Der Geistkörper umgibt und durchdringt den physischen Leib und besteht aus einer Mischung von leuchtenden, pulsierenden Farben.

Früher haben die Schamanen diese strahlenden Wellen, die Kopf und Körper einhüllen, als ein Zeichen des Lichtgeistes verstanden, der jedes menschliche Wesen mit Leben erfüllt. Sie glaubten, die Sonne repräsentiere das Feuer des Lebens, und der menschliche Geistkörper sei die innere Sonne. Je strahlender aber die Flamme dieses inneren Sonnenfeuers sei, desto stärker sei auch der Schamane. In der schamanischen Kunst wird diese »innere Sonne« häufig als eine Aureole dargestellt, als ein Kranz von Strahlen, die von den Köpfen von Geistwesen und einflußreichen Schamanen ausgehen.

Schamanen sind für ihre Fähigkeit berühmt, ihre Körpertemperatur willentlich zu erhöhen und auf diese Weise eine mitunter unglaubliche Hitze zu erzeugen. Tibetische Schamanen sind gar imstande, mitten im tiefsten Winter mit solch innerer Hitze den Schnee um sich herum zum Schmelzen zu bringen. Diese schamanische Gabe ist ein deutliches Zeichen der erstaunlichen Kraft, die im Geistkörper latent vorhanden ist.

Dieser Geistkörper ist und war keineswegs nur Schamanen vertraut: Er ist seit jeher ebenso von Medien, Intuitiven, Hellsehern und Mystikern gespürt, gesehen und – auf verblüffend ähnliche Weise – beschrieben worden. Sie werden sich vielleicht fragen, wie es sein kann, daß so viele von ihrem kulturellen, historischen und religiösen Hintergrund her so unterschiedliche, durch riesige Entfernungen und Ozeane voneinander getrennte Menschen über Jahrtausende hinweg dieses Energiefeld einheitlich beschreiben konnten. Wie kommt es, daß überall auf der Welt Heilige und Avataras mit Heiligenschein und von Kopf bis Fuß mit Licht oder Flammen umgeben dargestellt werden? Wie kommt es, daß so viele Künstler und Visionäre Dinge und Zusammenhänge erahnten und schilderten, welche die Wissenschaft erst viele Jahrhunderte später »entdeckte«? Diese Tatsachen beweisen, daß besonders dazu befähigte Personen zu allen Zeiten und auf allen Kontinenten ein und dasselbe Phänomen an sich und ihren Mitmenschen festgestellt haben: ein Energiefeld, das den Körper durchdringt und umgibt. Im folgenden werden wir davon ausgehen, daß dieser »Energiekörper« ein funktionaler Teil von uns allen ist. Wir werden seine wesentlichen Merkmale erklären und ausführen, wie wir uns seiner gezielt bedienen können. Die nun folgende Beschreibung des Geistkörpers ist eine Zusammenstellung dessen, was Schamanen und Mystiker im Laufe der Jahrhunderte darüber berichtet haben.

Obgleich der Geistkörper seinen Ursprung in der geistigen Welt hat, bildet er tatsächlich so etwas wie eine Berührungsfläche oder Nahtstelle zwischen dieser und der materiellen Welt der Erscheinungen.

Kirlian-Photographie und andere hochentwickelte Verfahren haben es in jüngerer Vergangenheit ermöglicht, diese »Aura« (wie der Geistkörper auch genannt wird) abzubilden, wodurch die Wissenschaft gezwungen wurde anzuerkennen, daß der physische Körper eine Energie ausstrahlt, die sich normalerweise unserer gewöhnlichen Wahrnehmung entzieht. Dieses Energiefeld ist in der Tat extrem fein, doch gelegentlich läßt es sich durchaus auch mit bloßem Auge ausmachen – wenngleich es zweifellos einfacher ist, es mittels schamanischer Visionstechniken zu *schauen*.

Der Geistkörper ist ein fließendes Energiefeld, das den – gesunden – Körper in der Regel mit einer Stärke von fünfzig Zentimetern bis zu einem Meter umgibt. Er reagiert auf Gedanken, Gefühle und jede von außen oder innen verursachte Änderung unserer psychischen Verfassung, indem er sich ausdehnt, zusammenzieht und/oder seine Dichte und Farbe modifiziert. Deshalb ist er ein hervorragendes Mittel, um zu jedem beliebigen Zeitpunkt festzustellen, was jemand wirklich denkt und fühlt. Auf die gleiche Weise reagiert dieses Energiefeld auch auf den aktuellen seelisch-mentalen Zustand anderer Menschen.

Wie wir im ersten Kapitel bereits erwähnt haben, betrachtet der Schamane Gedanken und Gefühle als durchaus »konkrete« Gebilde, mit denen im Rahmen der schamanischen Behandlung gearbeitet werden kann. Sie haben eine direkte Auswirkung auf die materielle wie auf die spirituelle Umgebung, weshalb sie sich ausgezeichnet dazu einsetzen lassen, den Geistkörper zu beeinflussen und zu »formen«. So weiß der Schamane auch, daß sie ebenso positive wie negative Ergebnisse zeitigen können. Sende einen positiven Gedanken und ein freundliches Gefühl aus, und der Geistkörper leuchtet voller Gesundheit auf. Sende ein feindseliges Gefühl oder einen geringschätzigen Gedanken aus, und der Geistkörper zieht sich in sich zusammen und wird um eine Schattierung dunkler. Deshalb würde der Schamane sagen, daß Menschen, die in einer chronisch negativen Umgebung arbeiten, wie beispielsweise in einem Gefängnis, zuzeiten unter dem Einfluß schädlicher Geister leiden. Wenn solche Personen nicht wissen, wie sie sich dagegen wappnen oder ausreichend Kraft ansammeln können, erweist es sich über kurz oder lang möglicherweise als notwendig, daß man sie von diesen fremden Geistern befreit – oder, anders ausgedrückt, die eingedrungene Negativität wieder aus ihnen entfernt. Schamanen erklären die meisten Arten von emotionaler Unausgewogenheit mit dem negativen Einfluß eines Geistwesens.

Ein mit Kraft erfüllter Mensch, der es gelernt hat, solch negative

Einflüsse durch seine eigenen positiven Gefühle von sich abzuhalten, kann in der unangenehmsten Umgebung arbeiten und doch davon unberührt bleiben. Positive Gedanken und Gefühle bilden durch ihre hochfrequente positive Ladung einen Schutzwall, den die niederfrequenten negativen Gedanken und Gefühle nicht zu durchdringen vermögen.

Wie wir ebenfalls bereits erwähnten, wird der Geistkörper mit Hitzewellen in Verbindung gebracht – was damit erklärt werden kann, daß sein Energiefeld mit einer bestimmten Frequenz schwingt. Dieses Frequenzniveau, das sich oft als Farbe oder Dichte darstellt und das dazu neigt, sich mit den Stimmungsschwankungen und variierenden Reaktionen seines menschlichen »Trägers« zu verändern, steht in Wirklichkeit eher zu dem Geist-Selbst in Beziehung als zu dem physischen Körper. Denken Sie an die Eigenschaften der Luft, die im Prinzip farblos ist. Luft, die schwer und klebrig vor Feuchtigkeit ist, hat eine andere Beschaffenheit als scharfe, trockene Gebirgsluft. Mit Rauch oder Ruß verunreinigte Luft besitzt eine andere Dichte als solche, die frisch und sauber und von Sonnenlicht durchflutet ist. Auch wenn sie keine eigene Farbe besitzt, lassen sich an der Luft also durchaus qualitative Unterschiede feststellen, die denen, die man beim menschlichen Geist-Selbst beobachten kann, nicht unähnlich sind.

Wir hören oft von Leuten, deren Ausstrahlung so »negativ« ist, daß sich niemand gern in ihrer Nähe aufhält. Umgekehrt ist ein Mensch mit »Charisma« oder »guten Schwingungen« jemand, zu dem wir uns hingezogen fühlen. Beides ist Ausdruck unserer unbewußten Reaktion auf – beziehungsweise unserer angeborenen Empfänglichkeit für – fremde Geistkörper oder Energiefelder. Wie wir schon sagten, können solche Frequenzen und ihre Fluktuationen auch als Farbtöne »gelesen« werden. Ein Mensch, der in einer tiefen Depression steckt, ist gewissermaßen »verlangsamt« und blockiert. Daher hat sein Geistkörper eine größere Dichte und nimmt eine dunkelbraune oder schwarze Farbe an. Seine Stimmung sei ausgesprochen düster, sagen dann wohl andere Leute über diesen Menschen. Ist dagegen jemand zornig, wird seine Frequenz höher und stellt sich als rötlicher Farbton dar. Wir sagen dann völlig zu Recht, daß er »rot sieht«. Ein gesunder und rundum zufriedener Mensch »strahlt«, und sein seelischer Zustand spiegelt sich in den höheren Frequenzen von leuchtendem Blau, Gold oder Weiß wider. Schamanen würden sagen, daß die Farbe des Geistkörpers die empfangene und dort angesammelte Kraft reflektiert. Wenn jemand eine dichte und dunkle Farbe ausstrahlt, so zeigt dies an, wie wenig Energie er aus dem Kraftgewebe zu schöpfen imstande war. Je strahlender und heller die Farbe des Geistkörpers ist, desto mehr Kraft hat er dagegen empfangen und gespeichert.

Während der Semesterferien arbeitete Marla in einem nordkalifornischen Thermalbad. Dadurch hatte sie Gelegenheit, eine große Anzahl von Menschen zu beobachten, und sie fand es immer ausgesprochen interessant, deren Verhaltensweisen zu studieren, wenn sie sich in den überfüllten Warmwasserbecken entspannten. Besonders faszinierend war eine ziemlich korpulente Frau, die mit starkem skandinavischem Akzent sprach. Obwohl sie einen höflichen und zurückhaltenden Eindruck machte, verließen alle übrigen Badegäste, sobald sie eintraf, binnen weniger Minuten das Becken und überließen ihr das Feld. Die Flüchtenden verteilten sich auf andere Becken. Als Marla ihre Augen schloß und die Frau mit ihrer inneren schamanischen *Schau* betrachtete, sah sie den Grund für dieses merkwürdige Verhalten. Die Frau hatte eine extrem dunkle und dichte Wolke, die ihre Brust auf Höhe des Solarplexus umgab. Trotz ihres angenehmen physischen Äußeren hatte ihr Geistkörper einen höchst unattraktiven »Belag«. Jedesmal, wenn sie den Pool verließ, sah sie ein wenig strahlender aus, doch wenn sie nach wenigen Tagen wiederkam, war sie erneut vom dichten Schatten umhüllt.
Interessanterweise bewirkte ein dünner Mann mit schütterem Haar genau das Gegenteil. Obgleich auch er still und unaufdringlich war, zog das Becken, in welchem er badete, die Leute in Mengen an, als ob sie sich nur in seiner Nähe aufhalten wollten. Als Marla ihn mit ihrer schamanischen Fähigkeit des *Schauens* betrachtete, sah sie, daß er vor Gesundheit und leuchtender Farbe förmlich glühte.

Im Berufsleben neigen die meisten Menschen dazu, negative Zustände vor anderen zu verbergen, weil sie nach außen hin erfolgreich und gewinnend erscheinen möchten. Sie ziehen sich hübsch an, legen Make-up auf und machen ein möglichst fröhliches Gesicht. Ihr Geistkörper verrät aber jederzeit, wie sie sich wirklich fühlen und was sie tatsächlich denken – und mögen sie sich auch noch so gut »verkleiden«. Übrigens gilt das Gesagte ganz genauso auch für Sie: Auch *Ihr* Geistkörper kann sich nicht verstellen. Menschen, die nur nach der äußeren Erscheinung gehen, machen auf lange Sicht ein schlechtes

Geschäft, weil sie nicht auf die Informationen achten, die wirklich zählen. Diejenigen dagegen, die den Geistkörper »lesen«, sind den anderen stets um einen Schritt voraus, da sie wissen, wo sie wirkliche Kraft finden, und weil sie ebenso erkennen, wo Kraft fehlt.

Selbst diejenigen unter uns, die mit der geistigen Welt nicht vertraut sind, werden durch äußere Erscheinung und schöne Worte nur teilweise getäuscht. Auch sie reagieren auf den Geistkörper ihrer Mitmenschen, auch wenn sie gar nicht wissen, warum sie - sagen wir - letztendlich Mary und nicht Sue angestellt haben, obgleich Sue erfahrener, qualifizierter und besser angezogen war. Sie mochten Mary einfach lieber und spürten, daß sie sich ausgezeichnet bewähren würde.

So liegt also ein wichtiger Schlüssel zum Erfolg darin, sich seines Geist-Selbst bewußt zu sein - seiner Veränderungen und seiner Zustände. Dies ist ein Bewußtsein, ein Wissen, das uns bis zu einem gewissen Grad ermöglicht zu kontrollieren, wie andere uns wahrnehmen. Wäre es nicht ausgesprochen nützlich, einige schamanische Techniken zu erlernen, mit deren Hilfe wir unseren Geistkörper so verändern können, daß er uns dabei hilft, zu einem ausgewogenen und gesunden Befinden zu gelangen? Wenn wir ein Gespür für unsere und anderer Leute energetische Fluktuationen entwickeln, so verschafft uns dies einen bedeutenden Vorteil - denn vergessen Sie nicht: Wo immer es um schamanische Ratgebung geht, ist Wissen gleichbedeutend mit Macht.

Roter Falke fürchtete die Begegnung mit seinem Vater, bei der es sich entscheiden würde, ob er an der Großen Jagd teilnehmen durfte oder nicht. Die Jäger würden am folgenden Tag aufbrechen, und wenn Roter Falke nicht unter ihnen war, würde er noch ein ganzes Jahr, bis zur nächsten Sommersonnenwende, warten müssen - dem einzigen Zeitpunkt, an dem der Stamm einen neuen Jäger initiierte. Er wußte, daß er theoretisch noch um drei Monde zu jung für die Große Jagd war, doch im letzten Jahr war der damals ebenfalls noch zu junge Silberfuchs mit den Männern losgezogen, und er selbst war wenigstens so stark und ausdauernd wie Silberfuchs es damals gewesen war. Doch da war noch das Problem mit seinem Vater, der seine Erlaubnis dazu geben mußte und der schwer zu überzeugen sein würde.

Roter Falke hatte vom Weisen viel über die Geisterwelt gelernt, und nun setzte er sich auf seinen Lieblingsfelsen und schloß die Augen. Er richtete sein Bewußtsein nach innen und stellte fest, daß sein Geist-Selbst durch die gedankliche Vorwegnahme des Treffens mit seinem Vater, in Verbindung mit der Angst, zurückgelassen zu werden, an manchen Stellen geschwächt war. Er wandte sich an den Geist des Felsens, und sofort wallte ein Gefühl von Kraft in seiner Brust auf. Er bat den Naturgeist, ihm dabei zu helfen, bei der Großen Jagd nicht hinter den anderen zurückzubleiben. Voller Dankbarkeit und vom Wissen durchdrungen, daß seine Geistseele nunmehr die für die Expedition benötigte Kraft und Ausdauer aufwies, machte er sich auf den Weg zu seinem Vater. Roter Falke wurde in die Gemeinschaft der Jäger initiiert.

Wenn man sich seiner schamanischen Intuition und Vorstellungskraft bedient, ist die Farbdichte des Geistkörpers leicht wahrzunehmen. Wir können dann sehen, ob ein Mensch mitteilsam oder in sich zurückgezogen ist. Wir können spüren, ob sich ein Mensch uns gegenüber offen verhält oder nicht. Und wie wir bereits aufgezeigt haben, läßt sich auf diese Weise ebenfalls gut feststellen, wer in einer bestimmten Situation der Stärkere ist und wer nicht.

Frank Skione, ein mit der schamanischen Methode des *Schauens* bestens vertrauter Arzt, wurde in ein Krankenhaus gerufen, um einen Patienten zu untersuchen, bei dem nach einer Herzoperation Komplikationen aufgetreten waren. Er traf mit dem zuständigen Ärzteteam zusammen und taxierte rasch nach schamanischer Methode das Energiefeld, das die Männer und Frauen umgab. Frank erkannte beinahe unmittelbar, daß die verantwortliche Krankenschwester, Carol, nicht nur von allen Anwesenden dem Patienten am meisten zugetan war, sondern auch am geeignetsten erschien, seine Anweisungen auszuführen. Er sah, daß ihr Geistkörper in Brusthöhe hell aufleuchtete, wann immer Sie von dem Patienten sprach. Weiterhin stellte er fest, daß ihr Geistkörper groß und weit kraftvoller war, als die ermüdeten und leblosen Farbhüllen der im Raum anwesenden Ärzte. *Sie* – das konnte Frank deutlich sehen – waren nicht wirklich an dem Problem interessiert. Sie wären viel lieber zu Hause, in ihren bequemen Betten gewesen. So verschwendete er keine Zeit mit Fachsimpeleien und Diskussionen, sondern gab Carol alle notwendigen Informationen und verließ dann das Krankenhaus. Er wußte, sie würde dem Patienten alle erforderliche Hilfe zuteil werden lassen.

Die beste Methode, sich mit den Funktionsweisen des Geistkörpers vertraut zu machen, besteht darin, sich selbst zu beobachten. Selbstbeobachtung ist darüber hinaus auch deswegen besonders zu empfehlen, weil sie uns augenblicklich Veränderungen unseres inneren Zustands aufzeigt, die uns sonst möglicherweise erst viel später bewußt geworden wären. Unser Geist-Selbst berichtet uns sofort, was unser Körper erst Minuten, Stunden oder selbst Tage später fühlen wird.

Wenn jemand uns anschreit, so besteht unsere spontane Reaktion oft darin, daß wir uns verbal angegriffen fühlen. Daran können sich emotionale Folgeerscheinungen anschließen, mit denen wir vielleicht noch einige Zeit zu kämpfen haben. Ebenso würde bei einem tätlichen Angriff zunächst unser Körper eine unmittelbare Empfindung registrieren, aber dann würde eine Reaktion unserer Psyche erfolgen und vielleicht für lange Zeit andauern. Die meisten von uns sind sich gar nicht bewußt, wie oft unser Geist-Selbst bei bestimmten Situationen in Mitleidenschaft gezogen und dabei einer Veränderung unterworfen wird, die oftmals weit länger anhält als die bestimmte Emotion, durch die sie verursacht wurde. Auch müssen die Gedanken und Gefühle anderer keineswegs immer physischen Ausdruck finden, um unser Energiefeld zu beeinflussen. Häufig werden sich die negativen Reaktionen des Geist-Selbst später in irgendeiner Weise körperlich manifestieren.

Stellen wir uns beispielsweise vor, Sie hätten ein einstündiges Gespräch mit einem höflichen, aber sehr empfindlichen Klienten. Direkt nach dem Treffen gehen Sie mit einem Freund essen. Kaum sind Sie in Ihr Büro zurückgekehrt, beginnen Sie, immer heftigere Kopfschmerzen zu verspüren. Wahrscheinlich fragen Sie sich nun, ob etwas mit dem Essen nicht in Ordnung war oder ob Ihr Zustand in irgendeiner Weise mit dem Freund zusammenhängt, mit dem Sie gerade zusammengewesen sind. Wenn Sie aber auf Ihr eigenes Energiefeld eingestimmt wären, so hätten Sie während des Treffens mit Ihrem Klienten Störungen in seiner Frequenz festgestellt. Sie hätten gesehen, wie Ihr Geist-Selbst auf die Tatsache reagierte, daß Ihr Klient ärgerlich und verstimmt war, weil Sie ihm nicht zuhörten. Ihr Energiefeld zeichnete den Streß und die Spannung auf, deren sich Ihr Ich nicht bewußt werden konnte, weil es »ganz woanders war« und (beispielsweise) an das bevorstehende Mittagessen dachte.

Indem wir unseren Geistkörper nach solchen Verabredungen und anderen Treffen »durchchecken«, können wir rechtzeitig feine Korrekturen vornehmen. Vergessen Sie nie, daß Ihr Geistkörper direkt auf Gedanken und Gefühle reagiert.

Es folgen nun einige Übungen, die dazu bestimmt sind, uns mit unserem eigenen Geist-Selbst vertraut zu machen, damit wir allmählich ein Gespür für es entwickeln und, wenn nötig, Korrekturen an ihm vornehmen können. Sie sind bewußt so konzipiert, daß wir sie überall und zu jeder Zeit ausführen können und dazu keinerlei Hilfsmittel bedürfen als unserer schamanischen *Schau* (Vorstellungskraft). Erinnern Sie sich: Für den Schamanen ist die Vorstellungskraft ein Instrument, das Gedanken und Gefühle ausschickt, um reale, konkrete Veränderungen in der materiellen Welt vorzunehmen.

Da Sie eine Übung nicht lesen und gleichzeitig durchführen können, empfehlen wir Ihnen, sie zunächst einmal sorgfältig zu lesen. Anschließend rufen Sie sich die Anweisungen Schritt für Schritt ins Gedächtnis zurück und befolgen sie, so gut es eben geht. Das sollte Ihnen eigentlich nicht allzu schwer fallen, da die Übungen, die wir Ihnen anbieten, insgesamt recht einfach sind.

Wenn Sie einen Partner haben oder in einer Gruppe arbeiten, so kann abwechselnd einer den oder die anderen durch jede Übung führen.

Übung Nummer 1: Das Geist-Selbst spüren

Entspannen Sie sich und schließen Sie die Augen. (Mit ein wenig Übung können Sie die Augen auch offen lassen und sich dennoch gleichzeitig Ihrer Fähigkeit des schamanischen *Schauens* bedienen.)

Entdecken Sie die äußeren Grenzen Ihres physischen Körpers. Beginnen Sie bei Ihren Zehen und Füßen und arbeiten Sie sich dann den Körper hinauf. Gehen Sie dabei so schnell vor, daß Sie sich innerhalb weniger Augenblicke Ihres ganzen Körpers bewußt werden können.

Beginnen Sie nun, dieses Körpergefühl langsam auszudehnen, als ob Ihre Haut elastisch wäre und Sie sich langsam mit Luft füllten. Beziehen Sie nach und nach Ihren ganzen Körper in die Ausdehnung mit ein, bis Sie das Gefühl haben, daß Sie etwa fünfzig bis siebzig Zentimeter größer und breiter geworden sind.

Experimentieren Sie nun ein wenig mit dieser Empfindung, indem Sie sich vorstellen, ob Sie jetzt noch durch eine Tür oder in Ihr Auto passen würden. Wie fühlt es sich an, mit Ihrer nach außen verlagerten Oberfläche eine Wand oder einen Menschen oder einen Baum zu streifen?

Nun fühlen Sie, wie Sie wieder zu Ihrer ursprünglichen Größe und Breite zusammenschrumpfen. Wiederholen Sie diese Übung, sooft

Sie es wünschen, entweder im Verlauf derselben Sitzung oder zu einem beliebigen späteren Zeitpunkt. Mit der Zeit werden Sie merken, daß Sie ein immer deutlicheres Gefühl für Ihr Energiefeld bekommen und daß es Ihnen dadurch zunehmend schwerer fällt, zu Ihren ursprünglichen physischen Ausmaßen zurückzuschrumpfen.

Übung Nummer 1: Zusammenfassung

1. Entspannen Sie sich und schließen Sie die Augen.
2. Entdecken Sie die äußeren Grenzen Ihres physischen Körpers.
3. Verlagern Sie diese Oberfläche um fünfzig bis siebzig Zentimeter ringsum nach außen.
4. Experimentieren Sie ein wenig mit Ihren neuen Ausmaßen.
5. Schrumpfen Sie zu Ihrer ursprünglichen Körpergröße zurück.

Übung Nummer 2: Das Geist-Selbst sehen

Nun, da Sie ein *Gefühl* für Ihren Geistkörper und seine energetischen Dimensionen bekommen haben, ist es an der Zeit, die visuelle Komponente hinzuzufügen. Beginnen Sie diese Übung, indem Sie sich entspannen und die Augen schließen. Stellen Sie sich nun ein Energiefeld vor, das Ihren Körper durchdringt und ihn in einer Breite von etwa fünfzig bis siebzig Zentimetern umgibt. Vergessen Sie nicht, auch den Bereich hinter Ihrem Rücken und unter Ihren Füßen mit einzubeziehen. Wenn Sie Schwierigkeiten damit haben, die Rückseite Ihres Körpers zu sehen, so können Sie einfach versuchen, in Ihrer Vorstellung aus sich herauszutreten und ein paar Schritte rückwärts zu machen: Dann schauen Sie nach vorne und sehen Sie sich von hinten.

Sobald Sie ein klares Bild von Ihrem Geistkörper erhalten haben, stellen Sie fest, welche Farbe oder Farben Sie sehen können. Achten Sie dann auf die Beschaffenheit der Energie. Bewegt sie sich? Wenn ja, auf welche Weise? Ist sie dicht und schwer wie die Erde? Ist sie hell und leicht wie die Sonne? Ist sie überall gleich oder an manchen Punkten anders? Stellen Sie alle etwaigen Unterschiede fest.

Wenn Sie ein bestimmtes Phänomen beobachten und wissen möchten, um was es sich dabei handelt oder was es bedeutet, dann fragen Sie einfach. Schamanische Arbeit findet nie in völliger Isolation statt. Sie haben stets unsichtbare Helfer und Führer in Ihrer Nähe. Warten Sie einfach, bis Sie die Antwort erhalten. Sie wird Ihnen in Form von Worten, Gedanken, Bildern oder Gefühlen zuteil werden. Je mehr Übung Sie bekommen, desto mehr Informationen werden Sie erhalten. Sie sind gegenwärtig dabei, die »Leitungen« herzustellen, die Sie mit Ihrem Geist-Selbst verbinden.

Führen Sie diese Übung so oft durch, wie Sie möchten. Es wäre gut, wenn Sie es dabei mit der Zeit auf eine gewisse Geschwindigkeit brächten. Das ist die Grundlage für die nächste Übung: Das »Durchchecken«.

Übung Nummer 2: Zusammenfassung

1. Entspannen Sie sich und schließen Sie die Augen.
2. Stellen Sie sich ein Energiefeld vor, das Ihren Körper durchdringt und umhüllt.
3. Achten Sie auf Farbe(n) und Beschaffenheit der Energie.
4. Stellen Sie – wenn Sie möchten – eine oder mehrere Fragen zu Ihren Beobachtungen.

Übung Nummer 3: Durchchecken

Diese Übung ist besonders wirkungsvoll, wenn Sie sie nach geschäftlichen Besprechungen, emotionalen Konfrontationen oder nach Situationen durchführen, die Sie mit einem Gefühl der Unsicherheit oder des Kräfteverlustes zurücklassen.

Machen Sie damit den Anfang, daß Sie sich entspannen und die Augen schließen. Versuchen Sie, nach einer der beiden beschriebenen Methoden sinnlichen Kontakt zu Ihrem Geist-Selbst herzustellen. Wahrscheinlich werden Sie dabei bemerken, daß Sie Ihren Geistkörper sowohl *sehen* als auch *fühlen* können. Das wäre optimal, da auf diese Weise sowohl die emotionale als auch die visuelle Komponente eingeschlossen wird.

»Tasten« Sie nun Ihren Geistkörper schnell von oben bis unten »ab«. Notieren Sie im Kopf alles, was Sie sehen, spüren oder fühlen.

Achten Sie dabei ganz besonders auf Bereiche, in denen ein Energiemangel vorzuliegen scheint. Das sind Problemzonen, die Ihre besondere Aufmerksamkeit erfordern. Sie können Ihre spirituelle Energie mental kanalisieren und in diese Bereiche fließen lassen, bis sie wieder aufgefüllt sind. Fallen Ihnen andere Stellen auf, an denen die Energie besonders konzentriert ist, so achten Sie auf ihre Farbe. Ist sie dicht, aber leuchtend, sind die betreffenden Körperregionen in der Regel gesund. Ist die Farbe jedoch trübe und stumpf, so sollten Sie sie aufhellen, indem Sie ihr größere Leuchtkraft zuführen.

Stellen Sie fest, wo die Oberfläche Ihres Geistkörpers verläuft. Ist er an irgendeiner Stelle eingefallen und der darunterliegende Bereich eingeengt, dehnen Sie ihn ein wenig aus. Ebenso können Sie weit nach außen ragende und außer Kontrolle geratene Partien ein wenig zusammenschrumpfen lassen. Ihr Geistkörper sollte möglichst ebenmäßig und ausgewogen sein, und wie ein Künstler können Sie ihm selbst eine harmonische Form geben. Sie können Ihre Hände benutzen, um ihn glattzustreichen und ganz nach Belieben zu gestalten. Auch wenn es für einen ahnungslosen Beobachter so aussehen würde, als tätschelten und kneteten Sie lediglich die Luft, so formen Sie in Wirklichkeit Ihren Geistkörper. Vergessen Sie nicht: Schamanische Prozesse sind stets praxisbezogen. Was immer sie für Sie realer werden läßt, wird sie auch um so wirkungsvoller machen.

Übung Nummer 3: Zusammenfassung

1. Entspannen Sie sich und schließen Sie die Augen.
2. Versuchen Sie, Ihren Geistkörper zu spüren.
3. Tasten Sie ihn mit Ihrer Aufmerksamkeit ab.
4. Leiten Sie Energie zu mangelhaften Bereichen, hellen Sie dunkle Stellen auf.
5. Dehnen Sie Ihren Geistkörper stellenweise aus oder ziehen Sie ihn wieder zusammen – je nachdem, was gerade nötig ist.

Diese Übung darf nicht in die Länge gezogen werden. Ihr Nutzen liegt in Ihrer Fähigkeit, sie möglichst schnell durchzuführen – zwischen wichtigen Verabredungen, vor einer geschäftlichen oder privaten Begegnung und insbesondere nach jeder Konfrontation. Mit zunehmender Praxis wird es Ihnen immer besser gelingen, mit Ihrem Geist-Selbst in Verbindung zu treten und Ihren Geistkörper als zuverlässigen und jederzeit verfügbaren Anzeiger für Ihren jeweiligen physischen und psychischen Zustand zu benutzen.

Übung Nummer 4: Veränderungen vornehmen

Diese Übung soll Ihnen dabei helfen, Kontrolle über Ihren Geistkörper zu erlangen und seine Energie in der für Sie vorteilhaftesten Weise zu kanalisieren. Wir werden uns hierbei auch, wie bereits an anderer Stelle beschrieben, »sinnliche Hilfe« aus dem Reich der Natur holen - vom Wind, der Sonne, der Erde, den Felsen, verschiedenen Tieren und so weiter. (Im vierten Kapitel werden Sie mehr über den Geist erfahren, der in allen natürlichen Dingen lebt.) Vergessen Sie nicht, wann immer möglich, alle Ihre Sinne - wie im ersten Kapitel beschrieben - mit einzubeziehen, um den Prozeß für Sie lebendiger und realer werden zu lassen. Sie können diese spezielle Übung dazu benutzen, Ihre Stimmung und Ihre momentane Verfassung zu verändern. Gezielt eingesetzt, kann sie Ihnen außerdem dabei helfen, sich exakt in den psychisch-emotionalen Zustand zu versetzen, den Sie Ihrer Umgebung präsentieren möchten.

Wie bei den vorherigen Übungen entspannen Sie sich zunächst und schließen die Augen. Sehen, spüren oder fühlen Sie Ihren Geistkörper. Je mehr Sinne Sie einbeziehen, desto umfassender wird Ihr Bild.

Bevor Sie irgendwelche Änderungen an sich vornehmen, stellen Sie fest, in welchem Zustand Sie sich befinden, da die Informationen, die Ihnen Ihr Geist-Selbst zukommen läßt, nicht selten Hinweise auf vernachlässigte Bereiche oder auf sonstige Probleme enthalten, die Ihrer Aufmerksamkeit bedürfen. Diese bewußte Kenntnisnahme teilt Ihrem Geistkörper mit, daß Sie seinen Zustand keineswegs ignorieren und daß Sie, sobald Sie dazu fähig sind, darauf zurückkommen und daran arbeiten werden.

Einer unserer Klienten war in einen Rechtsstreit verwickelt, der ihn emotional stark beanspruchte. Während dieser Zeit mußte er eine Reihe von Vorträgen halten, die für seine weitere berufliche Laufbahn von großer Bedeutung waren. Obgleich er diese Übung als Vorbereitung auf seine öffentlichen Auftritte sehr wirkungsvoll fand, vernachlässigte er es doch nie, die offensichtliche Verwirrung seines Geistkörpers zur Kenntnis zu nehmen, bevor er ihn in irgendeiner

Weise veränderte. Sobald es ihm dann möglich war, nahm er sich genügend Zeit, um sich mit diesem bestimmten emotionalen Problem gründlich auseinanderzusetzen.

Erzeugen Sie ein deutliches mentales Bild von der Veränderung, die Sie herbeiführen, oder der Wirkung, die Sie erzielen wollen. Vielleicht wünschen Sie sich, mehr zur Kenntnis genommen zu werden oder einen tollen Eindruck zu machen – oder vielleicht möchten Sie ganz im Gegenteil lieber weniger auffallen. Denken Sie darüber nach, welcher konkreten Eigenschaft Sie bedürfen, um das gewünschte Ziel erreichen zu können. Wenn Sie sich beispielsweise in einer verwirrenden oder beunruhigenden Situation befinden, dann könnten Sie sich innere Klarheit und Seelenfrieden wünschen. Wenn Ihnen ein wichtiges Vorstellungsgespräch bevorsteht, könnten Sie sich wünschen, mit Ihrer Kompetenz und Ihrem Wissen in Verbindung zu treten. Fühlen Sie sich teilnahmslos, wünschen Sie sich am besten Enthusiasmus und Feuer.

Denken Sie nun an ein Phänomen, ein Ding oder ein Wesen aus dem Reich der Natur, das die von Ihnen gewünschte Eigenschaft besitzt. Für manche verkörpert die Wärme der Sonne an einem Frühlingstag Klarheit und Frieden. Die Begriffe »Kompetenz« und »Wissen« könnten vielleicht das Bild einer Eule oder einer Schlange hervorrufen. Lodernder Enthusiasmus könnte der Geist des Feuers sein. Beginnen Sie nun, Ihren Geistkörper mit der entsprechenden gewünschten Eigenschaft zu »färben«, indem Sie sich dazu des Bildes bedienen, das Ihnen eingefallen ist. Vielleicht möchten Sie ihm ganz konkret die reale Farbe des erwählten Naturwesens geben, vielleicht möchten Sie auch einfach nur spüren, wie die betreffende Eigenschaft Sie nach und nach ausfüllt. Denken Sie daran: Je mehr Sinneswahrnehmungen Sie mit einbeziehen, desto reicher wird Ihre Erfahrung. Vergessen Sie nie, sich anschließend bei dem Geist des Wesens oder Dinges zu bedanken, dessen Eigenschaft Sie sich für die Übung bedient haben.

Übung Nummer 4: Zusammenfassung

1. Entspannen Sie sich und schließen Sie die Augen.
2. Sehen, spüren oder fühlen Sie Ihren Geistkörper.
3. Anerkennen Sie den Zustand, in dem Sie sich gegenwärtig befinden.
4. Machen Sie sich die gewünschte Veränderung oder Wirkung bewußt.
5. Identifizieren Sie die Eigenschaft, die Sie dazu benötigen.
6. Finden Sie etwas aus der Natur, was diese Eigenschaft besitzt.
7. Färben Sie Ihren Geistkörper mit der Eigenschaft des ausgewählten natürlichen Bildes.
8. Danken Sie dem Geist des natürlichen Bildes.

Wie die anderen Übungen sollte auch diese nicht länger als einige wenige Augenblicke erfordern; Sie können sie so oft wiederholen, wie Sie möchten. Manchmal werden Sie vielleicht das Bedürfnis verspüren, sie ein wenig mehr in die Länge zu ziehen. Grundsätzlich sollte es allerdings Ihr Ziel sein, dazu zu kommen, daß Sie sie beispielsweise im Supermarkt durchführen können, während Sie an der Kasse Schlange stehen, oder wo immer Sie sich gerade sonst befinden.

Wir könnten es Ihnen durchaus nachfühlen, wenn Sie sich anfangs ein wenig komisch vorkämen oder skeptisch wären, wenn Sie die Übungen ausprobieren. Wie bei aller schamanischer Arbeit ist es aber auch hier so, daß Eitelkeit und Befangenheit das Erlangen von wirklicher Kraft verhindern. Denken Sie daran, daß Schamanen das Ausgefallene für völlig normal halten und sich nicht schämen, von Zeit zu Zeit ein wenig töricht zu wirken. Sie sind außerdem überzeugte Fürsprecher des Humors, des Lachens und des Bizarren.

Den Geistkörper anderer Menschen sehen

Wenn Sie sich erst einmal damit vertraut gemacht haben, mit Ihrem eigenen Geist-Selbst zu arbeiten, können Sie dazu übergehen, mit Hilfe Ihres schamanischen *Schauens* auch die Geistkörper anderer Menschen zu »sehen«, zu spüren und zu fühlen. Sie können sich dazu der einfachen Methode bedienen, die Augen zu schließen, sich die betreffende Person konkret vorzustellen und das Feld, das sie umgibt, zu sehen oder zu spüren. Achten Sie auf alles, was Sie wahrnehmen, und wenn Sie Hilfe bei der Auslegung Ihrer Eindrücke benötigen, stellen Sie einfach mental die Frage und warten Sie, bis die Antwort in Ihrem Bewußtsein auftaucht. Wenn Sie ausreichend entspannt sind, werden Sie sie in der Regel nicht selbst (unbewußt) erfinden. Sobald Sie ein wenig Übung in dieser Technik erlangt haben, werden Sie erstaunt sein über die Treffsicherheit Ihrer Intuitionen.

Sie dürfen an einem fremden Geistkörper nie irgendwelche Veränderungen vornehmen oder sich sonstwie daran zu schaffen machen, ohne die betreffende Person zuvor um ihr Einverständnis gebeten zu haben. Eigenmächtige Eingriffe wären ein regelrechter Machtmißbrauch, und ein Schamane würde sagen, daß eine solche Manipulation zwangsläufig unangenehme Folgen nach sich ziehen muß. So lehnt die betreffende Person die von Ihnen vorgenommene Veränderung vielleicht ab und reagiert unter Umständen mit einem plötzlichen Energiestoß, der bei Ihnen heftige Kopfschmerzen oder ein starkes Gefühl des »Nichtgeerdetseins« hervorrufen kann. Außerdem könnte es Ihnen passieren, daß sich als Folge Ihrer unerlaubten Handlung die Welt der Geister vor Ihnen verschließt und Sie nicht länger auf deren Beistand rechnen können. Es ist daher immer empfehlenswert, in solchen Angelegenheiten den Rat erfahrener Schamanen zu beherzigen.

Wenn Sie hingegen jemand bittet, ihn von seinen Kopfschmerzen oder einer anderen Beschwerde zu befreien, dann nur zu! Bedienen Sie sich derselben Methoden, die Sie in Übung Nummer 4 in bezug auf sich selbst gelernt haben. Im Verlauf dieses Buches werden Sie noch mehr darüber erfahren, wie man mit anderen zusammenarbeitet. Solange Sie jedoch nicht wirklich firm in der Anwendung schamanischer Techniken bei sich selbst geworden sind, sollten Sie besser nicht an anderen herumexperimentieren.

Die Abgrenzung des eigenen Geistkörpers

Am Anfang dieses Kapitels haben wir erwähnt, daß jeder menschliche Geistkörper einzigartig ist und den kreativen Ausdruck des betreffenden Menschen darstellt. Tiere besitzen, wie wir bald sehen werden, auch einen Geistkörper. Doch hat hier nicht jedes Individuum einen eigenen, von allen anderen verschiedenen Geistkörper, sondern jede Art hat *einen* Geist, der allen dieser Spezies angehörenden Individuen gemeinsam ist. Obgleich nun jeder menschliche Energiekörper, wie gesagt, einzigartig ist und sich von allen übrigen unterscheidet, neigt er doch dazu, sich mit anderen zu vermischen oder sich deren Frequenz anzupassen – wie dies bei Tieren in einer Herde, einem Rudel oder einem Schwarm ja auch der Fall ist. Wenn mehrere Personen an ein und demselbem Projekt arbeiten oder sich, wie während einer Konferenz, intensiv über einen bestimmten Gegenstand austauschen, pendeln sich ihre Frequenzen in der Regel auf ein gemeinsames Niveau ein. Anstelle der zuvor unterschiedlichen individuellen Farben tritt dann – je nach der Art ihrer Beschäftigung – vielleicht ein gemeinsamer Blau- oder Gelbton in Erscheinung. Die Geistkörper nehmen in der Regel diejenige Farbe an, die den Mittelwert oder Durchschnitt aller vorhandenen bildet. Die Anwesenheit einer besonders starken Persönlichkeit kann allerdings die gesamte Gruppe in wesentlichem Maße beeinflussen. Wenn die Veranstaltung dann zu Ende ist und jeder seiner Wege geht, nehmen auch die jeweiligen Geistkörper nach und nach wieder ihre ursprüngliche, einzigartige Farbe an.

Wissenschaftler haben herausgefunden, daß Menschen, die einander sehr nahestehen, nicht selten ihren Herzschlag, den Blutdruck und eine Vielzahl meßbarer Stoffwechselvorgänge aufeinander abstimmen. Der physische Körper reagiert langsamer als der geistige, so kann sich ein solcher Anpassungsprozeß über eine ganze Stunde und mehr hinziehen. Die Anpassung der Geistkörper geht sehr viel schneller vonstatten – oftmals in einem Augenblick. Wie Sie sich vermutlich vorstellen können, ist es nicht unbedingt das gesündeste Verhalten, sich jedem anzupassen, mit dem man es zu tun hat. Am Ende eines langen Tages fühlen wir uns vielleicht gereizt oder mißmutig, weil wir, wie ein Schamane es ausdrücken würde, unter den Einfluß fremder Geister geraten sind und Kraft verloren haben. Wir haben uns, mit anderen Worten, im Supermarkt, im Bus oder im Büro zu vielen unglücklichen, ärgerlichen oder deprimierten Menschen angepaßt.

Wenn Ihr Partner oder Ihre Partnerin am Abend in einer schlechten Verfassung heimkommt, dann sagen Sie ihm oder ihr vielleicht, er habe den Ärger aus dem Büro mit nach Hause gebracht. Diese Aussage ist wirklich buchstäblich richtig. Der Mensch, der da vor Ihnen sitzt, ist vielleicht gar nicht mehr der, den Sie kennen, sondern ein Gemisch der Frequenzen all der verschiedenen Leute, mit denen er im Laufe des Tages zu tun gehabt hat.

Das ist, nebenbei bemerkt, einer der Gründe, warum so viele

Menschen so sehr dazu neigen, den Tag mit Alkohol zu beschließen: Er hilft ihnen dabei, das Unbehagen fremder Empfindungen zu verdecken oder abzuschütteln.

Übung Nummer 5: Die Läuterung des Geistkörpers

Eine Reihe einfacher schamanischer Praktiken verfolgen den Zweck, fremde Frequenzen aus unserem Geistkörper zu entfernen und unser natürliches, entspanntes Gleichgewicht wiederherzustellen. Bei der nun folgenden inneren Methode beginnen wir, wie mittlerweile gewohnt, damit, daß wir uns entspannen und die Augen schließen. Stellen Sie sich nun mit Hilfe der bereits erlernten Technik Ihren Geistkörper rings um Sie herum vor. Legen Sie seine Umrisse fest und spüren Sie ihn. Welche Farbe hat er?

Stellen Sie sich nun einen warmen, hellen, vollkommen klaren Wasserfall vor, der sich vor Ihnen in einen Teich ergießt. Steigen Sie – bekleidet oder nackt – in den Teich hinein und erlauben Sie dem Wasser, Ihren Geistkörper zu läutern, zu reinigen und wieder ins Gleichgewicht zu bringen. Trinken Sie etwas von dem Wasser und erlauben Sie ihm, ihren ganzen physischen Körper zu durchdringen. Danken Sie dem Wasser und öffnen Sie die Augen.

Wenn Sie möchten, können Sie den Wasserfall auch durch ein anderes Bild ersetzen. Vielleicht ziehen Sie es vor, in Salbei-Rauch zu baden oder in eine wundervolle heiße Quelle einzutauchen. Verwenden Sie das Bild, das bei Ihnen am besten wirkt.

Übung Nummer 5: Zusammenfassung

1. Entspannen Sie sich und schließen Sie die Augen.
2. Stellen Sie sich Ihren Geistkörper vor. Legen Sie seine Umrisse und seine Farbe fest.
3. Stellen Sie sich einen Wasserfall und einen Teich vor.
4. Baden Sie darin und trinken Sie von seinem Wasser, um sich zu »entschlacken« und zu läutern.
5. Danken Sie dem Wasser.

Hier sind nun einige *körperliche* Übungen, die Ihnen dabei helfen werden, bei Bedarf Ihr seelisches Gleichgewicht wiederzuerlangen:

- Eine beliebte schamanische Methode, sein inneres Gleichgewicht wiederzugewinnen, ist seit jeher, sich mit Wasser zu übergießen. Duschen Sie also, wann immer Sie sich etwas »daneben« fühlen.
- Schlamm- und Salzbäder (Epsomer Bittersalz) sind gleichermaßen wirkungsvoll, ganz besonders, wenn Sie alles, was sich in Ihnen fremd anfühlt, während des Badens bewußt in das Wasser entlassen. Auch ein kurzes Bad im Meer ist ein hervorragendes Mittel. Das ist auch der Grund, weswegen sich so viele Menschen so hervorragend fühlen, wenn sie Urlaub an der Küste machen.
- Ein altbewährtes schamanisches Mittel zur inneren Reinigung und zur Wiederherstellung des seelischen Gleichgewichts besteht darin, Salbei, Weihrauch oder Epsomer Bittersalz zu verbrennen und sich dabei den Rauch über den Körper wehen zu lassen.
- Energische körperliche Betätigung vertreibt in der Regel fremde Schwingungen und läßt ein neues Frequenzmuster entstehen.

Sich erden

Eine andere Methode, uns unseres Geistkörpers bewußt zu werden und größere Kontrolle über unser Energiefeld zu erlangen, ist das »Sich-erden«. Geerdet zu sein bedeutet, sich seines Körpers bewußt zu sein und zu wissen, wie man sich fühlt, während man gleichzeitig alltägliche Verrichtungen ausführt. Es bedeutet, sich wirklich, wach und bewußt zu fühlen.

Wenn wir den ganzen Tag über von einer Sache zur nächsten flitzen, uns über bevorstehende Aktivitäten Gedanken machen oder an vergangene erinnern, dann kann es leicht dazu kommen, daß wir uns zuletzt »zerstreut« fühlen, »nicht ganz da« oder »ungeerdet«. Wenn wir unsere Schuhe in den Kühlschrank stellen oder der Katze aus Versehen Cheerios hinstreuen anstatt ihres Trockenfutters, dann erkennen wir selbst, daß wir nicht geerdet sind. Auch wenn wir in ein anderes Zimmer gehen, um etwas zu holen, uns aber, dort angelangt, nicht mehr daran erinnern können, was wir eigentlich wollten – dann sind wir nicht mehr geerdet. Vielleicht haben wir auch eine Menge Zeit damit verloren, überall nach unseren Schlüsseln zu suchen, nur um sie zuletzt in unserer Hosentasche zu finden. Erfahrungen wie diese zeigen in der Regel an, daß wir den Kontakt zu den uns umgebenden natürlichen Elementen verloren haben oder daß wir nicht mehr wissen, wie wir auf diese Elemente reagieren. In solchen Zeiten ist die Verbindung zwischen unserem physischen Leib und unserem Geistkörper äußerst schwach.

Wir sind hingegen dann geerdet, wenn wir uns des Kraftgewebes bewußt werden, das sich in uns und unserer gesamten Umgebung manifestiert: in der Sonne, dem Mond, den Sternen, der Luft, dem Regen, den Pflanzen und allen Lebewesen. Es ist immer leichter, unter freiem Himmel geerdet zu sein als in »toten«, unnatürlichen Innenräumen, wo die Gegebenheiten selten auch nur annähernd ideal sind. Deshalb ziehen es Schamanen vor, so viel Zeit wie möglich an der frischen Luft zu verbringen. Die Verbindung zwischen dem Geistkörper und dem physischen Körper ist normalerweise stärker im Freien als in geschlossenen Räumen.

Wie wir uns erden können

Selbst wenn Sie in einer städtischen Umgebung arbeiten oder wohnen, wo Sie gezwungen sind, sich die meiste Zeit des Tages in geschlossenen Gebäuden aufzuhalten, können Sie doch mit Sicherheit Mittel und Wege finden, sich für eine zehnminütige Pause ins Freie zu begeben. Schon allein durch diese kurze Kontaktaufnahme zu den natürlichen Elementen werden Sie sich »wirklicher« fühlen. Es ist schwer, ungeerdet oder »ganz woanders« zu sein, wenn man vom Wind durchgepustet, von der Sonne gewärmt, vom Regen durchnäßt wird oder durch knirschenden Schnee stapft. Man fühlt sich dann ganz automatisch wacher, bewußter und wirklicher.

Übung Nummer 6: Sich erden

Diese schamanische Technik des Sich-erdens nimmt etwa fünf Minuten in Anspruch. Entspannen Sie sich zunächst einmal und schließen Sie die Augen. Atmen Sie ein paarmal tief aus und ein. Werden Sie sich Ihres physischen Körpers vom Scheitel bis zur Sohle bewußt, und wenden Sie dann Ihre Aufmerksamkeit der Erde direkt unter Ihnen zu. Selbst wenn Sie sich gerade in einem der oberen Stockwerke eines Wolkenkratzers befinden sollten, können Sie Ihr Bewußtsein doch soweit nach unten ausdehnen, daß es den Beton und die verschiedenen Schichten aus Erde, Fels, Sand und Lehm durchdringt und bis zum geschmolzenen Erdinneren reicht. Begrüßen Sie während Ihres »Abstiegs« jeden Teil der Erde, den Sie passieren. Denken Sie daran, daß die Erde nach schamanischer Auffassung lebendig ist und auf Ihre Aufmerksamkeit reagiert. Der Erdgeist freut sich darüber, zur Kenntnis genommen zu werden, und wird überglücklich sein, sich Ihnen dafür erkenntlich zeigen zu können.

Von der Basis Ihrer Wirbelsäule aus stellen Sie nun eine Verbindung zu diesem flüssigen Zentrum oder Herz der Erde her. Die Füße fest auf dem Boden, lassen Sie Ihren Geistkörper sich so nach unten ausdehnen, als ob Sie einen langen Schwanz hätten, der bis tief in die Erde reicht und mit ihr verwurzelt ist. Benutzen Sie diesen Schwanz, um zunächst alle überschüssige Spannung (fremde Geister), die Sie mit sich herumtragen, aus sich herausfließen zu lassen. Dann lassen Sie die Energie der Erde von unten her in Ihren Körper aufsteigen und Sie mit größerer Festigkeit und Gegenwärtigkeit erfüllen.

Wenn es Ihnen Probleme bereitet, diese Verbindung herzustellen, scheuen Sie sich nicht, um Hilfe zu bitten. Oft können Sie dieselbe Wesenheit, die Ihnen auf Ihren Reisen als Führer dient, als Helfer gewinnen.

Am Ende der Übung brauchen Sie die Verbindung zum Erdinneren keineswegs wieder zu unterbrechen. Sie können sie weiter bestehen lassen, die Augen öffnen und Ihren Geschäften nachgehen. Ein gelegentliches kurzes »Nachchecken« reicht völlig aus, um Ihre Erdung ununterbrochen aufrechtzuerhalten. Wenn Sie sich dennoch aufgrund irgendwelcher Vorkommnisse einmal wieder ungeerdet fühlen sollten, dann führen Sie einfach die obige Übung noch einmal durch. Mit der Zeit werden Sie imstande sein, Ihre Verbindung zum Herzen der Erde in dreißig Sekunden wiederherzustellen.

Übung Nummer 6: Zusammenfassung

1. Entspannen Sie sich und schließen Sie die Augen.
2. Werden Sie sich Ihres physischen Körpers bewußt.
3. Werden Sie sich der Erde unter Ihnen bewußt.
4. Stellen Sie eine Verbindung zum Zentrum der Erde her.
5. Pumpen Sie alle Spannung und fremde Energie aus sich heraus.
6. Ziehen Sie neue Energie aus der Erde empor.
7. Öffnen Sie die Augen.

Schutz

Wenn Schamanen mit ihrem Geistkörper durch die verschiedenen Ebenen oder Welten des Kraftgewebes reisen, dann lassen sie ihren physischen Körper am Ausgangspunkt zurück. Während dieser Zeitspanne geben sie also absichtlich jedes Bewußtsein der gewöhnlichen physischen Realität auf. Um aber unnötige Risiken während ihrer »Abwesenheit« zu vermeiden, haben sie Techniken ersonnen, mit deren Hilfe sie ihren physischen Körper für die Dauer ihrer Reise nach innen schützen können.

Wenn der Schamane reist, ist sein physischer Körper, genau wie im Schlaf, verletzlicher und weniger kraftvoll. Deshalb begibt er sich, wenn es nur irgendwie zu vermeiden ist, nicht auf die Reise, während er beispielsweise Auto fährt oder die Straße überquert. In der Regel beginnt er also seine Reise an einem Ort, von dem er annehmen kann, daß er relativ sicher ist. Wenn er auf eine besonders lange Reise geht, hat er außerdem nicht selten jemanden bei sich, der neben seinem Körper sitzenbleibt oder für ihn die Trommel schlägt. Bei einer kurzen Reise stellt er zumindest sicher, daß sein Körper vor Störungen und Gefährdungen von außen geschützt ist. Selbst bei einem blitzschnellen Abstecher in die Welt der Geister, also beispielsweise während einer Konferenz, vergewissert er sich, daß für die Dauer seiner Abwesenheit keine Anforderungen irgendwelcher Art an ihn gestellt werden.

Ebenso wichtig ist es aber, daß auch der abwesende, reisende Teil des Schamanen während seiner Expedition nach innen beschützt ist. Schamanen wissen sehr wohl, daß sie nicht unverwundbar sind. Ihre Existenz ist mit derjenigen aller Lebewesen auf allen Wirklichkeitsebenen aufs engste verwoben, und sie müssen mit all diesen Lebewesen auskommen und nicht selten ihre Hilfe erbitten. Schamanen wissen, daß Arroganz unweigerlich zum Scheitern ihrer Unternehmungen führt. Deshalb unterlassen sie es nie, Schutzgeister demütig darum zu bitten, ihnen auf ihren Reisen zu helfen und sie vor allen Gefahren zu behüten.

Aus diesem Grund empfehlen wir Ihnen ebenfalls, jedesmal, bevor Sie sich auf eine schamanische Reise begeben, einen Schutzgeist herbeizurufen. Vermutlich wird sich daraufhin der Führer einstellen, dem Sie stets am Eingang der Höhle begegnen. Er ist nicht nur dazu da, Ihnen den rechten Weg zu weisen: Er ist auch imstande, sowohl Ihren physischen als auch Ihren geistigen Leib zu beschützen. Sie können ihn bitten, während der Reise auf Ihren Körper aufzupassen.

Sie können ihn aber auch bitten, jede Situation, die Ihnen im Verlauf der Reise gefährlich erscheint oder Furcht einflößt, für Sie zu meistern. Schutzgeister sind »Fachleute« auf diesem Gebiet: Das ist es, was sie am besten können und was sie am liebsten tun. Lassen Sie sie in Zweifelsfällen also ruhig für Sie arbeiten.

Talismane und Fetische haben Schamanen von jeher als Schutz während ihrer Reisen gedient. Doch ist es nicht der Gegenstand selbst, der beschützt oder wirkliche Kraft besitzt. Ausschlaggebend dabei ist die hinter dem materiellen Objekt stehende Energie. Seine sinnlich wahrnehmbare Form dient lediglich als eine Art Erinnerung daran, daß die Kraft vorhanden und verfügbar ist. Erfolgreiche Schamanen verwechseln den Fetisch also nie mit der eigentlichen Kraft. Viele ihrer mächtigsten Talismane sind sogar für das physische Auge unsichtbar, gewähren ihnen aber außergewöhnlichen Schutz. Ein guter Schamane kann selbst im Zustand völliger Nacktheit die erstaunlichsten Leistungen vollbringen, da er keinerlei materieller Werkzeuge oder Hilfsmittel bedarf, um wirkungsvoll zu arbeiten.

Es ist daher keine schlechte Idee, im täglichen Leben einige beschützende Talismane zu verwenden. Es braucht sich dabei aber nicht unbedingt um konkrete Gegenstände zu handeln. Einige der besten Talismane sind diejenigen, die wir im Verlauf unserer schamanischen Reisen als Geschenk erhalten. Es spielt dabei überhaupt keine Rolle, ob sie auch unseren physischen Augen als existent erscheinen. Sobald wir die Augen schließen, *sind* sie da und können uns wertvolle Dienste leisten.

> Als Stationsschwester in einem großen Krankenhaus hatte Maria das Gefühl, daß ihre Kraft durch die Streitigkeiten einiger ihr untergeordneter Schwestern ständig in Frage gestellt und geschwächt wurde. Bei den wöchentlichen Personalversammlungen machten ihr diese Kolleginnen das Leben schwer, indem sie sich über jeden von ihr vorgelegten Arbeitsplan beklagten und in die Haare gerieten. Als Maria mit dem Schamanismus in Berührung kam, entdeckte sie eine neue, überaus kraftvolle Weise, die Welt zu betrachten, die ihre Perspektive schon bald von der des bloßen Spielballs der Ereignisse in die des aktiv Handelnden transformierte. Sie gelangte in den Besitz eines wahren Schatzes an wirkungsvollen Techniken, die ihr dabei halfen, sich in ihrer Rolle als Stationsschwester leistungsfähiger und effektiver zu fühlen.
>
> Während einer schamanischen Reise erhielt sie von ihrem Führer, dem Dachs, einen leuchtend lavendelfarbenen Kristall mit der

Anweisung, ihn immer dann am Körper zu tragen, wenn sie das Gefühl hätte, ihrer Aufgabe nicht gewachsen zu sein und Hilfe zu benötigen. Obgleich der Kristall für das physische Auge nicht sichtbar war, fühlte Maria stets, daß er an seiner ebenfalls unsichtbaren Goldkette um ihren Hals hing. Nun freute sich Maria auf die bevorstehende aufreibende Personalversammlung. Zum ersten Mal hatte sie das Gefühl, einer so starken Opposition nicht allein gegenübertreten zu müssen. Als sie den Versammlungsraum betrat, bat sie stumm den Geist des Kristalls, ihr Kraft zu verleihen und sie vor den protestierenden Klagen ihrer Mitarbeiterinnen zu schützen. Je weiter die Sitzung voranschritt, desto deutlicher merkte Maria, daß sie sehr viel wirkungsvoller als sonst mit den angriffslustigen Schwestern diskutieren konnte. Erstaunlicherweise wurden die Frauen zunehmend einsichtsvoller und kooperativer. Am Ende war sie überrascht über die Ergebnisse, die sie erzielt hatte. Zum ersten Mal hatten sie sich auf einen neuen Arbeitsplan einigen können, der für drei Monate gültig sein würde. Und zum ersten Mal fühlte sich Maria nach einer solchen Versammlung voller Energie und gesund – nicht, wie bislang immer, völlig am Boden zerstört. Sie versäumte es nicht, dem Dachs für seinen Talisman zu danken. Sie merkte, daß es ihr Freude bereitete, mit dem Kristall zu sprechen und bei einer ganzen Anzahl von Problemen seinen Rat einzuholen. Alles, was sie zu tun hatte, war, auf seine Antworten zu hören.

Ein westlicher Psychologe könnte Marias Erfahrung dahingehend interpretieren, daß sie ihre eigene unintegrierte Durchsetzungskraft auf ein imaginäres Objekt projizierte, auf das sie dann gewissermaßen zurückgriff, um innere Sicherheit zu erhalten. Obgleich diese Deutung durchaus etwas für sich hat, würde der Schamane darauf entgegnen, daß sie die Beziehung des Menschen zur – absolut realen – Geisterwelt vollkommen außer acht läßt. Er würde eine solche Interpretation gar für ausgesprochen arrogant halten, geht sie doch davon aus, daß wir nur von unserer eigenen Psyche Hilfe erhalten können. Für Schamanen sind Talismane und Fetische eine ständige Erinnerung an ihre demütig empfangende Beziehung zur großen Kraft der Geisterwelt, dem Ursprung allen Lebens.

Unsichtbar werden

Eine besonders wirkungsvolle schamanische Methode, sich in schwierigen oder gefährlichen Situationen zu schützen, besteht darin, »unsichtbar« zu werden oder seine Gestalt zu ändern. Schamanen verändern oft ihre Erscheinung oder verkleiden sich, um unentdeckt zu bleiben oder unerwünschte Begegnungen zu umgehen. Dies mag Ihnen als ein schier märchenhaftes Kunststück erscheinen, ist in Wirklichkeit aber eine ganz einfache Technik. Es gibt viele Gründe, warum wir in unserem täglichen Leben hin und wieder lieber unentdeckt bleiben möchten. Vielleicht haben Sie Probleme mit Ihrem Exehemann, der Sie nicht in Ruhe läßt und Ihnen ständig folgt. Oder Sie haben aufdringliche, klatschsüchtige Nachbarn, die Ihnen, wann immer sie Ihrer habhaft werden können, mit sinnlosem Geschwätz die Zeit stehlen. Wenn Sie einmal des nachts durch einen gefährlichen Stadtteil laufen müssen, wären Sie sicherlich auch lieber unsichtbar. Vielleicht möchten Sie es vermeiden, Ihren Klienten gerade dann zu begegnen, wenn Sie Unterwäsche oder auch nur etwas zu essen kaufen. Möglicherweise verlangt es Sie nach einem langen Tag aber auch einfach nur danach, ein wenig ungestört zu bleiben. Dieser Wunsch kann insbesondere für Menschen, die im öffentlichen Leben stehen und – wie etwa Fernsehansager – oft von Fremden auf der Straße angesprochen werden, ein wirkliches Problem darstellen.

Schamanisch ausgedrückt ist es nicht einfach so, daß man jemanden an seiner äußeren Erscheinung oder seiner Kleidung erkennt. Man erkennt ihn vielmehr an der spezifischen, einzigartigen Schwingungsfrequenz seines Geistkörpers. Wenn wir keinen Geistkörper besäßen, wären wir lediglich totes Fleisch und nicht sehr interessant anzuschauen. Wenn wir also unseren Geistkörper »verkleiden«, wird unser physischer Körper mit einem Mal völlig unscheinbar und leicht zu übersehen.

Andere Menschen können unseren Geistkörper nicht nur aus nächster Nähe spüren, sondern oft auch aus größerer Entfernung. Sie können unseren physischen Körper auf dem Markt, in einem großen Saal oder auf einer belebten Straße ausmachen. Sie können unsere Gegenwart aber auch spüren, wenn wir außer Sicht sind, uns vielleicht im Nebenzimmer oder am anderen Ende der Stadt aufhalten. Ist es Ihnen noch nie passiert, daß Sie von Freunden angerufen werden, obgleich Sie drei Tage früher als angekündigt von einer Reise nach Hause zurückgekehrt sind? Ihre Freunde »wissen«, daß Sie wieder da sind, weil sie sehen, spüren oder fühlen können, daß Ihr

Geistkörper zurückgekehrt ist. Für diejenigen Menschen, denen etwas an Ihnen liegt, sind Sie wie ein Leuchtfeuer.

Solche seltsamen, scheinbar unerklärlichen Zusammentreffen wie die Begegnung mit einem Freund an einem vollkommen unwahrscheinlichen Ort sind kein bloßer Zufall. Wir müssen im Gegenteil zugeben, daß sie geradezu unvermeidlich sind, sobald uns bewußt wird, wie auffällig wir tatsächlich sind.

Der Schamane weiß, daß alle Geister in extremem Maße »sichtbar« sind, wenn man sie mit schamanischem Auge betrachtet. Das ist eben auch der Grund, weswegen es ihm gelingt, vermißte Lebewesen oder Gegenstände zu lokalisieren. Erinnern Sie sich an die Geschichte vom entlaufenen Affen: Er wurde nicht anhand seines physischen Körpers, sondern seines Geist-Selbst ausfindig gemacht.

Die Schamanen haben einfache Methoden entwickelt, ihren Geistkörper zu »maskieren« oder zeitweilig ganz zu verbergen. In lebensgefährlichen Situationen bedienen sich viele Menschen instinktiv schamanischer Techniken, um nicht entdeckt zu werden, und sie haben meist Erfolg damit. Wir kennen einen Vietnam-Veteranen, der während des Krieges von den Vietcong in einem Dorf überrascht wurde. Er befand sich in einer Hütte, in der es außer einem alten Wasserfaß, das ihn nur unzureichend verbarg, keine Versteckmöglichkeiten gab. Obgleich die Vietcong die Hütte durchstöberten, entdeckten sie ihn nicht. Sein Wunsch, nicht gesehen zu werden, war so stark, daß er ganz unbeabsichtigt seine schamanischen Fähigkeiten aktivierte und »unsichtbar« wurde.

Ein weiteres Beispiel hierfür liefert eine Erfahrung, die einer der Verfasser dieses Buches, Jose, vor einigen Jahren während einer Bergtour machte:

»Eines Tages streifte ich durch die einsamen Berge an der Küste Nordkaliforniens und verließ den Weg, um mir ein Gehölz wundervoller Mammutbäume aus der Nähe anzuschauen.

Plötzlich gelangte ich an eine Lichtung, auf der eine beträchtliche Anzahl erntereifer Cannabispflanzen standen. Hier hatte sich jemand ganz offensichtlich eine geheime Plantage angelegt, um Geld mit dem Marihuana zu verdienen. Ich begriff augenblicklich, daß ich durch mein Wissen um diese illegale Pflanzung in Gefahr war. Wenn mich der Eigentümer entdeckte, könnte er auf mich schießen und mich möglicherweise töten. Wenn mich aber ein Vertreter des Gesetzes hier antraf, würde ich mit Sicherheit festgenommen werden. Beinahe im selben Augenblick hörte ich, wie Stimmen durch den Wald näherkamen. Es gab keinen Platz, an dem ich mich hätte verbergen können, also blieb ich ganz still stehen und machte mich unsichtbar. Vier große Männer traten aus dem Wald und unterhielten sich dabei über kürzlich erfolgte Razzien und die Notwendigkeit, den Cannabis bald zu ernten. Sie gingen in einem Abstand von nur etwa drei Metern an mir vorbei, doch obgleich ich einen orangefarbenen Parka trug und im prallen Sonnenschein stand, sahen sie mich nicht – so unglaublich das klingen mag. Mit einem leisen, aber wirklich von Herzen kommenden Seufzer der Erleichterung schlich ich mich davon, sobald die Männer außer Sicht waren.«

Übung Nummer 7: Unsichtbar werden

Hier ist eine einfache schamanische Methode, unentdeckbar oder »unsichtbar« zu werden. Sie funktioniert, wenn Sie wirklich darauf angewiesen sind, weil dann Ihre starke Motivation als treibende Kraft wirkt.

Beginnen Sie damit, daß Sie sich entspannen und die Augen schließen. Stellen Sie sich nun ohne jede Anstrengung vor, Sie würden durchsichtig wie Glas oder Nebel. Stellen Sie fest, daß andere Menschen, wenn sie in Ihre Richtung schauen, geradewegs durch Sie hindurchsehen. Sie sind für sie einfach nicht mehr vorhanden.

Mit einem reinen Willensakt können Sie sich für alle Menschen unsichtbar machen oder aber auch nur für diejenigen sichtbar sein, zu denen Sie jeweils in Kontakt treten möchten. Sie können sich andererseits aber auch nur für einen bestimmten Menschen unsichtbar machen, beispielsweise für jemanden, der sie ständig belästigt. Formulieren Sie in Gedanken genau, was Sie möchten.

Wenn Sie das Gefühl haben, daß diese Übung so einfach ist, daß Sie sie gerade deswegen nicht bewältigen können, bitten Sie Ihren Geist-Führer, sie für Sie zu durchzuführen.

Vergessen Sie nicht, die Verwandlung rückgängig zu machen, wenn Sie wieder wahrgenommen werden wollen. Sehen Sie sich mit Ihrer schamanischen *Schau* ganz deutlich immer leuchtender und körperlicher werden. Wenn Sie wirklich die Aufmerksamkeit Ihrer Mitmenschen auf sich ziehen wollen, dann lassen Sie sich strahlend silbern werden.

Übung Nummer 7: Zusammenfassung

1. Entspannen Sie sich und schließen Sie die Augen.
2. Stellen Sie sich bildlich vor, daß sie durchsichtig werden.
3. Bestimmen Sie genau, wie weit Ihre Transparenz reichen soll.
4. Machen Sie die Verwandlung rückgängig, wenn Sie wieder sichtbar werden wollen.

Manche Kinder werden völlig unbewußt zu wahren Meistern der Kunst, nicht aufzufallen, weil dies eine wirkungsvolle Methode ist, gewalttätigen oder alkoholisierten Eltern aus dem Weg zu gehen. Sie entwickeln unglücklicherweise ein solches Geschick darin, daß sie später auch als Erwachsene für andere Menschen unsichtbar bleiben. Sie werden bei Beförderungen übergangen, und andere drängeln sich in Warteschlangen grundsätzlich vor sie, einfach weil sie so schwer auszumachen sind. Solche Leute müßten die Unsichtbarkeits-Übung stets nur rückwärts durchführen. Sie müßten mit anderen Worten also lernen, wieder auffälliger zu werden, sich selbst dabei zu *schauen*, wie sie in einer Vielzahl von Situationen Aufmerksamkeit auf sich ziehen und von ihren Mitmenschen zur Kenntnis genommen werden.

Gegenstände unsichtbar machen

Ebenso wie wir durch unseren Geistkörper Aufmerksamkeit erregen, können unsere Wertgegenstände Diebe und Einbrecher anlocken, weil sie mit unserer Persönlichkeit »durchtränkt« und dadurch ganz besonders sichtbar sind. Wenn wir unseren Wagen in einer dunklen oder unsicheren Gegend parken, sollten wir deshalb dieselbe schamanische Technik, die wir für unseren Körper benutzt haben, auch auf unser Auto anwenden. Machen Sie es durchsichtig oder unsichtbar, indem Sie sich gleichzeitig Ihrer schamanischen *Schau* und der Hilfe Ihres Schutzgeistes bedienen. Selbst Diebe werden dann achtlos an ihm vorbeigehen, einfach deshalb, weil sie es buchstäblich nicht sehen werden.

Die äußere Erscheinung verändern

Die Technik, seine äußere Erscheinung nach Wunsch zu verändern, ist derjenigen, sich unsichtbar zu machen, sehr ähnlich. Der Unterschied liegt lediglich darin, daß wir gelegentlich vielleicht anders aussehen möchten, als wir in der Regel von unseren Mitmenschen wahrgenommen werden. So wären Sie vielleicht lieber größer und imponierender an Gestalt, wenn Sie aus irgendeinem Grund nachts durch einen gefährlichen Stadtteil laufen müssen. Vielleicht möchten Sie aber auch lieber kleiner sein, wenn Sie in einem fremden Land reisen und durch Ihre Größe auffallen wie ein bunter Hund. Oder aber Sie möchten lieber in Ihrem Aussehen den Einheimischen gleichen, damit Sie leichter Kontakt zu ihnen finden. Aus welchem Grund auch immer Sie also wünschen sollten, anders auszusehen als sonst – Sie können Ihr Ziel erreichen, indem Sie die folgende Übung gewissenhaft durchführen.

Übung Nummer 8: Das Aussehen verändern

Entspannen Sie sich und schließen Sie die Augen. Steigen Sie mit Hilfe schamanischen *Schauens* aus Ihrem physischen Körper nach vorne heraus und drehen Sie sich um. Sehen oder fühlen Sie Ihren Körper vor sich stehen. Entscheiden Sie, welche Veränderungen Sie vornehmen wollen. Strecken Sie Ihre Geist-Hände aus und dehnen, drücken oder formen Sie Ihren Körper nach Ihren Vorstellungen, ganz so, als wäre er aus Knete. Bitten Sie Ihren Schutzgeist um Hilfe, wenn Ihnen die Aufgabe zu schwer fällt.

Drehen Sie sich nun wieder um und steigen Sie rückwärts wieder in Ihren Körper ein. Spüren Sie die Veränderungen, die Sie an ihm vorgenommen haben. Denken Sie stets daran, die Verwandlung rückgängig zu machen, wenn Sie wieder Ihre normale Gestalt annehmen wollen. Sollten Sie das einmal vergessen, werden Sie zwar trotzdem nach und nach wieder ihr ursprüngliches Aussehen erhalten, doch ist es auf jeden Fall besser, sich bei dieser Übung ein diszipliniertes Vorgehen anzugewöhnen. Auf diese Weise werden Sie sie bald sehr schnell durchführen können.

Übung Nummer 8: Zusammenfassung

1. Entspannen Sie sich und schließen Sie die Augen.
2. Steigen Sie aus Ihrem Körper heraus und drehen Sie sich um.
3. Sehen Sie Ihren Körper vor sich.
4. Beschließen Sie die vorzunehmenden Veränderungen und führen Sie sie durch.
5. Drehen Sie sich um und steigen Sie rückwärts wieder in Ihren Körper ein.
6. Spüren Sie die Veränderungen.
7. Nehmen Sie Ihr normales Aussehen wieder an, wann immer Sie wollen.

Neutralität entwickeln

Die Fähigkeit, eine neutrale, gefühlsmäßig unbeteiligte Haltung einzunehmen, ist eine der besten Methoden, sich selbst zu schützen. Wenn uns ein Ereignis oder eine Situation nicht gleichgültig ist, machen wir uns selbst verletzlich, weil wir uns seiner beziehungsweise ihrer Wirkung oder Kraft unterwerfen. Wenn jemand uns dumm nennt und wir uns darüber aufregen, dann geraten wir augenblicklich in seinen Bann, da wir ihm – und wenn auch auf einer noch so unterschwelligen Ebene – Glauben schenken. Wenn wir ihm widersprechen und uns verteidigen, halten wir es aller Wahrscheinlichkeit nach zumindest für *möglich*, daß wir tatsächlich dumm sind, und möchten nicht, daß es jemand anderes erfährt. Wenn wir aber wirklich davon überzeugt sind, nicht dumm zu sein, können wir einen solchen Menschen mit Neugier betrachten und uns fragen, welches Problem *tatsächlich* hinter seinem beleidigenden Verhalten steckt. Neutralität ist also der Standpunkt der Stärke.

Dies bedeutet wohlgemerkt nicht, daß wir nie Partei ergreifen oder zu einem gefühllosen Roboter werden sollten. Schamanen haben durchaus Gefühle, doch sind sie angesichts einer realen Bedrohung imstande, sich zu schützen. Genau das sollten wir auch tun. Die meisten Situationen, in die wir geraten können, stellen jedoch keine Bedrohung im eigentlichen Sinne des Wortes dar, und ihnen begegnen wir am besten mit einer Haltung unbeteiligter Neutralität. Wirklich große Schamanen sind solche, die selbst in Krisensituationen eine solche Haltung bewahren können. Das erfordert natürlich einige Übung.

> Der Schamane und Kojote waren gerade mitten bei ihrem Lieblingszeitvertreib. Sie wechselten sich dabei ab, sich gegenseitig Beleidigungen an den Kopf zu werfen, um zu sehen, wer als erster die Selbstbeherrschung verlor. Der Verlierer wurde über die Klippe geworfen. Es dauerte einen Monat, wieder heraufzuklettern. »He, Kojote!« höhnte der Schamane: »Dein Fell ist so räudig, daß selbst deinen Flöhen übel wird, wenn sie nur deinen Namen hören.« Kojote lachte und konterte: »He, Schamane, ich hab gehört, alle Leute lachen über dich, wenn sie deine Trommel sehen. Die ist so durchlöchert, daß du nicht mal Mist darin aufbewahren könntest.« Und so ging es weiter hin und her, wobei jeder versuchte, den anderen aus der Fassung zu bringen, bis Kojote schließlich sagte: »He, Schamane, erinnerst du dich an diesen alten Mann, der beim Vollmond des tiefen Schnees starb? Selbst mit deinen ganzen Schamanentricks hast du ihn nicht retten können. Er nahm all deine Kraft mit, als du ihn mit deinem Giftrauch wütend gemacht hast.« Nun wußte Kojote aber, daß dieser alte Mann der Lehrmeister des Schamanen gewesen war. Er spielte mit seiner Behauptung auf die Tatsache an, daß der Schamane, als der alte Mann gestorben war, befürchtet hatte, von da an weniger Macht zu besitzen. Und seine Rechnung ging auf: Der Schamane schnappte nach Luft und bemühte sich krampfhaft, Haltung zu bewahren. Kojote packte ihn und warf ihn über die Klippe. »Wieder ein Schamane unten.« Kojote grinste, als er in den Wald davontrottete.

Bis jetzt haben wir uns auf den Geistkörper selbst konzentriert und Ihnen einige Techniken gezeigt, mit deren Hilfe Sie ihn kennenlernen und beginnen können, mit ihm zu arbeiten. Doch gibt es noch weit mehr über den Geistkörper zu sagen. Der Ursprung des menschlichen Geistkörpers ist eine Reihe von Tunneln, die in die Welt der Geister führen. Jeder dieser Tunnel strahlt Energie einer jeweils unterschiedlichen Frequenz der Geisterwelt aus, und diese Emanationen bilden die unterschiedlichen Schichten des Geistkörpers. Ein Schamane kann bei eingehender Betrachtung eines Geistkörpers beispielsweise erkennen, welcher Tunnel für ein bestimmtes Problem des betreffenden Menschen verantwortlich ist. So ist es ihm auch möglich, mit den Tunneln zu arbeiten, um Zugang zu gewünschten Informationen zu erlangen oder einen Heilungsprozeß zu beschleunigen. Sie werden im siebenten Kapitel mehr über diese »Krafttunnel« erfahren und darüber, wie Sie mit Hilfe schamanischen Reisens mit ihnen arbeiten können.

Inzwischen haben Sie gelernt, Ihren Geistkörper zu spüren und seinen Umfang und seine Form zu fühlen. Sie haben gelernt, seine Konsistenz und seine Farben zu »lesen«, und Sie wissen auch ein wenig darüber, was diese Eigenschaften jeweils bedeuten. Sie wissen, daß Ihre Gedanken und Gefühle seinen Gesundheitszustand und sein Aussehen bestimmen und daß Sie Ihre Gedanken und Gefühle gezielt verändern können, um seine allgemeine Verfassung zu verbessern. Sie wissen jetzt, wie Sie Ihren Geistkörper neu definieren können und Sie haben gelernt, wie Sie ihn von fremden Einflüssen reinigen, ihn schützen und dafür sorgen können, daß er geerdet bleibt. Vielleicht haben Sie sogar bereits damit angefangen, die Geistkörper anderer Menschen zu »lesen«, und möglicherweise hat das, was Sie bei ihnen sahen, bewirkt, daß Sie in manchen Fällen Ihr eigenes Verhalten änderten.

Je mehr Sie sich auf die Welt des Geistkörpers einstimmen, desto größer wird Ihre Fähigkeit werden, die wahre Natur der Welt, in der Sie leben, zu sehen, zu spüren und zu fühlen. Dies verleiht Ihnen einen ungeheuren Vorteil gegenüber anderen Menschen, weil Sie sich nicht mehr durch bloße Äußerlichkeiten in die Irre führen lassen. Sie werden imstande sein zu wissen, was Sie und andere in jedem beliebigen Augenblick fühlen und denken. Sie werden sich nicht nur von Ihrem Geistkörper unterstützt fühlen, Sie werden auch ein Gefühl von Ausdehnung und Tiefe haben, weil Sie nun wissen, daß Sie mehr sind als nur ein Körper. Je mehr Sie sich den Botschaften Ihres Geistkörpers öffnen, desto deutlicher werden Sie sich Ihrer wahren Bedürfnisse und Wünsche bewußt werden. Sie werden in jeder Situation Ihre Grenzen kennen und ebenso Ihr wirkliches Potential.

Viertes Kapitel

Die Kraft der Natur: Geisthelfer

Latuk lag auf seiner Matte und sah von seinem geschützten Platz aus hinaus in die endlose, kahle Tundra. Entmutigt und deprimiert ließ er seinen Kopf zurück auf seinen Arm fallen. Seit ein paar Tagen war er einfach nicht mehr der alte, und er wußte nicht warum. Er konnte nicht einmal mehr die Energie aufbringen, zu jagen oder auch nur das zu essen, was noch vorhanden war. Seitdem er von der letzten Jagd in seine Hütte zurückgekehrt war, war er völlig apathisch. Besorgt hatte Misha, seine Frau, nach Isk schicken lassen, dem Schamanen des Dorfes am Zusammenfluß der beiden Ströme. Latuk wußte, er würde nicht lange auf ihn warten müssen.

Als Isk kam, sprach er freundlich mit Latuk. Er stellte ihm eine Menge Fragen. So erkundigte er sich unter anderem auch, wo Latuk sich die letzten Tage aufgehalten habe. Dann ließ er seine Hand einige Male über Latuks Körper wandern, schloß die Augen und schwieg eine Weile. »Ah, du warst also im Norden, dort, wo die grünen Steine sind. Der Geist des grünen Steines hat dir deine Kraft abgejagt und dein Blut geschwächt. Du kannst nicht dorthin gehen ohne den Schutz des lavendelfarbenen Quarzes.« Er zog ein unregelmäßig geformtes Stück Quarz aus seinem Schnürbeutel und legte es auf Latuks Brust. »Bis zum Mondaufgang bleibe still auf dem Rücken liegen. Dein Gemüt wird neue Kraft finden, und dein Appetit wird zurückkehren.« Mit diesen Worten verschwand der Schamane. Als Latuk bei Mondaufgang erwachte, war seine Apathie verschwunden. Gestärkt und hungrig aß er ein wenig Fisch. Während des Essens staunte er über den lavendelfarbenen Quarz, der ihm seine Energie zurückgegeben hatte. »Welch eine Macht doch der Geist dieses Steines besitzt!« dachte er. Schweigend sandte er ihm einige Dankgebete.

Das Kraftgewebe verbindet alle Elemente der Natur. Wenn wir wissen, wie dieses Kraftnetz funktioniert, können wir auch damit beginnen, seine Ressourcen auf die vielfältigste Weise anzuzapfen. Entdekken Sie, wie Sie sich der Kraft der Felsen, Pflanzen, Tiere und anderen Lebewesen auf diesem Planeten bedienen können, einfach nur, indem Sie es lernen, mit ihnen in Verbindung zu treten. Aus schamanischer Perspektive betrachtet ist nur eines erforderlich, um zu diesen Geschöpfen Kontakt aufzunehmen: Respekt. Er ist der Schlüssel zu jeglicher wirklichen Kommunikation. Jeder, der imstande ist, ein richtiges Gespräch zu führen, weiß auch, daß damit untrennbar das Fehlen von Vorurteilen und die Bereitschaft zum Zuhören einhergeht. Hierin unterscheiden sich die Elemente der Natur nicht vom Menschen: Sie reagieren auf unser Entgegenkommen, selbst wenn wir dies mit unseren physischen Augen nicht wahrnehmen können. Sie reagieren auf den Respekt, den wir ihnen zollen.

Vielleicht stehen Sie dieser Aussage zunächst skeptisch gegenüber, weil niemand Ihnen bislang beigebracht hat, daß Steine, Bäume, Wolken und Insekten durch Empfindungen und Gedanken erreicht werden können. Versetzen Sie sich für einen Augenblick in deren Lage. Stellen Sie sich vor, Sie stünden plötzlich Ihren Haustieren gegenüber. Stellen Sie sich vor, Sie könnten sie untereinander sprechen hören, doch sie verhielten sich so, als ob Sie ein unbelebter Gegenstand wären. Vielleicht würden Sie hören, wie sie miteinander darüber diskutieren, ob Sie irgend etwas fühlen können oder nicht. Würden Sie nicht ziemlich betroffen sein? Würden Sie nicht wütend werden oder Furcht empfinden? Insbesondere, wenn Sie ihnen zu essen gegeben oder ihnen Schutz geboten hätten, fänden Sie sie doch sicherlich nicht nur reichlich undankbar, sondern geradezu unverschämt, nicht wahr?

Erwarten Sie daher also nicht, daß Ihnen die Naturgeister vom ersten Augenblick, da Sie in Kontakt zu ihnen treten, herzliche Gefühle entgegenbringen. Geben Sie ihnen eine Chance, zu Ihnen und Ihren Beschränkungen Vertrauen zu fassen. Schließlich wurden sie lange Zeit und oft genug von Menschen schlecht behandelt. Sie fragen nun vielleicht, ob es nicht ein Vertrauensbruch an der Natur ist, wenn man ein Tier tötet, um es aufzuessen, da man doch allen Lebewesen Respekt erweisen soll. Kann man denn dann überhaupt noch eine Pflanze essen oder einen Baum fällen, um sich eine Hütte zu bauen? Die Schamanen wissen, daß die Lebewesen dieser Erde nichts dagegen haben, den Menschen als Nahrung zu dienen, als Schutz, Kleidung oder dergleichen – vorausgesetzt sie werden zuvor um Erlaubnis gebeten und ihnen wird anschließend für ihr Opfer gedankt. Die Welt der Geister, ihr wahrer Ursprungsort, kann nicht zerstört werden. Lediglich ihre physische Form kann sich eine Zeitlang ändern.

Schamanen sind sich der Bedeutung des Gleichgewichts in der Natur bewußt sowie der Tatsache, daß die Welt von den Spannungen lebt, die dieses Gleichgewicht aufrechterhalten. Wird die Ausgewogenheit durch Ausbeutung und Habgier zerstört, rebelliert die Natur. Der Schamane ist über die Krisen, mit denen sich unsere heutige Welt auseinandersetzen muß, nicht verwundert. Sie resultieren, wie er weiß, aus der Unausgewogenheit, die durch mangelnden Respekt im Reich der Natur hervorgerufen wurde. Das letztendliche Resultat dieser Unausgewogenheit ist ein Verlust an Kraft.

Wenn Sie also zu Steinen und Tieren in Verbindung treten wollen, dann behalten Sie immer in Erinnerung, daß das Geheimnis zum Erfolg der Respekt ist. Wenn Ihr wahres Motiv für diese Kontaktaufnahme eigensüchtiges Streben nach persönlichem Vorteil ist und nicht eine Form gegenseitiger Hilfeleistung, dann werden Sie am Ende an Kraft und Macht verlieren.

Denken Sie daran, daß Ihr Ziel Erfolg und wirkliche Kraft ist. Um beides zu erlangen, müssen Sie aber unbedingt mit Ihrer Umgebung zusammenarbeiten. Sie leben nicht vollkommen isoliert – Sie unterhalten Beziehungen zu all Ihren Mitgeschöpfen, ja selbst zu den Steinen. Wenn schon zu nichts anderem brauchen Sie sie, um auf ihnen zu laufen und mit ihnen zu bauen.

Die Kraft der Steine

Der Geist eines Steines ruft eine Schwingung mit einer ganz bestimmten Frequenz hervor. Gesteine und Mineralien verschiedener Art haben unterschiedliche Licht- und Klangfrequenzen. Das gilt insbesondere für Edelsteine, konzentrierte mineralische Strukturen, die wir Menschen aufgrund ihrer Schönheit und vielseitigen Verwendbarkeit so hoch schätzen.

Die kristalline Struktur eines Quarzes schwingt mit einer anderen Frequenz als beispielsweise ein Saphir. Die unterschiedlichen Frequenzen von Gesteinen und Mineralien beeinflussen Pflanzen, Tiere und Menschen auf eine jeweils ganz spezifische Weise. Auf manche Menschen wirkt ein Amethyst ausgleichend und heilend, während bei anderen ein Turmalin oder ein Fluorit (Flußspat) in dieser Hinsicht bessere Ergebnisse zeitigt. Andererseits können Edelsteine oder Metalle die Gesundheit mancher Menschen zu bestimmten Zeiten negativ beeinflussen. So sollte man in der Regel kein Silber am Körper tragen, wenn man sehr nervös ist oder an Angstzuständen leidet, weil dieses Metall den Stoffwechsel beschleunigt. Gold wäre in einem solchen Fall eine bessere Wahl, weil es eine erweichende, entspannende Wirkung auf den Körper ausübt. Andererseits sollte man sich dann für Silber entscheiden, wenn man allgemein munterer und aktiver werden möchte.

Der S‹ hamane weiß, wie man mit Gesteinen und Mineralien spricht, wie man ihre Energie fühlt und wie man herausfindet, welchen Einfluß sie jeweils ausüben. Indem er ihre charakteristischen Frequenzen erspürt und mit dem Geist der Steine redet, kann er Mineralien auswählen, die einen positiven Einfluß haben, und solche meiden, die unharmonische Schwingungen aussenden.

Vielleicht hegen Sie eine besondere Vorliebe für einen Türkisring, einen Amethyst-Anhänger oder Perlenohrringe. Wie die meisten Menschen werden auch Sie bei Spaziergängen gelegentlich einen Stein aufheben und eine Weile in der Tasche mit sich herumtragen. Könnte es sein, daß Ihre latent vorhandenen schamanischen Fähigkeiten zum Ausdruck kommen und Sie auf den Geist dieses bestimmten Steines reagieren lassen? Schamanen würden diese Frage eindeutig bejahen und sagen, daß Sie sich von Natur aus von solchen Steinen angezogen fühlen, deren Geist Ihnen hilft. Indem sie mit Ihrem Körper in Berührung kommen, beeinflussen sie Sie und erzeugen eine wohltuende Harmonie.

Schmuck aus Metallen, Edelsteinen oder Mineralien hat eine subtile, aber unleugbare spezifische Auswirkung auf den Körper. Bestimmte Kombinationen haben einen wohltuenden Effekt, andere wiederum nicht. Vielleicht haben Sie sich zuweilen gefragt, warum Sie seit jeher eine Aversion gegen diesen Anhänger aus Silber und Legrandit hegen, den Ihnen Tante Mabel zum Geburtstag geschenkt hat und den andere so hübsch finden. Vermutlich ist es ganz einfach so, daß Ihr Körper ihn überhaupt nicht mag und Sie ihn genau aus diesem Grund nie tragen. Vielleicht haben Sie dagegen eine besondere Vorliebe für einen kunstvollen Silberring mit einem Türkis, wie ihn die Navajo-Indianer bevorzugen. Der Geist des Türkis öffnet das Herz und läßt die Kreativität fließen. Wenn Sie ihn mögen und wenn er sich gut anfühlt, dann ist er für Sie richtig. Schamanen schenken diesen Verbündeten große Aufmerksamkeit, und sie achten darauf, wie sich ihr Körper anfühlt, wenn sie sich in ihrer Nähe befinden.

Wenn die Wirkung von direkt auf der Haut getragenen Metallen und Mineralien auch naturgemäß stärker ist, so üben größere Mengen davon selbst aus einiger Entfernung noch einen merklichen Einfluß auf uns aus.

Ein Stück Jade, Koralle oder Quarz, das wir beispielsweise auf unserem Schreibtisch liegen haben, wird uns seiner Beschaffenheit und Größe entsprechend beeinflussen. Möglicherweise halten Sie sich gern in einem Zimmer auf, in dem sich ein großer Amethyst befindet, und haben dafür eine Abneigung gegen ein anderes, das mit Skulpturen aus Onyx geschmückt ist. Sie reagieren damit spontan auf die Kraft und das Leben der mineralischen Welt.

Wir wollen hier nicht im einzelnen auf die Wirkungen der verschiedenen Edelsteine und sonstigen Mineralien eingehen. Obgleich gewisse allgemeingültige Aussagen durchaus möglich wären, entdeckt am besten doch jeder für sich, welche Gesteine, Edelsteine und Metalle positiv auf ihn wirken und welche nicht. Wir möchten Ihnen allerdings einige Übungen anbieten, die Ihnen dabei helfen werden, sich auf den Geist der Steine einzustimmen und durch die Zusammenarbeit mit ihnen ein befriedigenderes Leben zu führen. Sie werden mit der Zeit nicht nur mehr über die Mineralwelt wissen, sondern auch einige neue Freunde gewinnen.

Übung Nummer 1: Gesteine und Mineralien

Diese Übung wird Sie mit dem Geist der Gesteine und Mineralien vertraut machen. Dadurch, daß Sie ihren Geist kennenlernen, öffnen sich ganz automatisch die Kanäle, über die Sie in Verbindung mit ihnen und ihrer Kraft treten können.

Wählen Sie ein Gestein, ein Mineral oder einen Edelstein. Oder noch besser, lassen *Sie* sich von einem auswählen. Der richtige Stein wird ganz von selbst Ihre Aufmerksamkeit fesseln, selbst wenn er nicht eigentlich schön anzuschauen sein sollte. Es kann ein ganz beliebiger Stein sein, auch ein kleiner, unscheinbarer, den Sie auf der Straße auflesen. Lassen Sie sich von ihm anziehen. Wenn Sie ihn irgendwo finden, unterlassen Sie es auf keinen Fall, ihn zunächst um die Erlaubnis zu bitten, ihn aus seiner natürlichen Umgebung zu entfernen.

Setzen Sie sich nun mit dem Stein, Mineral oder Edelstein in der Hand hin und betrachten Sie ihn sehr sorgfältig. Achten Sie auf jede Einzelheit: seine Form, Farbe, Temperatur und darauf, wie er sich in der Hand anfühlt. Schließen Sie dann die Augen und stellen Sie ihm die folgenden Fragen:

1. Welches sind deine spezifischen Eigenschaften?
2. Gibt es irgend etwas, das du mir sagen möchtest?

3. Darf ich mich deiner Eigenschaften bedienen? Auf welche Weise kannst mir du von Nutzen sein?

Warten Sie auf die Antworten: Zweifeln Sie nicht an ihrem Wahrheitsgehalt. Sollten Ihnen die erhaltenen Informationen unverständlich sein, bitten Sie um nähere Erklärungen. Fragen Sie: »Was bedeutet das?«

Wenn Sie mit Ihrer schamanischen *Schau* oder Vorstellungskraft den Geist des Steines sehen, denken Sie daran, daß er nicht unbedingt seiner physischen Verkörperung ähneln muß. Er könnte Ihnen beispielsweise als schwaches oder auch als hell strahlendes Licht unterschiedlicher Farbe erscheinen.

Vergessen Sie nicht, dem Geist des Steines zu danken, wenn Sie Ihre Übung beendet haben. Sie können diese Übung so oft Sie es wünschen und mit beliebig vielen Steinen, Mineralien oder Edelsteinen wiederholen. Die Informationen, die Sie dabei erhalten, können von Stein zu Stein variieren. Es ist auch durchaus möglich, daß ein und derselbe Stein Ihnen und einem anderen Menschen unterschiedliche Informationen gibt. Dieser Umstand sollte aber kein Problem für Sie darstellen. In einem solchen Fall haben weder Sie noch die betreffende andere Person Unrecht. Es ist keineswegs selten, daß ein Stein zwei Menschen auf unterschiedliche Weise anspricht: Was für den einen gut ist, muß nicht unbedingt auch gut für den anderen sein.

Übung Nummer 1: Zusammenfassung

1. Wählen Sie einen Stein, ein Mineral oder einen Edelstein.
2. Betrachten Sie ihn genau, achten Sie auf alle Einzelheiten.
3. Schließen Sie die Augen und fragen Sie ihn nach seinen Eigenschaften und weiteren Informationen.
4. Bitten Sie ihn um Erlaubnis, sich seiner Eigenschaften zu bedienen. Bitten Sie ihn um Hilfe.
5. Danken Sie dem Geist des Steines, Minerals oder Edelsteins.

Die mineralische Zusammensetzung des in einem bestimmten Gebiet vorkommenden Gesteins kann auf denjenigen, der durch diese Gegend reist oder in ihr wohnt, eine ähnliche Wirkung ausüben wie am Körper getragene Edelsteine. So kann beispielsweise ein Bergmassiv aus einer Gesteinsart bestehen, die sich auf die meisten Menschen negativ auswirkt. Im Laufe der Zeit lernen es die Einheimischen, diese Gegend zu meiden – möglicherweise mit der Begründung, hier lebten gefährliche Geister. Nur der Schamane weiß, wie recht sie mit dieser Behauptung haben. Er weiß aber auch, daß man sich bedenkenlos in eine solche Gegend wagen kann, wenn man einen Stein mit neutralisierender Wirkung bei sich trägt. Woher hat er dieses Wissen? Einfach daher, daß er viel Zeit mit Steinen verbracht, sie kennengelernt und mit seinem Herzen und seinem Verstand mit deren Geistern gesprochen hat.

Überall gibt es bestimmte Regionen, wo seit jeher die Menschen nicht sehr gesund sind, die Verbrechensrate hoch ist und alles mehr oder weniger zusammenzubrechen droht. In anderen Gegenden wiederum herrschen Ruhe und Ordnung, sind die Leute gesünder und glücklicher. In Stadtgebieten, in denen die Konzentration an positiver Energie besonders hoch ist, steigen die Grundstückspreise. Die Folge davon ist, daß sich vor allem reiche Leute, große Firmen und teure Geschäfte hier ansiedeln und Schlechterverdienende in weniger begehrte Wohngegenden abgedrängt werden. Mit der Zeit können die vorherrschenden positiven oder negativen Emotionen der Bevölkerung einer Region die Eigenschaften der Erdkruste in dem betreffenden Gebiet nachhaltig beeinflussen. Insbesondere Steine zeichnen die Intensität menschlicher oder tierischer Gefühle auf und beginnen nach und nach sie zu reflektieren. So können ehemals positive Gebiete veröden und solche, die ursprünglich eher negativ waren, aufgewertet werden.

Vielleicht ist Ihnen schon aufgefallen, daß es selbst in ein und demselben Viertel nach außen hin vollkommen einwandfreie Plätze gibt, an denen kein Laden und keine Gastwirtschaft gedeiht. Eins nach dem anderen werden hier Geschäfte eröffnet und innerhalb weniger Monate wieder geschlossen. Vielleicht nur einen Block weiter aber blüht der Handel, und es herrscht gleich eine ganz andere Atmosphäre. Wenn Sie nächstens durch Ihre Stadt oder Ihr Dorf gehen, achten Sie einmal auf diese unterschiedlichen Energien und versuchen Sie, ein Gefühl für die wechselnde Beschaffenheit des

Bodens unter Ihren Füßen zu bekommen. Anfangs wissen Sie vielleicht noch nicht, worauf Sie eigentlich achten sollen, doch wenn Sie sich einfach darauf konzentrieren, *Unterschiede* zu bemerken, werden Sie bald beginnen, die Energie oder die Frequenz eines Ortes zu spüren.

Für den Schamanen, der mit Steinen spricht, ist daran nichts Geheimnisvolles. Er wird nach Möglichkeit auch nicht in eine Gegend ziehen, wo sich die Frequenzen des Felsuntergrundes unharmonisch auf den Menschen auswirken, sondern sich einen positiven, die innere Ausgewogenheit fördernden Ort suchen. Dies ist einer der Gründe, weshalb Schamanen es vorziehen, in dünn besiedelten Landstrichen zu leben: Dort haben sie nämlich die Freiheit, sich genau da niederzulassen, wo sich die Schwingungen des Erdbodens für sie am positivsten anfühlen.

Spezifische Kraftorte

Schamanen sind sich dessen bewußt, daß manche Plätze eine besonders große Menge an Energie beziehungsweise Energie von sehr hoher Frequenz ausstrahlen. Solche Orte können wir »anzapfen«, um Kraft von ihnen auf uns selbst zu übertragen. Einige von ihnen sind den Menschen seit Jahrhunderten bekannt: Stonehenge, Mount Shasta in Nordkalifornien, die großen Pyramiden in Ägypten und in Zentralamerika. Zahlreiche kleinere Kraftorte werden entweder unbewußt von der örtlichen Bevölkerung als Versammlungsplätze benutzt, oder aber sie sind nur den Schamanen bekannt.

Solche Plätze beziehen ihre Kraft aus den Frequenzen und der spezifischen Anordnung der Steine, die sich im Erdreich unter ihnen befinden. Einige der größeren *power spots* bestehen aus Felsblöcken, die eine wunderbare Ausstrahlung auf die meisten Menschen haben. Diese positive Wirkung ist der Grund, weswegen sie schon vor Jahrhunderten bemerkt und bebaut oder zu zeremoniellen Zwecken verwendet wurden – und oftmals noch werden. An anderen Stellen gibt es Felsformationen, die nur auf bestimmte Menschen eine wohltuende Wirkung ausüben. Deshalb werden auch nur sie von diesen Plätzen angezogen, während andere Leute sie meiden, weil sie sich dort seltsam unwohl fühlen.

Tiere und Pflanzen wissen instinktiv, welche Orte besondere Kraft besitzen und ob sie sich dort ansiedeln oder sie besser meiden sollten. Auch sie reagieren ganz stark auf die Energien dieser Plätze. Wir kennen einen bedeutenden positiven Kraftort im südlichen Oregon, in der Nähe der kleinen Stadt Gold Hill. Die Bäume, die diesen Platz umgeben, neigen sich alle vom Zentrum weg nach außen, als ob sie von der starken Energie weggedrückt würden. Der Luftraum über dieser Stelle ist bei Piloten dafür bekannt, daß hier der Radar aussetzt. Dies ist übrigens ein häufiges Merkmal größerer Orte der Kraft.

Kraftorte erhöhen in der Regel die Frequenz unseres eigenen Energiefeldes und verleihen unseren Gedanken und Emotionen weit größere Wirksamkeit. Besonders spirituell veranlagte Menschen haben zu allen Zeiten Tempel und Kirchen über solchen Kraftorten errichtet, um spirituelle Gedanken und Gefühle zu intensivieren. Die Menschen, die sich an solchen Plätzen zu gemeinsamer Andacht versammeln, tragen zu dem dort bereits vorhandenen kollektiven Gefühl bei, verstärken auf diese Weise die schon wirkende Kraft immer mehr und prägen den Ort in einer bestimmten Richtung. Lourdes ist hierfür ein gutes Beispiel. Menschen, die von einem Leiden geheilt zu werden hoffen, machen sich auf den Weg dorthin, halten sich eine Zeitlang dort auf und werden oft genug tatsächlich wieder gesund.

Kraftorte können allerdings jeden beliebigen Gedanken und jedes Gefühl verstärken. Deshalb sollte man darauf achten, in welcher psychischen Verfassung man ist, bevor man sich in den Einflußbereich einer solchen Stätte begibt. Wenn wir uns ängstlich oder ärgerlich fühlen, so werden diese Emotionen höchstwahrscheinlich noch intensiver werden. Haben wir ein heftiges Verlangen nach irgend etwas, so wird dieser Wunsch sich noch verstärken. Wenn wir uns jedoch abgespannt und müde fühlen, so ist es gut möglich, daß der Kraftort uns mit neuer Energie erfüllt. Dies ist der Grund, warum viele Klöster und Meditationszentren in der Nähe von Kraftorten errichtet wurden.

Nördlich von San Francisco gibt es einen Kraftort, zu dem viele Menschen pilgern, um dort zu meditieren und sich an Leib und Seele zu erholen. Mount Tamalpais wurde lange Zeit von den Eingeborenen als bedeutende Stätte natürlicher Heilkraft verehrt. Dennoch aber wurden hier, sehr zum Kummer der örtlichen Bevölkerung, zahlreiche Sittlichkeitsdelikte und selbst Morde verübt. Die gewalttätigen Neigungen der Menschen, die mit dem Gedanken an ein solches Verbrechen zum Mount Tamalpais kamen, wurden dort in einem solchen Maße verstärkt, daß keine moralischen Bedenken oder sonstigen Hemmungen die Ausführung der Tat mehr verhindern konnten.

Schamanen wissen, daß Kraftorte lediglich als »Verstärker« dienen. Sie intensivieren, was immer wir Menschen in uns tragen. Deshalb sollten wir uns besser innerlich zentrieren und zur Ruhe bringen, bevor wir wissentlich einen Kraftort betreten.

In unser aller näherer Umgebung gibt es kleinere Kraftorte, die auf den einen oder anderen von uns eine wohltuende Wirkung ausüben. Der Schamane versucht stets, sich dieser Plätze bewußt zu werden und sich, wo immer er hingeht, nach ihnen auszurichten. Im allgemeinen weichen wir instinktiv negativen Orten aus und fühlen uns zu anderen hingezogen. So kennen Sie vielleicht ein Plätzchen in einem Park, das Sie am liebsten aufsuchen, oder Sie umgehen regelmäßig einen bestimmten Wohnblock, ohne konkret zu wissen, warum Sie das eigentlich tun.

Auch Kinder haben ihre Lieblingsplätze, wo sie sich verstecken, spielen oder Trost suchen. Denken Sie an Ihre eigene Kindheit zurück. Erinnern Sie sich an einen solchen Platz? Es könnte auch sein, daß Sie ihre Liebste oder Ihren Liebsten immer an einer von Ihnen besonders bevorzugten Stelle getroffen haben. Ähnlich ergeht es uns oft, wenn wir ein Haus kaufen: Was unsere Wahl letztlich bestimmt, ist das logisch nicht erklärbare Gefühl, daß das Haus selbst oder das bestimmte Viertel, in dem es steht, »genau das Richtige« für uns ist. Und wie ein Tier erst ein wenig im Kreis herumläuft, hierhin und dorthin, ehe es sich an einer bestimmten Stelle niederläßt, suchen auch Sie in einem Café oder Kino erst ein Weilchen nach dem »richtigen« Platz, obgleich doch alle mehr oder minder den gleichen Blick gewähren oder dieselben Bedingungen erfüllen.

Die Ausdehnung des Gebietes, das von einem Kraftort beeinflußt wird, steht in direktem Verhältnis zur Stärke von dessen Ausstrahlung. Riesige Kraftorte, wie die in Taos (New Mexiko) und in der Nähe von Big Sur (Kalifornien), beeinflussen das Land in einem Umkreis von etwa hundertfünfzig Kilometern. Je mehr man sich dem Zentrum nähert, desto stärker wird man natürlich auch von seiner Ausstrahlung beeinflußt. Sehr kleine Kraftorte spürt man dagegen nur im Umkreis von ein paar Metern oder auch weniger.

Selka sah nervös zu, wie Mendo, mit nichts als seinem einfachen Gewand, im Wald verschwand. Ihrem Bruder stand eine machtvolle Initiation bevor. Er hatte die Aufgabe, einen Kraftort zu finden, dort eine Vision zu suchen und zurückzukehren, bevor er auch nur einen Bissen Nahrung und einen Tropfen Wasser zu sich nehmen durfte. Der Wald war sehr groß, und niemand wußte, welche Gefahren dahinter lauerten. Außerdem hatte man erst kürzlich eine Gruppe von Jägern eines feindlichen Stammes in der Nähe des Felslabyrinthes gesichtet.

Mendo näherte sich vorsichtig dem Spalt in den Felsen. Vor Durst und Hunger völlig erschöpft, verlor er doch nie das Gespür für die Energiemuster, die sich mit der wechselnden Umgebung veränderten. Nun wußte er, daß er einen Platz erreicht hatte, der sich stark anfühlte. Langsam suchte er seinen Weg zwischen den großen Felsblöcken hindurch und spürte, wie die Energie immer intensiver wurde. Freudige Begeisterung wallte in ihm auf. Hier war es. Keine Frage. Er wählte seine Position mit großer Sorgfalt aus: Irgend etwas sagte ihm, er müsse hier nach Osten schauen. Dann schloß er die Augen und empfing seine Vision.

Als Silka ihren Bruder wiedersah, tauchte er aus dem Wald auf wie ein helles Licht. Obgleich er seit drei Tagen weder gegessen noch getrunken hatte, machte er einen energetisierten und kraftgeladenen Eindruck. Strahlend machte er sich auf den Weg ins Dorf zur Begrüßungszeremonie.

Übung Nummer 2: Das Auffinden von Kraftorten

Wie können Sie einen Kraftort ausfindig machen und als solchen erkennen? Die folgenden einfachen Schritte werden Ihnen diese Aufgabe erleichtern. Um die Kraftorte der Erde zu identifizieren, wird im wesentlichen dieselbe Technik angewandt, durch die Sie Ihren Geistkörper wahrnehmen. Sie werden gewissermaßen den Geistkörper der Erde *schauen* und spüren, wo sich Stellen erhöhter Energie befinden. Sie werden nach denjenigen Ausschau halten, von denen Sie sich angezogen fühlen und die Sie als angenehm empfinden.

Gehen Sie zu einem Ort, wo Sie genügend Platz um sich herum haben. Wir empfehlen Ihnen beispielsweise einen Park, eine Wiese oder ein anderes, vergleichbares Gelände. Ist dies aus irgendeinem Grund nicht möglich, müssen Sie eben mit dem Raum Vorlieb nehmen, der Ihnen zur Verfügung steht. Setzen Sie sich hin, schließen Sie die Augen und versuchen Sie zunächst, ein Gefühl für Ihren eigenen Geistkörper zu bekommen. Bemühen Sie sich anschließend, auch den Geistkörper der Erde zu spüren.

Bitten Sie darum, zu dem nächstgelegenen Kraftort geführt zu werden. Sie werden vielleicht die visuelle Empfindung einer Konzentration heller strahlender Energie haben, oder vielleicht verspüren Sie mit einem Mal den Drang, in eine bestimmte Richtung zu laufen.

Was immer es auch sein mag, vertrauen Sie Ihrer Wahrnehmung und handeln Sie entsprechend.

Wenn Sie die angezeigte Stelle erreicht haben, setzen Sie sich und wiederholen Sie die Übung. Durch diese Maßnahme vergewissern Sie sich, ob es nicht doch noch einen anderen, für Sie besser geeigneten Platz in der Nähe gibt (da, wie gesagt, nicht alle Kraftorte auf alle Menschen gleichermaßen ansprechend wirken) oder ob Sie das Gefühl haben, genau hier gut aufgehoben zu sein. Wiederholen Sie diesen Teil der Übung so lange, bis Sie wirklich davon überzeugt sind, einen Kraftort gefunden zu haben, dessen Frequenz mit der Ihren übereinstimmt.

Stellen Sie nun mit geschlossenen Augen fest, warum sich dieser Platz anders anfühlt als die übrigen in seiner Umgebung. Fragen Sie ihn, wie Sie daraus Nutzen ziehen können, daß Sie sich hier aufhalten. Verbringen Sie dort soviel Zeit, wie Sie wollen, vergessen Sie jedoch nicht, zuvor die Erde um Erlaubnis zu bitten und ihr am Ende Ihrer Übung dafür zu danken.

Übung Nummer 2: Zusammenfassung

1. Setzen Sie sich und schließen Sie die Augen.
2. Bekommen Sie ein Gespür für Ihren Geistkörper.
3. Bekommen Sie ein Gespür für den Geistkörper der Erde.
4. Bitten Sie darum, zu dem nächstgelegenen Kraftort geführt zu werden.
5. Gehen Sie zu diesem Ort.
6. Wiederholen Sie die Schritte vier und fünf, bis Sie *Ihren* Ort gefunden haben.
7. Stellen Sie alle Eigenschaften dieses Ortes fest. Bitten Sie um die Erlaubnis, ihn benutzen zu dürfen.
8. Danken Sie dem Kraftort.

Eine Variation dieser Übung macht die Gegenwart eines zuverlässigen Freundes erforderlich, der Sie nicht auslacht, wenn Sie mit verbundenen Augen scheinbar ziellos durch die Gegend laufen. In Wirklichkeit werden Sie natürlich *nicht* ziellos durch die Gegend laufen. Vielmehr erlaubt Ihnen die vorübergehende »Blindheit«, ohne Zuhilfenahme der Augen – das heißt, ohne sich von visuellen Eindrükken ablenken zu lassen - einzig Ihrem Gespür zu folgen. Lassen Sie sich von Ihrem Gefühl sagen, wo *Ihr* Platz ist. Da Gefühle eine eigene Sprache haben, können wir Ihnen nicht genau sagen, *was* Sie empfinden werden. Vielleicht haben Sie das Gefühl, sich in eine bestimmte Richtung auszudehnen - oder aber zusammenzuzucken und innerlich zurückzuweichen, falls die angepeilte Stelle nicht gut für Sie ist.

Wie wir bereits weiter oben erwähnten, sind die größeren Kraftorte leichter zu erkennen, weil sie in der Regel zu bedeutenden Pilgerzentren geworden sind - manchmal auch zu großen Wirtschaftszentren, wie beispielsweise der Vatikan in Rom. In der Nähe des Zentrums eines solchen Kraftortes fühlen Sie sich vielleicht ein wenig unwohl, schwindlig oder auch launisch.

Wenn Sie sich dem Zentrum kleinerer Kraftorte nähern, ist die Wirkung zwar grundsätzlich dieselbe, doch längst nicht so stark. Sie können auch versuchen, die Handflächen gegeneinander zu reiben und sie dann nach außen zu drehen oder nach unten zu halten, um mit Hilfe des sich einstellenden kribbelnden Gefühls den Kraftort exakt zu lokalisieren. Manche Menschen spüren dieses Kribbeln eher auf dem Gesicht und dort besonders auf den Lippen. Sie werden ein wenig herumprobieren müssen, bis Sie herausfinden, was bei Ihnen am besten wirkt.

Experimentieren Sie auch nach Belieben herum, indem Sie eine Reise oder eine der im zweiten Kapitel beschriebenen Übungen an unterschiedlichen Plätzen durchführen. Setzen Sie sich also beispielsweise in eine Ecke Ihres Wohnzimmers und »checken« Sie Ihren Geistkörper durch. Ein anderes Mal setzen Sie sich dazu in Ihr Schlafzimmer oder in die Küche. Achten Sie auf etwaige Unterschiede der einzelnen Plätze und stellen Sie fest, wie sie sich anfühlen. Vielleicht merken Sie, daß es Ihnen grundsätzlich leichter fällt, sich im Wohnzimmer oder aber im Schlafzimmer auf Ihre Übungen zu konzentrieren als in irgendeinem anderen Raum. Auf diese Weise können Sie die kleineren Kraftorte in Ihrer Wohnung oder Ihrem Haus ausfindig machen und sich ihrer wirkungsvoll bedienen.

Positive Auswirkungen von Kraftorten

Es kann sich als von unschätzbarem Wert erweisen, Kraftorte zu kennen, wenn wir uns ihrer mit der richtigen Absicht bedienen.

Persönliche Kraftorte energetisieren uns und reduzieren unseren Bedarf an Ruhe und Erholung. Sie schenken uns inneres Gleichgewicht und üben eine heilende Wirkung auf uns aus, so daß unsere Produktivität erhöht wird und wir mehr Freude am Leben haben.

Sie intensivieren auch unsere Gefühle, wodurch sie es uns ermöglichen, Emotionen freizusetzen und zu läutern sowie Spannungen abzubauen.

Kraftorte sind darüber hinaus imstande, uns zu inspirieren, zu energetisieren und unsere latent vorhandene Kreativität zu aktivieren.

Kraftorte erhöhen unsere Frequenzebene, wodurch wir weniger anfällig für Krankheiten, Mutlosigkeit und Depressionen werden. Wir fühlen uns bestätigt und bereit, jede Aufgabe in Angriff zu nehmen, die auf uns warten mag.

Die Suche nach Kraftorten und das Wissen um sie hält uns wachsam und empfänglich für unsere Umgebung. Wenn wir wissen, was um uns herum geschieht, haben unsere Unternehmungen weit größere Aussicht auf Erfolg, weil wir dann im Besitz aller erforderlichen Informationen sind. Wenn wir den Geistkörper der Erde auch nicht so sehr verändern können wie unseren eigenen, so haben wir doch bis zu einem gewissen Grad die Möglichkeit zu entscheiden, welchen potentiellen Einflüssen der Erdenergie wir uns aussetzen wollen und welchen nicht: Wir sind imstande, mit unserem schamanischen Gespür für uns günstige Plätze auszuwählen und andere, schädliche, zu meiden.

Das Wissen um Stätten der Kraft hilft uns, Orten aus dem Weg zu gehen, die potentiell negativ sind, und uns statt dessen bewußt dort aufzuhalten, wo positive Einflüsse auf uns wirken können. Es gibt sogenannte »Energie-Abflüsse«, die unsere Energie aus uns herausziehen und uns geradezu apathisch und teilnahmslos werden lassen. Solche Stellen sollte man tunlichst meiden.

Jack Pierson lächelte, während er in seiner neuen Limousine den Highway entlangfuhr. Als er sich dem Tagungszentrum näherte, fühlte er, wie ihn erregte Vorfreude durchzuckte. Jetzt, am ersten Tag der Schulung, hatte er die Chance, seine schamanischen Fähigkeiten unter Beweis zu stellen. Er hatte es bereits erreicht, dem Komitee anzugehören, das darüber entschied, an welchem Ort die diesjährige Tagung stattfand. Nachdem er mehrere in Frage kommende Lokalitäten überprüft hatte, überzeugte er das Komitee davon, das Bayview-Tagungszentrum zu wählen, obgleich es nicht im »richtigen« Teil der Stadt lag. Von allen Gebäuden, die er aufgesucht hatte, war es das mit Abstand ruhigste und inspirierendste. Dabei machte es von außen überhaupt nicht viel her.

Als Jack hier vor fünf Jahren an einer Reihe von Software-Trainingsseminaren teilgenommen hatte, war er überrascht gewesen festzustellen, daß er sich nicht wie sonst von dem Übermaß an Informationen seelisch und körperlich erschöpft fühlte. Im darauffolgenden Jahr fand das Seminar in einem weit luxuriöseren, modernen Gebäude am Stadtrand statt, und er fühlte sich wieder, wie früher stets, nach jeder Unterrichtsstunde völlig ausgelaugt. Seit dieser Zeit wußte Jack, daß selbst in einer Großstadt Kraftorte existieren, und er hatte angefangen zu üben, solche Brennpunkte der Energie ausfindig zu machen. Nun »wußte« er einfach, daß das Bayview Center ein Ort der Kraft war.

Obgleich niemand außer ihm den Grund dafür angeben konnte, wurde die fünfzehnte jährliche Software-Tagung ein ungeheurer Erfolg.

Es bleibt hierzu noch anzumerken, daß wir nicht immer physisch an einem Kraftort anwesend zu sein brauchen, um von seinen besonderen Eigenschaften zu profitieren. Wenn wir erst einmal einen Kraftort lokalisiert haben, können wir auch schamanisch dorthin reisen oder ihn vor unserem inneren Auge erstehen lassen und dadurch »zu uns holen«. Versuchen Sie, diese Fähigkeit zu entwickeln, indem Sie mit einem Platz üben, der Ihnen ganz besonders lieb ist, damit Sie ihn, wann immer Sie es wünschen, »abrufen« können. Wenn Sie möchten, können Sie mit Hilfe Ihrer schamanischen Vorstellungskraft sogar Ihr eigenes Vereinshaus oder eine Werkstatt »bauen«, wo Sie arbeiten beziehungsweise sich entspannen können, um neue Kräfte zu sammeln. Dies könnte Ihr geheimer Zufluchtsort sein, der von Ihrem Krafttier beschützt wird – einem Verbündeten, mit dem wir uns im nächsten Abschnitt eingehend beschäftigen wollen.

Die Kraft der Tiere

Die Kraft des Schamanen steht in direkter Beziehung zu seinem Totem, seinem Tierverbündeten. Je größer das Totem ist, je größer also das Krafttier ist, desto mehr Einfluß übt er aus. Für einen Schamanen ist der Mensch kein besseres oder mit mehr Bewußtsein begabtes Lebewesen als ein Tier, auch wenn wir Menschen die Tiere in erster Linie als Nahrungs- und Rohstofflieferanten betrachten. Tiere haben ebenso wie Gesteine mächtige Geister mit jeweils ganz bestimmten Eigenschaften, und sie sind in außergewöhnlicher Weise dazu qualifiziert, uns Menschen in bestimmten Bereichen beizustehen. Die Beziehung des Schamanen zu den Tieren wirkt sich für beide Seiten sehr positiv aus. Der Schamane bringt dem Geistertier Respekt und Verehrung entgegen – dafür gewährt das Tier ihm seinerseits Führung und Beistand bei einer Vielzahl von Problemen oder Aufgaben, die die persönlichen Fähigkeiten des Schamanen übersteigen. So ist eine der wesentlichen Gaben der Krafttiere an den Schamanen Schutz und Anleitung bei der Durchführung problematischer Unternehmungen. Tierverbündete können auch wertvolle Hilfe leisten, wenn es darum geht, verlorene Gegenstände wiederzufinden, bei schwierigen zwischenmenschlichen Beziehungen zu vermitteln und allgemein ein schwieriges Ziel auch tatsächlich zu erreichen.

Jedes Krafttier hat seine Besonderheit, und so ist es durchaus möglich, daß der Schamane bei einem komplizierten oder vielschichtigen Problem zu mehreren Tieren Kontakt aufnehmen muß. Der Habicht ist beispielsweise gut darin, Dinge aus der Ferne zu erkennen, während der Fuchs für seine Intelligenz und Schläue bekannt ist. Allgemein gilt, daß es sich bei den Krafttieren nicht um gezähmte, sondern um wilde Tiere handelt. Schamanen sind der Ansicht, daß domestizierte Tiere ihre Kraft weitgehend verloren haben. Sie dienen dem Menschen eher in physischer als in spiritueller Weise.

Für den Schamanen sind die »physischen Tiere« nur die äußere Form des großen Geistes der jeweiligen bestimmten Art. So ist das typische Totem oder der Tierverbündete des Schamanen der Bär, und zwar nicht dieser oder jener Bär, sondern der Bär an sich. Das schließt allerdings nicht aus, daß auch die äußere Erscheinungsform des Bärengeistes verehrt und respektiert wird. Menschen, die in keiner Beziehung zu einem Krafttier stehen oder diese Verbindung durch Nachlässigkeit verloren haben, befinden sich, wie der Schamane es ausdrücken würde, in einer sehr verletzlichen und schwachen Position und haben den Kontakt zu ihrer eigenen Tiernatur eingebüßt. Trifft dies nicht auf jeden heutigen Stadtbewohner zu?

Doch selbst in einer hochtechnisierten und in vieler Hinsicht der Natur entfremdeten Kultur kommt die Kraft des Tieres in mancherlei Weise zum Ausdruck, die wir leider nur allzuoft nicht zur Kenntnis nehmen. Autos, Gasthäuser, Sportvereine und Klubs haben nicht selten Tiernamen, oder, schamanisch gesprochen, Totems. Die deutsche Sprache ist befrachtet mit »tierischen« Redensarten, wie beispielsweise »schlau wie ein Fuchs«, »still wie ein Mäuschen«, »stark wie ein Ochse«, »hungrig wie ein Bär«. Kinder wachsen mit Plüschtieren und mit Märchen auf, in denen Tiere oft die Hauptrolle spielen. Wilde Tiere wie der Tiger und der Panther werden sehr oft als Embleme und Symbole in der Werbung verwendet. Für den Schamanen ist dies nicht weiter verwunderlich: Wir können die Kraft der Tiergeister einfach nicht ignorieren.

Wie findet der Schamane nun sein Krafttier, das ihm zur Meisterschaft verhilft? Zunächst einmal ist es nicht so, daß *er* ein Tier auswählt und dann eine Beziehung zu ihm aufbaut. Der Geist des Tieres sucht vielmehr den Schamanen aus. Wenn in früheren Zeiten ein Schamane von einem wilden Tier angefallen wurde und er die Verletzungen überlebte, so wurde das betreffende Tier als sein Totem betrachtet. Es hatte mit dem Angriff lediglich prüfen wollen, ob der erwählte Schamane auch genügend Kraft und Durchhaltevermögen besaß und das von ihm verlangte Opfer zu geben bereit oder imstande war. Dadurch, daß der Schamane die Verwundung überlebte, bewies er zum einen seine Bereitschaft zur Hingabe und zum anderen seine Fähigkeit, mit der Kraft des Schutztieres fertig zu werden.

Nicht immer gestaltet sich die Begegnung mit dem eigenen Krafttier allerdings so dramatisch. In der Regel entdeckt der Schamane sein Totem dadurch, daß er es ihm erlaubt, während eines spontanen Tanzes aufzutauchen – oder indem er es während einer Vision *schaut*. Andere Krafttiere zeigen sich in Träumen. Kinder, die im allgemeinen Naturtalente sind, was Schamanismus angeht, haben oft wiederkehrende Träume, in denen ein bestimmtes Tier, das zuweilen angsteinflößend, zuweilen ehrfurchtgebietend und beschützend sein kann, eine zentrale Rolle spielt. Sie fühlen sich zudem im Zoo nicht selten unwiderstehlich zu einem bestimmten Tier hingezogen.

Pat warf ihre Taschen in das Taxi, während Louie den Fahrer anwies, zum Flughafen zu fahren. Beide hatten einen Sonnenbrand, doch sie waren sehr zufrieden mit ihrem Urlaub in Playa Escondida, dem mexikanischen Strandparadies hinter den Bergen von Oxaca. »Wir werden in zwei Tagen wieder zu Hause sein«, dachte Pat mit einigem Bedauern, als sie auf den Flughafenparkplatz einbogen.

Das Flughafengebäude war dunkel. Irgend etwas stimmte da nicht. »Tut mir leid, der Flughafen ist geschlossen. Keine Flüge bis Montag«, erklärte der Wachmann in der Abfertigungshalle. Ein rascher Blick auf die Flugtickets enthüllte die schreckliche Wahrheit. Ungläubig las Pat das Datum. Der mexikanische Reisebüroangestellte hatte den einundzwanzigsten April eingetragen, nicht –

wie es hätte heißen sollen – den einundzwanzigsten März. Sie hatten ihren Rückflug genau einen Monat später gebucht.
Als sie in ihr Hotel zurückgekehrt waren, überdachten Pat und Louie ihre Situation. Das konnte doch einfach nicht wahr sein! Plötzlich haßte Pat das Paradies.
Als sie an diesem Abend am Strand entlangging, mußte sie plötzlich an die Pelikane denken, die ihr während ihres Aufenthaltes hier so oft aufgefallen waren. Der Pelikan war seit ihrer Kindheit immer wieder in ihren Träumen aufgetaucht (und hatte ihr aus der einen oder anderen schwierigen Situation herausgeholfen), und da sie damals in einem Küstenstädtchen gewohnt hatte, war er ihr ein vertrauter Anblick gewesen. Da sie sich ein wenig mit schamanischen Techniken auskannte, hockte sie sich nun wie ein dicker Pelikan auf den Sand und begann, mit den Armen zu flattern und krächzende Laute auszustoßen. Sie schloß die Augen und fragte den Geist des Pelikans um Rat. In ihrer Vision sah Pat einen Pelikan senkrecht in den Himmel aufsteigen und aus ihrem Blickfeld verschwinden. Als Pat die Augen öffnete, war sie plötzlich davon überzeugt, es würde sich schon eine Lösung für ihr Problem finden. Früh am nächsten Morgen bestand sie darauf, zum Flughafen zu fahren. Louie protestierte, gab aber schließlich widerstrebend nach: »Es ist Samstag, und bis Montag gibt es keine Flüge.« Pat erwiderte nichts darauf. Als sie am Flughafen ankamen, war bis auf einen Angestellten und einige Piloten von Privatflugzeugen kein Mensch zu sehen. Plötzlich wurde die Stille durch ein dumpfes Rat-tat-tat unterbrochen, das über das Gebäude hinwegdonnerte. Ein moderner französischer Hubschrauber setzte keine fünfzig Meter von ihnen entfernt zur Landung an. Der mexikanische Pilot stieg aus und streckte sich, bevor er einen Postsack auslud. Pat schrie zu ihm hinüber: »Oxaca?«
»Si«, war die Antwort.
Pat sah zu, wie der Schatten des Hubschaubers über die bewaldeten Berghänge dahinraste, die unter ihnen vorbeiglitten. »Mexiko hat noch nie so schön ausgesehen«, dachte sie und machte es sich neben Louie auf den Postsäcken bequem. »Danke, Pelikan«, sagte sie in ihrem Herzen.

Übung Nummer 3: Die Begegnung mit dem Krafttier

Sie haben sich vermutlich schon gefragt, wie man es denn anstellt, zu einem Krafttier zu kommen. Hier folgt nun eine einfache Reise-Methode, die sehr häufig angewandt wird, um ein Krafttier oder einen Schutzgeist »hereinzuholen«. Diese Übung wird Sie außerdem mit dem Geist der Tiere vertraut machen.

Entspannen Sie sich und schließen Sie die Augen. (Bei dieser Übung ist es besonders hilfreich, entweder selbst die Trommel zu schlagen oder Trommelmusik vom Band abzuspielen). Stellen Sie sich Ihre Höhle oder einen anderen Zugang zum Erdinneren vor. Treffen Sie Ihren Führer und begeben Sie sich auf die Reise. Lassen Sie eine Landschaft zwanglos vor Ihren Augen erstehen. Es kann ein Wald sein, eine Wiese, ein Strand oder auch eine Höhle. Erlauben Sie dann dem Bild eines Tieres, diese Landschaft zu betreten, oder denken Sie vielleicht einfach den Namen eines Tieres. Behalten Sie in Erinnerung, daß der Geist eines Tieres nicht unbedingt wie dessen physische Erscheinungsform aussehen muß. Wenn sich überhaupt nichts einstellt, auch gut. Führen Sie die Übung dann einfach zu einem anderen Zeitpunkt noch einmal durch. Sie sollten übrigens Tieren, die Ihnen allzu bedrohlich, mit gefletschten Zähnen gegenübertreten, besser aus dem Weg gehen. Diese sind keine helfenden Geister, sondern eher Hindernisse oder Widersacher, mit denen Sie sich erst dann auseinandersetzen sollten, wenn Sie ausreichenden Schutz haben.

Sobald ein Tier auftaucht, fragen Sie es nach seinen besonderen Eigenschaften. Achten Sie gut auf die Antworten. Schamanischer Erfolg beruht vor allem auf der Fähigkeit zuzuhören. Machen Sie sich keine Gedanken, wenn es Ihnen so vorkommt, als ob Sie sich selbst die Antworten gäben. Anfangs hat man oft diesen Eindruck. Mit ein wenig Übung lernt man es jedoch, den Unterschied zu erkennen.

Erlauben Sie dann dem Bild zu verblassen und einem anderen zu erscheinen. Wiederholen Sie die Übung mit so vielen verschiedenen Tieren, wie Sie möchten. Das Tier, das sich wiederholt einstellt oder bei Ihren Reisen häufig als Führer fungiert, ist dasjenige, welches für Sie von besonderer Bedeutung ist. Vergessen Sie nie, dem Tier für seine Informationen und die Kontaktaufnahme zu danken.

Übung Nummer 3: Zusammenfassung

1. Entspannen Sie sich und schließen Sie die Augen.
2. Begeben Sie sich auf die Reise.
3. Erreichen Sie eine beliebige Landschaft.
4. Lassen Sie ein Tier diese Landschaft betreten.
5. Fragen Sie das Tier nach seinen Eigenschaften. Hören Sie gut zu.
6. Lassen Sie das Bild verblassen und ein anderes »hereinkommen«.
7. Stellen Sie fest, welches Tier am häufigsten wiederkehrt.
8. Danken Sie dem Tier.

Übung Nummer 4: Die Ehrung der Krafttiere durch Bewegung

Später werden wir Ihnen erklären, wie Sie mittels Tanzen mit Ihrem Krafttier in Kontakt treten können. Fürs erste möchten wir Ihnen nur vorschlagen, das Tier gleichsam »anzuprobieren«, etwa so, wie Kinder es im Spiel oft tun. Für diese Übung benötigen Sie einen Platz, wo Sie ungestört sind, und bequeme Kleidung. Entspannen Sie sich und schließen Sie die Augen.

Begrüßen Sie mental das Geistertier und erlauben Sie dem Wesen dieses Tieres, Sie zu durchströmen. Werden Sie selbst zu diesem Tier, indem Sie eine Haltung einnehmen, die für es natürlich wäre: Eine Schildkröte würde kriechen, ein Löwe würde auf der Erde kauern, ein Vogel würde hüpfen oder fliegen. Stoßen Sie auch Laute aus, die für das jeweilige Tier typisch sind.

Werden Sie zu Ihrem Tier, so gut Sie nur eben können, ganz so, als wären Sie ein fünfjähriges Kind. Kosten Sie das Gefühl von Stärke, Anmut oder Kraft aus, das dieses Tier ausstrahlt. Sehen Sie mit seinen Augen.

Wenn Sie merken, daß die Kraft nachläßt, danken Sie dem Tier und nehmen Sie wieder Ihre normale Haltung ein. Öffnen Sie die Augen. Später können Sie, wie Kinder es oft tun, vielleicht Ihr Tier so zeichnen oder in Ton modellieren, wie es Ihnen erschienen ist.

Übung Nummer 4: Zusammenfassung

1. Entspannen Sie sich und schließen Sie die Augen.
2. Begrüßen Sie das Geistertier.
3. Nehmen Sie die Haltung des Geistertieres ein.
4. Werden Sie zum Geistertier. Nehmen Sie seine Eigenschaften an.
5. Danken Sie dem Tier, nehmen Sie wieder Ihre normale Haltung ein, öffnen Sie die Augen.

Wie Krafttiere uns helfen

Wenn wir eine feste Beziehung zu einem oder mehreren Krafttieren aufgebaut haben, können wir sie bei Bedarf herbeirufen und sie um Rat oder Beistand bitten. Die übliche Weise, wie man mit ihnen in Verbindung tritt, ist durch schamanisches *Schauen* oder »inneres Hören«. Die Geistwesen sprechen entweder mit menschlichen Worten zu uns, oder sie benutzen Symbole, die wir erst entschlüsseln müssen.

Was Sie von ihnen erbitten können:

- Zusätzliche Kraft für eine geschäftliche Unterredung, ein wichtiges Treffen oder einen sportlichen Wettkampf. Kreative Ideen für eine literarische Arbeit, ein künstlerisches Projekt oder für jedwelche Art von Brainstorming.
- Hinweise darauf, wo sich ein verlorengegangener Gegenstand befindet, wie beispielsweise ein Schlüsselbund oder eine Brieftasche, oder wo sich eine vermißte Person aufhält beziehungsweise jemand, zu dem Sie gern wieder Kontakt aufnehmen möchten.
- Schutz vor Ansteckung während Reisen durch seuchengefährdete Gebiete. Heilung von leichteren und schwereren Krankheiten.
- Schutz vor Schlägern und Straßenräubern. Bewachung Ihres Autos, wenn Sie es in einer gefährlichen Gegend abstellen müssen. Bewachung Ihres Hauses, wenn Sie auf Reisen sind. Schutz für Sie, während Sie sich auf Reisen befinden – sei es mit dem Auto, im Flugzeug oder auf einem Schiff.
- Hilfe bei einer Prüfung, beim Gartenbau, bei der Reparatur Ihres Autos oder dabei, es funktionsfähig zu halten.

- Verbesserung Ihrer Beziehungen zu Verwandten und Vorgesetzten sowie – gegebenenfalls – zu Widersachern und sonstigen Personen, mit denen Sie nicht besonders gut auskommen.

Krafttiere können uns bei all diesen Dingen und einer Vielzahl weiterer Aufgaben beistehen, mit denen wir allein nicht fertig werden. Sie lieben es, uns zu helfen, weil sich ihr Wissen dadurch erweitert. Geistertiere sind keine statischen Gegenstände, sondern Wesen, denen viel daran liegt, sich zu entwickeln und zu wachsen. Sie helfen jemandem, der in Not ist, ebensogern wie wir. Ebenso wie wir möchten sie jedoch auch anerkannt und mit Respekt behandelt werden. Wenn wir sie nicht gut behandeln, wenden sie sich einfach jemand anderem zu, der ihnen mehr Achtung zuteil werden läßt.

Die Kraft der Pflanzen

Schamanen zufolge haben auch Pflanzen eine Geistseele und sind ebenfalls mögliche Verbündete, zu denen man Kontakt aufnehmen und mit denen man zu beiderseitigem Nutzen zusammenarbeiten kann. Pflanzen haben wie Gesteine und Tiere charakteristische Geistfrequenzen, die sich zumeist positiv, manchmal aber auch störend auf unsere Gesundheit auswirken können. In jeder Kultur haben sich die Schamanen mit den Pflanzengeistern und ihren Eigenschaften vertraut gemacht, um sich deren Kraft bei der Heilung von Krankheiten oder bei anderen Problemen zu bedienen. So haben sie beispielsweise herausgefunden, welche Pflanzen in welcher Menge verdauungsfördernd wirken, die Blutkörperchen kräftigen oder die Nerven beruhigen.

Die Schamanen wissen, welche Pflanzen gekocht, welche als Tee zubereitet und welche verbrannt werden müssen, damit sich ihre heilenden Düfte entfalten. So ist beispielsweise der Salbei eine kraftvolle Heilpflanze, die sowohl als Tee zubereitet als auch verbrannt werden kann, wenn seine reinigenden und beruhigenden Eigenschaften gefragt sind.

Wie bei den Krafttieren gilt auch hier, daß ein Schamane für um so mächtiger gehalten wird, je mehr Geister er als Verbündete hat. Die Arbeit mit *Pflanzen*geistern ist jedoch eher eine »Spezialdisziplin«, und nur Schamanen, die ein ganz besonderes Interesse an der Pflanzenwelt haben, bemühen sich um einen über das normale schamanische Maß hinausgehenden Kontakt zu ihnen. Sie können am besten selbst entscheiden, ob Sie in dieser Richtung talentiert sind oder nicht.

Pflanzengeister kennenlernen

Um die Bekanntschaft von Pflanzengeistern zu machen, benötigen Sie eine ganze Menge Geduld. Pflanzen sind statische Wesen, die das Leben in einem sehr langsamen Tempo erfahren. Es erfordert viel Zeit und Ausdauer, sich auf ihre Frequenz einzustimmen. Darum erzielen Menschen, die gern viel im Garten arbeiten und sich die Zeit nehmen, mit ihren Pflanzen zu reden, so gute Ergebnisse.

Um einen Pflanzengeist kennenzulernen, sitzt der Schamane stundenlang bei einer bestimmten Pflanze, fühlt sie, spricht mit ihr, hört ihr zu und ist einfach bei ihr. Irgendwann sagt sie ihm dann vielleicht, welches ihre positiven Eigenschaften sind.

Alle Pflanzen einer bestimmten Art haben dieselbe geistige Essenz. So repräsentiert jede einzelne Sonnenblume die physische Form des Sonnenblumengeistes. Wenn Sie daher eine Sonnenblume in New York kennenlernen und dann eine in Colorado - beziehungsweise eine in Hamburg und dann eine in München -, so sprechen Sie beide Male mit ein und demselben Geist.

Übung Nummer 5: Pflanzen kennenlernen

Wir möchten Ihnen nun eine einfache Methode vorstellen, mit deren Hilfe der Schamane Kontakt zu Pflanzengeistern aufnimmt und eine Beziehung zu ihnen aufbaut. Wählen Sie zunächst eine Pflanze in Ihrem Haus, Garten oder an einem beliebigen anderen Platz im Freien aus. Stellen Sie sich bitte auch jetzt vor, daß es in Wirklichkeit die Pflanze ist, die *Sie* auswählt, indem sie Ihre Aufmerksamkeit auf sich lenkt. Es spielt nicht die geringste Rolle, ob es sich dabei um eine kleine Blume, einen Busch oder einen Baum handelt.

Betrachten Sie die Pflanze sehr sorgfältig und notieren Sie im Kopf jedes einzelne Detail: die Farbe, die Form, den Geruch und so weiter. Stellen Sie sicher, daß Sie ausreichend Zeit mit der Pflanze verbringen. Schließen Sie die Augen und versuchen Sie, ein Gefühl für sie zu bekommen, ein inneres Bild von ihr zu erzeugen. Akzeptieren Sie alles, was kommt. Denken Sie daran, daß, ebenso wie bei den Gesteinen, Pflanzengeister nicht unbedingt der physischen Form der betreffenden Pflanze ähneln müssen. Wenn Sie irgendwelche Schwierigkeiten haben, gehen Sie zu Schritt 1 zurück und wiederholen Sie ihn.

Sobald Sie spüren, daß irgendeine Art von geistiger Beziehung zustande gekommen ist, bitten Sie die Pflanze um eine Botschaft. Hören Sie dann gut zu. Wenn Sie nichts vernehmen, fragen Sie noch einmal und hören Sie noch einmal zu. Wenn Sie auch dann noch keinen Erfolg haben, kehren Sie zum Anfang der Übung zurück und beginnen Sie sie mit derselben Pflanze noch einmal ganz von vorn.

Übung 5: Zusammenfassung

1. Wählen Sie eine Pflanze.
2. Betrachten Sie sie eingehend, prägen Sie sich jedes Detail ein.
3. Schließen Sie die Augen und *empfinden* Sie die Pflanze in Ihrem Inneren.
4. Bitten Sie um eine Botschaft. Hören Sie zu.
5. Danken Sie der Pflanze und öffnen Sie die Augen.
6. Wiederholen Sie die Übung, falls notwendig.

Sie können diese Übung so oft wiederholen, wie Sie möchten – entweder mit derselben oder auch mit verschiedenen Pflanzen. Experimentieren Sie ein wenig mit ihnen und lernen Sie sie kennen! Bitten Sie sie um Informationen, aber vergessen Sie nie, ihnen anschließend dafür zu danken. Eine gute Freundin von uns hat es sich zur Aufgabe gemacht, diese Übung jeden Tag mit verschiedenen Pflanzen in ihrem Haus und Garten durchzuführen. Es ist ihr gelungen, eine Beziehung zu jeder einzelnen von ihnen aufzubauen, und sie hat auf diese Weise eine Menge über deren Eigenschaften erfahren. So behauptet sie beispielsweise, daß einer ihrer Bäume ihr besonders gute geschäftliche Ratschläge erteilt, während ihre Kamelie ihr in gesundheitlichen Fragen hilft. Wenn man bedenkt, wie teuer heutzutage ärztlicher Rat werden kann, empfiehlt es sich wirklich, seinen Pflanzen gut zuzuhören.

Die Kraft der Elemente

Für den Schamanen haben alle Elemente ihren Ursprung in der geistigen Welt und besitzen eine spezifische Geistseele (beziehungsweise sind deren Verkörperung), die zu den unterschiedlichsten Zwecken kontaktiert werden kann. So nimmt der Luftgeist beispielsweise zahlreiche Formen an. Jede von ihnen kann ein bestimmtes Wissen vermitteln. Leichte Brisen, Wirbelwinde, Tornados, Taifune, Windhosen, Strahlströmungen, heiße Winde und kalte Winde – sie alle entspringen dem Geist der Luft oder des Windes, und doch hat jeder von ihnen seine besondere Aufgabe zu erfüllen. Jeder dieser Winde hat sein spezielles Wissen, das man sich aneignen kann, wenn man eine Beziehung zu ihm aufbaut. Indem er ihn anerkennt und mit ihm spricht, erweitert der Schamane sein Wissen, seine Kraft und seine Macht, weil er dann weiß, was der Wind weiß. Er ist imstande, alle notwendigen Vorsichtsmaßnahmen zu treffen, bevor ein Sturm oder ein ähnliches Unwetter losbricht. Ein Schamane, der mit dem Wind spricht, hat es nicht nötig, den Wetterbericht zu hören, weil er aus erster Hand weiß, was der Wind vorhat.

Old Ted stellte seinen Traktor in die Scheune und schlenderte dann im klaren Morgenlicht zur Tür des Bauernhauses. Die Luft erwärmte sich bereits zu einem wundervollen Frühlingstag.
In diesem Augenblick brachte sein Nachbar Frank seinen Kleinlaster am Zaun zum Stehen: »Hervorragender Tag zum Pflanzen«, rief er.
Old Ted ging hinüber zum Zaun: »Schätze, wir werden noch zwei Wochen warten müssen, bis wir die Setzlinge in den Boden bringen. Ich hab das Gefühl, daß der Winter noch nicht vorbei ist.«
Frank schaute ungläubig drein: »Du hast sie wohl nicht mehr alle, Ted«, sagte er. »Um diese Zeit ist er doch immer vorbei. Außerdem heißt es in allen Wetterberichten, es würde wärmer werden. Es besteht keine Gefahr mehr. Du wirst nie eine zweite Ernte einbringen, wenn du jetzt noch wartest. Ich jedenfalls werde pflanzen. Genau wie jeder andere in der Gegend auch. Wie kommst du denn überhaupt auf die verrückte Idee?«
»Ach, sagen wir, ein kleiner Vogel hat's mir erzählt.« Ted grinste mit einem schelmischen Funkeln in den Augen.
Frank schüttelte den Kopf: »Nun, es ist deine Sache«, sagte er laut, als er wegfuhr. Verrückter alter Kauz, dachte er bei sich, und doch! Dieser alte Kerl scheint immer irgendwas zu wissen. Vielleicht ist

es der Indianer in ihm. Ach Quatsch, er wird nur einfach alt und wunderlich.
Zwei Wochen später saß Old Ted neben seinem bullernden Holzofen und betrachtete die Schneeverwehungen vor seinem Fenster. »Na ja, es war nicht gerade ein kleiner Vogel, der es mir erzählt hat«, überlegte er. »Bruder Wind hat's mir gesagt.«

Für den Schamanen hat der Geist des Feuers eine besondere Bedeutung, weil Feuer und Hitze mit ekstatischen Reisen assoziiert werden. Auf der ganzen Welt bedienen sich die Schamanen intensiver Hitze, um sich vor Zeremonien und Ritualen zu reinigen. Diese »Hitze-Reinigungen« sind in der Tat sogar der Ursprung der modernen finnischen Sauna und des türkischen Dampfbades. Auch die Schwitzhütten der amerikanischen Eingeborenen sind ein Beispiel für diesen noch heute lebendigen Brauch, sich durch Hitze zu läutern und zu heilen.

Zeremoniell gebraucht, tragen der Rauch und die Hitze des Feuers den Schamanen hinauf in himmlische Sphären und zum Land der Geister. Dies ist im wesentlichen die Vorstellung, die der Verwendung der indianischen Friedenspfeife zugrunde liegt. Wenn die Pfeife entzündet und herumgereicht wird, werden alle Anwesenden durch die Geisterwelt miteinander vereint.

Der Schamane wird als Herr über das Feuer betrachtet, und zuweilen beweist er dies durch seine Immunität gegen Verbrennungen. Das sogenannte Feuerlaufen diente ursprünglich ebenfalls dazu, die Macht des Schamanen über die physikalischen Eigenschaften des Feuers zu demonstrieren. Um diese Immunität zu erzielen, muß der Schamane allerdings zunächst eine Beziehung zum Feuer aufbauen. Er muß dieses Element so gründlich kennen, daß er tatsächlich mit ihm verschmilzt oder zu dessen Geist wird. Wenn kein Unterschied mehr zwischen ihm und dem Geist des Feuers besteht, kann er auch nicht mehr verbrannt werden. Blitze, heiße Quellen, Rauch und Feuer in all seinen Formen sind spirituelle Kräfte, mit denen der Schamane sich vertraut zu machen und über die er möglichst viel zu erfahren versucht, um immer größere Kraft und Macht zu erlangen.

Dies bedeutet jedoch nicht, daß wir nun versuchen sollten, über glühende Kohlen zu laufen oder auf sonst eine Weise das Risiko eingehen, uns im Spiel mit dem Feuer ernsthaft zu verletzen. Solch fortgeschrittene Praktiken dürfen nur unter der Aufsicht eines wirklichen Meisters durchgeführt werden, und wir benötigen sie im übrigen auch gar nicht, um ein erfolgreicheres Leben zu führen.

Auch das Wasser hat wie der Wind ein Geist-Selbst, das viele Formen annimmt. Regen, Schnee, Hagel, Teiche, Ströme, Flüsse, Seen, Ozeane, Wasserfälle, Sturzbäche und so weiter verfügen alle über ein Wissen, von dem wir Menschen nur profitieren können. Es ist uns möglich, zu jeder Form von Wasser Kontakt aufzunehmen und mit ihr zu reden, um herauszufinden, welch hilfreiche Informationen ihr Geist uns zu geben vermag.

Die Sonne, der Mond, die Planeten und die Sterne sind alle wichtige Quellen spirituellen Wissens. Der Schamane weiß, daß jeder dieser Himmelskörper für uns absolut lebenswichtig ist, und daß man nur dann ein wirklich erfolgreiches Leben führen kann, wenn man zu ihnen allen eine persönliche Beziehung unterhält. Darüber hinaus weiß ein guter Schamane, daß diese Kräfte den Großen Geist repräsentieren, der den Kosmos vereint und der wahre Ursprung allen Lebens ist. Indem er zu der Sonne oder dem Mond Verbindung aufnimmt und ihnen demütig für die gespendete Wärme oder ihr Licht dankt, gewinnt der Schamane an Kraft, weil er sich damit direkt an die Quelle allen Lebens wendet.

Auch Sie können lernen, die ungeheure Kraft anzuzapfen, die allen natürlichen Elementen innewohnt.

Wie wir bereits früher erwähnten, ist alles, was Sie zunächst dafür benötigen, Respekt für diese Kräfte, der Glaube daran, daß Sie zu ihnen in Kontakt treten können, und der Wunsch, es zu tun. Wenn Sie diese Bedingungen erfüllen, bleibt mit ein wenig Übung der Erfolg mit Sicherheit nicht aus.

Was können wir nun dadurch gewinnen, daß wir unsere schamanische Fähigkeit entwickeln, direkt mit den Elementen zu sprechen? Indem wir lernen, mit dem Wind, dem Feuer, dem Mond, der Sonne, den Sternen und allen übrigen Elementen zu kommunizieren, sind wir zunächst einmal schon nach kurzer Zeit imstande, auf Monate im voraus zu wissen, wie das Wetter im großen und ganzen werden wird. Der Schamane weiß im Sommer, ob der kommende Winter mild oder streng, naß oder trocken, lang oder kurz werden wird. Im Winter kann er sagen, ob der Frühling Regen bringen wird oder späten Schnee, Hitze oder rauhe kalte Winde. Auch Sie können sich diese Fähigkeit aneignen. Dann werden Sie imstande sein, Ihre Reisen und sonstigen Projekte exakt auf die meteorologischen und sonstigen natürlichen Verhältnisse abzustimmen – und dadurch unter Umständen auch witterungsbedingte Unfälle zu vermeiden. Diese Elemente wissen immer, was sie vorhaben, und sie werden es Ihnen nur zu gern verraten, wenn sie von Ihren freundschaftlichen Gefühlen überzeugt sind. Der Schamane weiß, daß die Natur kein Feind des Menschen zu sein braucht.

Es ist aber nicht nur möglich die Witterungsverhältnisse im voraus zu kennen: mit ein wenig Übung und Konzentration kann man zu den Elementen auch ein kooperatives Verhältnis aufbauen und sie als seine Verbündeten gewinnen. Wirklich kompetente Schamanen können durch ihre enge Beziehung zu den Elementen Regen oder schönes Wetter herbeirufen, Tornados und Überschwemmungen abwenden. Der Kontakt zu diesen Verbündeten lehrt sie, ihre inneren Widerstände aufzugeben und mit dem Feuer, dem Wind, dem Wasser und der Erde zu verschmelzen, um mit ihnen etwas Neues und Positives zu erschaffen.

Eine enge Verbindung mit den Elementen führt auch dazu, daß wir uns besser auf die uns umgebenden Kräfte einstimmen und uns besser in sie integrieren können. Dann sind wir *Teil* der Natur und nicht länger ihr Gegenspieler oder Opfer.

Zweitens befähigt uns die Hilfe der Elemente, jeden Beruf, der in irgendeiner Weise mit der Natur zusammenhängt, weit erfolgreicher auszuüben. In den Bereichen der Chemie, der Landwirtschaft, Physik, Geologie, Elektronik, Energiewirtschaft, Pharmazie und Astronomie, um nur einige zu nennen, lassen sich durch die schlichte direkte Kommunikation mit den Geistern der jeweiligen Elemente wesentlich positivere Resultate erzielen. Wenn wir unserem bereits vorhandenen Schatz an (zuweilen fraglichen) naturwissenschaftlichen Kenntnissen die Informationen der Geister hinzufügen, können wir zu Ergebnissen gelangen, die der Menschheit von großem Nutzen sein könnten. Anders als naturwissenschaftliche Erkenntnisse, die buchstäblich über Nacht durch eine neue Entdeckung »ungültig« werden können, ist direktes schamanisches Wissen in der Regel dauerhaft. Wenn der Wind uns sagt, daß wir uns, um gesund zu bleiben, vor dem Föhn im Frühherbst hüten und uns dagegen den frischen Brisen des späten Frühlings aussetzen sollten, so können wir uns darauf verlassen, daß diese Information stimmt.

Einstein ist ein gutes Beispiel für einen Menschen mit latenten schamanischen Fähigkeiten. Seine größten Entdeckungen gingen nicht aus systematischen Versuchen hervor, sondern kamen durch Blitze unmittelbarer Intuition zustande. Ein Schamane würde sagen, daß er es verstand, Kontakt zur Geisterwelt aufzunehmen, um an verborgenes Wissen heranzukommen. Er muß mächtige Verbündete aus dem Reich der Natur gehabt haben – und dasselbe gilt für viele andere wahrhaft große Entdecker, Erfinder und Pioniere auch.

Wir möchten Ihnen nun eine Übung vorstellen, die dazu dient, Ihre Verbindungskanäle zu den Geistseelen der Elemente zu öffnen. Es ist eine einfache »Fühl-Übung«, die Sie überall und jederzeit durchführen können. Besonders wirkungsvoll ist sie allerdings dann, wenn Sie sich dabei in der Gegenwart des Elementes befinden, mit dem Sie jeweils arbeiten möchten. Ist es also besonders windig draußen, so arbeiten Sie mit dem Wind. Befinden Sie sich in der Nähe eines Baches oder schwimmen Sie gerade im Meer, dann arbeiten Sie mit dem Wasser. Achten Sie darauf, wie sehr diese Übung einem Kinderspiel gleicht. Dies ist kein Zufall.

Übung Nummer 6: Die Elemente kennenlernen

Wählen Sie ein Element, das Sie momentan hören, sehen, riechen, schmecken oder fühlen können. Konzentrieren Sie sich nun darauf, wie dieses Element für Sie aussieht, sich anfühlt oder klingt. Schließen Sie die Augen und fragen Sie sich, ohne dabei das »Gefühl« für das Element zu verlieren, welche Eigenschaften Sie wohl hätten, wenn Sie dieses Element wären. Wasser wäre beispielsweise flüssig, naß, zuzeiten unvorstellbar stark (denken Sie an die Gezeitenströme, Sturmfluten und ähnliche Phänomene) und vielleicht warm oder kalt. Wind könnte sich leicht, frei, kalt, heiß, formlos, schmeichelnd, bedrohlich und so weiter anfühlen.

Probieren Sie jede Eigenschaft aus, die Ihnen in den Sinn kommt. Nehmen Sie sich einen Augenblick Zeit und spüren Sie, daß Sie der Wind sind, das Wasser oder die Sonne. Bewegen Sie sich so, wie sie sich im jeweiligen Fall vermutlich bewegen würden.

Übung Nummer 6: Zusammenfassung

1. Wählen Sie ein Element, daß gegenwärtig »vorhanden« ist.
2. Empfinden Sie die Eigenschaften dieses Elementes.
3. Schließen Sie die Augen. Fragen Sie sich, wie sich diese Eigenschaften für Sie anfühlen würden.
4. »Probieren« Sie diese Eigenschaften »an«.
5. Danken Sie dem Element und öffnen Sie die Augen.

Wiederholen Sie diese Übung, so oft Sie es wünschen. Sie werden merken, daß Sie allmählich wirklichen Respekt vor den Elementen bekommen und daß Sie außerdem eine ständige Verbindung zu deren Geistseelen herstellen.

Nun wissen Sie bereits eine ganze Menge über das Gewebe der Kraft und die großen Verbündeten, die Ihnen in der Natur zur Verfügung stehen. Diese Verbündeten sehnen sich regelrecht nach einem kooperativen Kontakt zu uns Menschen, weil sie uns nicht, wie wir sie, als etwas von ihnen völlig Verschiedenes betrachten. Die Welten der Elemente, Tiere, Pflanzen und Mineralien wissen, daß wir ein Teil von ihnen und sie ein Teil von uns sind, und es bereitet ihnen Kummer, wenn wir sie wie Feinde behandeln. Wir sollten schließlich auch nicht vergessen, daß unser physischer Körper ganz und gar aus mineralischen, pflanzlichen und tierischen Materialien aufgebaut wird. Wir bestehen im wesentlichen aus Wasser. Wir atmen Luft, und wir produzieren Wärme. Alle hauptsächlichen Elemente sind in uns vorhanden. Und doch halten wir uns für etwas ganz Besonderes, für etwas von allem Existierenden völlig Verschiedenes.

Die Naturgeister sind unglaublich geduldig mit uns Menschen, und selbst nach all dem Mißbrauch, den wir mit ihnen getrieben haben, all der Geringschätzung, mit der wir sie behandelt haben, sind sie doch immer noch bereit, uns ihre Hilfe und ihren Beistand zu gewähren. Die Fähigkeit, sie als »Familienmitglieder« anzusehen, ist der Schlüssel zu wirklicher schamanischer Kraft. Die Schamanen wissen, daß nur *der* Mensch in einem harmonischen Gleichgewicht mit seiner Umwelt leben kann, der aus ganzer Seele anerkennt, daß er vollkommen von der Natur abhängig ist und all seine Kräfte aus ihr bezieht. Solche Menschen haben ein sehr schlichtes und unkompliziertes Verhältnis zur Natur. Sie sagen: »Guten Morgen, Großvater Sonne«, »Hallo, Bruder Fels«, »Willkommen, Großmutter Regen«, und sie klingen wie Kinder, wenn man sie so sprechen hört. Sie sind ja auch tatsächlich äußerst kraftvolle Kinder der Natur – und ebenso ihre Verwalter.

Fünftes Kapitel

Die Umformung der Zeit: Vom Gegenwärtig-Sein

Sally Gordon verschwendete keine Zeit mit der Vorbereitung auf ihr Physiologie-Examen. Sie hatte schon alle Mühe, bei ihrem Medizinstudium nicht den Anschluß zu verlieren. Dann brach das Unglück über sie herein. Ein Feuer in der Wohnung über der ihren verursachte enorme Wasserschäden. Mit den Renovierungsarbeiten konnte erst begonnen werden, wenn alle Zimmer leergeräumt waren. Als sie endlich alle ihre Habseligkeiten in ein Möbellager geschafft und eine vorübergehende Unterkunft für sich gefunden hatte, war gerade noch ein Tag Zeit bis zu ihrem Physiologie-Examen. Nur ein Wunder konnte ihr jetzt noch aus der Patsche helfen.

Ihre Zimmergenossin Cathy hatte eine Idee: »Laß es uns mit einer kleinen Zeit-Streckung versuchen und schauen, ob wir für dich nicht noch ein wenig mehr Zeit zum Lernen herausschlagen können.«

Sally starrte sie ungläubig an: »Das ist unmöglich!«

»Laß es uns einfach versuchen«, sagte Cathy ernsthaft. »Mein Onkel ist Schamane in Britisch-Kolumbien. Ich habe früher mehrere Sommer bei ihm verbracht, und er hat mich einiges Wissenswertes über die Zeit gelehrt. Du wirst dich wundern, *wieviel* man da tun kann.

Laß mich aber die Sache zunächst mit einem Freund abklären.« Cathy schloß die Augen und schwieg für eine Weile. »Toll, mein Freund Wolf wird dir helfen. Er sagt, wir sollten die Trommel benutzen, die mir mein Onkel geschenkt hat.« Cathy hieß Sally, sich hinzulegen und sich zu entspannen, indem sie sich auf den »Sog« der Schwerkraft einstimmte. Dann sagte sie ihr, sie solle sich einen Höhleneingang oder eine Öffnung in der Erde vorstellen. »Warte hier, und wenn der Wolf auftaucht, dann tust du genau das, was er dir sagt«, erklärte ihr Cathy, während sie zu trommeln begann.

Einige Zeit später öffnete Sally die Augen und schaute sich um: »Ich fühle mich, als ob ich stundenlang weg gewesen wäre«, murmelte sie. »Aber irgend etwas ist wirklich geschehen. Dein Wolf ist

erschienen, und er hat mich diesen langen engen Tunnel entlanggeführt. Dann sind wir aus einem Geysir herausgeschossen und in einer Gegend voller Aktivität gelandet. Dann ist der Wolf zur Sonne hinaufgeflogen und hat sie am Himmel angehalten. Alles ist stehengeblieben – außer dem Wolf und mir. Der Wolf hat mir einen Stock gegeben und gesagt: ›Jetzt hast du deine Zeit.‹ Dann hat er mich gepackt, und wir sind durch den Tunnel zurückgeflogen und wieder zum Ausgangspunkt unserer Reise gelangt.«
»Na prima!«, rief Cathy aus. »So ist es am besten. Man sollte immer da wieder ankommen, wo man losgegangen ist. Nun auf, verschwende keine Zeit! Mach dich besser an deine Bücher.«
Sally war erstaunt über das Ausmaß ihrer Energie. Sie schien ein Kapitel nach dem anderen durcharbeiten zu können, ohne im geringsten müde zu werden. Als sie auf die Uhr schaute, sah sie zu ihrer Überraschung, daß die Zeiger kaum weitergerückt waren. »Was geht hier vor?« dachte sie bei sich. »Noch nie hab ich so viel in so kurzer Zeit gelernt!« Und sie vertiefte sich wieder in ihre Lektüre.
Eine Woche später erhielt Sally das Ergebnis ihres Examens. »Geschafft!« dachte sie stolz. »Ich dachte ja, Cathy würde spinnen mit ihren Wölfen und diesem merkwürdigen Onkel, aber jetzt bin ich mir da nicht mehr so sicher ...«

Für einen Schamanen ist Sallys Erfahrung nichts Ungewöhnliches, sondern eine potentiell alltägliche Wirklichkeit. Für ihn ist Zeit etwas ganz anderes, als man den meisten von uns beigebracht hat. So wie wir sie normalerweise betrachten, als starre Aufeinanderfolge stets gleichbleibender Einheiten (Sekunden, Minuten, Stunden), schafft Zeit Einengungen, Beschränkungen und Grenzen. Für den Schamanen hingegen ist Zeit ein flexibles, plastisches Medium, das mit nur ein wenig »Know-how« beliebig manipuliert werden kann. Wenn Zeit gestreckt oder gerafft wird, verwandelt sie sich in ein unschätzbares »Werkzeug der Kraft«, das maßgeblich zum Erfolg jeder Unternehmung beitragen kann. Wie ist das möglich?

Versuchen Sie, sich die Welt wie folgt vorzustellen: Die gewöhnliche Wirklichkeit ist die Welt der Formen oder, wie es manche Schamanen ausdrücken, des *Tonal*. Es ist die Wirklichkeit, in der Unterschiede existieren und wo alles voneinander getrennt zu sein scheint. Es ist die Welt der Tische und Stühle und Bäume und Steine. Für den Schamanen ist der Ursprung dieser Welt der Formen der *Nagual* oder die Geistwelt, in der alles existiert, was nicht benannt werden kann.

So erschaffen die materielle Welt und deren immaterieller Ursprung zusammen eine Wirklichkeit, worin der *Tonal* und der *Nagual* in einem konstanten dynamischen Spannungsverhältnis koexistieren.

Im Nagual oder der Geistwelt gibt es die Zeit nicht in der Weise, wie wir sie im Tonal oder der materiellen Welt kennen. Da der Nagual aber der Ursprung des Tonal ist, brauchen wir nichts anderes zu tun, als in die Geisterwelt einzutauchen und deren Ressourcen anzuzapfen, um die Zeit manipulieren zu können. Mit anderen, prosaischen Worten: Wenn wir wollen, daß etwas geschieht, müssen wir uns an den Chef persönlich wenden. In diesem Fall wenden wir uns an die Quelle selbst.

Indem er bis zum Ursprung zurückgeht, erlangt der Schamane Zugang zu allen »Zeitebenen«. Das ermöglicht es ihm, aus dem gesamten Wissen aller Zeiten, aus der Vergangenheit ebenso wie aus der Zukunft, die gewünschten Informationen abzurufen. Stellen Sie sich einen Augenblick lang vor, daß alle gegenwärtigen Erfahrungen für immer auf einer riesigen blauen Schallplatte aufgezeichnet werden. Diese Schallplatte aber *lebt* – sie ist voll lebendiger Energie, und sie ist bewußtseinsbegabt. Stellen Sie sich nun vor, daß oberhalb und unterhalb dieser Schallplatte eine unendliche Anzahl grüner Schallplatten gestapelt sind, welche die Vergangenheit und die Zukunft repräsentieren. Sie können sogar noch einen Schritt weiter gehen und rings um die blaue und die grünen Platten Stapel von gelben Schallplatten sehen, die alternative oder wahrscheinliche Vergangenheiten, Gegenwarten und Zukünfte repräsentieren. Visualisieren Sie nun einen Schamanen, der in die Geisterwelt reist und dabei aus dem Loch in der Mitte der blauen Schallplatte herauskommt. Von hier aus hat er unmittelbaren Zugang zu einer schier unendlichen Menge an Möglichkeiten. Absolut wesentlich für ihn ist nun zu wissen, wonach er sucht. Seine Verbündeten und sein Krafttier fungieren als Führer durch diese lebendige Diskothek und helfen ihm dabei, genau die Information zu finden, nach der er sucht.

Doch der Schamane betritt dieses lebendige Schallplattenarchiv nicht nur, um Informationen abzurufen, sondern auch um zu lernen, den Gang der Ereignisse und damit die Zukunft zu verändern. Daraus folgt nicht, daß das ursprünglich »vorgesehene« Geschehnis nicht eintrifft. Es bedeutet lediglich, daß dieses, um bei unserem Bild zu bleiben, gewissermaßen auf einen Seitenstapel, also zu den *wahrscheinlich* eintretenden Ereignissen geschoben und an dessen Stelle ein für den Augenblick Wünschenswerteres auf den »zentralen Plattenteller« gelegt wird.

Schamanen sind also imstande, die Zeit auf verschiedenerlei Weise zu manipulieren. Zunächst einmal wissen sie, wie man sie »strecken« oder langsamer ablaufen lassen kann, wie wir dies im Fall von Sally und ihrem Examen gesehen haben. Im Extremfall kann sich diese Technik sogar als lebensrettend erweisen. Es gibt zahlreiche Berichte von Autofahrern, die wenige Augenblicke, bevor es zu einem Unfall kam, plötzlich den Eindruck hatten, die Zeit verlangsame sich drastisch. Sie hätten auf diese Weise die Möglichkeit gehabt, Entscheidungen zu fällen und Maßnahmen zu ergreifen, die ihnen das Leben retteten. Ein Schamane würde sagen, daß diese Menschen unbewußt ihre schamanischen Fähigkeiten mobilisierten und so diese Verlangsamung des Zeitflusses bewirkten. Schamanen können ein solches »Bremsmanöver« jedoch bewußt durchführen.

Obwohl Ron seit drei Jahren Football spielte, hatte er niemals einen solchen Druck wie am heutigen Tag verspürt. Es war das erste *down* im letzten Viertel, und es blieb nur noch eine Minute zu spielen. Der Lärm im Stadion war ohrenbetäubend. Das einzige Problem war der Punktestand. Nachdem sie in dieser Saison fast jede Begegnung für sich entschieden hatten, stand es jetzt sieben zu sieben, und das andere Team war in Ballbesitz. Als er auf die Aufstellungslinie zuschlenderte, verspürte Ron plötzlich ein merkwürdiges Gefühl in der Magengegend. Er fühlte sich komisch, fast so, als wöge er nur noch die Hälfte seiner zweihundert Pfund. Der Ball sauste nach hinten, und dann folgte die übliche Explosion von Trikots, aufspritzendem Schlamm und Grunzlauten, als die zwei Teams gegeneinanderkrachten. Genau wie er erwartet hatte, versuchten sie einen Paß, und er fiel zurück, um den langen Wurf zu verhindern. Aber er war viel zu weit vom Ball entfernt, der in einem hohen Bogen rasch auf den fangbereiten Spieler zuflog. Plötzlich trat die ganze Welt auf die Bremse und verwandelte sich gleichsam in eine Zeitlupenwiederholung. Der Ball schien auf einmal durch die Luft zu kriechen, während die Spieler Arme und Beine ganz langsam, wie in einem Schneckenballett bewegten. Seltsamerweise hatte Ron allerdings nichts von seiner normalen Geschwindigkeit eingebüßt. Plötzlich hatte er alle Zeit der Welt, um den Ball zu erreichen. So unglaublich es schien, es gelang ihm, ihn aus einem kraftvollen Hechtsprung heraus mit weit ausgestreckten Händen abzufangen. Noch immer bewegten sich die Spieler so, als wären sie aus Sirup, während er anfing, zwischen ihren Linien nach vorn zu stürmen. Als er die Torlinie überschritt, wußte Ron, daß sie gewonnen hatten. Ron erzählte niemandem etwas von seiner seltsamen Erfahrung während des Spiels. Er hatte ohnehin schon den Ruf eines Spinners wegen der esoterischen Bücher, die er ständig las. Die Jungs hätten ihn einfach für verrückt erklärt. Aber er war froh, daß es passiert war.

Eine andere Methode, die Zeit zu manipulieren, ist, sie zu »raffen«, so daß eine nach gewöhnlichen Maßstäben lange Zeitspanne sehr schnell vergeht. Schamanen können sehr lange stillsitzen, und für sie vergeht diese Zeit so schnell wie ein einziger Moment. Die Yogis, die Schamanen Indiens, sind sogar imstande, für längere Zeit ihre Atmung aussetzen zu lassen. Zum Beweis lassen sie sich zuweilen völlig eingraben, um so ihre erstaunlichen Fähigkeiten vorzuführen. Wenn ihre Anhänger sie dann nach Tagen oder Wochen wieder befreien, kommen sie lächelnd und absolut lebendig wieder zum Vorschein. Es gibt unendlich viele schamanische Geschichten, die dieses Thema der Zeitaufhebung zum Inhalt haben. Ein überraschendes Ende hat die folgende:

> Masapa verschloß den Ranzen, der seine wenigen Ritualgeräte enthielt, warf ihn sich über die Schulter und winkte den Dorfbewohnern zu. Er machte sich auf den Weg zum Gipfel des Berges, um mit seinen Schutzgeistern in Kontakt zu treten. Die Dörfler waren daran gewöhnt, ihn kommen und gehen zu sehen. Als ihr Schamane schien er diese gelegentlichen Perioden mit sich allein zu benötigen, um seine Kraft zu sammeln und das Wissen zu suchen, das ihn zu einem solch guten Heiler und Seher machte. Als Masapa so hoch hinaufgeklettert war, daß er die Wolken, die sein Dorf vor seinen Blicken verbargen, von oben betrachten konnte, gönnte er sich eine Ruhepause. Plötzlich sah er sich einem großen grauen Kojoten gegenüber. Das Tier grinste ihn an und sagte: »Sag mal, Masapa, du bist ja ganz außer Atem. Warum trinkst du nicht einen Schluck?« Masapa antwortete: »Ich habe kein Wasser bei mir. Ich kann also gar nicht trinken.« Kojote sagte: »Wie es scheint, bist du nicht sehr gut auf die Zeit vorbereitet, die du hier brauchen wirst, um all das zu lernen, was du wissen möchtest.« Masapa entgegnete: »Aber ich bin doch heute abend schon wieder unten im Dorf!« Darüber lachte der Kojote lange und herzlich. »Ich denke, du kommst besser mit mir«, sagte er endlich und wischte sich die Tränen aus den Augen. Masapa folgte ihm in die Büsche. Plötzlich befanden sie sich in einem wundervollen Land

und sahen auf eine Ebene hinunter, auf der viele Tiere tanzten und spielten. Masapa stieg zu ihnen hinab und tanzte den ganzen Tag lang mit ihnen. Als er müde wurde, sah er sich nach Kojote um. »Kojote, he, Kojote«, rief er. »Ich möchte jetzt ins Dorf zurückkehren, aber ich habe mich verirrt. Kannst du mir den Weg zeigen?« Kojote tauchte auf und sah ihn grinsend an. »Nun gut, folge mir«, sagte er und führte ihn den Berg hinauf und in das dichte Gestrüpp. Mit einem Mal erkannte Masapa die Gegend wieder, und er konnte sein Dorf ohne weitere Schwierigkeiten erreichen. Die Dorfbewohner rissen bei seinem Anblick erstaunt die Augen auf. Seine Kleider hingen in Fetzen an ihm herab, und er war sehr dünn geworden. »Wo bist du denn die letzten drei Jahre gewesen?« riefen sie aus. »Ich habe ein wenig über die Zeit gelernt«, entgegnete er verlegen.

Übung Nummer 1: Die Zeit dehnen

Um die Zeit dehnen zu können, müssen wir zunächst unsere Reisegeschwindigkeit in der Geisterwelt beschleunigen. Erst danach können wir lernen, auch unsere alltäglichen Arbeiten in der gewöhnlichen Welt schneller zu erledigen. Hierzu ist einige Übung und intensive Konzentration erforderlich. Der Zweck dieser Übung ist nicht, zu lernen, sich bei allem zu hetzen, sondern bei – gleichzeitig völlig entspannter Haltung – zu erledigende Aufgaben mit größerer Geschwindigkeit zu bewältigen.

Für diese Übung werden Sie eine Trommel, eine Rassel oder ein anderes Schlaginstrument sowie einen Wecker benötigen.

Setzen Sie sich mit der Trommel hin oder legen Sie sich auf den Rücken und halten Sie dabei die Rassel in der einen Hand. Besser ist es jedoch, wenn ein Freund an Ihrer Stelle trommelt oder rasselt. Stellen Sie den Wecker auf vier Minuten ein. Schließen Sie nun die Augen.

Visualisieren Sie Ihren Höhleneingang und beginnen Sie rhythmisch zu trommeln oder zu rasseln (mit etwa einem Schlag pro Sekunde). Sobald Ihr Führer oder Krafttier auftaucht, bitten Sie ihn oder es, Ihnen dabei zu helfen, die Zeit zu verlangsamen. Erhöhen Sie das Tempo des Trommelschlags auf das Dreifache, um Ihrer Bitte mehr Dringlichkeit zu verleihen.

Übung Nummer 1: Zusammenfassung

1. Entspannen Sie sich und schließen Sie die Augen.
2. Stellen Sie Ihren Wecker und beginnen Sie zu trommeln.
3. Stellen Sie sich Ihre Höhle oder Erdöffnung vor und bitten Sie Ihren Führer, Ihnen dabei zu helfen, die Zeit zu verlangsamen.
4. Erhöhen Sie das Tempo des Trommelschlags auf das Dreifache.
5. Befolgen Sie genaustens die Instruktionen Ihres Führers.
6. Kehren Sie zurück.
7. Schreiben Sie Ihre Erfahrungen auf oder erzählen Sie sie einem Freund.

Wenn Sie Ihren Wecker klingeln hören, ist es Zeit zurückzukehren. Erhöhen Sie das Tempo Ihres Trommelschlags oder rasseln Sie sanft und eilen Sie den Weg zurück, den Sie gekommen sind. Der Rückweg sollte etwa eine Minute beanspruchen.

Wieviel haben Sie in diesen wenigen Minuten erlebt? Mit ziemlicher Wahrscheinlichkeit mehr, als Sie in einer Stunde aufschreiben und verstehen können.

Übung Nummer 2: Die Zeit raffen

Um die Zeit zu raffen, müssen wir völlig aus dem momentanen Zeitgefüge unserer gewöhnlichen Wirklichkeit herausschlüpfen. Im wesentlichen setzen wir zu dem Zweck unseren physischen Körper in eine bequeme »Parkposition« und reisen dann mit unserem Geistkörper zu anderen Orten, wo wir uns mit einer Vielzahl interessanter Dinge beschäftigen. Dies ist genau das, was wir tun, wenn wir mehrere Stunden schlafen. Die Zeit vergeht, ohne daß wir uns ihres Verstreichens bewußt würden. Der Trick bei der Sache besteht darin, uns so vollkommen auf unsere Reisen zu konzentrieren, daß wir uns nicht mehr bewußt sind, wie die Zeit in der gewöhnlichen Wirklichkeit vergeht.

Wir kennen keine Übung, die geeignet wäre, Ihnen dieses Phänomen nahezubringen, auch wenn Sie es vermutlich selbst schon viele Male erfahren haben. Das Erzählen von Geschichten ist unserer Ansicht nach einer der besten »Zeitraffer«. Schamanen sind daher in der Regel auch Meister dieser Kunst. Wenn wir beispielsweise ein Märchen aus dem Munde eines guten Erzählers hören, reist unsere Phantasie in die Zeit und das Land, wo die Geschichte spielt. Eine einfache Art, dies nachzuvollziehen, ist, während einer langen Autofahrt eine Kassette abzuspielen, auf der ein fesselnder Roman oder eine Geschichte erzählt wird.

In jedem Fall sind aber Sie selbst Ihr bester Geschichtenerzähler. Je aufregender Ihre »Lebensgeschichte« ist, desto schneller wird sie sich scheinbar abspielen.

Eine dritte Weise, wie Schamanen mit der Zeit spielen, ist, in die Zukunft zu fliegen, sie sich anzuschauen und anschließend von dem zu berichten, was geschehen wird. Dies ist die Art von Vorausschau und Prophezeiung, für die Schamanen berühmt sind. Sie reisen zu diesem Zweck durch einen der vielen ihnen zur Verfügung stehenden Tunnel in das Geisterreich, und in dieser zeitlosen Welt können sie durch eine Öffnung in die sogenannte Zukunft gelangen.

Dies hat, wie man sich vorstellen kann, eine Reihe von praktischen Vorteilen. Wenn man den wahrscheinlichen Ablauf eines Ereignisses im voraus weiß, kann man sich darauf einstellen und zur richtigen Zeit am richtigen Ort sein. Erinnern Sie sich an die Geschichte von dem Bauern, der mit dem Pflanzen der Setzlinge wartete, bis die letzte Kälteperiode vorbei war. Dadurch, daß er im voraus wußte, wann der letzte Schnee fallen würde, konnte er seine Ernte vor Schaden bewahren.

Auf der anderen Seite weiß der Schamane sehr gut, daß die Zukunft niemals etwas vollkommen Gewisses ist, sondern eher auf »Wahrscheinlichkeiten« basiert. Er vermag vorauszusehen, daß eine bestimmte Handlung zu einer Katastrophe führen *könnte*. Indem er jedoch sein Verhalten entsprechend ändert, kann er diese vorprogrammierte Katastrophe noch rechtzeitig abwenden. Eine Methode, einem unerwünschten Ereignis vorzubeugen, ist ihm die Möglichkeit zu geben, schon im voraus auf symbolische Weise stattzufinden. Wenn also beispielsweise ein Schamane eine Flutkatastrophe herannahen sieht, die viele Dörfer überschwemmen wird, so könnte er dieses Unglück abwenden, indem er kleine Modelle der betreffenden Dörfer baut und sie eimerweise mit Wasser übergießt. So läßt er das Ereignis in einem von ihm kontrollierten Rahmen symbolisch stattfinden und kann auf diese Weise vielleicht die »geplante« große Katastrophe verhindern. So tritt das vorausgesehene Ereignis tatsächlich ein, aber gewissermaßen nur in »Miniaturform«.

Eine Unterhaltungskünstlerin hatte den immer wiederkehrenden Traum, daß sie auf der Bühne vor dem Publikum stünde, aber plötzlich die Kontrolle über sich verlöre und vor allen Anwesenden hysterisch zu lachen anfangen würde. Unnötig zu sagen, daß sie dieser Traum in Angstzustände versetzte. Sie versuchte, den Gedanken daran aus ihrem Kopf zu verbannen, doch je mehr sie den Traum verdrängte, desto mehr mußte sie an ihn denken. Er begann schließlich sogar, sie bei der Arbeit dermaßen zu behindern, daß sie aus lauter Angst mehrere Angebote ausschlug. Schließlich bat sie eine Therapeutin, die in schamanischen Praktiken bewandert war, um Rat. Diese hörte sich ihre Geschichte an und schlug dann vor, die Traumszene in die Wirklichkeit umzusetzen, sie also einfach einmal zu spielen. Es dauerte einige Zeit und bedurfte viel guten Zuredens, bis die Unterhaltungskünstlerin bereit war, auf diesen Vorschlag einzugehen. Schließlich aber gestaltete die Therapeutin ihr Büro auf der einen Seite zu einer kleinen Bühne um und stellte auf der anderen ein paar Stühle für die Zuhörer auf. Sie probten die Szene genau so, wie sie sich im Traum immer abspielte. Die Entertainerin unterhielt ihr imaginäres Publikum (das aus Puppen, Teddybären und Kissen bestand) wie gewöhnlich und brach dann in einen fingierten hysterischen Lachanfall aus. Über diese Szene mußten beide Frauen herzlich lachen, und die Unterhaltungskünstlerin fühlte sich plötzlich wesentlich entspannter und völlig ohne Angst. Ihr Traum kehrte nicht wieder, und es trat auch kein anderer mit ähnlichen Symptomen an seine Stelle.

Mehrere therapeutische Strategien zur Verhaltensänderung, die der obigen ähneln, basieren auf jahrhundertealten schamanischen Techniken. Die Gründe dafür, daß diese Techniken funktionieren, sind jedoch sehr unterschiedlich. Der Psychologe würde sagen, daß eine solche tatsächlich ausgelebte Szene den Klienten von seinen Ängsten befreit und es ihm ermöglicht, sein Problem in den Griff zu bekommen. Für den Schamanen »basiert« ein solcher Traum, wie der oben erzählte, auf einem vermutlich in der Zukunft tatsächlich eintretenden Ereignis. Indem er die künftige Tragödie an einem harmlosen sonnigen Tag gewissermaßen vorausnimmt, ist er imstande, das künftige Ereignis unter Kontrolle zu halten und die vorprogrammierten Hindernisse zu »entschärfen«.

Übung Nummer 3: In die Zukunft schauen

Benutzen Sie Ihre Trommel oder Rassel. Tempo: drei Schläge pro Sekunde.

Legen Sie sich hin, schließen Sie die Augen und entspannen Sie sich. Denken Sie an ein künftiges Ereignis, das Ihnen Sorgen oder Ängste bereitet. Es könnte sich dabei um einen öffentlichen Auftritt, ein Examen, eine Unterredung, die Geburt eines Kindes oder auch Ihren eigenen Tod handeln.

Stellen Sie sich nun den Eingang zu Ihrer Höhle oder die Erdöffnung vor. Treffen Sie Ihren Führer und bitten Sie ihn darum, Ihnen dabei zu helfen, das bestimmte Ereignis »vorauszuschauen«. Erklären Sie ihm genau, worum oder um welchen künftigen Zeitrahmen es geht. Befolgen Sie unbedingt seine Instruktionen, wenn er Ihnen ermöglicht, dieses Ereignis tatsächlich zu sehen. Vielleicht bringt er Sie dazu zunächst an einen bestimmten Ort. Vielleicht beobachten Sie auch etwas Seltsames. Machen Sie sich in einem solchen Fall keine Gedanken – in der Welt der Geister stellen sich Ereignisse oft anders dar als in der gewöhnlichen Wirklichkeit.

Notieren Sie gedanklich alle Einzelheiten dieses *geschauten* Ereignisses. Fragen Sie sich, was an der Art und Weise, wie Sie es sehen oder empfinden, nicht in Ordnung ist. Bewahren Sie die Emotion, die in Ihnen entsteht, während sich die Begebenheit vor Ihren Augen abspielt, möglichst klar im Bewußtsein. Wenn Sie mit ihr zufrieden sind, dann bleibt für Sie nach Ihrer Rückkehr nichts zu tun.

Kehren Sie zurück, sobald Sie die Gewißheit verspüren, daß Sie das künftige Ereignis gesehen haben. Vergessen Sie nicht, Ihrem Führer zu danken. Wenn das, was Sie sahen, für Sie nicht in Ordnung war, versuchen Sie, das *geschaute* künftige Ereignis möglichst »originalgetreu« nachzustellen. Benutzen Sie dazu Lehm, Streichhölzer, Spielzeug, Kissen oder was immer sich dazu anbietet. Lassen Sie es noch einmal geschehen, lassen Sie es Wirklichkeit werden, wie es ein Kind tun würde. Wenn Sie es wünschen, können Sie es im Anschluß daran noch einmal durchspielen, dieses Mal aber so, wie *Sie* es gern ablaufen lassen würden.

Übung Nummer 3: Zusammenfassung

1. Legen Sie sich hin, entspannen Sie sich.
2. Wählen Sie ein künftiges Ereignis, das Sie ängstigt. Beginnen Sie zu trommeln.
3. Betreten Sie den Höhleneingang und treffen Sie Ihren Führer. Bitten Sie ihn um Hilfe.
4. Reisen Sie los, um die Zukunft zu erkunden.
5. Betrachten Sie das jeweilige Ereignis möglichst genau und machen Sie sich Ihre dabei auftretenden Gefühle bewußt. Was ist nicht in Ordnung?
6. Kehren Sie zurück.
7. Stellen Sie das Ereignis in der alltäglichen Wirklichkeit nach.

Die vierte Art und Weise, wie Schamanen die Zeit manipulieren können, ist durch Reisen in die Vergangenheit. Zweck dieser Reisen war und ist es, verlorengegangene Informationen zu »bergen«, das Wissen der Ahnen in die Gegenwart hereinzuholen und gegenwärtige Ereignisse von der Vergangenheit aus zu kontrollieren. Dies ist eine altbekannte Technik, die in frühen Zeiten, als es noch keine Schrift gab und keine Bibliotheken oder Datenbanken, angewendet wurde, um all das auf unzähligen Erfahrungen beruhende Wissen der Menschheit vor dem Untergang zu bewahren. Hätten die Schamanen nicht schon vor langen Zeiten eine Methode entwickelt, mit deren Hilfe sie dieses Wissen wieder abrufen konnten, wäre jede einzelne Generation erneut dazu verdammt gewesen, dieselben Entdeckungen noch einmal zu machen und sich dasselbe Wissen stets aufs neue anzueignen. Auf diese Weise wäre niemals irgendein Fortschritt möglich gewesen. So ist es letztlich den Schamanen zu verdanken, daß jedem Menschen überall auf der Welt jederzeit lebensnotwendige Informationen zur Verfügung stehen.

Queta sah dem Schneeregen zu, wie er auf die Strohdächer des Dorfes herabrieselte und zwischen den einzelnen Bündeln und den Verstrebungen jeden Hauses zu Eis erstarrte. Niemals hatte er in diesem tropischen Klima eine solche Kälte erlebt. Nicht einmal der älteste Einwohner konnte sich daran erinnern, daß man in der milden Zeit, die sie die Jahreszeit der Späten Sonne nannten, je mehr als ein einfaches Umschlagtuch hätte tragen müssen. Die Menschen froren und befürchteten, daß das gewöhnlich in dieser Gegend so zahlreiche Wild abwandern würde.

Queta wußte, daß es Zeit für den Großen Flug war: Zeit, mit den Ahnen zu reden und herauszufinden, ob sie mit ihrem uralten Wissen helfen konnten. Er hatte sich die üblichen sieben Tage mit Fasten und Singen auf die Reise vorbereitet. Nun rief er seinen Lehrling Anka, um sich von ihm die Trommel und den großen klaren Kristall bringen zu lassen. Er hob den Kristall, die Spitze nach oben, an seine Stirn. Während Anka trommelte, begann er in den Traum einzugehen. »Oh, großer Kristall«, sang er. »Bring mich zu dem Land unserer Ahnen. Hilf uns, die wir so sehr frieren. Bitte hilf uns.« Eine Weile flehte Queta mit solchen Worten um Hilfe, bis er sich plötzlich so schwer fühlte, daß er sich nicht länger aufrechthalten konnte. Er brach auf der Matte zusammen und blieb völlig regungslos liegen. Sein Geistkörper flog fort, ritt auf dem Kristall über wunderschöne bunte Landschaften dahin. Mit einem Ruck fand er sich in einer Rindenhütte wieder. Ein Feuer brannte darin, und der Raum vermittelte ein Gefühl von Sicherheit und Geborgenheit. Eine alte Frau saß vor ihm. Sie sah ihm fest in die Augen und begann zu sprechen: »So, dir ist kalt. Hier, wärme dich.« Sie gab ihm eine Schale mit irgend etwas Süßem und Heißem. »Lange, bevor dein Land sonnig und warm wurde, lange, bevor sich die Wälder ausbreiteten, war es kalt und unfreundlich. Wir, deine Ahnen, lebten hier dennoch zufrieden, weil wir die Gewohnheiten der kalten Winde und von Großvater Schnee kannten. Komm, ich werde dir zeigen, wie wir lebten.« Queta blieb sechs Monate lang bei der alten Frau und machte sich mit der Lebensweise ihres Volkes vertraut. Er lernte, warme Kleidung aus den Pelzen der Tiere herzustellen und stabile Schutzhütten aus Baumrinde zu bauen. Er lernte, wie man feste Schuhe anfertigte, um sich vor dem Eis und der beißenden Kälte zu schützen.

Eines Tages sagte die alte Frau zu ihm: »Du hast nun genug gelernt, um deinem Volk helfen zu können. Du mußt nun zurückkehren, weil sie dich brauchen.« Nachdem er ihr überschwenglich gedankt hatte, zog Queta seinen Kristall hervor und kehrte zu seinem eigenen Dorf und damit in die Zukunft zurück. Als er erwachte, fand er sich auf dem Boden wieder. Anka war eingeschlafen, die nunmehr schweigende Trommel lag neben ihm. Als Queta ihn mit strenger Miene schüttelte, wachte Anka auf und sagte entschuldigend: »Es tut mir leid, Queta. Du bist so lange fortgewesen, da bin ich eingeschlafen. Du hast zwei ganze Tage dagelegen.« Queta lehrte sein Volk, mit der Kälte umzugehen, genau so, wie man es ihm beigebracht hatte. Nun würden sie überleben und nicht mehr frieren.

Übung Nummer 4: Verlorengegangenes Wissen zurückholen

Zu dieser Übung gehört eine sehr einfache Reise. Benutzen Sie dafür eine Trommel (oder ein Tonband mit aufgenommener Trommelmusik). Das Tempo sollte etwa drei Schläge pro Sekunde betragen.

Entspannen Sie sich auf die gewohnte Weise. Überlegen Sie, welches Talent oder welche Fähigkeit Sie gerne hätten. Vielleicht möchten Sie beispielsweise leichter Freundschaften schließen oder besser Ski laufen können.

Stellen Sie sich Ihren Eingang zum Inneren der Erde vor. Treffen Sie Ihren Führer oder Ihr Krafttier und bitten Sie ihn/es, Ihnen dabei behilflich zu sein, verlorengegangenes Wissen abzurufen, das mit Ihrem Wunsch in Zusammenhang steht. Erlauben Sie ihm, Sie an einen Ort zu bringen, wo Sie dieses Wissen finden können.

Während dieser Reise könnte es beispielsweise sein, daß Sie das, was Sie wissen möchten, in einem alten Buch finden oder daß Sie, wie im Falle von Queta, mit einem Experten auf dem jeweiligen Gebiet sprechen. Es wäre aber auch möglich, daß Sie jemandem begegnen, der Ihnen ähnelt und genau die Tätigkeit ausübt, die Sie gerne perfekt beherrschen würden. Achten Sie auf jedes Detail, das diese Person betrifft. Stellen Sie sich ihr vor. Vielleicht gibt sie Ihnen ein Geschenk oder etwas anderes.

Wenn Sie zurückgekehrt sind und sich bei Ihrem Führer bedankt haben, versuchen Sie, sich an jede Einzelheit Ihres Erlebnisses zu erinnern. Wenn Sie auf Ihrer Reise jemanden getroffen haben, der Ihnen ähnelte, so rufen Sie sich seine Kleidung und seine Handlungen ins Gedächtnis zurück. Wenn er oder sie beispielsweise einen silbernen Ring am Finger trug, so besorgen Sie sich einen möglichst ähnlichen Ring und tragen Sie ihn. Versuchen Sie, etwa eine Stunde lang genau wie diese Person zu handeln.

Es ist tatsächlich einer der wichtigsten Aspekte dieser Technik, ein beliebiges Detail aus dem jeweiligen Traum in irgendeiner Form zu reproduzieren, damit es Ihnen als symbolische Gedächtnisstütze dienen kann. Diese Maßnahme öffnet, bildlich gesprochen, einen Kanal, durch den die Weisheit vergangener Epochen über alle Zeitgrenzen hinweg in die Gegenwart gelangen kann. Sie brauchen nicht unbedingt zu verstehen, warum dies so ist, damit es funktioniert. Wir empfehlen Ihnen, die Übung einfach auszuprobieren, und Sie werden ihre Wirksamkeit selbst unmittelbar erleben.

Übung Nummer 4: Zusammenfassung

1. Entspannen Sie sich und schließen Sie die Augen.
2. Suchen Sie sich ein Talent oder eine Fähigkeit aus, die Sie gern besitzen würden.
3. Beginnen Sie zu trommeln.
4. Stellen Sie sich Ihren Höhleneingang vor und treffen Sie Ihren Schutzgeist. Tragen Sie ihm Ihre Bitte vor.
5. Begeben Sie sich auf die Reise, um verlorengegangenes Wissen abzurufen.
6. Kehren Sie zurück und danken Sie Ihrem Führer.
7. Erinnern Sie sich an alle Details und reproduzieren Sie eines davon in Ihrer alltäglichen Wirklichkeit.

In die Vergangenheit reisen ist nicht nur eine gute Methode, um verlorengegangenes Wissen zurückzuholen: es dient auch dem Zweck, künftige Ereignisse so zu verändern, daß sie anders als ursprünglich »geplant« ablaufen. In Quetas Fall wurden die Dorfbewohner dadurch gerettet, daß er imstande war, sich das Wissen seiner Ahnen anzueignen und damit die Situation seines Volkes entscheidend zu verbessern. Wie Sie jedoch in der nächsten Geschichte sehen werden, kann der Schamane auch in die Vergangenheit »einsteigen«, um *künftige* Ereignisse zu modifizieren. Er steht selbst einem schwierigen Problem nicht hilflos gegenüber, weil er imstande ist, von der Vergangenheit aus die Gegenwart zu manipulieren. Schamanen nennen diesen Vorgang das »Verändern« oder »Auslöschen der persönlichen Lebensgeschichte«.

John Lager war ein ausgezeichneter Vertreter. Drei Jahre lang war er der beste Wasserfilter-Verkäufer seiner Firma gewesen. Dann beschloß man, ihn in ein vielversprechendes ländliches Gebiet zu schicken. Schlagartig gingen seine Verkaufszahlen drastisch zurück. Das Problem waren die Hunde. Niemand außer John wußte, daß er eine furchtbare Angst vor diesen Tieren hatte. In der Stadt konnte er Wohnungen mit Hunden einfach auslassen. Aber hier auf dem Land gab es in fast jedem Haus einen Hund. Selbst bei einem sicheren Kunden konnte er sich nicht dazu durchringen, an dem Hund im Hof oder Vorgarten vorbeizugehen.

John wußte, daß er Hilfe brauchte, um dieses Problem in den Griff zu bekommen, und so ließ er sich den Namen eines örtlichen Therapeuten geben, der im Ruf stand, derartige krankhafte Ängste sehr erfolgreich zu behandeln.

Was John nicht wußte, war, daß Fred Crane im Umgang mit den Phobien seiner Klienten schamanische Techniken einsetzte. Als John ihn fragte, was er für ihn tun könne, erklärte Fred, er würde mit einigen unkonventionellen Methoden arbeiten, die sich bei Problemen wie dem seinigen als sehr effektiv erwiesen hätten. Fred gab John einen Kopfhörer und begann eine Bandaufzeichnung von schamanischen Trommeln abzuspielen. Er erklärte seinem Klienten, daß er sich entspannen, die Augen schließen und dem Bild einer Höhle erlauben sollte, in seinem Bewußtsein Gestalt anzunehmen. Am Höhleneingang würde er ein Tier treffen, das er als seinen Führer zu akzeptieren habe. Er solle es höflich bitten, ihm bei seinem Problem zu helfen.

Binnen fünf Minuten hatte sich John vollkommen entspannt und betrat den Eingang seiner Höhle. Dort begegnete er einem großen goldenen Löwen, der ihn in menschlicher Sprache begrüßte. Da der Löwe ein Katzentier und kein Hund war, fürchtete sich John auch nicht vor ihm. Er erzählte ihm von seinen Ängsten, und der Löwe befahl ihm, auf seinen Rücken zu steigen und sich festzuhalten. Mit einem gewaltigen Sprung flog der Löwe in den schlundartigen Tunnel, der sich an die Höhle anschloß. Der enge Gang machte zahlreiche Biegungen und Kurven, bis sie schließlich die Zwischenwelt und dort einen Ort erreichten, der John irgendwie vertraut vorkam. Hier sah es aus wie in der ländlichen Gegend, in der er aufgewachsen war. John schaute über ein Feld und sah einen sehr kleinen Jungen, der vor zwei riesigen Hunden davonzurennen versuchte, die an ihm hochsprangen. John beobachtete mit wachsender Angst, wie der Kleine in seinem verzweifelten Wunsch zu entkommen in einen Stacheldrahtzaun lief und wild um sich zu schlagen begann, wobei seine Kleider zerrissen. Mit einem einzigen Satz sprang der Löwe zu dem Jungen hin und hielt die Hunde von ihm ab. John sprang vom Rücken des Tieres, um das Kind aus dem Stacheldraht zu befreien. Schockiert sah er, daß er selbst

dieses Kind war – beziehungsweise vor vielen, vielen Jahren gewesen war. Der Junge war außer sich vor Angst, und es dauerte eine ganze Weile, bis John ihn beruhigen konnte. Dann rief er die Hunde herbei und hielt ihnen eine Strafpredigt: »Ich weiß, daß ihr Burschen nur ein wenig Radau machen wolltet. Aber für diesen kleinen Jungen hier seid ihr beiden riesig und furchterregend, und er hätte sich ernsthaft verletzen können. Wenn ihr es mit Kindern zu tun habt, müßt ihr viel sanfter sein.« Die Hunde schauten schuldbewußt drein, wedelten aber schon bald darauf mit den Schwänzen und liefen zu dem Jungen hin, um ihm seine Kratzer abzulecken. Vom unsichtbaren Löwen und dem erwachsenen John flankiert und beschützt, begann der kleine Junge die Hunde zu streicheln. Bald lachte er wieder und spielte mit ihnen. »Nun komm, John«, sagte der Löwe, »es ist Zeit zu gehen.« John beugte sich vor und umarmte den Jungen, der er selbst war: »Stell dir nur vor, vielleicht hättest du für Stunden an dem Zaun da festgehangen, wenn wir nicht vorbeigekommen wären! Ich weiß, wie schrecklich das sein kann. Genau das ist mir selbst vor vielen Jahren passiert. Immer, wenn du Hilfe brauchst, ruf mich einfach, und ich werde mich freuen, wenn ich dir beistehen kann. Ich hab ein paar sehr starke Freunde.« Mit diesen Worten sprang er auf den Rücken des Löwen und wurde von ihm blitzschnell zum Ausgangspunkt der Reise zurückgetragen.
John kam unvermittelt zu sich und fand sich in Freds Büro wieder. »Mann, Sie müssen aber einen wirklich tollen Trip gemacht haben,« sagte Fred grinsend: »Sie waren länger als eine halbe Stunde weg.« John schwieg eine Weile und überdachte sein Erlebnis. Irgendwie wußte er, daß von nun an Hunde für ihn kein solches Problem mehr darstellen würden.

John überwand seine Furcht vor Hunden nicht über Nacht. Sein Körper hatte sich seit der negativen Erfahrung, die er in seiner frühen Kindheit gemacht hatte, eine irrationale Angstreaktion angewöhnt – und so dauerte es eine Weile, bis er es lernte, sich in Gegenwart von Hunden zu entspannen. Die schamanische Reise hatte ihm jedoch den Kern seiner Angst genommen. Sie hatte ihm nicht nur gezeigt, wie er seine Angst vor Hunden verlieren konnte, sie hatte ihm auch einen mächtigen Verbündeten in Gestalt des Löwen beschert. Nun konnte er bei jedem Hausbesuch, wann immer er seiner bedurfte, auf das Krafttier zählen: Im Vergleich mit dem riesigen Löwen an seiner Seite erschien jetzt selbst der größte Hund winzig.

Übung Nummer 5:
Von der Vergangenheit aus die Gegenwart verändern

Auch bei der folgenden Übung wird sich Trommelbegleitung als hilfreich erweisen.

Entspannen Sie sich und schließen Sie die Augen. Machen Sie sich ein Problem bewußt, das Ihnen gegenwärtig zu schaffen macht. Versuchen Sie, Ihre diesbezüglichen Gefühle zu ergründen, indem Sie beobachten, wie genau ihr Körper reagiert, wenn Sie sich auf das Problem konzentrieren. Nehmen Sie sich genug Zeit für diese Selbsterforschung.

Stellen Sie sich nun Ihren Höhleneingang vor und treffen Sie dort Ihren Führer. Bitten Sie ihn, Ihnen dabei zu helfen, sich zu erinnern, welche Ursachen in der Vergangenheit Ihr jetziges Problem herbeiführten. Lassen Sie sich von ihm an einen Ort bringen, wo Sie das traumatisierende oder sonstwie bestimmende Ereignis aus Ihrer Vergangenheit noch einmal durchleben können.

Greifen Sie nun aktiv in das Geschehen ein und geben Sie ihm einen anderen Verlauf – so, wie es in der Geschichte von John und den Hunden vorgeführt wurde. Vielleicht möchten Sie Ihrem »Vergangenheits-Ich« Beistand und Rat zuteil werden lassen. Vielleicht möchten Sie aber auch Ihren Führer oder Ihr Krafttier um Entscheidungshilfen bitten. Verhalten Sie sich so, als ob Sie in einem Theaterstück mitspielen würden. Sie können die Szene beliebig ändern und so oft ablaufen lassen, wie Sie möchten. Gespräche zwischen den handelnden Personen können dabei eine wesentliche Rolle spielen. Behalten Sie bitte stets in Erinnerung, daß Sie so lange nicht den Kontakt zu den Empfindungen verlieren sollten, die Sie hinsichtlich Ihres bestimmten Problems hegen, bis Sie sich innerlich befreit fühlen.

Wenn Sie den Eindruck haben, daß die Situation zu einem befriedigenden Abschluß gelangt ist, kehren Sie zum Ausgangspunkt Ihrer Reise zurück. Danken Sie Ihrem Führer und öffnen Sie die Augen.

Übung Nummer 5: Zusammenfassung

1. Entspannen Sie sich und schließen Sie die Augen.
2. Wählen Sie ein gegenwärtiges Hindernis oder Problem in Ihrem Leben.
3. Stellen Sie sich Ihren Höhleneingang vor und treffen Sie Ihren Schutzgeist.
4. Reisen Sie in die Vergangenheit.
5. Rekonstruieren Sie das ursächliche Ereignis und ändern Sie es.
6. Kehren Sie zurück und danken Sie Ihrem Führer.

Gegenwärtig sein

Bei all diesen Zeitreisen und all dieser Zeitmanipulation denken Sie nun vielleicht, Schamanen könnten darüber leicht vergessen, wo sie sich jeweils befinden. In der Tat kann dies ein wirkliches Problem darstellen, und so haben die Schamanen eine Methode gefunden, die ihnen dabei hilft, sich zu orientieren. Der Schamane steht gleichzeitig in zwei Welten – in der materiellen, wo sich sein Körper befindet, und der spirituellen, in die er reist. Wenn er einmal nicht mehr wüßte, was er gerade tut oder wo er sich aufhält, befände er sich in der Situation eines Schizophrenen, der jeden Kontakt zur Wirklichkeit verloren hat. Schamanen sind jedoch weit davon entfernt, Psychotiker zu sein. Sie sind wahre Meister ihres Fachs, und sie sind es durch lange Übung und eiserne Selbstdisziplin geworden.

Wenn Sie beim Ausführen der in diesem Buch beschriebenen Techniken das Gefühl haben, nicht mehr zu wissen, wer Sie eigentlich sind, dann raten wir Ihnen, sofort damit aufzuhören. Vielleicht sind schamanische Praktiken zum gegenwärtigen Zeitpunkt nicht das Richtige für Sie. Vielleicht sollten Sie zunächst einmal lernen, in der Welt der materiellen Wirklichkeit gegenwärtig zu sein. Wenn Sie dies geschafft haben, können Sie wieder darangehen, Ihre schamanischen Fähigkeiten zu entwickeln.

Das Geheimnis der Bewahrung unserer psychischen Stabilität ist die Fähigkeit, gegenwärtig, im Gleichgewicht und geerdet zu bleiben. Gegenwärtig sein bedeutet, die uns umgebende dingliche Welt »im Griff« zu haben. Wir sind dann gegenwärtig, wenn wir uns unseren Lebensunterhalt verdienen, genug Nahrung und Kleidung beschaffen, mit unerwarteten Herausforderungen fertig werden und für andere sorgen können. Da Schamanen alle diese Bedingungen erfüllen, sind sie nicht nur in der Gegenwart fest gegründet, sie sind auch Herren der Zeit in mehr als einer Welt.

Auch wenn viele Schamanen Experten im Zeitreisen und im Manövrieren zwischen den unterschiedlichen Wirklichkeiten sind, wissen sie doch, daß sie nur *von der Gegenwart aus* ihre eigentliche Kraft entfalten können. Zu viele Hoffnungen und Wünsche an die Zukunft zu knüpfen und sich über Vergangenes zu grämen ist, wie der Schamane sehr wohl weiß, keine gute Voraussetzung für ein erfolgreiches Leben. Wünsche und Sorgen halten uns allzuleicht davon ab, die Kraft der Gegenwart auszukosten. Bewußte Zeitmanipulationen, die vom *gegenwärtigen* Augenblick ausgehen, sind der schamanische Weg, wünschenswerte Realitäten zu schaffen.

Übung Nummer 6: Gegenwärtig werden

Stellen Sie einen Papierkorb drei bis vier Meter von Ihnen entfernt auf. Zerknüllen Sie ein Blatt Papier und werfen Sie den so entstandenen »Ball« in den Korb. Wählen Sie die Entfernung so, daß die Aufgabe für Sie zu schaffen, aber nicht zu leicht ist. Treffen Sie einige Male in den Korb.

Denken Sie nun ganz bewußt an etwas vollkommen anderes. Stellen Sie sich vor, daß Sie Auto fahren oder einkaufen oder irgend etwas anderes tun, was Sie sich leicht vorstellen können. Werfen Sie weiter auf den Korb, ohne jedoch Ihre Gedanken von den Bildern in Ihrem Bewußtsein abzuziehen. Wie sind jetzt Ihre Ergebnisse?

Wenn Sie wie die meisten Menschen sind, nimmt Ihre Treffsicherheit drastisch ab, sobald Sie beim Werfen Ihre Gedanken auf etwas anderes richten. Sie sind nicht mehr bei der Sache, nicht mehr gegenwärtig. Wir sind dann nicht mehr gegenwärtig, wenn unser Bewußtsein von Gedanken, Sorgen, Plänen, Erinnerungen, Grübeleien oder Phantasien erfüllt ist. Gegenwärtig sein bedeutet, *hier* zu sein – und zwar bei allem, was wir gerade tun. Es bedeutet, daß unser Geistkörper sich in derselben Zeitebene befindet wie unser physischer Körper. Sobald eine zeitliche Diskrepanz zwischen den beiden entsteht, verlieren wir etwas von unserer Gegenwärtigkeit und damit etwas von unserer Kraft und unserer Fähigkeit, mit der jeweils aktuellen Situation fertig zu werden.

Wenn Sie die Papierkugel in den Korb werfen, ist Ihr physischer

Körper gegenwärtig. Ihr Körper ist immer in dieser Zeitebene gegenwärtig. Doch dahin, wohin Ihre Gedanken und Gefühle gehen, geht auch Ihr Geistkörper. Ihr Körper wirft, aber Ihr Geistkörper fährt Auto oder kauft ein, oder was immer sonst Sie sich vorgestellt haben. Das bedeutet aber, daß Ihr Geistkörper um Sie herum matt wird, verblaßt, wodurch Sie weniger real wirken und sich weniger real fühlen.

Wenn Sie sich in einer Konferenz befinden oder auch nur mit jemandem sprechen und ihre Gedanken derweil auf Wanderschaft gehen, so werden Sie weniger gegenwärtig, weniger real, weniger wirkungsvoll, weniger kraftvoll. Jemandes »Ausstrahlung«, Wirkung und Überzeugungskraft rührt ausschließlich vom Gegenwärtigsein, der Anwesenheit seines Geistkörpers her - seiner Gedanken und Gefühle also. Starke Persönlichkeiten sind solche, deren Geistkörper den physischen Körper mit großer Intensität durchdringt und umgibt. Sie sind ganz und gar *da*, und sie sind es daher auch, die wirklich Erfolg haben. Der Schamane weiß, wie man in der materiellen Wirklichkeit kraftvoll gegenwärtig ist.

Er weiß auch, wie man ganz bewußt in der Geisterwelt gegenwärtig ist, wenn man sich - auf der Suche nach Wissen oder Führung - dorthin auf die Reise begibt. Wie wir gesehen haben, stellt der Schamane zunächst sicher, daß sein physischer Körper während des Ausflugs in die Geisterwelt keinen Gefahren ausgesetzt ist. Bevor er seine Aufmerksamkeit von der gegenwärtigen materiellen Wirklichkeit abzieht, trifft er die nötigen Vorkehrungen, um die Sicherheit seines physischen Körpers zu gewährleisten.

Sie haben nun einiges darüber erfahren, wie flexibel und »verformbar« die Zeit für den Schamanen ist. Der Faktor Zeit, der für die meisten Menschen eine enorme Hürde darstellt - etwa wenn es darum geht, bestimmte Arbeiten zu erledigen -, ist für den Schamanen nicht nur etwas Plastisches, Veränderbares, sondern auch ein hervorragendes Hilfsmittel zur Bewältigung zahlreicher Probleme. Für den Schamanen ist jede Zeit und alles Wissen durch die Technik des Reisens in die Geisterwelt zugänglich und verfügbar.

In diesem Kapitel haben Sie mehrere Methoden entdeckt, mit der Zeit zu spielen, und einige Techniken kennengelernt, mit deren Hilfe man sie gezielt zum eigenen Vorteil manipulieren kann:

- Wir können die Zeit ganz nach Belieben dehnen oder, wenn wir die gegenwärtigen Ereignisse als Belastung empfinden, verkürzen.

- Wir können uns wahrscheinliche künftige Ereignisse im voraus anschauen und beeinflussen: sei es, daß wir negative vorwegnehmen und dadurch »entschärfen«, sei es, daß wir positive durch geeignete Maßnahmen begünstigen und tatsächlich Wirklichkeit werden lassen.

- Wir können Informationen aus der Vergangenheit abrufen und selbst vergangene Ereignisse so manipulieren, daß sich unsere gegenwärtige Lage verändert.

- Wir wissen nun auch, welchen außerordentlichen Wert Gegenwärtigsein bei schamanischer Arbeit besitzt und wie sehr es die Voraussetzung für die Aneignung wirklicher Kraft ist. Erst wenn wir es gelernt haben, in der alltäglichen, materiellen Welt gegenwärtig und stark zu sein, können wir die Bedingungen schaffen, die den Erfolg in all unseren Unternehmungen gewährleisten werden.

Sechstes Kapitel

Der Kreislauf des Lebens: Erschaffen und Zerstören

Die geschmückten Kürbisse, die von jedem Baum herabhingen, rasselten im starken Wind, dem Vorboten eines Gewitters. Mannaca zitterte: nicht vor Kälte, sondern weil ihm bewußt wurde, daß – wenn die Früchte nicht in der richtigen Weise verziert und rituell angebracht waren – dem Stamm von den erzürnten Geistern der Toten Gefahr drohte. In jeder Regenzeit mußten die Kürbisse sorgfältig vorbereitet werden, um die Geister einstiger Geschlechter abzuhalten, die sich sonst vielleicht von Mannacas Stamm, der von den fernen Bergen hierhergekommen war, um im Wald zu leben, beleidigt fühlen würden.

Mannaca, der Schamane des Stammes, führte alle Riten in genau derselben Weise aus wie seine Vorgänger. Er wußte nicht, wann das Ritual der »beschützenden Kürbisse« zum ersten Mal durchgeführt worden war, doch er wußte genau, wie er sie vorbereiten und wann er sie aufhängen mußte. Jedes Jahr aufs neue hatte er viel Zeit mit dieser Zeremonie verbracht, damit seine Leute in Harmonie und Frieden leben konnten.

An dem Abend brach nun ein furchtbarer Sturm über den Wald herein. Mannaca und sein Stamm kauerten sich in ihre Hütten. Sie hatten Angst, der Sturm könnte vielleicht von verärgerten Geistern gesandt worden sein, die mit den diesjährigen Kürbissen nicht zufrieden waren. Während das Unwetter wütete, fiel Mannaca in eine tiefe Trance und hatte eine seltsame Vision. Er sah einen riesigen Kürbis herabkommen und all die kleinen geschmückten Kürbisse zerschmettern, die er mit so viel Mühe vorbereitet hatte. Dann traten aus dem Inneren des großen Kürbisses Geister der Vorzeit hervor und kamen auf ihn zu. Er schrie auf vor Schrecken, da er sein letztes Stündlein gekommen sah, als etwas Merkwürdiges geschah. Der älteste der Uralten streckte seine Hand aus und beruhigte Mannaca: »Hab keine Angst«, sagte er. »Wir werden dir und deinem Stamm kein Leid antun. Wir wollen, daß ihr hier an diesem Ort glücklich seid, wo auch wir einst lebten. Wir haben den Sturm gesandt, um die Kürbisse zu zerstören, weil ihr sie nicht mehr braucht. Macht ein großes Feuer und verbrennt sie alle. Wir möchten, daß ihr statt dessen zu unseren Ehren tanzt.« Darauf gab ihm der Uralte genaue Instruktionen, wie der Tanz ablaufen sollte. Als Mannaca erwachte, war der Sturm vorbei, und draußen vor den Hütten lagen die Zeugnisse seiner Gewalt: Die Kürbisse waren unter abgebrochenen Ästen und Früchten der Bäume zerquetscht und zermalmt worden. Mannaca rief seinen Stamm zusammen und erzählte von seiner Vision. Gemeinsam sammelten sie die Überreste der Kürbisse auf, machten einen großen Scheiterhaufen und verbrannten sie. Die Menschen freuten sich, weil eine große Furcht von ihnen genommen war. Sie vollführten den neuen Tanz mit Begeisterung.

Erschaffen und Zerstören

Jeder Schamane weiß, daß nur dann etwas Neues erschaffen werden kann, wenn etwas bereits Vorhandenes zerstört wird. Altes wird auseinandergenommen, und aus seinem energetischen Ursprung entsteht etwas Neues. Schamanisch gesprochen basiert jegliche Schöpfung auf einer Art von Zerstörung. Schamanen empfinden Zerstörung als etwas durchaus Normales und fürchten sie nicht, weil sie wissen, daß ohne sie kein neues Leben möglich wäre.

Die Natur liefert uns in Gestalt der Jahreszeiten das beste Beispiel für diese konstante Zerstörung. Jede Jahreszeit weicht der folgenden, und dieser Vorgang ist untrennbar mit dem Untergang zahlreicher Lebewesen verbunden. Der Herbst fegt das Sommerlicht hinweg, tötet die grünen Blätter und läßt das Land leer und kahl zurück. Der Winterschnee tötet das grüne Gras, die Insekten und die schwächsten unter den höheren Tieren. Er bedeckt die herbstbunten Wälder mit einem eisigen weißen Tuch. Der Frühling wiederum zerstört die Schneemassen, und seine Fluten entwurzeln Bäume und reißen besonders an Flüssen riesige Erdmassen mit sich. Der immer länger werdende Tag drängt die dunklen Nächte zurück und zerstört die Kälte des Winters. Die Sommersonne verbrennt das Land, läßt Wasser verdunsten und Pflanzen verdorren. Der Sommer tötet den Frühling ebenso, wie er selbst vor dem Herbst stirbt. Und so geht es immer weiter.

Überall in der Natur ereignen sich immer wieder fürchterliche Katastrophen, die ganze Länder und Meere umgestalten und dadurch ein völlig neues Landschaftsbild erzeugen. Tornados, Erdbeben, Überschwemmungen, Erdrutsche, Seebeben, Wirbelstürme, Vulkanausbrüche und anhaltende Dürreperioden können eine Gegend vollständig zerstören und ein Bild reiner Verwüstung hinterlassen. Und aus dieser schrecklichen Vernichtung entsteht neues Leben, entstehen neue Formen, neue Möglichkeiten.

Schamanen erkennen die unvorstellbare Kraft der Transformation an, die mit jeglicher Zerstörung einhergeht, und sie versuchen, sich diese Kraft für ihre Zwecke dienstbar zu machen.

Ein praktisch auf der ganzen Welt anzutreffender schamanischer Ritus ist die »Vernichtung« des Lehrlings während seiner Initiation zum Schamanen. In vielen Kulturen erfahren die Schamanen die Initiation als ein Nahtod-Erlebnis, das oft genug wirklich lebensbedrohlich ist. Es kann sich hierbei um einen Unfall oder eine schwere Krankheit handeln, aus dem oder der sie als vollständig veränderte Menschen hervorgehen. Andere Schamanen machen diese Erfahrung in symbolischer Form durch – also beispielsweise in Trance oder im Verlauf einer ekstatischen Reise. Typisch für diese symbolischen Todeserfahrungen ist die Zerstückelung des Initianden: Er erlebt visionär, wie seine Glieder vom Rumpf abgetrennt werden und dieser in kleine Stücke gehackt wird. Manchmal wird ihnen das Fleisch von den Knochen gerissen, das Skelett auseinandergenommen und zu einem ungeordneten Haufen getürmt.

Im tibetischen Buddhismus bedienen sich die lamaistischen Novizen ähnlicher Meditationen, um das »falsche Ichgefühl« von der Persönlichkeit abzulösen. Interessanterweise basiert der tibetische Buddhismus zu einem guten Teil auf den viel älteren schamanisch-spirituellen Praktiken der Bon-Religion. Bis auf den heutigen Tag bedienen sich Lamas in ihrem Umgang mit hilfsbedürftigen Menschen schamanischer Techniken und setzen diese auch dazu ein, ihre spirituellen Übungen wirkungsvoller zu gestalten.

Warum, fragen Sie vielleicht, konzentrieren sich Schamanen auf derart morbide Bilder und Erfahrungen? Der Schamane würde darauf erwidern, daß er nur dann ein Schamane werden kann, wenn zuvor seine bisherige Auffassung von der Welt vollkommen »zerstört« wird. In dramatischer Weise versinnbildlicht wird diese Vernichtung aber durch eine todesnahe Erfahrung oder durch Bilder der Zerstückelung des eigenen physischen Körpers.

Wir müssen uns nun aber nicht unbedingt erst eine lebensgefährliche Krankheit zuziehen oder einen schweren Unfall erleiden, um uns eine schamanische Weltsicht aneignen zu können. Tatsächlich notwendig ist jedoch, daß wir unsere früheren Überzeugungen und Ansichten ohne inneres Widerstreben zerstören.

Hier folgt nun eine Übung für Fortgeschrittene, durch die Sie im Verlauf einer schamanischen Reise diese Art von Initiation symbolisch erfahren können. Es gibt unzählige Versionen dieser Übung, und es steht Ihnen völlig frei, mit einer anderen zu arbeiten, wenn diese bei Ihnen besser funktioniert. Sollte diese oder eine vergleichbare andere Übung Sie jedoch zu sehr aus dem inneren Gleichgewicht bringen, so führen Sie sie vorerst besser nicht aus. Warten Sie lieber so lange, bis Sie sie mit ein wenig mehr Gelassenheit angehen können. Auch hier erweist sich Trommelbegleitung als ausgesprochen wirkungsvoll, da sie Ihnen dabei hilft, sich zu konzentrieren und diese »gefahrvolle« Reise erfolgreich zu bewältigen.

Übung Nummer 1: Symbolische Initiation

Entspannen Sie sich und schließen Sie die Augen. Nähern Sie sich Ihrem Höhleneingang oder Ihrer Erdöffnung. Treffen Sie dort Ihr Krafttier oder einen anderen Schutzgeist und sagen Sie ihm, daß Sie in die Unterwelt reisen möchten – dorthin, wo Ihre symbolische Initiation stattfinden soll. Befolgen Sie die Instruktionen Ihres Schutzgeistes genau. Vielleicht weigert er sich, Sie mitzunehmen und erklärt Ihnen, heute sei nicht der richtige Tag dafür oder Sie seien noch nicht dazu bereit. Sollte dies der Fall sein, geben Sie Ihr Unterfangen bitte sofort auf und versuchen Sie es ein anderes Mal. Wenn Sie aber »grünes Licht« von Ihrem Führer erhalten, dann nur zu!

Erlauben Sie Ihrem Krafttier oder Schutzgeist, Sie zur unterweltlichen Initiationsstätte zu bringen. Diese könnte so ziemlich jedes Aussehen haben, also vermeiden Sie es, sie sich im voraus auszumalen. Finden Sie den Ort und beginnen Sie mit der Initiation.

Fangen Sie an, sich die Haut abzureißen (oder lassen Sie dies Ihr Krafttier oder andere anwesende Schutzgeister für Sie tun) und häufen Sie sie auf dem Boden auf. Lösen Sie nun an Ihrem ganzen Körper das Fleisch von den Knochen. Stapeln Sie systematisch alle Organe und Muskeln auf dem Boden auf, bis Sie nur noch ein Skelett sind. Nehmen Sie nun auch dieses auseinander, bis Ihr Körper vollkommen zerlegt ist.

Türmen Sie jetzt Holz auf den Haufen aus Haut, Fleisch und Knochen und verbrennen Sie alles zu Asche. Dann vermischen Sie die Asche mit etwas Wasser und formen mit dem so entstandenen »Lehm« Ihre Knochen und verschiedenen anderen Körperteile völlig neu. Bauen Sie sich systematisch einen neuen Körper auf, bis Sie wieder vollständig sind.

Kehren Sie mit Ihrem Krafttier oder Schutzgeist zum Eingang der Höhle oder der Erdöffnung zurück. Stellen Sie fest, wie Sie sich fühlen.

Übung Nummer 1: Zusammenfassung

1. Entspannen Sie sich und schließen Sie die Augen.
2. Begeben Sie sich zu Ihrer Höhle oder Erdöffnung.
3. Treffen Sie dort Ihr Krafttier oder Ihren Schutzgeist. Legen Sie ihm Ihre Bitte vor und befolgen Sie seine Instruktionen.
4. Reisen Sie in die Unterwelt. Finden Sie Ihre Initiationsstätte.
5. Nehmen Sie Ihren Körper von der Haut bis zu den Knochen schichtweise völlig auseinander. Häufen Sie alles auf dem Boden auf.
6. Verbrennen Sie den Haufen zu Asche.
7. Vermischen Sie die Asche mit Wasser, um eine Art Lehm zu erhalten. Modellieren Sie sich ganz und gar neu.
8. Kehren Sie mit Ihrem Führer zurück und danken Sie ihm. Stellen Sie fest, wie Sie sich fühlen.

Sinnvolle Zerstörung: Materieller Besitz

Zerstörung und Tod sind ein integraler Bestandteil des Gewebes der Kraft, das jegliche Kreativität und alle neuen Lebensformen erhält. Deshalb ist es sehr wichtig für uns zu lernen, das Element der Zerstörung sinnvoll in unserem Leben einzusetzen und uns von allem zu befreien, was nicht im Einklang mit unseren erklärten Lebenszielen steht. Der Schamane weiß, daß jeder materielle Besitz etwas von unserer Lebenskraft enthält, und zwar um so mehr, je stärker wir gefühlsmäßig an ihm hängen. Erinnern Sie sich daran, daß nach schamanischer Anschauung Gedanken und Gefühle reale Objekte sind, die »in die Welt hinausgehen« und sich da festsetzen, wo man sie hinschickt. Alles, woran wir gefühlsmäßig hängen, nimmt uns etwas von unserer Kraft. Um stärker und dadurch auch erfolgreicher zu werden, sollten wir uns genau wie ein Schamane verhalten und alles, was wir nicht wirklich brauchen, aus unserem Leben verbannen – es, symbolisch gesprochen, *zerstören.*

Es gibt nun verschiedene Kategorien von Objekten, die wir zerstören können. Denken Sie daran, daß in diesem Zusammenhang *zerstören* soviel wie »weggeben« oder »hinauswerfen« bedeutet. Es bedeutet einfach, daß *wir* diese Dinge hinterher nicht mehr haben.

Eine »sinnvolle Zerstörung« ist beispielsweise das Ausrangieren von Gegenständen, für die wir keine eigentliche Verwendung mehr haben oder die keinerlei Nutzen mehr für uns besitzen. Dazu gehören etwa Kleidungsstücke, Haushaltsgegenstände, Möbel, elektronische Geräte, Werkzeuge und Fahrzeuge – um nur einige zu nennen.

Übung Nummer 2: Sinnvolle Zerstörung: Materieller Besitz

Gehen Sie zu Ihrem Kleiderschrank und Ihrer Kommode und sehen Sie alle Ihre Hemden, Blusen, Hosen, Kleider, Unterwäsche, Schuhe und so weiter durch. Sortieren Sie unbarmherzig alles aus, was Sie seit mehr als einem Jahr nicht mehr getragen haben. Werfen Sie alles hinaus, was Sie nicht gern tragen! Kleidungsstücke nur deshalb zu behalten, weil sie vielleicht irgendwann einmal wieder in Mode kommen könnten oder weil wir sie von Tante Irma geschenkt bekommen haben, ist in der Regel nichts anderes als eine Art, sich selbst zu betrügen. Wenn die fraglichen Dinge immer noch brauchbar sind, geben Sie sie jemandem, der etwas mit ihnen anfangen kann, ja sie vielleicht dringend nötig hat.

Wenn Sie die aussortierte Kleidung zu einem Wohlfahrtsunternehmen oder aber zum Müllcontainer bringen, danken Sie ihr für ihre geleisteten Dienste und geben Sie sie dann innerlich frei. Geben Sie sie vollständig und mit ganzem Herzen weg.

Wenn in Ihrem Schrank jetzt immer noch nicht genügend Platz entstanden ist, gehen Sie die Sachen ein zweites Mal durch. Sie können ganz sicher sein, daß er sich innerhalb weniger Monate schon irgendwie wieder auffüllen wird und Sie die Prozedur werden wiederholen müssen.

Hängen Sie jedoch so sehr an all Ihren Kleidungsstücken, daß Sie sich nicht von ihnen trennen mögen, wird Ihr Schrank keine neuen Sachen mehr aufnehmen können. Ihr Schrank symbolisiert Ihr Bewußtsein. Wenn es mit allem möglichen alten Gerümpel vollgestopft ist, kann es nichts Neues mehr aufnehmen. Machen Sie also zur Sicherheit noch einen dritten Durchgang. Seien Sie gnadenlos.

Machen Sie einen Gang durch Ihre Wohnung, Ihr Büro, den Hof, die Garage und sichten Sie alles, was Ihnen gehört. Verfahren Sie überall ebenso rigoros, wie Sie es bei Ihrem Kleiderschrank getan haben. Sie werden es nicht bereuen.

Übung Nummer 2: Zusammenfassung

1. Sichten Sie Ihre Kleiderbestände. Werfen Sie alle Kleidungsstücke hinaus, die Sie nicht mehr – oder nicht mehr gern – tragen.
2. Danken Sie ihnen für die geleisteten Dienste und geben Sie sie innerlich frei.
3. Sichten Sie Ihre Kleiderbestände nun ein zweites Mal.
4. Verfahren Sie in gleicher Weise mit Ihrem gesamten Besitz.

Sinnvolle Zerstörung: Überzeugungen

Nun, da es Ihnen gelungen ist, sich von allerlei belastenden und für Sie unnützen materiellen Dingen zu trennen, haben Sie sich selbst den Weg bereitet, auch überholte und »abgetragene« Überzeugungen und Ansichten über Bord zu werfen, die Ihnen einstmals vielleicht gute Dienste leisteten – jetzt aber nichts mehr taugen. Dazu gehören beispielsweise alte beeinträchtigende Vorstellungen und Annahmen bezüglich dessen, was Sie können und was Sie nicht können. Ebenso wie unsere materiellen Besitztümer sind auch unsere Überzeugungen mit unserer Lebenskraft erfüllt und müssen ständig weiter damit versorgt werden, um in unserer aktuellen Datenbank (unserem »mentalen Kleiderschrank«) gespeichert bleiben zu können. Wenn unsere Psyche mit einem Mischmasch aus miteinander wetteifernden und teilweise widerstreitenden Überzeugungen angefüllt ist, dann laufen wir Gefahr, uns von ihnen lähmen zu lassen, und können im Extremfall jede Fähigkeit einbüßen, Entscheidungen zu fällen und aktiv zu handeln.

Es fällt uns so leicht, uns mit unseren Ansichten zu identifizieren, daß wir sie bald für einen Teil von uns selbst halten. Unglücklicherweise führt genau dieser Irrtum zu Kriegen und anderen gewaltsamen Auseinandersetzungen. Wie viele Schlachten sind schlicht und einfach deshalb ausgefochten worden, weil die eine Seite es als einen persönlichen Angriff auffaßte, daß eine andere nicht demselben Glauben anhing wie sie? Wie viele religiöse und ideologische Kriege wurden lediglich aufgrund voneinander abweichender Überzeugungen begonnen?

Hier nun haben Sie die Gelegenheit, Ihre festgefahrenen Ansichten einer gründlichen Prüfung zu unterziehen und herauszufinden, wie sehr Sie sich mit ihnen identifizieren. Denken Sie daran, daß man immer ein wenig Mut aufbringen muß, um sich von seinen sorgsam gehegten Überzeugungen distanzieren zu können.

Vielleicht erinnern Sie sich an etwas, woran Sie einst wirklich glaubten, wovon Sie aber heutzutage keineswegs mehr überzeugt sind. Als Kind haben Sie doch bestimmt auch an das Christkind geglaubt oder vielleicht daran, daß Sie wie vom Blitz getroffen tot umfallen würden, sobald Sie nur versuchten, eine Lüge zu erzählen. Auch wenn Sie damals diese Überzeugungen »hatten«, waren diese Überzeugungen doch nicht »Sie«. Mit den Jahren haben Sie Ihre Ansichten geändert, und Sie *fahren fort*, Ihre Ansichten zu ändern, ohne dadurch etwas von Ihrer Persönlichkeit einzubüßen. Behalten Sie dies stets in Erinnerung, wenn Sie die folgende Übung ausführen.

Übung Nummer 3: Sinnvolle Zerstörung: Überzeugungen

Setzen Sie sich hin und erstellen Sie eine Liste aller Überzeugungen und Ansichten, die Sie über verschiedene Erfahrungsbereiche hegen. So schreiben Sie also beispielsweise alles auf, was Sie in bezug auf »Männer« und »Frauen«, »Geld« oder »Arbeit« oder »wer Sie sind« und so weiter für wahr halten. Listen Sie vor allen Dingen diejenigen unter Ihren Glaubenssätzen auf, auf die Sie überhaupt nicht stolz sind, deren Existenz Sie aber nicht leugnen können. Sie werden diese Übung – ebenso wie die vorige – gleichzeitig als befreiend und etwas beunruhigend empfinden. Lassen Sie sich dadurch nicht abschrekken. Es lohnt sich wirklich herauszufinden, was wir tagtäglich mit uns herumschleppen.

Jetzt nehmen Sie sich Ihre Listen vor und schreiben neben jeden Eintrag das genaue Gegenteil. Das »polare Denken«, das diese Übung von Ihnen verlangt, wird Ihnen vielleicht einiges Unbehagen bereiten, aber halten Sie trotzdem durch. Sie werden etwas Mut dazu benötigen, doch Sie werden dadurch einigen einengenden Überzeugungen auf die Spur kommen. Schamanisch gesprochen werden Sie genau in dem Ausmaß, in dem Sie an bestimmten Ansichten festhalten, von ebendiesen Ansichten beherrscht. Solange Sie sich nicht von ihnen befreien, bestimmmen sie exakt, welche Erfahrungen Sie im Leben überhaupt nur machen werden.

Eine Ihrer Überzeugungen könnte beispielsweise lauten: »Wenn ich die Augen schließe, sehe ich praktisch nichts.« Die genau entgegengesetzte Aussage wäre: »Ich habe hervorragende visionäre Fähigkeiten und bin imstande, mit geschlossenen Augen äußerst realistische und sinnvolle Reisen zu erleben.« Machen Sie in dieser Art weiter und lügen Sie munter drauflos. Bald werden Ihre Lügen sich in Wahrheiten verwandeln. Denken Sie daran, daß Schamanen den Ruf haben, große Lügner zu sein. Sie wissen eben, daß der physische Körper ausgetrickst und beschwatzt werden muß, wenn er überholte Verhaltensmuster aufgeben soll.

Zerreißen Sie anschließend Ihre Listen oder verbrennen Sie sie in einem symbolischen Akt der Vernichtung.

Es folgen nun Beispiele von Überzeugungen, die es wert sind, zerstört zu werden:

Überholte Überzeugungen	*Entgegengesetzte Überzeugungen, die wahr werden*
• Nur Betrüger kommen im Leben voran.	• Nur Ehrlichkeit hilft mir im Leben weiter.
• Ich habe nie genug Zeit, um alles Anstehende zu erledigen.	• Ich habe alle Zeit, die ich benötige, um sämtliche anstehenden Arbeiten zu erledigen.
• Ich habe nie genug Geld.	• Ich habe immer genug Geld, um alle meine Bedürfnisse befriedigen zu können.
• Ich sollte imstande sein, alles allein zu tun.	• Ich kann, wenn es nötig ist, um Hilfe bitten.
• Dieser Schamanismuskram ist doch nur Humbug.	• Dieser »Schamanismuskram« ist durchaus kein Humbug, sondern etwas sehr Reales.
• Andere Menschen wollen nicht wissen, was ich wirklich fühle.	• Die Menschen interessieren sich durchaus für meine wirklichen Gefühle.
• Es ist schwierig für eine Frau, Erfolg zu haben, und wenn sie noch so intelligent ist.	• Eine Frau kann sowohl intelligent als auch erfolgreich sein.
• Männern stehen im Leben alle Möglichkeiten offen.	• Frauen stehen genau wie Männern alle Möglichkeiten im Leben offen.
• Frauen können nicht logisch denken.	• Alle Menschen können logisch denken, auch die Frauen.
• Alle Männer sind gefühllose Widerlinge.	• Männer sind großzügig und liebevoll.

Überholte Überzeugungen	*Entgegengesetzte Überzeugungen, die wahr werden*
• Es ist sicherer, allen Konfrontationen aus dem Wege zu gehen, um nicht verletzt zu werden.	• Es ist belebend, sich mit anderen auseinanderzusetzen.
• Ich sollte mich um alle anderen Menschen kümmern.	• Am besten kann ich auf mich selbst achtgeben.
• Jeder will mir schaden.	• Jedermann will mir helfen.
• Nie habe ich Glück.	• Ich habe immer viel Glück.
• Ich werde von allen ausgenutzt.	• Ich erschaffe mir meine eigene Wirklichkeit.
• Ich komme nie voran.	• Ich komme gut voran.
• Man muß sehr hart arbeiten, um voranzukommen.	• Ich komme spielend voran.
• Das Leben ist ungerecht.	• Das Leben ist immer gerecht.
• Ich brauche jemanden, um glücklich zu sein.	• Ich genüge mir selbst, um glücklich zu sein.
• Ich bin der einzige Mensch, der diese Arbeit erledigen kann.	• Ich bin nur einer von vielen Menschen, die diese Aufgabe erledigen können.
• Ich werde mich nie ändern.	• Ich verändere mich täglich.
• Ich bin besser als alle anderen.	• Jeder andere ist so gut wie ich.
• Nichts ist der Mühe wert.	• Alles ist der Mühe wert.
• Niemand liebt mich. Niemand kümmert sich um mich.	• Jeder liebt mich. Jeder kümmert sich um mich.
• Ich werde nie wirklich gesund sein.	• Ich bin immer völlig gesund.

Übung Nummer 3: Zusammenfassung

1. Erstellen Sie eine Liste Ihrer Überzeugungen und festen Ansichten.
2. Schreiben Sie neben jede Überzeugung das genaue Gegenteil davon.
3. Zerreißen oder verbrennen Sie Ihre Listen.

Sinnvolle Zerstörung: Gewohnheiten

Nun, da Sie damit begonnen haben, gründlich mit Ihren bisherigen Überzeugungen aufzuräumen, sind Sie auch dazu bereit, die schwierigere Aufgabe in Angriff zu nehmen, unnütze Gewohnheiten aufzugeben. Dazu gehören all jene Verhaltensweisen, die Sie völlig mechanisch und unbewußt ablaufen lassen und die Ihren Kontakt zu dem Sie umgebenden großen Gewebe der Kraft abschwächen.

Heyokas sind indianische Schamanen, deren Aufgabe es ist, die Menschen davon abzuhalten, sich zu sehr in ihren Gewohnheiten zu verstricken. Sie machen alles genau umgekehrt oder rückwärts, nur um zu zeigen, daß nichts auf dieser Welt ausschließlich auf eine einzige Art getan werden muß. Sie trocknen sich mit Wasser ab und waschen sich mit Erde. Sie gehen rückwärts, setzen sich, wenn andere stehen würden, stellen sich hin, wenn andere sitzen würden, weinen, wenn sie glücklich, und lachen, wenn sie traurig sind. Dieses Verhalten zerstört die Gewohnheiten und Muster, die sie selbst und andere in einem Zustand geistigen Schlafs festhalten. Auch bringen die Heyokas damit die Leute zum Lachen, ein Vorgang, der schon in sich alte Verhaltensmuster und eingefahrene Gewohnheiten aufbricht.

Übung Nummer 4: Wie der Heyoka mit Gewohnheiten umgeht

Versuchen Sie, ein paar Stunden lang Ihr eigener Heyoka zu sein, und Sie werden einiges über Ihre Angewohnheiten erfahren. Am besten führen Sie diese Übung nur dann aus, wenn Sie davon ausgehen können, daß Sie eine Zeitlang ungestört sind. Sie werden langsam vorgehen müssen, denn alles rückwärts zu tun wird zunächst etwas völlig Ungewohntes für Sie sein und Ihnen daher entsprechend schwerfallen. Mit ein wenig Überlegung werden Sie jedoch ganz neue und überraschende Möglichkeiten der Umkehrung entdecken.

Ziehen Sie also beispielsweise Ihre Schuhe aus, um einen kleinen Spaziergang zu machen, oder essen Sie eine Mahlzeit mit mehreren Gängen in der umgekehrten Reihenfolge. Laufen Sie rückwärts durch Ihr Haus oder den Garten. Üben Sie, das laut auszusprechen, was Sie überhaupt nicht meinen. Solche Übungen können viel Spaß machen, wenn Ihre Familie oder ein Freund sie mit Ihnen zusammen ausführt. Es gibt endlos viele Variationsmöglichkeiten, und viele von ihnen sind ausgesprochen lustig. Andererseits finden Sie vielleicht aber auch heraus, daß einige Ihrer »normalen« Handlungsweisen oder Äußerungen kritischer Prüfung nicht standhalten, ja, daß deren Gegenteil weit mehr Wahrheit enthält.

Erkennen Sie, daß stereotype Verhaltensweisen und Angewohnheiten bequeme Methoden sind, das Leben zu erleichtern und angenehmer zu gestalten. Wenn Sie es sich also beispielsweise zur Gewohnheit gemacht haben, keine Grapefruits zu essen, weil Sie Magenschmerzen davon bekommen, so haben Sie sich damit vermutlich eine Menge Bauchweh erspart. Gleichzeitig haben Sie jedoch mit dieser Überzeugung Ihre Welt ein wenig kleiner gemacht. Es könnte ja schließlich sein, daß Sie *früher* von Grapefruits Magenschmerzen bekamen, daß dies aber aufgrund einer Veränderung Ihres Stoffwechsels längst nicht mehr der Fall ist. Aus diesem Grunde sollten wir als Lehrlinge auf dem schamanischen Weg jede Angewohnheit, die wir nur beibehalten, weil wir sie »schon immer« gehabt haben, kritisch in Frage stellen. Wenn wir ein bestimmtes Verhaltensmuster nach gewissenhafter Prüfung für sinnvoll und nützlich befinden, können wir uns – auf eine bewußtere Weise – weiterhin seiner bedienen. Erkennen wir jedoch, daß es ohne jeden Wert ist, sollten wir versuchen, es durch eine kreativere Variante zu ersetzen, und dann feststellen, wie wir uns dabei fühlen.

Wenn wir unsere Angewohnheiten genau inspizieren, werden wir erkennen, daß viele von ihnen sich nicht wesentlich von primitiven abergläubischen Vorstellungen unterscheiden, die wir bei anderen wahrscheinlich belächeln würden. Vom Aberglauben diktierte Angewohnheiten halten uns davon ab, neue Erfahrungen zu sammeln, und verhindern, daß wir das Risiko des Neuartigen eingehen.

Der erste Schritt zur Eliminierung einer Angewohnheit besteht einfach darin, sich selbst die Wahrheit darüber einzugestehen. Allein zuzugeben, daß etwas überhaupt eine Angewohnheit ist, kann schon dazu führen, daß man sie aufgibt. Mit Hilfe der folgenden einfachen

Übung können Sie den ersten Schritt dazu tun, die Wahrheit über Ihre gewohnheitsmäßigen Verhaltens- und Denkweisen zu erfahren.

Übung Nummer 5: Gewohnheiten erkennen

Erstellen Sie eine Liste aller Angewohnheiten, die Sie eher beeinträchtigen als befreien. Werden Sie sich dieser stereotypen Handlungen bewußt und beobachten Sie sich jedesmal, wenn Sie eine von ihnen ausführen. Verurteilen Sie sich nicht für diese bestimmte Angewohnheit. Versuchen Sie eher, einen komischen Aspekt an ihr zu entdecken. Wenn Sie unfähig sind, darüber zu lachen, wird es Ihnen schwerer fallen, sie aufzugeben. Wie wir weiter oben erwähnten, trägt Humor entscheidend dazu bei, festgefahrene Verhaltensmuster aufzubrechen und unsere Perspektive so zu verändern, daß es uns wesentlich leichter fällt, alte Gewohnheiten aufzugeben.

Untersuchen Sie als nächstes die jeweilige Angewohnheit genauer. Stellen Sie fest, wann, unter welchen Umständen und auf welche Weise Sie sie ausführen. Wenn es dabei um das Rauchen geht, so achten Sie darauf, wann genau Sie ein heftiges Verlangen nach einer Zigarette verspüren. Wann genau holen Sie eine Zigarette aus der Schachtel und zünden Sie an? Wie rauchen Sie sie? Wie schmeckt jeder Zug, wie riecht er und so weiter? Werden Sie sich des gesamten Prozesses bewußt. Wenden Sie dieselbe Methode bei der Analyse all Ihrer Gewohnheiten an – ob es sich dabei nun um die Art und Weise handelt, wie Sie Ihre Mahlzeiten einnehmen, oder darum, daß Sie es vermeiden, nach dem Weg zu fragen, wenn Sie sich verlaufen haben.

Ohne es zu sehr erzwingen zu wollen, versuchen Sie nun herauszufinden, welche alternativen Verhaltensweisen Ihnen zur Verfügung stehen. Probieren Sie sie aus. Wenn Sie also die Angewohnheit haben, jeden Tag denselben Weg zur Arbeit zu nehmen, versuchen Sie es mit einer anderen Strecke, selbst wenn sie ein wenig länger sein sollte.

Hier folgt nun eine Musterliste von Gewohnheiten, die Sie vielleicht haben und die Sie ändern möchten:

- Ich nehme stets denselben Weg zur Arbeitsstelle, zur Schule, zum Einkaufen und so weiter.
- Ich esse zum Frühstück Tag für Tag dasselbe.
- Ich stehe jeden Tag zur selben Zeit auf und gehe jeden Abend zur selben Zeit schlafen.

- Ich trage Tag für Tag die gleichen Kleider.
- Ich benutze stets dieselben Redewendungen.
- Ich räuspere mich andauernd.
- Ich trinke jeden Abend Alkohol.
- Ich rauche.
- Ich gehe immer in dieselben Restaurants und Geschäfte.
- Ich treffe mich immer mit denselben Leuten.
- Ich lese jeden Tag die Zeitung.
- Ich sehe die Welt stets durch dieselbe – skeptische, zynische, idealistische oder sonstige – Brille.
- Ich sehe täglich fern. Ich sehe stets die gleichen Sendungen.
- Ich vermeide es, allein zu sein.
- Ich gehe ganz allgemein Menschen aus dem Weg.
- Ich gehe alten Menschen, Kindern, Behinderten aus dem Weg.

Übung Nummer 5: Zusammenfassung

1. Erstellen Sie eine Liste Ihrer Angewohnheiten.
2. Beobachten Sie sich und stellen Sie fest, wann Sie eine dieser gewohnheitsmäßigen Handlungen ausführen.
3. Versuchen Sie, diese Gewohnheit mit Humor zu betrachten und sich nicht selbst dafür zu verurteilen.
4. Untersuchen Sie diese Gewohnheit näher.
5. Versuchen Sie, alternative Verhaltensweisen zu finden. Probieren Sie sie aus.

Sinnvolle Zerstörung: Beziehungen

Ihre Beziehungen zu anderen Menschen können der schwierigste Aspekt Ihres Lebens sein, den es einer genauen Prüfung zu unterziehen gilt. Schamanisch gesprochen haben sie außerdem die Fähigkeit, Sie am meisten zu schwächen und zu beeinträchtigen, weil sie für eine Reihe von festgefahrenen Verhaltensmustern verantwortlich zu machen sind, die Sie gefangen halten. Anders als Überzeugungen oder Gewohnheiten, die Sie einfach aufgeben oder transformieren können, liegt es nicht immer in Ihrer Macht, Ihre Mitmenschen zu ändern. Und was diese Menschen über Sie denken und Ihnen gegenüber empfinden, spielt in Ihrem »öffentlichen Leben« eine bedeutende Rolle. Deshalb ist es von absolut wesentlicher Bedeutung für Ihr Wohlbefinden, Ihre innere Entwicklung und Ihre persönliche Zufriedenheit, mit welchen Menschen Sie sich umgeben.

Ebenso wie einen Schrank voll alter Kleider oder einen ganzen Sack voller überholter Überzeugungen schleppen wir oft genug eine Reihe von Beziehungen mit uns durchs Leben, die für uns von keinerlei Nutzen mehr sind - und es vielleicht auch niemals waren. Dies sind Beziehungen, die aus reiner Gewohnheit und manchmal auch aus einem falschen Pflichtgefühl heraus aufrechterhalten werden.

Aus schamanischer Sicht betrachtet sind unsere Beziehungen in hohem Maße für die jeweilige Größe unseres Kraftpotentials verantwortlich. Freunde und Bekannte können unsere Kraft einerseits beträchtlich steigern, indem sie unsere positiven Wesenszüge und Talente fördern. Sie können uns aber ebenso unserer Kraft berauben, indem sie sich gegen uns wenden und uns emotional schwächen. Halten Sie sich gegenwärtig, daß Bewußtseinsinhalte für den Schamanen reale Objekte sind und daß sich daher die Gefühle, die unsere Mitmenschen uns entgegenbringen, ganz direkt auf unser Wohlbefinden auswirken. Eifersucht, Neid und gehässige Gedanken können also unseren »Vorrat« an Kraft beträchtlich vermindern. Vergegenwärtigen Sie sich nur die Wirkung, die Ihre eigenen Gedanken und Gefühle auf Ihren Geistkörper ausüben, und Sie werden eine Vorstellung davon erhalten, welche Macht Ihnen nahestehende Personen über Sie haben können.

Schamanen unterhalten keine Beziehungen zu Menschen, die ihre persönliche Kraft untergraben. Dies bedeutet nicht, daß sie jeglicher konstruktiven Kritik oder emotionellen Auseinandersetzung aus dem Weg gehen. Sie meiden lediglich solche Beziehungen, die kontinuierlich an ihren Kräften zehren und zu ihren erklärten Zielen in konstantem Widerspruch stehen. Es könnte sich als ausgesprochen heilsam erweisen, ihrem Beispiel zu folgen, auch wenn es bedeuten würde, daß manche unserer sogenannten »Freund«schaften, die wir aus Bequemlichkeit oder einem Schuldgefühl heraus bis zum heutigen Tag aufrechterhalten haben, dabei in die Brüche ginge. Wenn es Ihnen Schwierigkeiten bereitet, sich solcher Beziehungen zu entledigen, stellen Sie sich einfach die Frage: »Möchte ich eine starke und selbstverantwortliche Persönlichkeit sein, oder möchte ich einfach nur meine Schuldgefühle bemänteln?«

Inzwischen dürften Sie eine recht genaue Vorstellung davon haben, was zu tun ist. Verfahren Sie ebenso wie bei den vorangegangenen Übungen.

Erstellen Sie eine Liste von all Ihren Bekannten und Freunden und entscheiden Sie, welche von diesen Beziehungen es wert sind, aufrechterhalten zu werden, weil sie Ihnen wirklich etwas geben, und welche ohne Schaden für Sie ab jetzt der Vergangenheit angehören können. Diejenigen, die es wert sind, fortgeführt und vielleicht noch vertieft zu werden, strahlen wie ein helles Licht. Diejenigen, bei denen Sie sich nicht sicher sind, sollten Sie vermutlich aufgeben. Wie viele Freundschaften erhalten Sie lediglich deshalb am Leben, weil Sie Angst davor haben, was die betreffende Person sagen oder denken würde, wenn Sie plötzlich kein Interesse mehr an ihr bekundeten?

Sie könnten damit beginnen, daß Sie eine Liste aller Vorzüge und Nachteile Ihrer verschiedenen Beziehungen erstellen. Ziehen Sie anschließend Bilanz: Überwiegt das Negative bei weitem? Wenn ja, überlegen Sie sich sehr gut, ob Sie eine solche Beziehung fortführen wollen. Sind Sie dennoch dazu entschlossen, dann schreiben Sie auf, was Sie tun können, um die Bilanz auszugleichen. Vermutlich werden Sie mit der betreffenden Person über ihr unausgewogenes Verhältnis zueinander sprechen müssen. Kommen Sie aber zu dem Schluß, daß weder Reden noch irgendwelche anderen Maßnahmen Ihrerseits helfen würden, sollten Sie sich dazu durchringen, den Kontakt abzubrechen. Hiervon ausgenommen könnte eine besonders komplizierte Beziehung sein, die Sie entweder als einen Akt der Nächstenliebe oder als Herausforderung an Ihr inneres Wachstum eingegangen sind. So wäre es beispielsweise durchaus verständlich, wenn Sie aus Pflichtbewußtsein oder einem anderen, vergleichbaren Gefühl heraus auch weiterhin für einen Behinderten, einen älteren Menschen oder ein schwieriges Kind sorgen möchten, obgleich diese sich Ihnen für Ihre Mühe vielleicht kaum erkenntlich zeigen. Es ist jedoch immer wichtig, die eigenen Grenzen zu kennen.

Übung Nummer 6: Zusammenfassung

1. Erstellen Sie eine Liste Ihrer Beziehungen.
2. Überprüfen Sie diejenigen unter ihnen, die in Ihnen Zweifel wecken.
3. Listen Sie deren positive und negative Aspekte auf.
4. Ziehen Sie eine Bilanz.
5. Überlegen Sie, welche Konsequenzen Sie aus dem Ergebnis ziehen wollen.

Schöpfung

Sie haben nun aus schamanischer Perspektive gesehen, wie wichtig – »richtige« – Zerstörung für den natürlichen Ablauf des Lebens ist und wie wesentlich sie für unsere Entwicklung zu kraftvollen und erfolgreichen Menschen sein kann. Jetzt wollen wir uns ihrem scheinbaren Gegenpol zuwenden, der Schöpfung. Indem wir alles Überflüssige vernichten, schaffen wir Platz für das, was die eigentliche Stärke des Schamanen ist: die Kreativität.

Wir alle wissen, daß ein gerade »ausgemisteter« und aufgeräumter Schrank oder Abstellraum die ärgerliche Tendenz hat, binnen kurzer Zeit wieder unordentlich zu werden und sich mit genau derselben Art von Dingen zu füllen, die wir zuvor hinausgeworfen hatten. Versuchen Sie einmal konsequent, Ihren Schrank für längere Zeit spärlich gefüllt und ordentlich zu halten, und Sie werden merken, wie schwierig das ist. Der kreative Aspekt des Universums ist so stark, daß jedes entstehende Vakuum sofort wieder mit irgendwelchen Dingen angefüllt wird. Diese Dinge entsprechen in der Regel genau denen, die zuvor dagewesen waren. Ein See, der in der Sommerhitze austrocknet, füllt sich normalerweise wieder mit Wasser, sobald die Regenperiode einsetzt. Jahr für Jahr nimmt der See dasselbe Element auf, solange nicht etwas anderes an dessen Stelle tritt.

Ebenso werden Sie feststellen, daß die Geisterwelt Ihr Leben mit genau den gleichen Dingen anfüllt, von denen Sie sich ein um das andere Mal zu befreien versuchen – solange Sie nicht selbst etwas Neues einführen. Wenn Sie passiv erwarten, daß sich Ihr Leben »von außen füllt«, werden immer wieder die gleichen Dinge passieren, wird sich stets alles wiederholen. Wenn Sie dagegen möchten, daß sich etwas verändert, müssen Sie der Geisterwelt neue Instruktionen erteilen, ihr eine neue Richtung angeben. Sie müssen ihr zu erkennen geben, daß Sie für etwas Neues bereit sind.

Der Schamane weiß, daß er nur dann kreativ wirken kann, wenn er sich »mit-schöpferisch« in das Kraftgewebe einfügt. Er muß seine Kreativität entfalten und ausüben, um damit an der Erschaffung der kosmischen Ordnung mitzuwirken, die dem Leben erst seinen Sinn verleiht. So hat er es gelernt, der Geisterwelt Hinweise darauf zu geben, was er gern geschehen lassen würde. Man könnte auch sagen, er hilft der Welt der Geister auf die Sprünge.

Schamanisch gesprochen müssen wir der Geisterwelt genau erklären, was wir uns wünschen, weil wir immer genau das erhalten, worum wir bitten. Lassen Sie uns zur Verdeutlichung ein einfaches Beispiel anführen. Nehmen wir an, Sie fahren einen Wagen, der häufig Pannen hat und nur mit Schwierigkeiten anspringt. Wenn es Ihnen schließlich reicht und Sie sagen: »Ich will ein anderes Auto haben«, so ist die Wahrscheinlichkeit sehr groß, daß auch jeder weitere Wagen, den Sie sich zulegen, früher oder später dieselben Probleme machen wird. Sie haben nämlich nicht angegeben, was genau Sie sich wünschen. Sie haben lediglich gesagt, daß Sie etwas anderes wollen, nicht aber *welcher Art* dieses »Andere« sein soll. Also werden Sie ein anderes Auto mit den gleichen Defekten bekommen. Solange Sie nicht genau angeben, welchen Typ Wagen Sie fahren wollen, welche Ausstattung er haben und in welcher Preisklasse er sich bewegen soll, werden Sie höchstwahrscheinlich nicht das erhalten, was Sie eigentlich haben möchten.

Manchmal, wenn Sie Ihre Wünsche nicht genau spezifizieren oder sie in unrealistischer Weise definieren, werden Sie das bekommen, wovon Sie dachten, daß Sie es haben wollten. Schon bald werden Sie aber erkennen, daß es eben nicht das war, was Sie sich wirklich in Ihrem tiefsten Herzen gewünscht hatten.

Was immer Sie bekommen, hängt natürlich in wesentlichem Maße davon ab, was Sie sich zu haben *zutrauen* oder was Sie für sich selbst für möglich halten. Denken Sie in diesem Zusammenhang an die Geschichte der zwei Männer mit den Eseln, die wir im ersten Kapitel erzählt haben. Weil der eine der beiden sich mehr Esel vorstellen konnte als der andere, ließ ihn der Schamane auch mehr Esel finden als jenen.

Jerry hatte Probleme mit Frauen. Nicht, daß es in seinem Leben keine gegeben hätte. Es ging um die Art Frau, die er anzog. Jede Frau, mit der er in näheren Kontakt kam, schien von irgend etwas abhängig zu sein: Tabletten, Alkohol, Kokain, Schokolade oder was auch immer. Und stets lief es auf das gleiche hinaus. Er übernahm die Rolle des Retters, und sie wurden nur noch abhängiger von ihrer jeweiligen Droge. Schließlich gab er es jedesmal auf und versuchte sein Glück mit einer neuen Beziehung.
Jerry probierte es sogar mit Visualisationstechniken, wobei er sich vorstellte, er könnte aus einer langen Reihe von Frauen diejenige auswählen, die ihm am besten gefiel. Er lernte auch tatsächlich viele Frauen kennen, doch das Endergebnis blieb stets dasselbe. Um der Sache endlich auf den Grund zu gehen, probierte er es mit einer Psychotherapie. Mit der Zeit verstand er zwar rein intellektuell, warum sein Liebesleben immer nach demselben Muster ablief, dennoch gelang es ihm nicht, aus diesem Teufelskreis auszubrechen.
Dann hatte Jerry eines nachts einen Traum. Er träumte von einer Hexe, die nach ihm griff und an seinen Kleidern zerrte. Er schrie und versuchte, sich ihr zu entwinden. Da verwandelte sich die Hexe in seine Mutter. Entsetzt riß er sich unter enormem Kraftaufwand los und rannte in Panik davon. Im Traum lief er hinaus auf ein Feld und sah dort eine Reihe verblühter Sonnenblumen. Jede war in einem anderem Stadium des Verwelkens. Als er sie berührte, zerfielen sie zu Staub. Plötzlich erschien ein leuchtend grüner Vogel, der ihm zuwinkte. Er wandte sich um, um dem Vogel zu folgen, und erblickte zum ersten Mal eine Reihe von Rosenbüschen, deren Blüten sich jeweils in einem anderen Stadium des Erblühens befanden. Er ging zu demjenigen, dessen Rosen voll aufgeblüht waren, streckte die Hand danach aus – und hier endete der Traum.
Als Jerry aufwachte, stand ihm die Lösung seines Dilemmas klar vor Augen. Er hatte irgendwie schon die ganze Zeit gewußt, daß jede süchtige Frau nur eine andere »Version« seiner alkoholabhängigen Mutter war. Er wollte diese Art von Beziehung nicht mehr. Bis zu diesem Zeitpunkt hatte Jerry nicht verstanden oder geglaubt, daß es auch eine andere Wahl für ihn gäbe als verwelkte Sonnenblumen. Er hatte sich nie die Mühe gemacht, genau zu definieren, nach welcher Art von Beziehung er eigentlich suchte. Nun, da er wußte, daß es auch für ihn wirkliche Alternativen gab, begann er, sich zu überlegen, welche Eigenschaften er an einer

Frau schätzte. Binnen vier Monaten hatte er den Teufelskreis durchbrochen. Er fand eine gesunde Frau, die ihn mochte, und sie bauten gemeinsam eine für beide Seiten erfüllende und befriedigende Beziehung auf.

Übung Nummer 7: Erschaffen

Die Fähigkeit zu erschaffen ist die wundervollste, magischste und mysteriöseste, die wir Menschen kennen. Und doch ist sie unglaublich leicht einzusetzen. Jeder Schöpfungsakt vollzieht sich zunächst in unserer Vorstellung. Je klarer und genauer unser mentaler Entwurf ist, desto eher wird es uns gelingen, ihn in die Tat umzusetzen. Die folgende Übung soll Ihnen verdeutlichen, wie einfach der Schöpfungsprozeß vonstatten geht.

Schließen Sie die Augen und entspannen Sie sich. Stellen Sie sich vor, daß etwa ein Meter vor Ihnen eine große Leinwand aufgebaut ist, auf die Sie projizieren können, was immer Sie wollen. Projizieren Sie nun darauf eine schöne Blüte. Geben Sie Ihr jede beliebige Farbe. »Malen« Sie jetzt einen Stengel hinzu, mit Blättern und glitzernden Tautropfen. Geben Sie Ihrer Blume einen Duft und eine bestimmte Oberflächenbeschaffenheit. Verändern Sie nun ihre Größe. Lassen Sie sie sehr groß werden. Lassen Sie sie sehr klein werden. Geben Sie ihr nacheinander verschiedene Farben. Versetzen Sie sie ins Knospenstadium. Beobachten Sie, wie sie wächst, erblüht und dann verwelkt und zu Staub zerfällt. Lassen Sie sie von neuem in voller Blüte erstehen. Stellen Sie sich nun vor, daß Sie sie einem geliebten Menschen geben. Sehen Sie dabei das Lächeln der Freude auf seinem oder ihrem Gesicht.

Sie haben soeben eine Reihe wirkungsvoller Schöpfungen ausgeführt. Schamanisch gesprochen haben Sie diesem Menschen mit Ihrer imaginären Blume wirklich ein Geschenk gemacht. Sie werden sehen, er wird darauf reagieren. Jede Schöpfung ist tatsächlich so einfach zu bewerkstelligen.

Übung Nummer 7: Zusammenfassung

1. Schließen Sie die Augen und entspannen Sie sich.
2. Erschaffen Sie mental eine Leinwand.
3. Projizieren Sie darauf eine Blume.
4. Verändern Sie mehrmals Größe und Farbe der Blume.
5. Sehen Sie die Blume knospen, erblühen und verwelken.
6. Lassen Sie die Blume erneut in voller Blüte erstehen und schenken Sie sie einem geliebten Menschen.

Erschaffen mit Hilfe von Schutzgeistern

Eine entscheidende Bedingung dafür, daß wir bekommen, was wir benötigen, ist, daß wir dem Krafttier oder Schutzgeist so klar wie möglich mitteilen, *was genau* wir haben möchten. Diese Wesenheiten sind nämlich die Vermittler der Kraft, die in der Geisterwelt die Hebel in Bewegung setzen, damit bestimmte Resultate zustande kommen. Denken Sie aber bitte stets daran, daß Sie höflich und bescheiden auftreten müssen, wenn Sie sich ihrer als Agenten bedienen wollen. Sie können nicht einfach Forderungen stellen oder sie herumkommandieren und dann irgendwelche Ergebnisse erwarten. Vergessen Sie nie, daß Sie ein *Bittsteller* sind, und nehmen Sie eine entsprechend bescheidene Haltung ein. Sie sollten auch immer betonen, daß Sie alles bereitwillig akzeptieren werden, was zu dem gegebenen Zeitpunkt für Sie gut und richtig ist. Ihr Schutzgeist kann nämlich wesentlich besser als Sie das Gesamtbild Ihrer Situation überschauen. Er weiß vielleicht, daß der neue Sportwagen, den Sie sich so sehnlichst wünschen, Ihrem Leben ein vorzeitiges Ende bereiten würde. Also wird er Ihnen etwas verschaffen, was Ihrem Wunsch am nächsten kommt, aber frei von dessen potentiellen Risiken ist. Sie bekommen das, was Sie brauchen – nicht aber unbedingt alles, was Sie gerne möchten.

Wenn Sie Ihren Schutzgeist oder Ihr Krafttier um etwas bitten, denken Sie auch daran, daß Sie Ihren Wunsch nie an einen bestimmten Zeitpunkt knüpfen dürfen. Vielleicht hätten Sie beispielsweise gar zu gern den neuen Posten, den Ihre Firma zu vergeben hat und der innerhalb von zwei Wochen zu besetzen ist. Wenn Sie Ihren

Schutzgeist nun um Hilfe bitten, so erkennt er von seiner »höheren Warte« aus möglicherweise, daß einen Monat später eine viel bessere Stelle frei werden wird, die für Sie in jeder Hinsicht geeigneter wäre. Der Grund, aus dem Sie Ihren Schutzgeist um Beistand baten, war ja in erster Linie der, daß er Einblick in dieses »große Gesamtbild« hat. Sie können sich somit auch stets auf die Antwort, die Sie erhalten werden, verlassen.

Vielleicht erweist es sich als nutzbringend, Ihren Schutzgeist zu fragen, ob er Ihnen nicht dieses große Gesamtbild zeigen kann, damit Sie besser verstehen können, warum Sie einen Wunsch nicht zu dem von Ihnen erhofften Zeitpunkt erfüllt bekommen. Seien Sie jedoch nicht enttäuscht, wenn Ihnen diese Information vorenthalten wird. Ihr Schutzgeist beziehungsweise Ihr Krafttier weiß, wie leicht beeinflußbar die menschliche Psyche ist. Er/es sieht daher vielleicht vorher, daß die Kenntnis dieses »großen Bildes« Sie künftig daran hindern würde, eine freie Wahl zu treffen und Ihre Kreativität zu entfalten. Sollte dies der Fall sein, lassen Sie die Sache auf sich beruhen und vertrauen Sie einfach darauf, daß Ihre Verbündeten am besten wissen, wie mit der jeweiligen Situation umzugehen ist. Sie werden niemals gegen Ihre wahren Interessen arbeiten!

Ihre Schutzgeister sind zwar imstande, Ihnen jegliche Hilfe zuteil werden zu lassen, doch kommen auch sie nicht gegen Ihre grundlegenden Überzeugungen an. Sie können Ihnen nicht mehr geben als das, was Sie zu dem jeweiligen Zeitpunkt im wahrsten Sinne des Wortes »verkraften« können. Wieviel und was Sie erhalten können, hängt also in wesentlichem Maße davon ab, wieviel Kraft Sie gespeichert haben und mit wieviel Kraft Sie in den unterschiedlichsten Bereichen umzugehen imstande sind. So könnten Sie vielleicht im Hinblick auf Beziehungen außerordentlich stark sein, nicht aber in finanziellen Angelegenheiten. Ihr Schutzgeist oder Krafttier wird Ihnen in dem Fall einen Wunsch, der ersteres betrifft, weit eher erfüllen können, als einen, der mit Geld zu tun hat. Er kann Ihnen also, bildlich gesprochen, immer nur im Rahmen Ihres Fassungsvermögens behilflich sein. Denken Sie daher immer daran, daß Ihre Verbündeten Ihnen die Arbeit an sich selbst nicht abnehmen. Erst wenn Sie bewiesen haben, daß Sie imstande sind, selbst im Leben zurecht- und voranzukommen, werden sie Ihnen in jeder Hinsicht weiterhelfen.

Übung Nummer 8: Wieviel können Sie vertragen?

Die folgende Übung ermöglicht Ihnen herauszufinden, wieviel Sie zum gegenwärtigen Zeitpunkt verkraften können und wo Ihre Grenzen liegen.

Beginnen Sie, indem Sie sich entspannen und die Augen schließen. Stellen Sie sich eine Landschaft vor, die durch ihre Beschaffenheit widerspiegelt, wieviel Freude und Zufriedenheit Sie augenblicklich im Leben zu empfinden imstande sind. Lassen Sie Glück und Zufriedenheit als strahlend blauer Himmel erscheinen (oder auch als jedes beliebige andere natürliche Bild, das bei Ihnen einen positiven Eindruck hervorruft), während alles weniger Erfreuliche durch Dunstwolken, Nebel oder Smog dargestellt wird. Vielleicht können Sie in Ihrer Landschaft noch ein Meßgerät aufstellen, das Ihnen genau anzeigt, zu wieviel Prozent »Ihr« Himmel blau ist. Wieviel Prozent blauen Himmel können Sie sehen? Fünfzig Prozent oder weniger? Mehr?

Lassen Sie den Zeiger Ihres »Dunstmessers« ganz nach unten absinken und den Himmel schwarz vor Smog werden. Wie fühlt sich das an?

Beschließen Sie nun, den prozentualen Anteil an blauem Himmel durch die Kraft Ihrer Konzentration ansteigen zu lassen. Wenn Sie es schaffen, daß der Himmel klar wird und die Dunstwolken sich heben, achten Sie auf das daraus resultierende Gefühl in Ihrem Körper. Nicht selten fühlt man sich unwohl und ängstlich, wenn man seine Aufnahmefähigkeit steigert. Lassen Sie nun Himmel und Meßgerät wieder zu dem für Sie normalen Zustand zurückkehren.

Sie können diese Übung wiederholen und sich dabei jeweils auf einen anderen Aspekt Ihres Lebens konzentrieren, den Sie überprüfen wollen. Vielleicht sind Sie mit Ihren zwischenmenschlichen Beziehungen vollauf zufrieden, nicht aber mit Ihrer Gesundheit. Oder Sie sind zufrieden, was Ihre Gesundheit betrifft, aber unglücklich über Ihr Verhältnis zum Geld oder über Ihre äußere Erscheinung.

Übung Nummer 8: Zusammenfassung

1. Schließen Sie die Augen und entspannen Sie sich.
2. Stellen Sie sich den Himmel vor. Installieren Sie ein »Dunstmeßgerät«.
3. Lassen Sie Dunst und Smog den Himmel verfinstern.
4. Lassen Sie den Himmel aufklaren. Wie blau können Sie ihn werden lassen?
5. Lesen Sie Ihr »Dunstmeßgerät« ab.
6. Überprüfen Sie Ihr Befinden.
7. Lassen Sie Himmel und Meßgerät wieder ihren »Normalzustand« erreichen – denjenigen also, in dem Sie sich wohl fühlen.

Wenn Sie in irgendeinem Lebensbereich Ihre Kraft mehren möchten, sollten Sie langsam und in kleinen Schritten vorgehen: Ein plötzlicher drastischer Kraftzuwachs würde nur Unbehagen, Verwirrung und Angst hervorrufen.

Gleichgewicht und Ungleichgewicht

Die meisten von uns haben das Gefühl, daß sie in wenigstens einem der folgenden sieben Bereiche zu kurz kommen oder allgemein Probleme damit haben:

- Geld
- Besitz
- Gesundheit
- Aussehen und Attraktivität
- Zwischenmenschliche Beziehungen
- Sexualität
- Zeit

Nur wenige von uns sind in allen diesen Bereichen vollkommen zufrieden. Das Leben der meisten Menschen ist dagegen eher angefüllt mit dem, was sie nicht wollen, als mit dem, was sie sich wünschen. Für sie rühren die Probleme in der Regel daher, daß sie entweder zuwenig oder zuviel von jeder dieser sieben Kategorien haben.

Zum Beispiel:

1. Der eine hat zuwenig Geld, er hungert und ist arm. Ein anderer hat zuviel Geld: Er investiert sehr viel Zeit und Energie in die Verwaltung seines Vermögens und hat deshalb keinerlei Freude mehr am Leben.

2. Das Leben des einen ist vollgestopft mit viel zu vielen Dingen, er kommt zu nichts anderem mehr, als sie alle zusammenzuhalten. Der andere besitzt zuwenig und hat daher das Gefühl, Mangel zu leiden.

3. Krank ist wohl kaum jemand gern, und zuviel Gesundheit kann man eigentlich nie haben, allerdings gibt es nicht wenige Menschen, die unbewußt davon überzeugt zu sein scheinen, völlige Gesundheit könne bei ihnen nur ein seltener Ausnahmezustand sein.

4. Fast jeder hat einen oder mehrere Fehler an seiner physischen Erscheinung zu beklagen, die seiner Ansicht nach dem guten Aussehen schaden. So findet der eine seine Nase zu groß. Der zweite hat schiefe oder fleckige Zähne. Der dritte ist zu groß, zu klein, zu dick oder zu dünn. Dem vierten ist seine Haut zu dunkel oder zu hell. Ein anderer hat zu glattes oder zu gelocktes Haar und wieder ein anderer zu große Füße, pummelige Hände, zu breite Hüften, einen zu dicken Bauch, abstehende Ohren, einen zu kurzen Hals, zu kleine Augen und dergleichen mehr.

5. Der eine hat zuwenig Freunde und fühlt sich daher einsam und deprimiert. Der andere hat zu viele Freunde und fühlt sich gerade deswegen unglücklich.

6. Das Sexualleben des einen ist ein unbefriedigendes, sich völlig seiner Kontrolle entziehendes Chaos, das des anderen praktisch nicht vorhanden.

7. Der eine hat einen Überfluß an Zeit, er ist rastlos oder langweilt sich. Der andere hat zuwenig Zeit, er ist ungeduldig und hat Angst, seine Aufgaben nicht bewältigen zu können.

Schamanisch gesprochen bewirkt ein Zuwenig ebenso wie ein Zuviel in jeder der sieben Kategorien einen Zustand inneren Ungleichgewichts. Beides deutet darauf hin, daß man sich mit dem Kraftgewebe und der natürlichen Ordnung der Dinge nicht in völligem Einklang befindet. Bedenken Sie aber bitte, daß ein Zuviel oder Zuwenig in einem der obigen Bereiche *ein Geisteszustand* ist und nichts, was auf objektiven Kriterien beruhte. So ist es beispielsweise vorstellbar, daß jemand enge Beziehungen zu zehn verschiedenen Menschen unterhält und sich dabei absolut glücklich fühlt. Ein anderer dagegen empfindet zehn Freunde oder Freundinnen als entschieden zuviel und möchte diese Zahl auf fünf reduzieren. Wieder ein anderer fühlt sich mit »nur« zehn Freunden vielleicht regelrecht einsam.

Das wesentliche Kriterium dafür, ob etwas sich im Gleichgewicht oder in einem Zustand der Unausgewogenheit befindet, ist also in allererster Linie die Art und Weise, wie wir selbst die jeweilige Situation empfinden.

Übung Nummer 9: Das Gleichgewicht finden

Erstellen Sie drei Listen für jede der obigen Kategorien. In die eine tragen Sie all das ein, was Ihnen in diesem Bereich abgeht. In die zweite schreiben Sie, was Ihnen in dieser Kategorie Sorgen oder Probleme bereitet. In der dritten listen Sie das auf, worin Sie sich – in dieser speziellen Kategorie – in völligem Gleichgewicht fühlen.

Lesen Sie nun Ihre Listen durch und stellen Sie fest, in welcher Kategorie Sie sich innerlich am ausgewogensten und in welcher Sie sich am unausgewogensten fühlen. Die Bereiche, in denen Ihre Liste die meisten »Zuwenigs« oder »Zuviels« aufweisen, sind diejenigen, in denen Sie, schamanisch gesprochen, am meisten Kraft verloren haben. Sie werden auf diese Weise herausfinden, worauf Sie sich künftig mehr konzentrieren müssen, um Ihre Kraft zurückzugewinnen und Ihr Leben tatsächlich zu meistern. Es sind ebendiese unausgeglichenen Bereiche, die Sie daran hindern, wirklich Erfolg zu haben und innere Zufriedenheit zu erlangen.

Die Anzahl der »Zuviels« in Ihren Listen können Sie dadurch drastisch verringern, daß Sie gewissenhaft die »Zerstörungs-Übungen« ausführen, die wir Ihnen weiter oben empfohlen haben, denn auch hier handelt es sich darum, etwas Überflüssiges zu vernichten. Die »Zuwenigs« können Sie ausmerzen, indem Sie die »Erschaffungs-Übung« durchführen, die wir Ihnen weiter unten vorstellen werden.

Ob Sie nun aber Probleme mit »Zuviel« oder »Zuwenig« haben – bitten Sie auf jeden Fall Ihren Schutzgeist oder Ihr Krafttier um Hilfe. Da Sie inzwischen mit der Reisemethode hinlänglich vertraut sind, dürfte Ihnen dies keine Schwierigkeiten bereiten – und Sie werden durch diese äußerst effektive schamanische Technik am ehesten zu einem Zustand inneren Gleichgewichts gelangen.

Beginnen Sie die schamanische Reise auf die gewohnte Weise. Sobald Ihr Krafttier oder Ihr Schutzgeist erscheint, teilen Sie ihm mit, daß Sie zuviel oder zuwenig von X haben. Bitten Sie ihn um Informationen, die es Ihnen ermöglichen werden, das Problem zu lösen. Befolgen Sie bis zum Ende der Reise alle seine Anweisungen.

Übung Nummer 9: Zusammenfassung

1. Erstellen Sie drei Listen: a) Mangel, b) Übermaß, c) Gleichgewicht.
2. Vergleichen Sie die Länge der Listen.
3. Planen Sie Ihr weiteres Vorgehen.
4. Bitten Sie Ihren Schutzgeist oder Ihr Krafttier um Hilfe.
5. Begeben Sie sich auf die Reise.

Bob Anderson hatte ständig Geldsorgen. Gleichgültig, wieviel er jeden Monat nach Hause brachte – es schien nie genug zu sein. Und doch hatte er *objektiv* durchaus genug Geld. Er hatte Ersparnisse auf der Bank und einiges sicher angelegt, aber er konnte sich einfach nicht von dem Gefühl befreien, daß er nicht ausreichend für seine Familie sorgen konnte. Bob, seine Frau Mary und ihre Söhne arbeiteten alle hart in ihrer eigenen Baufirma, doch obgleich in diesem Jahr die Gewinne um dreißig Prozent gegenüber dem Vorjahr gestiegen waren, bestand Bob auf Überstunden. Und trotz all der Arbeit hörte Bob nicht auf, sich Sorgen zu machen. Er dachte sogar ernstlich daran, sich zusätzlich noch einen anderen Job zu suchen, um mehr zu verdienen. Mary Anderson beschäftigte sich schon seit langem mit Schamanismus, hatte aber bislang noch nicht den Mut aufgebracht, ihrem Ehemann zu erklären, wie er sich bei seinen Problemen helfen lassen könnte. Als sie eines abends über ihre finanzielle Situation sprachen, faßte sie sich endlich ein Herz und erzählte ihm einiges über den Schamanismus. Zu

ihrer großen Verblüffung zeigte er sich äußerst interessiert und bat sie, ihm mehr darüber zu erzählen.
Sie hatte offenbar genau den richtigen Zeitpunkt gewählt. Sie erklärte ihm, er könne sich völlig darauf verlassen, daß ihm ein einmal gewonnener Verbündeter bei all seinen Problemen helfen würde. Sie riet ihm, eine schamanische Reise zu unternehmen und sich dabei auf seine Angst vor Geldmangel zu konzentrieren. Nachdem Sie ihm die entsprechenden Anweisungen gegeben hatte, dämpfte Mary die Zimmerbeleuchtung und forderte Bob auf, sich zu entspannen und es sich bequem zu machen. Um ihm zu helfen, sich besser zu konzentrieren, schaltete sie dann ihre Kassette mit Trommelmusik ein.
Als er sich dem Eingang der Höhle genähert hatte, wurde Bob beinahe unmittelbar von einem Timberwolf mit silbergrauem Fell begrüßt. Er erklärte dem Wolf sein Problem, und dieser sagte zu ihm: »Komm, ich werde dir etwas zeigen.« Bob hielt sich am Schwanz des Wolfes fest, und sie flogen einen langen Tunnel entlang, bogen mehrmals in Nebengänge ein und kamen schließlich auf einem Berg an, von dem aus man in ein kleines Tal hinabsehen konnte. Es war spät abends und schon fast völlig dunkel. Weit unten sah man auf einer Lichtung ein Feuer brennen, und Bob konnte erkennen, daß um dieses herum Menschen tanzten. Sie sahen frei und sorglos aus, und Bob hatte große Lust, hinabzusteigen und mit ihnen zu tanzen, doch er konnte sich aus irgendeinem Grund nicht von der Stelle rühren. Als er an sich hinuntersah, bemerkte er, daß um seine Schultern und seine Hüften schwere Ketten bis auf den Boden herabhingen. Dieser schweren Last wegen konnte er sich den Tänzern nicht anschließen. Bob wußte, daß diese Fesseln ihn genauso belasteten und handlungsunfähig machten wie seine finanziellen Sorgen in der gewöhnlichen Wirklichkeit. Er fragte den Wolf, wie er sich von den Ketten befreien könne, und war schockiert, als dieser ihm in Bermuda-Shorts gekleidet erschien und es sich mit einem Buch auf einer mitgebrachten Luftmatratze gemütlich machte.
Er konnte erkennen, daß der Titel des Buches »Urlaub am Meer« lautete. Zuerst war Bob verwirrt, doch dann ging ihm ein Licht auf. Seit Jahren schon hatte er Ferien am Meer machen wollen, es sich aber immer versagt, diesen Wunsch in die Tat umzusetzen. Jedesmal hatte er seine Familie mit den Worten enttäuscht, es gäbe zuviel zu tun und sie könnten es sich ohnehin nicht leisten.

Der Wolf sprang auf und sagte: »Sehr gut, du fängst an zu kapieren.« Dann verwandelte er sich in Bobs verstorbenen Vater – komplett mit Overall und Werkzeugkasten. Sein Vater sagte: »Tut mir leid, Bob, ich kann dich nicht in dieses Ferienlager gehen lassen. Weißt du, wir gehören nicht zu diesen reichen Leuten, die ihre Kinder einfach so jedes Jahr in die Ferien schicken können. Außerdem brauch ich dich diesen Sommer hier, du mußt mir helfen.« Bob fühlte sich innerlich völlig aufgewühlt. In wenigen Augenblicken spürte er, wie die Wut in ihm aufwallte und sich dann in tiefe Traurigkeit verwandelte. Er begann zu schluchzen und empfand inmitten seines Kummers Mitleid mit sich selbst und auch mit seinem Vater, der, solange er lebte, nicht imstande gewesen war, sich von finanziellen Ängsten freizumachen. Dann kehrte der Wolf zurück. Dieses Mal rauchte er eine große Zigarre, trug einen seidenen Zylinder und eine teuer aussehende altmodische Taschenuhr mit Kette. »Nun, mein Junge, sieht aus, als ob du ein bißchen was aufarbeiten müßtest. Hast du vor, endlich in der Gegenwart zu leben, oder möchtest du weiterhin so tun, als ob die Zeit vor vierzig Jahren stehengeblieben wäre, hm?« Ein Lächeln flog über Bobs tränenverschmiertes Gesicht. Dann schaute er an sich hinunter und sah, daß die Ketten verschwunden waren. Er empfand große Erleichterung und lief den Berg hinab, um sich den Tänzern am Feuer anzuschließen.

Nachdem sie zum Höhleneingang zurückgekehrt waren, überreichte ihm der Wolf ein Geschenk: »Hier ist ein goldener Ring mit einem eingelegten Pyromorphit. Wann immer du wieder anfängst, dir Sorgen ums Geld zu machen, denke an den Ring an deinem Finger, und er wird dich an diese Reise erinnern. Dann wirst du dich frei entscheiden können, anstatt wie bisher nur aus reiner Gewohnheit zu handeln. Und nun fahr mit deiner Familie ans Meer. Nach all dem, was sie mit dir durchmachen mußten, haben sie es wirklich verdient.« Bob lachte und bedankte sich beim Wolf. Als er die Augen öffnete, fühlte er als erstes nach dem Goldring an seinem Finger. Obgleich er nichts fand, was er berühren konnte, wußte er doch, daß er da war. Und wieder begann er zu lachen.

Die Vorstellung, sich von materiellen Dingen, von Überzeugungen, Gewohnheiten und Menschen zu trennen, kann in uns die Angst entstehen lassen, hinterher überhaupt nichts und niemanden mehr zu haben. Eine solche Furcht vor Mangel ist dem Schamanen völlig unbekannt. Er würde vielmehr herzlich darüber lachen. Nichts, so würde er sagen, käme der Wahrheit weniger nahe als eine derartige Befürchtung. Wenn man von etwas überzeugt sein könne, dann davon, daß in der Natur ein kontinuierlicher Überfluß herrsche. Der Schamane ist fest davon überzeugt, daß das unsichtbare Kraftgewebe in seinem Potential unbegrenzt ist. Alle physischen Formen und Lebewesen werden durch die Geisterwelt genährt und mit Lebensenergie versorgt. Diese unerschöpfliche Kraftquelle unterliegt keinerlei Beschränkungen. Die Natur spiegelt diesen Überfluß, der in der Geisterwelt herrscht, in ihrer Formen- und Artenfülle wieder. Blumen und Bäume verstreuen Milliarden von Samen und nutzen jede sich ihnen bietende Gelegenheit, um sich auszubreiten und zu wachsen. Über die Äonen hinweg haben sich Millllionen von Arten entwickelt und sich über alle Weltteile verbreitet. Sofern sie vom Menschen nicht gestört werden, gedeihen und vermehren sich Tiere in jeder Klimazone und jeder Umgebung. Es gibt genug Wasser, Luft, Nahrungsmittel und Rohstoffe, damit alle Menschen für alle Zeiten in Frieden und Harmonie miteinander leben können.

Nach Ansicht des Schamanen verursachen nur zwei Dinge wirklichen Mangel und Unausgewogenheit. Das erste sind die Grenzen, die unsere eigene Vorstellungskraft uns setzt. Wenn wir glauben, daß Beschränkungen vorhanden sind, dann *sind* sie auch tatsächlich da. Die zweite Ursache für »Mangel« sind durch Furcht (das heißt Mangel an Kraft) hervorgerufene Habgier und Selbstsucht. Menschen, die aus diesem unausgewogenen Zustand heraus handeln, benehmen sich Ihrer Umgebung gegenüber gewalttätig und sägen damit, bildlich gesprochen, den Ast ab, auf dem sie sitzen. Dadurch wird das Gleichgewicht, das durch eine dynamische Spannung zwischen der gewöhnlichen Welt (Tonal) und der Geistwelt (Nagual) aufrechterhalten wird, empfindlich gestört. Das Resultat ist unglaublicher Schmerz und wirkliches Leid in der Alltagswelt und eine allgemeine Entfremdung von der Welt der Geister. Wir Menschen leiden in einem solchen Fall insbesondere deshalb, weil wir dadurch den Kraftfluß abrupt abgeschnitten haben, der aus der Geisterwelt zu uns in die alltägliche Welt strömt. Ohne diese ständig neue Versorgung mit

Kraft leiden wir an Krankheiten, Depressionen, Angstzuständen und einem allgemeinen Gefühl der Hilflosigkeit.

Aus schamanischer Sicht fließt die Kraft hauptsächlich in eine Richtung - nämlich von der Geisterwelt in die gewöhnliche Welt. Wenn man nun diesen Kraftstrom aus irgendeinem Grund unterbindet, ist es auch nur die gewöhnliche Welt, die darunter zu leiden hat. Der Geisterwelt kann man keinen Schaden zufügen - lediglich ihre Bemühungen, für die gewöhnliche Welt zu sorgen und sie zu erhalten, können vereitelt werden.

Die Herstellung des Gleichgewichts: Das Fest der Geschenke

Für Schamanen ist das Geisterreich ein großer Wohltäter, der sie mit allem versorgt, was sie brauchen. Wie wir gesehen haben, kann man die Geister aller Elemente, Pflanzen, Tiere und Ahnen um Hilfe, Informationen und Ratschläge bitten. Während ihrer »Reisen« erhalten Schamanen nicht selten schützende Talismane oder andere Geschenke, die sich in vielerlei Hinsicht positiv auf ihren Besitzer auswirken. Die Geisterwelt überläßt diese Gaben bereitwillig jedem, der sie sich durch Disziplin und Hingabe verdient hat. Werden solche Geschenke jedoch zur egoistischen Selbstbereicherung und/oder zur Schädigung anderer Wesen mißbraucht, können die Geister sie den Menschen auch wieder wegnehmen.

Die indianischen Schamanen sprechen von dieser Freigebigkeit der Geistwelt als dem »Hingeben« oder »selbstlosen Verschenken« (*giveaway*) und haben versucht, sie in Form der sogenannten »Verdienstfest-« oder »Potlatch-Rituale« nachzuahmen. Zu diesen Anlässen entäußerte sich eine Familie all ihres Besitzes, um ein gewaltiges Fest für den ganzen Stamm auszurichten. Am Morgen nach dem Potlatch fand sie neue Häute, Mokassins, Kleidung und alles, was sie zum Leben benötigte, vor ihrer Hütte aufgehäuft: Zur Belohnung dafür, daß sie alles hergab, was ihr gehörte, erhielt die jeweilige Familie mehr, als sie zuvor besessen hatte.

Nach schamanischer Auffassung erzeugt jedes Weggeben von materiellem Besitz einem Zuwachs an Kraft. Die Indianer folgen dem Beispiel der Geisterwelt: Wenn sie Wohltaten austeilt, nimmt ihre Kraft nicht ab, sondern zu. Daraus läßt sich also die Regel ableiten, daß man um so kraftvoller wird, je mehr man verschenkt. Es spielt hierbei keine wesentliche Rolle, ob wir zu Anfang vielleicht zunächst nur wenig herzugeben imstande sind. Mit jedem weiteren Geschenk erhöht sich unser Potential ein wenig mehr, bis wir schließlich genügend Kraft angesammelt haben, um in der Welt bedeutende Veränderungen bewirken zu können.

Im allgemeinen lassen sich Schamanen für ihre Dienste nicht bezahlen, doch freuen sie sich immer über Dankesgaben von denjenigen unter ihren Klienten, die es sich leisten können. Tatsächlich hat dieses Verfahren die Folge, daß die Schamanen zu den wohlhabenderen Mitgliedern ihrer jeweiligen Gemeinschaft zählen und nie Mangel leiden müssen. Sie werden in der Regel reichlich mit Lebensmitteln, Getreide, Kleidung und Geräten belohnt. Jahrtausendelang haben sie in Gesellschaften gelebt, deren Wirtschaftssystem diese Form des Austausches ermöglichte.

Das Problem für uns heutige Menschen ist natürlich herauszufinden, wie man dieses Prinzip der Freigebigkeit auch in unserer modernen, nicht-schamanischen Gesellschaft – die ja nicht nach solchen Regeln funktioniert – anwenden kann. So geht es für uns eher darum, im Geiste selbstloser Freigebigkeit zu denken und zu handeln als unbedingt all das zu tun, was ein Schamane in einem traditionellen Kontext zu tun vermochte.

Freigebigkeit darf sich keineswegs nur auf materielle Dinge beschränken, sondern soll viele andere Lebensbereiche mit einbeziehen. Wenn wir beispielsweise unsere Zuneigung »verschenken«, erhalten wir dadurch ein Mehr an Liebe zurück. Wenn wir anderen unsere Zeit opfern, werden sich andere für uns noch mehr Zeit nehmen. Wenn wir unsere Aufmerksamkeit an unsere Mitmenschen verschenken, so erlangen wir dafür deren Aufmerksamkeit. Wenn wir unsere Macht delegieren, Untergegebene mit Machtbefugnissen ausstatten, werden wir ein um so angesehenerer Vorgesetzter.

Was Geld oder materiellen Besitz anbelangt, so empfiehlt es sich nicht, mehr zu verschenken als man sich realistischerweise leisten kann, weil unsere Gesellschaft auf eine solche Art der Freigebigkeit nicht eingerichtet ist und uns daher nicht entschädigen würde. Eine gute Faustregel ist, lieber regelmäßig eine sich im Rahmen Ihrer Möglichkeiten bewegende Summe Geldes oder andere Dinge wegzugeben. Sie werden sich gut fühlen, und Ihre Großzügigkeit wird für Sie keine größeren Probleme oder Existenzängste zur Folge haben. Sie sollten jedoch diese Summe von Zeit zu Zeit erhöhen, um Ihre Fähigkeit, Eigentum aufzugeben, allmählich zu steigern. Indem Sie, dem Beispiel, der Geisterwelt folgend, nach diesem Prinzip handeln, werden Sie Ihr Vermögen und Ihren Besitz immer weiter vermehren.

Empfangen

Wenn wir die Fähigkeit, freigebig zu sein, entwickelt haben, folgt daraus nicht unbedingt, daß wir auch zum ausgleichenden Gegenpol, dem Empfangen, in einem harmonischen Verhältnis stehen. Um das Gleichgewicht in der Natur aufrechtzuerhalten, müssen wir, schamanisch gesprochen, ein ebenso guter »Empfänger« wie »Geber« sein. Nichts in der Natur schenkt unbegrenzt her, ohne etwas dafür zu erhalten. Ein See wird durch einen Wasserlauf und/oder durch Regen gespeist, und er hat einen »Ausgang« in Form eines Flusses oder von Verdunstung. Kommt für längere Zeit kein neues Wasser hinzu, trocknet der See aus. Die Anzahl der Früchte eines Obstbaumes richtet sich nach dem Maß an Sonnenlicht, Wasser und den Nährstoffen, die er erhält. Kann der Baum, aus Alters-, Krankheits- oder äußeren Gründen, nichts davon mehr aufnehmen, wird er auch keine Früchte mehr tragen.

Wir Menschen sind im Tierreich insofern einzigartig, als wir uns einbilden, wir seien imstande, völlig autonom oder losgelöst von allen übrigen Lebewesen zu existieren. Wir denken im Ernst, wir könnten uns gefahrlos von unseren »Quellen« abschneiden, indem wir beispielsweise unser Trinkwasser und die Luft verseuchen – oder aber die Liebe und Unterstützung unserer Mitmenschen nicht an uns heranlassen. Wir glauben sogar, auf die Ressourcen der Geisterwelt ohne weiteres verzichten zu können.

Auch sind wir Menschen die einzigen Wesen, die sich als eine Art selbstauferlegte Bestrafung von den ihnen zur Verfügung stehenden Kraftquellen abschneiden. Weil wir das Gefühl haben, Liebe, Freunde, Gesundheit, Geld oder materielle Güter nicht zu verdienen, weigern wir uns, selbst wenn diese Güter uns ohne unser Dazutun dargeboten werden, sie in unser Leben einzulassen. Aus schamanischer Sicht kann nichts beleidigender oder entweihender sein als die Weigerung, ein Geschenk anzunehmen, das uns die Geisterwelt oder irgendein Geschöpf aus der gewöhnlichen Welt zuteil werden läßt. Ein mit Liebe gegebenes Geschenk abzulehnen erzeugt eine erhebliche Unausgewogenheit, die in weiterem Leid und unnötigem Schmerz resultiert.

Ein reicher Amerikaner, der in Portugal auf Reisen war, mietete sich ein Taxi, das ihn zu einem einsam gelegenen Kloster bringen sollte. Während der Fahrt verkürzten sich der Fahrer und er die Zeit und schlossen auf diese Weise nähere Bekanntschaft. Der

Taxifahrer sagte schließlich, es wäre für ihn und seine Familie eine große Ehre, wenn der Amerikaner eine Einladung zum Essen in seinem Haus akzeptieren würde. Der Reisende willigte ein, und einige Tage später, nach seiner Rückkehr von dem Kloster, stand er vor dem sehr bescheidenen Heim des Taxifahrers und stellte fest, daß hier große Armut herrschte. Er wußte sofort, welch ein finanzielles Opfer das Festessen für die Familie darstellte: Es würde möglicherweise ein ganzes Monatseinkommen kosten oder sogar noch mehr. So bestand er darauf, die gesamte Familie zum Essen auszuführen. Damit verletzte er jedoch die Gefühle des Mannes, und die Mahlzeit wurde zu einer verkrampften, peinlichen Angelegenheit. Der Abschied fiel auf beiden Seiten entsprechend kühl aus.

Erst, als er sehr viel später noch einmal über diese Begebenheit nachdachte, erkannte der reiche Amerikaner, welch eklatanten Fehler er begangen hatte: Er hatte ein Geschenk, das von Herzen kam, abgelehnt und seinen rücksichtsvollen, aber kraß materialistischen Erwägungen einen übergroßen Wert beigemessen. Er hatte den Taxifahrer der Gelegenheit beraubt, seinen Reichtum und seine Kraft zu vermehren, indem er ein Essen für den Reisenden ausrichtete, den er liebgewonnen hatte.

Wie diese Geschichte verdeutlicht, können wir nur dann unsere Kraft und Effektivität wirklich steigern, wenn wir die Fähigkeit entwickeln, Gaben mit Anstand und Bescheidenheit zu empfangen. Weisen Sie daher nie ein aus freien Stücken und (soweit Sie es beurteilen können) ohne Hintergedanken gegebenes Geschenk zurück, gleichgültig wie geringfügig oder kostspielig es auch sein mag. Wenn Sie eine solches Geschenk akzeptieren, ehren Sie den Gebenden und bestärken damit die Harmonie und die Ausgewogenheit zwischen der Geisterwelt und der gewöhnlichen Welt. Sie müssen natürlich imstande sein, zwischen einem echten Geschenk und einer Bestechung zu unterscheiden. Bestechungsgeschenke sind keine wirklichen Geschenke, sondern lediglich der Versuch, Einfluß über Sie zu gewinnen oder Sie zu »kaufen«. Sie sind mit mehr oder weniger verborgenen Fallstricken versehen und stets an Bedingungen geknüpft, auch wenn uns dies vielleicht zunächst nicht offenbar wird. So könnten Sie beispielsweise Geld oder auch etwas anderes einfach deshalb erhalten, weil Sie sich in irgendeiner Angelegenheit »gut verhalten« haben – beziehungsweise *damit* Sie sich »gut verhalten«. Solche Bestechungsgaben brauchen wir also nicht zu akzeptieren.

Ein Geschenk deshalb abzulehnen, weil wir dem Spender die Gabe nicht vergelten können, zeugt von einer falschen Auffassung des Wortes »Geschenk«. Wenn die Geisterwelt uns eine Fähigkeit oder einen Rat zuteil werden läßt, so erwartet sie nicht, in irgendeiner Weise dafür bezahlt zu werden. *Was* sie erwartet, ist, daß wir diese Fähigkeit zum Wohle anderer einsetzen oder daß wir den angebotenen Rat auch tatsächlich annehmen. Die daraus resultierenden positiven Folgen teilen sich anderen Menschen mit und schaffen dadurch weitere Kraft, die sich früher oder später wieder auf die Geisterwelt überträgt und diese noch stärker werden läßt. Auf diese Weise hält die Geisterwelt die gewöhnliche Welt in einem Zustand des harmonischen Gleichgewichts. Wenn Ihnen jemand seine Hilfe anbietet oder etwas schenken möchte und Sie weigern sich, es anzunehmen, so unterbrechen Sie praktisch den Kraftfluß, der durch Sie hindurchströmt, und Sie erzeugen einen Zustand der Disharmonie.

Die andere wichtige Überlegung, die es in diesem Zusammenhang zu berücksichtigen gilt, ist die Art und Weise, *wie* wir ein Geschenk in Empfang nehmen. Aus schamanischer Sicht ist alles in unserem Leben ein Geschenk - ob es sich nun um unsere Nahrung handelt oder um die Kleider, die wir tragen, oder auch um die Kinder, die uns anvertraut wurden. Geschenke für eine Selbstverständlichkeit zu halten oder davon auszugehen, daß man sie deshalb bekommt, weil man sie verdient hat, zeugt von einer Arroganz sondergleichen und führt letztlich zu einer drastischen Reduzierung des eigenen Kraftpotentials. In Wirklichkeit schulden wir Mineralien, Pflanzen und Tieren Dank für all ihre vielen Gaben in Form von Möbeln, Schmuck, Baumaterialien, Nahrungsmitteln, Kleidung und unzähligen anderen Dingen, die uns tagtäglich das Leben erleichtern - oder gar überhaupt erst ermöglichen. Besonders anläßlich der Mahlzeiten sollten wir uns daran erinnern, wem wir es verdanken, daß wir überleben können. Unser Dank aber bewirkt, daß wir auch weiterhin von der Natur und ihren Geistern mit allem Notwendigen versorgt werden und garantiert uns ihre Hilfe in Zeiten der Not.

Aber auch, wenn wir ein Geschenk zwar dankend akzeptieren, es dann aber einfach irgendwo hinlegen, ohne es in welcher Form auch immer zu benutzen, schmälern wir den Fluß der Kraft. Liebe, Geld und materielle Dinge können ihre Stärke nicht entfalten, solange sie lediglich »aufbewahrt« werden. Erst, wenn man sie durch den Gebrauch aktiviert, entfalten sie ihre Kraft.

Wir haben von einem kleinen Jungen gehört, der zu seinem Geburtstag einen neuen roten Wagen geschenkt bekam. Er stellte es, noch völlig eingepackt, in einen Schrank und weigerte sich standhaft, damit zu spielen, weil es schade sei, den hübschen Karton zu öffnen. Er wollte es sich für später aufheben. Alle eingeladenen Kinder war enttäuscht, weil sie gehofft hatten, auch einmal im neuen Wagen fahren zu können. So blieb der Karton mehrere Jahre lang im Schrank stehen. Schließlich war der Junge zu alt, um noch mit einem Wagen zu spielen, und die Eltern schenkten ihn einem anderen Kind. Ihr Sohn aber hatte später immer Probleme mit Beziehungen und mit Geld, da er bereits in seiner Kindheit im Bewußtsein gehandelt hatte, Geschenke im Grunde nicht annehmen und verwenden zu dürfen.

Dies bringt uns wieder an unseren Ausgangspunkt zurück, das Geben. Wie Sie gesehen haben, sind Geben und Nehmen integrale Bestandteile eines unendlichen schamanischen Kraftkreises, der für einen immer größeren Nachschub an Kraft in der gewöhnlichen Welt sorgt.

Sie wissen nun auch, welch immense Bedeutung den Prinzipien der Schöpfung und der Zerstörung zukommt, die beide zusammen für ein kontinuierliches Gleichgewicht in der Natur sorgen. Wenn Sie diese schamanische Überzeugung wirklich verinnerlichen und soweit wie möglich in die Tat umsetzen, sind Sie in der Lage:

- Ihr Leben von unerwünschten Überzeugungen, Dingen, Gewohnheiten und Menschen zu »reinigen« –
- zu wissen, wo Sie in Zeiten der Not Hilfe finden können –
- Arroganz, falsche Bescheidenheit und Schuldgefühle zu vermindern und Ihre Wünsche besser zu verwirklichen, indem Sie sie genauer definieren –
- Ihre Fähigkeit, mehr wirkliche Kraft und Energie anzusammeln, erheblich zu steigern –
- herauszufinden, wie Sie allein durch Freigebigkeit und die Bereitschaft, mit anderen zu teilen, in jedem Lebensbereich größere Zufriedenheit und Erfüllung erlangen können –
- zu lernen, mit Anstand und Respekt Geschenke zu empfangen –
- in Ihrem Leben und in der Welt weit mehr zu erreichen.

Siebentes Kapitel

Der Schamane und die Gelegenheit: Ziele, Problemlösung und Erfolg

»Weshalb hupt der denn wie verrückt?« Ärgerlich sah sich Larry nach dem Fahrer hinter ihm um, der ununterbrochen hupte und immer wieder auf das Dach von Larrys Auto deutete. »Ach du lieber Himmel! Mein Tennisschläger!« Larry fuhr an den Straßenrand, um auf dem Dach nach dem zu suchen, was, wie er bereits wußte, dort nicht mehr lag. »Wie konnte ich nur so blöd sein, den Tennisschläger auf dem Auto liegenzulassen?« Eine Träne des Selbstmitleides rann ihm über die Wange. Trotz all seiner Zielstrebigkeit und unermüdlichen Bemühungen war ihm das Schicksal in letzter Zeit nicht wohlgesonnen. Dann erinnerte sich Larry an einen Satz, den er in dem Zielsetzungs-Seminar gehört hatte, an dem er gegenwärtig teilnahm: »Die Dinge sind nicht immer das, was sie zu sein scheinen.« Das große Gesamtbild? fragte er sich stumm, als er den Rest des Weges nach Hause fuhr. Was *ist* das große Gesamtbild? Am nächsten Tag ging Larry in ein Sportgeschäft, um sich den Tennisschläger zu kaufen, den er schon immer gewollt, von dem er aber immer gedacht hatte, er könne ihn sich eigentlich nicht leisten.

Für viele von uns scheint das Leben aus einer Reihe von Situationen zu bestehen, die wir glauben durchstehen zu müssen, um an ein gewünschtes Ziel zu gelangen. Überall stoßen wir auf Schwierigkeiten und Probleme, und Hindernisse erwarten uns an jeder Ecke. Auf einem in den Vereinigten Staaten weit verbreiteten Autoaufkleber steht: »Das Leben ist hart und endet immer tödlich.« Unglücklicherweise haben die meisten von uns genau diese Einstellung dem Leben und seinen Anforderungen gegenüber. Und doch sind es gerade diese Anforderungen, die das Leben überhaupt erst interessant machen. Sie erst ermöglichen wirklichen Erfolg, sie erst bewirken, daß aus uns »etwas wird«. Sie sind der Grund dafür, daß wir an Neujahr unsere guten Vorsätze fassen und daß wir uns überhaupt Ziele stecken. Die schamanische Auffassung vom Zielsetzen, Problemlösen und von persönlicher Veränderung könnte uns diese Bereiche mit anderen Augen sehen lassen, sie zueinander in das richtige Verhältnis bringen, mit Dynamik erfüllen und dadurch unseren Anstrengungen größere Effektivität verleihen.

Für den Schamanen ist der Prozeß der Zielsetzung ein anderer als für den Durchschnittsmenschen. Er unterscheidet zwischen einem Ziel, welches das »physische Selbst« anstrebt, und einem Ziel, das von dem Geist-Selbst erwählt wurde. So könnte es beispielsweise das Ziel des physischen Selbst sein, sich eine Kiste billigen Wein zu kaufen, ihn vor anderen versteckt zu halten und so schnell wie möglich allein auszutrinken. Das Geist-Selbst dagegen würde dies ablehnen und eher danach streben, zu anderen Menschen eine Beziehung aufzubauen. Der Schamane hat es gelernt, zwischen diesen beiden »Arten« von Zielen zu differenzieren. Er weiß, daß es in wesentlichem Maße zur inneren Ausgeglichenheit beiträgt, wenn wir diese beiden Gruppen miteinander in Einklang bringen. Mit anderen Worten: Haben wir diese Harmonisierung erst erreicht, kann uns niemand und nichts mehr daran hindern, unsere Ziele zu verwirklichen. Widersprechen jedoch die Wünsche unseres physischen Selbst und die unseres Geist-Selbst einander, leiden wir konstant unter einem Gefühl von Streß und Frustration und führen all unsere Bemühungen nur selten zum Erfolg.

Wenn wir über das Stecken und Erreichen von Zielen im schamanischen Sinne sprechen, müssen wir uns zwangsläufig auch mit dem Lösen von Problemen befassen – denn wir können nicht jene erlangen ohne zuvor diese zu bewältigen. Nehmen wir uns beispielsweise vor, morgens um sieben aufzustehen, wenn wir sowieso immer um sieben aufwachen, dann kann man dies nicht als ein anzustrebendes Ziel bezeichnen, sondern lediglich als einen Versuch, den Status quo beizubehalten. Doch einmal angenommen, wir wollten künftig jeden Tag um sechs Uhr dreißig Morgengymnastik treiben, dann würde unser Ziel darin bestehen, etwas bislang nicht Durchgeführtes zu erreichen, nämlich um sechs Uhr morgens aufzustehen. Dafür werden wir eine alte Gewohnheit – diejenige nämlich, zu einem späteren Zeitpunkt aufzustehen – aufgeben müssen. Vielleicht ist es sogar notwendig, daß wir hierfür an unseren Überzeugungen arbeiten, die uns glaubhaft »versichern«, daß ein solcher Wechsel unmöglich durchzuführen sei. So könnten sie uns einflüstern: »Ich bin ein Langschläfer. Ich war nie imstande, früh aufzustehen. Ich kann das überhaupt nicht.« Man könnte mit anderen Worten sagen, wir haben ein Problem, das wir erst lösen müssen, bevor wir unser Ziel erreichen können. Bevor wir also ein Ziel definieren, sollten wir herausfinden, welche Hindernisse auf dem Weg zu diesem Ziel liegen. Der nächste logische Schritt ist schamanisches Problemlösen, das im wesentlichen aus der Anwendung einer Reihe von Techniken besteht, die den Zweck verfolgen, eine unerwünschte Situation in eine erwünschte zu verwandeln.

Bis jetzt haben wir Sie mit einer ganzen Anzahl von Übungen vertraut gemacht, die Ihnen, sofern Sie sie regelmäßig und effektiv ausgeführt haben, gewissermaßen den Weg zu einer sinnvollen Zielsetzung geebnet und es Ihnen ermöglicht haben dürften, Lösungen für die meisten Ihrer Probleme zu finden. Wir haben über den Geistkörper gesprochen und den vielfältigen Nutzen, den wir aus ihm ziehen können. Wir haben über das Gegenwärtigsein und die schamanische Auffassung von Zeit geredet. Wir haben festgestellt, wie wichtig es ist, sich einer Sache oder einem Menschen hinzugeben, und erklärt, daß man sich nicht zu sehr mit einem Problem identifizieren soll, wenn man es lösen möchte. Wir haben Ihnen von dem Überfluß in der Natur erzählt, von der lebenswichtigen Funktion der beiden Gegenpole »Zerstörung« und »Schöpfung« sowie des Gebens und Nehmens. Und schließlich haben wir Ihnen klargemacht, von welch ausschlaggebender Bedeutung die schamanische *Schau* ist, und Ihnen Techniken angeboten, mit deren Hilfe Sie Ihre Visionen bereichern und intensiver gestalten können. Alle diese bisher behandelten Themen spielen, wie wir in diesem Kapitel noch sehen werden, eine wichtige Rolle für den Prozeß der Zielsetzung und des Problemlösens.

Die schamanische Auffassung vom Stecken und Erreichen von Zielen basiert im wesentlichen auf der Kenntnis des großen Gesamtbildes. Die Schamanen glauben, daß wir ein Ziel in der Regel nur dann erreichen können, wenn es sich im Einklang mit unseren innersten Wünschen befindet und wenn es vor dem kritischen Urteil des Geist-Selbst besteht. Wir können uns beispielsweise monatelang ausmalen, daß wir eine heißersehnte neue berufliche Position erhalten. Wenn wir sie dann endlich wirklich bekommen, können wir – gleichgültig, wieviel oder wie wenig Zeit bis zu dem erhofften Ereignis verstrichen ist – davon ausgehen, daß sie in einem harmonischen Verhältnis zu unserem inneren Selbst steht. Liegt der neue Job allerdings nicht im Interesse unseres Geist-Selbst, werden wir ihn aller Wahrscheinlichkeit nach auch nicht bekommen, und mögen wir uns auch noch so sehr darum bemühen. Der Schamane geht davon aus, daß unser physisches Selbst nicht das geringste ausrichten kann, wenn das, worum es uns jeweils geht, nicht in den »Gesamtrahmen« hineinpaßt, sich nicht harmonisch in das »große Bild« einfügt.

Diese Ansicht weicht, wie Sie sehen, von der weitverbreiteten Auffassung ab, daß wir absolut jedes Ziel erreichen können, wenn wir nur hart genug dafür arbeiten und unsere Karten richtig ausspielen. Sicherlich ist dies ein optimistischer Standpunkt, aber er führt nicht selten dazu, daß wir uns als Versager fühlen, wenn wir es dann doch nicht schaffen, unsere Wünsche in die Tat umzusetzen. Nach schamanischer Überzeugung gibt es jedoch kein wirkliches Versagen, denn wenn wir ein Ziel, das nicht im Sinne unseres Geist-Selbst war, nicht erreichen, so bedeutet dies nur, daß wir auf dem von uns *in Wirklichkeit* gewünschten Lebensweg bleiben.

Die schamanische Methode verzichtet also auf übertriebene Anstrengungen und konzentriert sich eher auf Harmonie und Ausgewogenheit. Wenn sich unser Ziel im Einklang mit unserem Geist-Selbst und mit unserer nächsten Umgebung befindet, so bedarf es nur einer wirklich engagierten, aber keinesfalls extremen Bemühung, um es zu erreichen. Allerdings müssen wir uns an dieser Stelle klarmachen, daß das Maß der »Anstrengung« und der »Zeit«, die nötig sind, um ein Ziel zu realisieren, nicht unbedingt in einem proportionalen Verhältnis zueinander stehen müssen. Wie lange oder wie kurz es dauert, bis sich ein Wunsch verwirklicht, hängt in erster Linie davon ab, wann dieser sich am besten in das »große Gesamtbild« einfügt. Dieses »Timing« ist aber völlig unabhängig von der Intensität, mit der wir uns bemühen, unser Ziel zu erreichen.

Der Schamane weiß außerdem, wie wichtig es ist, sich von seinen Geisthelfern im Rahmen von Reisen und anderen visionären Techniken bei der Definition seiner Ziele helfen zu lassen. Ein »schamanisches Ziel« basiert ebenso wie eine Entscheidung auf der genauen Kenntnis aller dafür wesentlichen Fakten. In dem oben angesprochenen Beispiel würde der Wunsch, künftig um sechs Uhr morgens aufzustehen, um Morgengymnsatik zu treiben, durch die »innere Information« gestützt werden, daß es genau das ist, was unser physischer Körper momentan will und braucht. Da zudem ausreichend Motivation vorhanden ist, bedarf es nur einer geringen Anstrengung unsererseits, um tatsächlich jeden Morgen um sechs Uhr aus dem Bett zu steigen.

Viele von uns halten das Stecken von Zielen für einen rein pragmatischen, langweiligen »Zeitvertreib«, der in der Regel nur im Zusammenhang mit unserem Beruf oder unseren Gewohnheiten praktiziert wird. Einige derartige Ziele könnten also beispielsweise lauten: »Ich werde jeden Abend meinen Schreibtisch aufräumen, bevor ich nach Hause gehe.« Oder: »Um abzunehmen, werde ich zwei Wochen lang abends nur Salat essen.« Oder aber: »Dieses Jahr werde ich soundsoviel Geld verdienen.« Wo bleibt bei einer solchen Art von Zielen die Freude, die Erregung, das emotionale Engagement?

Wenn uns unser jeweiliges Ziel nicht wirklich am Herzen liegt, werden wir, wenn überhaupt, nur mäßigen Erfolg haben. Damit Ziele tatsächlich erreicht werden können, müssen sie zunächst einmal realistisch sein. Außerdem muß es sich um etwas handeln, das wir *wirklich und wahrhaftig* haben oder sein möchten. So sollten wir uns beispielsweise fragen, ob unser plötzlicher Entschluß, immer einen aufgeräumten Schreibtisch zu hinterlassen, der inneren Befriedigung entspringt, morgens kein Chaos vorzufinden, oder nicht vielleicht doch eher dem Wunsch, es unserem ordnungsliebenden Chef recht zu machen und von ihm gelobt zu werden. Ist letzteres der Fall, so werden wir mit fast hundertprozentiger Sicherheit scheitern. Vielleicht sollten wir dann eher anstreben, eine bessere Beziehung zu unserem Chef aufzubauen, und uns ausmalen, wie erfreulich ein gutes Verhältnis zu ihm doch wäre. Möglicherweise könnte ein solches Ziel uns mit einer völlig andersgearteten Aufgabe konfrontieren, wie beispielsweise ihn in unser Lieblingsrestaurant einzuladen. Das wäre etwas, was beiden Beteiligten Freude machen könnte. Sind wir jedoch ganz sicher, daß wir unseren Schreibtisch nur deshalb aufräumen wollen, weil es uns selbst eine innere Befriedigung verschafft, dann werden wir höchstwahrscheinlich unser Ziel auch erreichen. Wir sollten uns bei einer Zielsetzung also keineswegs nur darauf konzentrieren, was wir konkret *tun* müssen, sondern uns vor allem deutlich ausmalen, wie gut wir uns fühlen werden, wenn wir erst einmal unser Vorhaben in die Tat umgesetzt haben.

Es könnte sein, daß unser angebliches Ziel lediglich ein kleiner Schritt auf dem Weg zur Erfüllung eines größeren Wunsches ist. In einem solchen Fall dürfen wir nie den größeren Zusammenhang oder den eigentlichen Wunsch aus den Augen verlieren, wenn wir uns mit kleinen Schritten an unser wirkliches Ziel »heranpirschen«. Beispielsweise könnten wir deswegen mehr Geld verdienen wollen, weil wir uns gern ein Haus in einer Umgebung kaufen möchten, in der wir uns wohl fühlen. Wir dürfen also nicht vergessen, daß es *eigentlich* um das Haus und unser Wohlbefinden geht und nicht um das Geld. Das angestrebte höhere Einkommen ist nur ein »Übergangsziel«, ein Mittel, das es uns ermöglichen soll, unser *eigentliches* Ziel zu erreichen: Das, was uns motiviert, ist nicht der höhere Verdienst, sondern sind unsere Gefühle. Sie hauchen unserem Wunsch Leben ein und tragen aktiv dazu bei, daß wir ihn auch erfüllt bekommen.

Innerer Abstand

Ein wichtiger Aspekt jeder Zielsetzung ist die innere Distanz oder »Hingabe«. Wenn wir uns emotional zu sehr an unser Ziel binden, werden wir es wahrscheinlich nie realisieren. Haben Sie noch nie festgestellt, daß Menschen, die verzweifelt auf der Suche nach einem Partner sind, nur selten tatsächlich einen – im wahrsten Sinne des Wortes – Lebensgefährten finden? Unserer Erfahrung nach begegnen meist solche Leute ihrem Traumpartner, die eben *nicht* krampfhaft danach suchen. So führt eine zu starke Identifikation mit einem Ziel dazu, daß dieses beziehungsweise unser Wunsch, schamanisch gesprochen, »nicht von der Erde wegkommt«, am Boden der Tatsachen haften bleibt. Ein Vogel kann erst dann fliegen, wenn er den Ast losläßt, an den er sich zuvor geklammert hatte. Ebenso darf sich der Geist nicht an Wünsche klammern, wenn er imstande sein soll, nach innen zu reisen, um benötigte Informationen herbeizuschaffen. Ebenso aber ist es notwendig, daß man die Geisterwelt ganz nach Belieben schalten und walten und selbst bestimmen läßt, ob sie geben möchte oder nicht. Solange wir meinen, irgendwelche Ereignisse sollten in einer ganz bestimmten Reihenfolge eintreten und genau unseren Vorstellungen entsprechend ablaufen, sind wir so fixiert und unflexibel, daß wir ein Ungleichgewicht in uns hervorrufen, das einen Verlust an Kraft bedingt. Ein solcher Kräfteverlust wiederum vermindert unsere Erfolgsaussichten.

Was wir unbedingt vermeiden müssen, ist, in einer Erwartungshaltung zu verharren. Wir sollten uns vielmehr zunächst einmal ein Ziel setzen und dieses so detailliert wie möglich beschreiben. Paradoxerweise ist es dann aber nötig, daß wir sowohl alle näheren Angaben zu diesem Ziel als auch den Weg dorthin aus unserem Kopf verbannen. Sobald wir es genau definiert haben, müssen wir uns nämlich den höheren Mächten der Natur und unserem Geist-Selbst unterwerfen. Dieses Prinzip der Hingabe spielt eine genauso wesentliche Rolle, wenn unser angestrebtes Ziel ein materieller Gegenstand oder eine bestimmte Erfahrung ist, die wir machen möchten.

> Lena, ich und unsere zwei Kinder kampierten einmal in der Wüstenregion von Süd-Kalifornien, wo die Berge reich an Mineralien sind und noch immer viel Bergbau getrieben wird. Als wir alle zusammen eines späten Nachmittags einen steilen Canyon hinaufkletterten, sah Lena zufällig auf die Erde und erblickte inmitten des bunten Wüstengesteins ein kleines Stück Quarz – keinen schönen,

durchsichtigen Kristall, aber dennoch Quarz. Sie gab den schimmernden Stein unserem fünfjährigen Sohn Carlos, der neben ihr stand. Die siebenjährige Anna wollte sofort ebenfalls einen Quarzkristall haben und bat ihre Mutter, für sie auch einen zu finden. »Ich werde es versuchen, aber ich kann dir nicht garantieren, daß ich noch einen finde«, antwortete Lena auf die dringliche Bitte unserer Tochter. »Weißt du, der eine hier ist wahrscheinlich von ganz oben heruntergewaschen worden. Außerdem ist es kein sehr schöner Bergkristall«, fügte sie noch hinzu, um das Kind zu besänftigen. Anna, die wir von früh an im schamanischen Bewußtsein erzogen haben, entgegnete: »Nun, dann werde ich den Berggeist bitten, mir ein Geschenk zu machen. Es wäre wirklich schön, wenn dieses Geschenk ein Bergkristall wäre, und es ist mir egal, wie groß er ist, oder ob er wirklich hübsch ist. Aber ich glaube, daß der Berggeist mich hören wird.«
Wir alle schwiegen eine Weile und schauten zu, wie die sinkende Sonne die leuchtenden Farben der Berge mit ihrem strahlenden Licht vergoldete. Es war Zeit umzukehren, wenn wir vor Anbruch der Dunkelheit zurücksein wollten, und so machten wir uns an den Abstieg, genau auf demselben Weg, den wir gekommen waren. Dabei nahmen wir uns sehr in Acht, daß wir nicht die stacheligen Kakteen streifen, die in großer Zahl zwischen den Felsen wuchsen. Plötzlich blieb Anna stehen und hob etwas auf, das neben ihrem linken Fuß lag. Es war ein wunderschöner weißer Stein, auf dem zwei vollkommene Kristalle gewachsen waren. »Ich hatte meinen Kristall schon ganz vergessen!« Anna lachte vor Freude. »Und schaut, was ich gefunden habe. Schaut, was mir der Berg geschenkt hat.« Lena, Carlos und ich gingen schnell zu Anna hin. »Glaubt ihr, daß es hier noch mehr davon gibt?« fragte sie. Wir alle begannen den Boden abzusuchen und uns umzuschauen, und schließlich betrachtete ich eine schmale Schlucht ein wenig genauer und entdeckte – kaum zu glauben! – eine Quarzader, die voller Kristalle war. Die letzten Minuten des Tageslichtes verbrachten wir vergnügt mit einer gründlichen Inspektion der Gesteinsader. Als wir uns schließlich, die Taschen voller Kristalle in verschiedenen Größen, auf den Heimweg machten, erinnerte uns Anna daran, daß wir uns bei dem Berggeist für seine Gaben bedanken sollten.

Diese Geschichte zeigt sehr deutlich, daß wir nur zu bitten brauchen, respektvoll und mit der bedingungslosen Bereitschaft, das Gegebene, so wie es kommt, entgegenzunehmen, – und uns wird aus dem Überfluß der Natur das Gewünschte zuteil werden. Diese Gaben erhalten wir möglicherweise in einem anderen zeitlichen Rahmen, als wir es erwartet oder uns gewünscht hatten. Wie wir bereits erwähnten, hat das innere Gleichgewicht in der Natur sein eigenes – schamanisches – Zeitmaß, und deshalb müssen wir einfach nur fest darauf vertrauen, daß wir unsere Ziele zur gegebenen, zur dafür geeigneten Zeit schon erreichen werden. Dieses Vertrauen können wir aber nur dann aufbringen, wenn wir uns ganz bewußt einem höheren Willen hingeben und an dessen größere Einsicht glauben.

Auf dem laufenden bleiben

Ein weiterer, äußerst wichtiger Aspekt richtigen Timings ist die Notwendigkeit, auch bei unseren Zielsetzungen »gegenwärtig« zu sein. Als wir über das Gegenwärtigsein sprachen, haben wir aufgezeigt, daß wir nur dann unsere Kraft voll entfalten können, wenn wir bei allem, was wir tun, mit Herz und Sinn »dabei«, also gegenwärtig sind. Genau dasselbe gilt auch in bezug auf das Zielsetzen. Nicht nur müssen wir ganz und gar gegenwärtig sein, wenn wir unser Ziel definieren, wir müssen dieses auch unbedingt immer wieder im Hinblick auf die jeweilige Gegenwart, also unsere jeweilige Lebenssituation aktualisieren. Da sich unsere Welt in ständiger Bewegung befindet und konstanten Veränderungen unterworfen ist, wäre es regelrecht vernunftwidrig, wenn wir unsere Ziele nicht zyklisch dem Stand unseres inneren Wachstums anpaßten.

Mit den inneren und äußeren Gegebenheiten müssen sich also auch unsere Ziele ändern. Dies gilt im übrigen ebenso für das, was wir uns selbst zutrauen. Andernfalls kann es geschehen, daß wir ein Ziel erreichen, das in unserer gegenwärtigen Situation völlig überholt ist. Wenn wir uns beispielsweise einmal zum Ziel gesetzt hatten, fünfzehnhundert Meter in acht Minuten zu laufen, und drei Jahre später diese Strecke immer noch in derselben Zeit laufen, so haben wir unter Umständen unsere eigentlichen Möglichkeiten beschnitten: Es könnte schließlich durchaus sein, daß wir ohne diese selbstauferlegte Beschränkung inzwischen imstande wären, fünftausend Meter in zweiundzwanzig Minuten zu laufen. Oder aber wir haben uns immer gewünscht, daß ein Nachbarsjunge oder -mädchen sich in uns verliebt, und nun, Jahre später, geschieht dies tatsächlich. Inzwischen sind wir aber längst anderweitig gebunden, oder wir stellen fest, daß wir nichts mehr miteinander gemeinsam haben.

Wir kennen ein Paar, das vor Jahren den Entschluß faßte, eine Familie zu gründen. Als nun das erste Baby kam, merkten die beiden, daß sie zu dem damaligen Zeitpunkt damit beinahe schon überfordert waren, da sie gleichzeitig auch noch in ihren jeweiligen Berufen Karriere machen wollten. So steckten sie sich zunächst das bescheidene Ziel, alle täglich anfallenden – beruflichen und elterlichen – Pflichten so gut wie möglich zu erledigen. Mittlerweile haben sie nicht nur drei Kinder, sondern sind in ihren Berufen äußerst erfolgreich, gehen verschiedenen Hobbys nach und schaffen es sogar, Fortbildungsseminare zu besuchen. Ihre Fähigkeit, »zu haben und zu tun«, hat sich mit der Zeit also erheblich gesteigert. Wenn sie sich dagegen unflexibel an ihr anfangs gesetztes Ziel gehalten hätten, dann wären sie diesem inzwischen längst entwachsen.

Wie weiß man aber nun, ob die Ziele, die man sich steckt, auch die richtigen sind? Wie erkennt man, ob sie tatsächlich erreichbar sind und im Einklang mit dem kosmischen Gleichgewicht stehen? Lassen Sie sich bei der Beantwortung dieser Fragen einfach von Ihrem Geistführer oder Ihrem Krafttier helfen! Hier folgt eine Übung, die schamanische Visions- und Reise-Techniken sowie die Kommunikation mit dem eigenen Geistkörper mit Zielsetzungsstrategien kombiniert.

Übung Nummer 1: Zielsetzung

Nehmen Sie Papier und Stift und setzen Sie sich hin. Entspannen Sie sich. Beginnen Sie, alles aufzuschreiben, was Sie sich für die nähere oder fernere Zukunft vorgenommen haben, einfach so, wie es Ihnen in den Sinn kommt. Sie können unterschiedliche Listen erstellen: Ziele für die nächsten paar Jahre, Ziele, die Sie in einem Monat, und schließlich solche, die Sie in einer Woche erreichen wollen. Wir empfehlen Ihnen außerdem, wenigstens einmal auch solche Ziele zu notieren, die Sie in den nächsten fünf Jahren, zehn Jahren und so weiter realisieren möchten. Diese Aufgabe trainiert Ihre Vorstellungskraft, indem sie Sie zwingt, sich auszumalen, wie Sie in der ferneren Zukunft sein und was Sie voraussichtlich tun werden. Denken Sie aber stets daran, daß Sie gegebenenfalls solche langfristigen Ziele den tatsächlichen Umständen anpassen müssen, da Sie sonst aus ihnen »herauswachsen« werden.

Wählen Sie nun eines Ihrer Ziele aus. Schließen Sie die Augen und stellen Sie sich folgende Fragen: Ist dies ein realistisches Ziel für mich? Was empfinde ich in bezug auf dieses Ziel? Ist dieses Ziel etwas, das ich wirklich mit ganzem Herzen erreichen will – oder ist es vielleicht eher jemand anders, der es für mich will? Wenn Sie letzteres bejahen: Wer ist diese Person? Warten Sie geduldig auf die Antworten, die sich entweder in Form von »geschauten« Bildern und Symbolen oder aber als innere Rede einstellen werden.

Sehen Sie sich, wie Sie das Ziel verwirklicht haben – setzen Sie dafür alle visionären Techniken ein, die Sie inzwischen gelernt haben. Vergessen Sie nicht, Ihr Bild mit natürlichen Farben und Empfindungen »auszumalen«. Achten Sie darauf, daß das »Ich« in der Vision Ihrem jetzigen Ich entspricht und nicht einer älteren »Version«.

Stellen Sie fest, wie Sie sich fühlen, wenn Sie in Ihrer Vision Ihr Ziel erreichen. An diesem Punkt können Sie auch Ihren Geistkörper überprüfen, um zu sehen, wie *er* auf die neue Situation reagiert. Achten Sie auf alle Stellen, die durch die neue Erfahrung entweder energisiert oder geschwächt wurden. Fragen Sie Ihren Geistkörper, ob er damit einverstanden ist, daß Sie dieses Ziel auch weiterhin anstreben. Wenn Sie also beispielsweise schlanker werden möchten und es sich zum Ziel gesetzt haben, in zwei Monaten zehn Kilo abzunehmen, dann könnte dieser Wunsch im Einklang oder aber auch nicht im Einklang mit Ihrem Geistkörper stehen. Das müssen Sie herausfinden.

Stellen Sie sich nun mit geschlossenen Augen Ihren Höhleneingang oder Ihre Erdöffnung vor, treffen Sie Ihren Führer und beginnen Sie die Reise. Zweck dieser Reise soll es sein, mehr Informationen über Ihr Ziel einzuholen. Da die meisten unserer Ziele in irgendeiner Weise mit Zeit in Zusammenhang stehen, schaffen Sie sich zuvor ein Symbol dafür, das Sie während der Reise benutzen können – zum Beispiel einen Kalender, ein Lineal oder etwas ähnliches. Besteht Ihr Ziel darin, innerhalb eines Jahres den Mann oder die Frau Ihres Lebens zu finden, so können Sie dann auf Ihr Zeitsymbol schauen, um zu sehen, wann ungefähr Sie mit dem Ereignis rechnen können. Während Ihrer Reise möchten Sie vielleicht auch erfahren, ob Ihr Ziel Ihrem inneren Wesen entspricht und wenn nicht, wodurch Sie es ersetzen könnten. Denken Sie daran, daß wir, solange uns Verbündete und Geisthelfer zur Seite stehen, nicht allein sind – selbst bei einer so schwierigen Aufgabe wie der, sich Ziele zu stecken.

Vergessen Sie auch nie, sich bei Ihren Geisthelfern und Informanten zu bedanken – mag es sich dabei nun um Ihre Verbündeten, Ihr eigenes Geist-Selbst oder etwas anderes handeln. Nach dieser Übung werden Sie mit Bestimmtheit wissen, ob das Ziel, das Sie gegenwärtig anstreben, das Richtige für Sie ist oder nicht.

Wenn alle Signale auf Grün stehen, schließen Sie Ihre Augen und malen Sie sich Ihr Ziel noch einmal so vollständig und detailliert wie möglich aus. Öffnen Sie die Augen und bringen Sie es ebenso ausführlich zu Papier. Dies verleiht Ihrem Ziel bereits eine erste »Körperlichkeit« und trägt dazu bei, es Wirklichkeit werden zu lassen.

Der letzte und wichtigste Teil der Übung ist das Handeln. Sie müssen nicht unbedingt so handeln, daß sich sofort die besten denkbaren Resultate einstellen, aber doch so, daß Sie dadurch Ihrem Ziel *gefühlsmäßig* ein wenig näher rücken. Haben Sie es sich beispielsweise zum Ziel erkoren, innerhalb von sechs Monaten ein neues Auto zu kaufen, so wäre es empfehlenswerter, zum Autohändler zu gehen und einen in Frage kommenden Wagen probezufahren, als im Büro Überstunden zu machen. Setzen Sie sich hinein. Stellen Sie fest, wie es sich anfühlt, damit zu fahren. Schließen Sie die Augen und riechen Sie, wie es riecht – und so weiter. Wenn Sie erst einmal alle Ihre Sinne mobilisiert und auf Ihr Ziel angesetzt haben, wird der Rest von allein kommen. Sollten Sie dann trotzdem ein paar Wochen oder Monate lang Überstunden machen müssen, um sich das Auto Ihrer Wahl leisten zu können, so werden Sie das *jetzt* gern auf sich nehmen. Denn, wie die Schamanen es ausdrücken würden: Es ist in allererster Linie das Herz, das uns zum Handeln motiviert.

Übung Nummer 1: Zusammenfassung

1. Nehmen Sie ein Blatt Papier und einen Stift zur Hand.
2. Listen Sie alle Ihre Ziele auf.
3. Wählen Sie eines davon aus.
4. Stellen Sie sich möglichst lebhaft vor, wie Sie dieses Ziel erreichen.
5. Überprüfen Sie, ob dieses Ziel im Einklang mit Ihrem Geistkörper steht.
6. Gehen Sie auf die Reise, um nähere Informationen zu erlangen.
7. Danken Sie Ihren Geisthelfern.
8. Wiederholen Sie Punkt 4 und schreiben Sie nieder, was Sie gesehen haben.
9. Ergreifen Sie geeignete Maßnahmen.

Nehmen wir einmal an, daß Sie sich etwas zum Ziel gesetzt haben, was Sie sich wirklich und aus ganzem Herzen wünschen. Um dieses Ziel erreichen zu können, müssen Sie nun aber entweder Ihre Gewohnheiten oder Ihre Überzeugungen ändern oder aber eine Situation, die Sie aus irgendeinem Grund daran hindert, auf die Erfüllung Ihres Wunsches hinzuarbeiten. Dies erfordert in der Regel die Kenntnis gewisser »Problemlösungsstrategien« - und genau damit wollen wir uns in den nächsten Abschnitten eingehender befassen.

Läuft-wie-der-Wind wurde nicht mit diesem Namen geboren: Er erhielt ihn erst im Rahmen einer Initiation. Bereits in frühester Kindheit hatte er wie die großen Jäger werden wollen, die viele Tage lang den Herden folgten. Er war ein Zwilling, sein schwächerer Bruder war nach einem Mond, seine Mutter nach zweien gestorben. Die Geister hatten auch von ihm ihren Preis gefordert: Er hatte einen verdrehten Fuß, weil er in der engen Gebärmutter mit seinem Bruder so eingezwängt gelegen hatte. Als der Stamm weiterzog, hätten sie ihn am Grab seiner Mutter zurückgelassen, wenn Sie-die-die-Sonne-kennt ihn nicht an Kindes statt angenommen hätte.

Sie-die-die-Sonne-kennt war eine Medizinfrau und in den Geheimnissen der Natur und der Geisterwelt bewandert. Irgendwann in seinem siebten Lebensjahr erzählte ihr der Junge von seinem Traum, frei und ungebunden wie der Wind umherzulaufen. Die weise Frau betrachtete seinen verkrüppelten Fuß, sah dann in seine hoffnungsvoll leuchtenden Augen und sagte: »Du mußt den Wind kennenlernen. Nichts ist so mächtig wie er. Er kann die Wasser zähmen, Felsen abtragen und die Erde bewegen. Er kann dir die Freiheit schenken, nach der du so sehr verlangst – wenn du ihn erst einmal kennst.«

Ihrem Rat Folge leistend ging der Junge von nun an sieben Monde lang jeden Morgen zu einem von ihr bezeichneten Platz. Dort sprach er mit dem Wind, anfangs zögernd und verlegen, dann zunehmend freudiger und liebevoller. Er unternahm Reisen in sein Inneres, um sich Hilfe von seinem Totem, dem feurigen und schnellen Habicht, zu erbitten, und zusammen mit dem Wind lehrte Habicht seine Füße zu fliegen. Anfänglich humpelnd und hinkend, dann mit tanzenden Sprüngen lief der Junge immer und immer wieder über die Ebene, so daß seine Muskeln von Mond zu

Mond stärker, seine Schritte immer schneller und schneller wurden. Und jeden Tag dankte er seinen Verbündeten für ihre Hilfe.
Eines abends, kurz bevor der siebte Mond seiner intensiven Bemühungen anbrach, waren der Junge und Sie-die-die-Sonne-kennt gerade am Einschlafen, als die weise Frau ihm zuflüsterte: »Du mußt zu deinen Füßen sprechen, die nun wie der Wind fliegen können. Du mußt ihnen sagen, daß sie bald auf die Probe gestellt, daß sie initiiert werden. Sag ihnen, daß sie sich bereit halten sollen.« Mit diesen Worten schlief seine Adoptivmutter ein, während der Junge über ihre Worte nachgrübelte. Er tat wie geheißen und behielt das Bild seiner »geflügelten Füße« vor seinem inneren Auge, bis auch er in Schlaf sank.
Am folgenden Morgen saß das Kind an seinem üblichen Platz und spielte mit dem Wind und dem Geist des Habichts. Plötzlich wurde die Stille durch ein gewaltiges Donnern unterbrochen: Der Berg über ihm öffnete sich und geschmolzene Erde ergoß sich aus seinem Gipfel. Ein Strom von Feuer floß auf das Dorf zu. Ohne nachzudenken, rannte der Junge mit fliegenden Schritten zum Dorf und fühlte dabei, wie ihn der Wind vorantrieb. Der Stamm reagierte rasch auf seine Meldung, und nur ein einziger Wigwam fiel dem Lavastrom zum Opfer.
Läuft-wie-der-Wind dankte nun seinem Namengeber und wußte, daß er seine Aufgabe gut erfüllt hatte. Sie-die-die-Sonne-kennt lächelte.

Zum Problemlösen ebenso wie zum Zielsetzen können wir eine ganze Reihe der Techniken verwenden, die wir bislang kennengelernt haben. Eines der wesentlichen Dinge, die wir zum Lösen von Problemen benötigen, ist Sensibilität: Sensibilität gegenüber unserem Geistkörper und seinen Bedürfnissen, Sensibilität gegenüber fremden Geistkörpern und deren Bedürfnissen sowie Sensibilität gegenüber der Geisterwelt selbst, dem Geist in allen Dingen und dem Gleichgewicht in der Natur. Nur so werden wir tatsächlich wirkungsvolle Lösungen für unsere jeweiligen Probleme finden.

Ein weiterer wesentlicher Faktor schamanischen Problemlösens ist das Zuhören: das Hören auf den Rat unserer Führer oder Verbündeten, das Hören auf unser eigenes Geist-Selbst oder vielleicht auch das Geist-Selbst eines anderen Menschen. Indem er zuhört, nimmt der Schamane im Hinblick auf sein Problem eine »Doppelsieg-Haltung« an – eine Haltung also, mit der er eine nicht nur für ihn, sondern für *alle* befriedigende Lösung anstrebt.

Wenn wir also beispielsweise aus irgendeinem Grund ein höheres Einkommen benötigen, so dürfen wir dies auf keinen Fall dadurch erreichen wollen, daß das Einkommen einer anderen Person deshalb geschmälert wird. Wir müssen an den in der Natur herrschenden Überfluß denken und einen Weg finden, der niemandem Schaden zufügt. So könnte es auch sein, daß wir uns gleichzeitig mit vier anderen Kanditaten um einen Posten beworben haben. Wir werden nur dann wirklich erfolgreich sein, wenn wir an die vier anderen mit echtem Wohlwollen denken - und zwar selbst dann, wenn letzten Endes einer von *ihnen* das Rennen macht. Tritt dieser Fall ein, können wir nämlich davon ausgehen, daß die Zukunft für uns einen noch besseren Job bereithält - etwas, was wir zu diesem Zeitpunkt noch nicht wissen können. Denken Sie stets daran, daß beim Problemlösen ebenso wie beim Zielsetzen die innere Distanz zur jeweiligen Situation und die Bereitschaft, alles Kommende klaglos, ja freudig zu akzeptieren, von ausschlaggebender Bedeutung für den Erfolg sind. Haben Sie jemals ein Problem zufriedenstellend bewältigt, in das Sie emotional ganz und gar verstrickt waren?

Schamanen würden sagen, daß jedes unserer Probleme einen weiteren Schritt in die uns gemäße Lebensrichtung bezeichnet, daß es somit auf den Pfad hindeutet, den unser Geist-Selbst sich erwählt hat. Ebenso würden sie sagen, daß jede erfolgreiche Auseinandersetzung mit einer Schwierigkeit uns unserem letztendlichen Ziel, größerer persönlicher Kraft, ein Stück näher bringt. Wenn wir unsere Probleme auf schamanische Weise lösen, tragen wir aktiv dazu bei, die von unserem Geist-Selbst gesteckten Ziele - und nicht nur die des physischen Selbst - zu realisieren. Mit jedem weiteren erfolgreich bewältigten Problem verstehen wir uns und den Platz, den wir innerhalb der beseelten Schöpfung einnehmen, ein wenig besser. Im Hinblick auf das »große Gesamtbild« besteht, schamanisch gesprochen, das letztendliche Ziel eines jeden Menschen darin, selbständig und selbstverantwortlich zu werden, die höchstmögliche persönliche Kraft zu entfalten und zu verstehen, in welchem Maße er mit allem übrigen Leben verbunden ist. Dies alles stellt sich jedoch ganz natürlich ein, wenn man ernsthaft nach innerer Ausgewogenheit strebt.

Um Probleme so zu lösen, daß wir dabei letztlich an Kraft gewinnen, bedarf es, wie oben bereits erwähnt, großen Einfühlungsvermögens und der Fähigkeit zuzuhören. Nehmen wir beispielsweise eine Zweierbeziehung, in der momentan ein Problem herrscht. In welcher zwischenmenschlichen Beziehung gäbe es schließlich keine Probleme, keine Hindernisse, die es gemeinsam zu überwinden gilt? Beziehungen gleich welcher Art dienen unserem persönlichen Wachstum und gehen daher unweigerlich mit Problemen einher – geben uns aber gleichzeitig auch die Möglichkeit, das Potential, sie zu überwinden. Beziehungen sind das geeignetste Mittel, etwas über sich selbst und über andere zu erfahren. Damit wir jedoch das Beste aus unseren Beziehungen zu anderen Menschen und den daraus resultierenden Problemen für uns herausholen können, müssen wir zunächst die »schamanische Körpersprache« verstehen oder, anders ausgedrückt, imstande sein, die subtilen Signale des Geistkörpers anderer Menschen wahrzunehmen und zu interpretieren.

In der Regel entstehen die meisten Probleme in einer Beziehung aus unrealistischen Erwartungen, mit denen sich jeder Mensch in geringerem oder stärkerem Maße identifiziert und die er auf die jeweils andere Person überträgt. So kann man viele dieser Schwierigkeiten darauf reduzieren, daß entweder der eine oder der andere oder auch beide Beteiligten in der betreffenden Beziehung nicht das bekommen, was sie glauben, haben zu müssen. Eine solche innere Einstellung führt zu Groll, innerem Widerstand und Unnachgiebigkeit auf beiden Seiten. Stellen Sie sich nur einmal vor, daß Wesenheiten in der Natur, die, um überleben zu können, auf gegenseitiges harmonisches Zusammenwirken angewiesen sind, plötzlich in einer solchen Weise handeln oder reagieren würden. Blumen würden sich einfach weigern zu erblühen, weil sie dächten, sie erhielten nicht genug Beachtung. Bienen würden keinen Honig mehr produzieren, und der Regen würde es ablehnen zu fallen, mit der Begründung, die Blumen verdienten die Feuchtigkeit beziehungsweise die Aufmerksamkeit der Insekten nicht, da sie sich ja schließlich weigerten zu blühen. Kurzum: Jedes noch so kleine Hindernis würde sofort eine Kettenreaktion auslösen und binnen kürzester Zeit zum absoluten Chaos führen. Unsere Welt wäre dem baldigen Untergang geweiht.

Der Schamane ist immer bestrebt, das Gesamtbild im Auge zu behalten. Wenn es uns gelingt, den Platz, den ein anderes Geschöpf im großen kosmischen Zusammenhang einnimmt, vorbehaltlos zu respektieren, und zwar haben wir selbst inmitten der größten Schwierigkeiten einen gewaltigen Schritt in Richtung auf effektives Problemlösen gemacht. Schamanen bezeichnen diesen Prozeß als den »Austausch von Kraft«: Wenn wir dadurch einem anderen Menschen Kraft einräumen, ihn also stärker machen, daß wir seine Stellung in der Welt respektieren, gewinnen wir selbst an Kraft. Jemanden in dieser Weise zu unterstützen bedeutet also nicht, daß wir unsere Kraft aufgeben und uns von ihm ausnutzen lassen!

Hier folgt nun eine Übung, die sich des Geistkörpers bedient, um in zwischenmenschlichen Beziehungen die Kommunikation zu verbessern und Probleme zu lösen. Gleichgültig, ob die an der jeweiligen Beziehung Beteiligten nun Liebende, Freunde, Verwandte, Geschäftspartner, Kollegen, Bekannte oder was auch immer sonst sind – diese Übung wird sich in jedem Fall als wirksam erweisen.

Das Ziel hierbei ist, statt auf der Ebene der gewöhnlichen Wirklichkeit direkt auf der geistigen Ebene, also dort, wo die wahre Kraft liegt, zu agieren.

Übung Nummer 2: Problemlösen mit Hilfe des Geistkörpers

Bestimmen Sie das Problem, das Sie lösen möchten. Wählen Sie für den Anfang eines aus, das nur zwei Menschen betrifft – Sie und jemand anders. Vielleicht haben Sie zum Beispiel Schwierigkeiten mit einem Arbeitskollegen, Ihrem Ehepartner oder einem anderen Familienmitglied. Vergessen Sie nicht, zuvor die betreffende Person mental um die Erlaubnis zu bitten, sie in diese Übung einzubeziehen.

Schließen Sie die Augen, entspannen Sie sich, bedienen Sie sich Ihrer schamanischen Visionstechniken und erzeugen Sie ein Bild oder ein Symbol des Problems, wie es sich Ihnen gegenwärtig darstellt. Achten Sie darauf, wie Sie sich dabei fühlen.

Lassen Sie das Bild nun los und konzentrieren Sie Ihre Aufmerksamkeit auf Ihren Geistkörper. Spüren Sie ihn. Sehen Sie ihn. Stellen Sie fest, welche seiner Bereiche von Ihrem Problem berührt werden. Dies könnte sich beispielsweise als lokale Verfärbungen, als Energiemangel oder auch in anderer symbolischer Form manifestieren. Sie werden das, was Sie sehen, für sich selbst interpretieren müssen. Nehmen wir zum Beispiel an, Sie sehen oder spüren einen feuerroten Streifen um Ihren Unterleib herumwirbeln, so könnten Sie ihn vielleicht als Ärger deuten. Wenn Sie etwas nicht verstehen, lassen Sie sich von Ihrem Krafttier oder Ihrem eigenen Geistkörper helfen.

Bitten Sie Ihren Geistkörper, so zu tun, als sei Ihr Problem bereits gelöst, und Ihnen vorzuführen, wie das wäre. Empfinden Sie, wie es sich anfühlen würde, wenn das betreffende Problem wirklich nicht mehr existierte.

Stellen Sie sich nun bildlich vor, daß die andere beteiligte Person vor ihnen sitzt oder steht, so, als ob Sie gleich miteinander plaudern wollten. Versuchen Sie, den Geistkörper Ihres Gegenübers zu spüren, und bitten Sie ihn dann, sich so zu zeigen, wie er aussieht, wenn ihn das Problem belastet. So könnten Sie den Geistkörper dieser anderen Person beispielsweise mit einer besonders dunklen oder dichten Farbwolke um den Herzbereich sehen oder gar mit einer Schlinge um den Hals.

Bitten Sie den Geistkörper Ihres Gegenübers, Ihnen zu zeigen oder zu sagen, wie und wo er von dem aktuellen Problem berührt wird. Wenn Sie etwas nicht verstehen, lassen Sie es sich erklären. Hier können Sie viel über die Quelle des Problems erfahren. Manchmal neigen Krafttiere oder Führer zu scheinbar übergründlichen und langatmigen Erläuterungen.

Bitten Sie nun den Geistkörper Ihres imaginären Partners so zu tun, als ob das Problem bereits gelöst sei, und sich Ihnen entsprechend verändert zu zeigen. Fragen Sie die andere Person, welches Geschenk sie zum Zeichen des beigelegten Konfliktes gerne hätte. Stellen Sie sich vor, wie Sie dem oder der Betreffenden das symbolische Geschenk überreichen. Es könnte sich dabei beispielsweise um einen Blumenstrauß handeln, einen schönen Ring oder Eintrittskarten für ein Konzert. Fragen Sie nun Ihren eigenen Geistkörper, welches symbolische Geschenk *er* gerne von der anderen Person bekommen würde. Bitten Sie diese dann darum, und stellen Sie sich vor, wie Sie von ihr das Gewünschte erhalten.

Verbeugen Sie sich mit Ihrem Geistkörper und lassen Sie den Geistkörper Ihres Gegenübers dasselbe tun – eine Geste gegenseitigen Respekts. Denken Sie erneut daran, daß für Schamanen Gedanken und Gefühle etwas vollkommen Reales und Dingliches sind. Sie fliegen zu dem Menschen, zu dem Sie sie schicken, und berühren ihn in der von Ihnen gewünschten Weise.

Übung Nummer 2: Zusammenfassung

1. Wählen Sie ein Problem aus, das außer Ihnen noch einen weiteren Menschen betrifft.
2. Sehen Sie es in symbolischer Form.
3. Machen Sie sich bewußt, wie Sie sich fühlen.
4. Überprüfen Sie Ihren Geistkörper.
5. Lassen Sie sich von ihm vorführen, wie es sich anfühlt, wenn das Problem erst einmal gelöst ist.
6. Überprüfen Sie den Geistkörper des anderen Beteiligten.
7. Stellen Sie fest, wie er von dem Problem beeinflußt wird.
8. Wie sähe er aus, wenn das Problem nicht mehr bestünde?
9. Machen Sie ihm ein Geschenk.
10. Empfangen Sie von ihm ein Geschenk.
11. Verbeugen Sie sich respektvoll.

Diese Übung erweist sich nicht nur beim Problemlösungsprozeß als ausgesprochen wirkungsvoll, sie öffnet auch die Kanäle zu einer nichtverbalen Verbindung zwischen unserem Geist-Selbst und dem eines anderen Menschen. Ein befreundeter Psychotherapeut, der mit schamanischen Techniken arbeitet, erzählte uns von einem Ehepaar, das im Prinzip bereits zur Scheidung entschlossen war, als es zu ihm in die Sprechstunde kam. Er lehrte die beiden einiges über die Ausgewogenheit in der Natur und über die Notwendigkeit, sich selbst und die eigenen Bedürfnisse und Wünsche zugunsten des »großen Gesamtbildes« hintanzustellen. Er brachte ihnen bei, ein Gespür für den eigenen und den Geistkörper des anderen zu entwickeln und Energie zu »lesen«. Wie sich herausstellte, leistete diese schamanische Perspektive unschätzbare Dienste bei ihrer Aussöhnung und der Entwicklung ihrer Kommunikationsfähigkeit. Am Ende der Therapie standen sie einander näher denn je und hatten neuen Respekt füreinander und alle anderen Lebewesen gewonnen.

Das große Gesamtbild im Auge zu behalten erweist sich in mehr als einem Sinn von großem Wert. Ein bestimmtes Problem, mit dem wir gegenwärtig zu kämpfen haben, könnte sich bei näherer Betrachtung als ein Teilchen eines weit größeren »Puzzles« herausstellen. Eine wirkliche Lösung wäre in einem solchen Fall nur dann möglich, wenn diese im Einklang mit dem restlichen Bild stünde, denn wie ein

Puzzlespiel bleibt auch das »große Gesamtbild« unvollkommen, wenn auch nur ein einziges Stückchen fehlt.

Es ist also kurzsichtig und sogar arrogant zu meinen, unsere momentanen Schwierigkeiten seien etwas »ganz Privates«, von allen übrigen Lebewesen Losgelöstes. Setzen wir uns so mit einem Problem auseinander, als ob es völlig isoliert und allein stünde, wird es uns weit schwerer fallen, eine befriedigende Lösung dafür zu finden. Arbeiten wir dagegen mit dem Gesamtbild, so nehmen wir automatisch eine »Doppelsieg-Haltung« ein, da der Erfolg unserer Lösung weitgehend von dem Erfolg anderer abhängt. Auf diese Weise erlangen wir sogar ein Mehr an Kraft, weil wir mit einer solchen Einstellung unser Wohlwollen für andere zum Ausdruck bringen. Die Folge davon ist aber, daß eben diese anderen auch uns wohlwollen, daß wir also von ihnen positive Gedanken und Gefühle empfangen – und so wird der »Kreislauf des Überflusses« in Gang gesetzt, der letztlich uns allen frische Kraft zuführt.

Bess war eine erfolgreiche Maklerin. Sie arbeitete seit nunmehr sechs Jahren in diesem Beruf, und sie hielt sich mit Recht für eine der besten Verkäuferinnen ihrer Firma. Aber vor kurzem war sie mit einem wirklichen Problem konfrontiert worden. Mr. und Mrs. Adams hatten ein Haus zu verkaufen, und Bess versuchte seit acht Monaten vergeblich, es an den Mann zu bringen. Sie stieß bei all ihren Versuchen auf Schwierigkeiten – und sie hatte inzwischen wirklich *alles* versucht. Nun wollte sie es einmal mit ihren neuerworbenen schamanischen Kenntnissen probieren.

Sie setzte sich hin, schloß die Augen und begann eine Reihe von schamanischen Übungen, um zu sehen, was sie über die Situation in Erfahrung bringen konnte. Das Ergebnis war eine echte Offenbarung. Sie sah, daß Mrs. Adams emotional sehr an dem Haus hing und im Grunde ihres Herzens niemand anderen dort einziehen lassen wollte, wo sie aufgewachsen war, ihre beiden Kinder großgezogen hatte und ihre beiden Eltern gestorben waren.

Ihr größtes Problem war aber, daß sie überhaupt nicht wußte, wo sie und ihr Mann hinziehen sollten und wie ihr Leben aussehen würde, wenn sie erst einmal die Elm Street Nummer 1624 verlassen hätten. Bess' Schutzgeist zeigte ihr dies alles anhand eines Bildes von Mrs. Adams, die mit verbundenen Augen eine Miniaturausgabe ihres Hauses an die Brust gedrückt hielt. Um die ganze Angelegenheit noch weiter zu verkomplizieren, hatte Mr. Adams noch gar nicht entschieden, welche von zwei in Frage kommenden

Arbeitsstellen er akzeptieren sollte. So wußten sie also noch immer nicht, in welche Gegend sie letztlich ziehen würden. Bess sah vor ihrem inneren Auge Mr. Adams, wie er zwischen zwei Chefs und zwei Miniaturstädten hin- und herlief. Sie erfuhr von ihren Verbündeten außerdem, daß drei der Familien, die das Haus inzwischen besichtigt hatten, ehrlich an einem Kauf interessiert waren. Aufgrund der verborgenen Botschaft: »Nicht zu verkaufen«, die Mrs. Adams unbewußt ausstrahlte, hatten sie sich jedoch bis jetzt zurückgehalten. Bess sah die Familien auf ein kleines Haus schauen, das sie aber nicht erreichen konnten, weil Mrs. Adams ihnen den Weg verstellte.

Bess ging nun daran, den künftigen Weg für die Adams zu ebnen, indem sie sich schamanischer Reise- und Problemlösungstechniken bediente. Sie trat sowohl zu deren physischem als auch deren Geist-Selbst in Kontakt und half ihnen dabei, ihren Weg zu »sehen«. Sie ließ sie wichtige Entscheidungen fällen und den Geist des Hauses auf eine neue Familie vorbereiten. Viel von all dem geschah ohne bewußtes Wissen von Mr. und Mrs. Adams, obgleich Bess es natürlich nicht verabsäumt hatte, deren Geister zuvor um Erlaubnis zu bitten, mit ihnen arbeiten zu dürfen.

Der Erfolg ihrer Bemühung war überwältigend. Nicht nur fanden sich innerhalb von zehn Tagen Käufer für das Haus – Mr. und Mrs. Adams schienen auch glücklicher und entspannter zu sein, als Bess sie je zuvor gesehen hatte. Bess fühlte sich in einer Weise mit ihnen und ihrer Umgebung verbunden, wie es nie zuvor bei ihren Kunden der Fall gewesen war. Nicht ein einziges Mal hatte sie ausschließlich an ihre eigenen Interessen und ihren Geldbeutel gedacht. Sie wollte wirklich das Beste für die beiden. Unnötig zu sagen, daß alle Beteiligten von dem Prozeß profitierten – einschließlich Bess' Bankkonto. Nun, drei Jahre später, schicken Mr. und Mrs. Adams ihr noch immer zu Weihnachten eine Karte, und sie denkt mit großer Freude und Dankbarkeit an ihren ersten »schamanischen Geschäftsabschluß« zurück.

Wenn wir das große Gesamtbild im Auge behalten wollen, so läßt es sich oftmals nicht vermeiden, daß mehrere Personen in den Prozeß des schamanischen Problemlösens einbezogen werden. Da wir hiermit aber, wie oben erwähnt, ganz automatisch eine Doppelsieghaltung einnehmen, vermehren wir unsere persönliche Kraft und arbeiten aktiv an unserer eigenen Vervollkommnung. Hier folgt nun eine Übung, bei der die Reisemethode zum Lösen von Problemen eingesetzt wird. Sie können für sich selbst auf die Reise gehen, ebenso aber auch für andere. Ist letzteres der Fall, so können Sie die Informationen, die Sie erhalten, entweder direkt oder mittels der Geistkörper-Kommunikationsübung an den Betreffenden weitergeben – ganz wie es Ihnen angebrachter erscheint.

Übung Nummer 3: Eine Reise zur Lösung von Problemen

Beschreiben Sie mit wenigen Worten Ihr Problem und dann die von Ihnen gewünschte Situation. Also zum Beispiel: »Das Verhältnis zu meinen Eltern ist gespannt, ich möchte mit Ihnen besser zurechtkommen.«

Formulieren Sie Ihr Problem nun in Gestalt einer Frage – also beispielsweise: »Welche Hindernisse stehen mir im Weg und welche Schritte muß ich unternehmen, um sie zu beseitigen?«

Entspannen Sie sich, schließen Sie die Augen und begeben Sie sich auf die Reise. Dies hat den Zweck, Informationen über den oder die nächsten Schritte einzuholen, die Ihnen zur Lösung Ihres Problems verhelfen werden. Während der Reise könnten Sie auf Leute treffen, die mit der jeweiligen Schwierigkeit in Zusammenhang stehen und Hilfe benötigen. Bitten Sie Ihr Krafttier oder Ihren Führer, ihnen zu helfen. Bedienen Sie sich Ihrer schamanischen Fähigkeiten, um zu *schauen*, wie diese Personen ihre Hindernisse überwinden und ganz allein ihre Ziele erreichen. Zwingen Sie nie jemandem einen Handlungsplan auf.

Übung Nummer 3: Zusammenfassung

1. Definieren Sie Ihr Problem und anschließend die gewünschte Situation.
2. Formen Sie das Problem zu einer Frage um.
3. Entspannen Sie sich, schließen Sie die Augen und gehen Sie auf die Reise.
4. Lassen Sie Ihr Krafttier anderen Menschen, die mit Ihrem Problem in Zusammenhang stehen, Beistand leisten.
5. Teilen Sie den am Problem beteiligten Personen alles Nötige mit.

Wenn Sie während Ihrer Reise dazu aufgefordert werden, jemand anderem, der Teil Ihres Problems ist, etwas mitzuteilen, so stellen Sie sich die jeweilige Person und deren Geistkörper vor, wie Sie vor Ihnen steht, und sprechen Sie zu Ihr mittels jeder beliebigen schamanischen Visionstechnik. Wenn möglich, stellen Sie auch einen direkten Kontakt her.

Je nachdem, ob ein Problem besonders kompliziert ist und wie viele Informationen Sie erhalten haben, müssen Sie vielleicht die obige Übung unter Umständen mehrmals wiederholen. Das Problemlösen ist ein Prozeß, der selten über Nacht abgeschlossen wird und der in der Regel Veränderungen erforderlich macht. Wenn also beispielsweise Ihre Schwierigkeit darin besteht, daß Sie nicht genügend Geld haben, niemals die Jobs bekommen, die Sie wirklich wollen, und sich deshalb immer als Versager fühlen, dann wird die Lösung des Problems mit ziemlicher Wahrscheinlichkeit einige Zeit und viele Reisen in Anspruch nehmen. Auch könnten andere Personen daran beteiligt sein, es könnten Ihre Erziehung und viele andere Faktoren eine Rolle spielen. Um für ein solches Problem eine befriedigende Lösung zu finden, müssen sicherlich zunächst eine Menge überholter oder falscher Überzeugungen aus dem Weg geräumt und Verhaltensmuster geändert werden.

Veränderung

Für den Zweck unseres Vorhabens werden wir »Veränderung« als denjenigen Prozeß definieren, durch welchen eine unerwünschte Situation in eine erwünschte transformiert wird. Damit diese Veränderung stattfinden kann, müssen wir die unerwünschte Situation klar definieren und die Schritte skizzieren, die sie transformieren sollen. So wird die erwünschte Veränderung zu unserem eigentlichen Ziel und die Hindernisse, die es auf dem Weg zu diesem Ziel zu überwinden gilt, werden zu den Problemen, die wir lösen müssen.

Vier Hauptfaktoren bestimmen eine erfolgreiche Veränderung: Engagement, Einverständnis, Hingabe und Handeln.

Engagement

Ohne Engagement ist keine bleibende Veränderung möglich. Viele Menschen gehen durch das Leben mit ständigen »Wenn-nurs« und

Selbstbeschwichtigungen wie: »Vielleicht wird irgendwann einmal ja alles anders.« Ihre Ziele sind »lauwarm« – das heißt, sie glauben nicht wirklich daran, daß sich ihre Situation ändern wird, weil dies auch niemals zuvor der Fall gewesen ist. Wenn sie also doch einmal an aktive Veränderung denken, dann meist mit Zusätzen wie: »Das wäre mir viel zu anstrengend«, »Ich wüßte gar nicht, wo ich anfangen sollte« oder »Es könnte schließlich auch schlimmer sein, also laß ich am besten alles so, wie es ist.«

Der Schamane würde sagen, daß eine Veränderung ohne Engagement zu wollen so ist, als liefe man mit nur einem Schuh durch den Schnee, wenn man warme Füße haben möchte. Nehmen wir an, wir hätten uns das Ziel gesteckt, warme Füße zu haben, und hätten uns zu diesem Zweck ein Paar feste Schuhe angeschafft. Nun wäre uns aber einer der beiden Schuhe über Nacht von einem streunenden Hund gestohlen worden. Da unsere Problemlösungsstrategie aber vorsah, daß wir mit Schuhen an den Füßen durch den Schnee laufen, führen wir diese Absicht trotz des einen fehlenden Schuhs auch aus. Der Schamane würde sagen, daß der nicht engagierte Teil von uns das neue Hindernis regelrecht angezogen hat. Unser erster Schritt sollte also darin bestehen, uns zu fragen: »Will ich diese Situation wirklich ändern? Bin ich bereit, alles zu tun, um diese Veränderung herbeizuführen?«

Sind wir erst einmal fest entschlossen, uns für eine Veränderung unserer Situation einzusetzen, werden zwei Dinge geschehen: Zum einen wird sich unser Energie- oder Geistkörper so umstellen, daß der angestrebte Veränderungsprozeß einsetzen kann. Zum anderen werden wir von unerwarteter Seite, scheinbar aus dem Nichts heraus, Hilfe erhalten. Da uns diese Hilfe völlig überraschend zuteil wird, besteht die Gefahr, daß wir sie als solche überhaupt nicht wahrnehmen und sie ungenutzt »vorübergehen« lassen, wenn wir nicht offen und empfänglich für sie sind. Wir könnten, um bei unserem vorigen Bild zu bleiben, an dem zweiten Schuh, den der Hund direkt vor unserer Gartentür liegengelassen hatte, vorbeilaufen, ohne ihn überhaupt zu sehen.

Einverständnis

Wenn wir uns ein Ziel fest vorgenommen haben, müssen wir uns der Zustimmung aller »Teile« unserer Persönlichkeit versichern. Wir müssen uns mit unserer skeptischen, zynischen, übervorsichtigen, ängstlichen »Ich-Komponente« intensiv auseinandersetzen und sie nach allen Regeln der Überredungskunst für unser Vorhaben gewinnen. Als ausgesprochen hilfreich hat sich hierbei eine Übung erwiesen, die wir Ihnen am Ende dieses Kapitel vorstellen werden. Die »innerpersönliche Übereinkunft« sollte so beschaffen sein, daß alle Komponenten unseres Ichs sich so lange für unser Ziel einsetzen und bereitwillig das Ihre dazu beitragen, bis es tatsächlich erreicht ist.

Es ist aber auch wichtig, uns nahestehende Menschen um ihre Unterstützung zu bitten und zwar entweder in indirekter Weise mittels einer schamanischen Übung, oder indem wir sie direkt ansprechen. Ebenso können wir auch erreichen, daß wir auf der geistigen Ebene das Bild verändern, das andere Personen bis jetzt von uns hatten. Wenn also beispielsweise Ihre Mitmenschen Sie tagaus, tagein als jemanden angesehen haben, der hundert Kilo wiegt und Probleme damit hat, sich in der materiellen Welt zu bewegen, so haben sie durch das, was sie sehen, eine feste Vorstellung von Ihnen. Sind Sie jedoch fest dazu entschlossen, dreißig Pfund abzunehmen und körperlich fit zu werden, so erhält Ihr Vorhaben dadurch Auftrieb, daß ebendiese Menschen Ihre Meinung über Sie ändern und von nun an ein »schlankes Bild« von Ihnen im Kopf haben. Sie können diesen Prozeß in die Wege leiten, indem Sie mit dem Geist-Selbst der betreffenden Personen in Verbindung treten und ihm zeigen, welches Aussehen Sie erhalten wollen. Auf diese Weise werden Ihre Mitmenschen eher imstande sein, die energetische Veränderung, die aufgrund Ihres Engagements mit Ihnen vorgeht, wahrzunehmen.

Hingabe

Unter Hingabe verstehen wir die Bereitschaft, nicht auf Biegen und Brechen an einer einmal entworfenen Strategie festzuhalten und alle künftigen Ereignisse unter Kontrolle haben zu wollen. Es ist jedoch nicht ganz einfach, diesen Begriff zu verinnerlichen. Wenn wir stur nach einem festgelegten Plan vorgehen, so haben wir, bildlich gesprochen, Scheuklappen vor den Augen. Wir sind dann nicht imstande, sich bietende Gelegenheiten zu sehen, geschweige denn, sie zu nutzen oder uns unerwarteter Hilfe zu bedienen, wenn sie uns zuteil wird. Wir sollten uns unbedingt auf das konzentrieren, was wir bereits haben und nicht auf das, was wir *nicht* haben. Oder, um es mit einem bekannten Vergleich auszudrücken: Unser Glas sollte nicht halb leer, sondern halb voll sein. Mit dieser positiven Grundeinstellung können wir den Prozeß, den wir in Gang setzen wollen, von der »Haben-Seite« und nicht von der »Soll-Seite« aus beginnen lassen.

Der Begriff der Hingabe beinhaltet in diesem Zusammenhang auch, daß wir wirklich ernstlich dazu bereit sind, alle schamanischen Instruktionen, die unser Ziel betreffen, widerspruchslos auszuführen. Was wir *glauben*, tun zu müssen, um die gewünschte Veränderung zu bewirken, kann sich unter Umständen erheblich von dem unterscheiden, was dazu tatsächlich nötig *ist*. So meinen wir vielleicht, wir müßten jemanden verklagen, um zu unserem Recht zu kommen, unser Geist-Selbst sagt uns jedoch, daß wir den Streit lieber durch einen außergerichtlichen Vergleich beilegen sollten. Solche Entscheidungen hängen im wesentlichen Maße davon ab, welche anderen Personen noch an dem jeweiligen Problem beteiligt sind – schließlich wissen wir ja inzwischen, daß keine Veränderung auf Kosten eines anderen Menschen stattfinden darf. Steht unser Plan also nicht im Einklang mit den Interessen *aller* Beteiligten, so kann es notwendig werden, daß wir ihn nachträglich ändern. Vertrauen Sie immer auf Ihr Geist-Selbst: Es überschaut immer das große Gesamtbild und weiß daher stets, was das Beste für uns ist.

Zuweilen kann sich Angst einschleichen – und zwar zumeist Angst davor, die Kontrolle über die Ereignisse zu verlieren, oder schlicht Angst vor dem Unbekannten. Sie werden jedoch inzwischen, wie wir zuversichtlich hoffen, nicht nur erkannt haben, daß Ihr höheres oder Geist-Selbst am besten weiß, was gut für Sie ist, sondern auch, daß das Universum sich auf Harmonie und Ausgewogenheit gründet und niemals irgend etwas in Ihren Weg legen wird, womit Sie nicht fertig werden können. Ziel der Natur ist es, dieses Gleichgewicht aufrechtzuerhalten, und wenn der – für sich genommen vielleicht beunruhigende – Prozeß der Veränderung endlich abgeschlossen ist, erfüllt uns in der Regel ein Gefühl der Erfüllung und Hochstimmung.

Handeln

Solange wir nicht konkret etwas *tun*, um den Veränderungsprozeß in die Wege zu leiten und Wirklichkeit werden zu lassen, bleibt unser Ziel ein bloßer Traum, eine in der Geisterwelt latent vorhandene Möglichkeit. Auch hier aber können wir uns festfahren. Oft hält uns gerade das, was wir *glauben* tun zu müssen, davon ab, die gewünschte

Veränderung herbeizuführen. Solche Schritte, die wir nicht *wirklich* zu machen wünschen, sind das Resultat eben der Überzeugungen, gegen die wir angehen wollen.

Nehmen wir beispielsweise an, unser Ziel bestünde darin, offener, weniger schüchtern und gehemmt im Umgang mit anderen Menschen zu sein. Vielleicht hängt dieses Ziel mit dem größeren Wunsch nach einer befriedigenden Zweierbeziehung zusammen. Da wir aber sehen, daß unsere Freunde, die in dieser Hinsicht Erfolg zu haben scheinen, extrovertiert und fröhlich sind und es lieben, in Bars und auf Partys zu gehen, meinen wir, es ihnen gleichtun zu müssen, um unser Ziel zu erreichen. Wir haben dies womöglich schon früher vergebens versucht, dieses Mal jedoch sind wir fest entschlossen. Wir haben genug von unserem bisherigen Leben, beißen die Zähne zusammen und springen ins kalte Wasser.

Damit haben wir bereits eine unmögliche Situation geschaffen. Wir werden niemals wirklich Erfolg haben, weil die angestrebte Veränderung uns nicht von Herzen kommt. Was wir wirklich wollen, ist, leichter Kontakt zu anderen Menschen zu finden – nicht aber ein Partylöwe zu sein. Wenn wir dies einsehen, wird es uns auch nicht verwundern, wenn Teile unserer Persönlichkeit uns bei unserem Unterfangen nicht nur nicht unterstützen, sondern es geradezu sabotieren. Ein besserer Schritt wäre dagegen, Papier und Stift zu nehmen und alle Gründe aufzuschreiben, aus denen sich Menschen zu uns, *so wie wir gegenwärtig sind*, hingezogen fühlen könnten. Unser wahres Ziel ist ja schließlich, uns selbst – bildlich gesprochen – »aus der Reserve zu locken«, nicht aber zu versuchen, jemand anders zu sein.

»Handeln« ist in diesem Zusammenhang alles, was wir auf der materiellen Ebene tun können, was uns – und wenn auch nur um ein winziges Schrittchen – näher an die von uns gewünschte Veränderung heranbringt. Dieses Handeln und dessen Auswirkungen sind der einzige Maßstab, anhand dessen wir beurteilen können, ob wir uns der angestrebten Veränderung nähern oder nicht. Stellen Sie sich selbst einige Aufgaben, von denen Sie wissen, daß Sie sie auch bewältigen können. Wenn Sie genügend Engagement beweisen, werden Sie Schritt für Schritt damit fertig werden und positive Resultate erzielen.

Was kann uns durch einen Prozeß der Veränderung hindurchhelfen? Der Schamane würde sagen, am besten sei es, sich an der Natur und den Geistern aller Lebewesen ein Beispiel zu nehmen. Da der Schamanismus auf der natürlichen Ordnung und dem Gleichgewicht in der Natur basiert, ist es nur im wahrsten Sinne des Wortes »natürlich«, daß wir uns auch an sie um Hilfe wenden. Viele Aspekte des Naturreiches sind einem kontinuierlichen Wandel unterworfen. Nehmen wir beispielsweise den Wind. Er verändert sich fortwährend und bewirkt dadurch selbst ständige Veränderung bei anderen natürlichen Dingen – etwa dem Sand. Wasser, ein anderes starkes Element, ist in konstanter Bewegung begriffen, es strömt und fließt wie ein sich ununterbrochen veränderndes Muster. Flüssige Lava erstarrt zu Stein und zerfällt unter dem steten Einfluß der Kräfte der Natur schließlich zu Sand oder Staub.

Die Natur widersteht der Veränderung nicht in dem Maße, wie wir es tun, und deshalb hat sie uns – wenn wir nur zuhören wollen – viel zu lehren. Wir haben eine Freundin, die jedesmal, wenn sie spürt, daß mit ihr eine Veränderung vor sich geht, an die See fährt. Sie sitzt dann stundenlang am Ufer – betrachtet, empfindet und hört auf das Meer, das Rauschen der Brandung und das Auslaufen der Wellen auf dem Sand. Indem man mit der Natur verschmilzt, wird das vielleicht im Augenblick nicht mehr vorhandene innere Gleichgewicht wiederhergestellt und trägt dadurch in erheblichem Maße dazu bei, daß wir eine angestrebte Veränderung auch erreichen. Und da jede Veränderung normalerweise erfordert, daß etwas Gewohntes etwas Neuem weicht, eine vertraute Situation einer neuen Platz macht, kann damit auch das Gefühl von Verlust einhergehen. Dieser Verlust kann leicht übersehen werden und unbewußt bleiben, wenn wir uns nicht ausreichend entspannen und uns dem eigenen Rhythmus des Wandels hingeben, um ihm dadurch zu erlauben, sich selbst Ausdruck zu verschaffen. Unsere bereits erwähnte Freundin erlebt nicht selten Zustände heftiger, befreiender emotionaler Entladung, wozu ihr die ausgleichenden Eigenschaften der See verhelfen. Wenn es uns also gelingt, die natürlichen Veränderungsprozesse in unser Herz einzulassen, unterstützen uns diese in erheblichem Maße bei unseren eigenen Veränderungen.

Es folgt nun eine Übung, die sich viele der Techniken zunutze macht, die Sie inzwischen kennengelernt haben. Sie ist eine Kombination aus der Geistkörper-*Schau*, dem ganzheitlichen Empfinden der Elemente, dem »Rekrutieren« von Verbündeten und der schamanischen Reise. Wir möchten Sie an dieser Stelle dazu ermutigen, Ihr eigenes »Menü« schamanischer Techniken zusammenzustellen, ja gegebenenfalls die folgende Übung gemäß Ihren persönlichen Anforderungen zu modifizieren. Je komplexer Ihr Ziel ist, desto komplexer wird vermutlich auch die Methode ausfallen, die Sie diesem Ziel näherbringen soll. Bedienen Sie sich Ihrer schamanischen Vorstellungskraft und der in der Geisterwelt empfangenen Informationen, um die für Ihr Problem beste Vorgehensweise zu finden.

Übung Nummer 4: Veränderung

Finden Sie heraus, welche Veränderung Sie vornehmen wollen, und definieren Sie sie so detailliert wie möglich. Fragen Sie sich: Ist dies wirklich das, was ich möchte? Strebe ich diese Veränderung für mich oder für jemand anderen an? Bin ich bereit, alles Nötige zu tun, um diese Veränderung zu erzielen? Nehmen Sie sich – in welcher symbolischen Weise auch immer – das Versprechen ab, daß Sie sich mit ganzer Kraft für die Realisierung Ihres Vorhabens einsetzen werden. Sie können dies in schriftlicher Form tun oder es sich auch einfach nur vorstellen.

Schauen Sie nun Ihr Geist-Selbst und beginnen Sie eine Unterhaltung mit ihm. Bitten Sie jeden Teil von ihm um seine Zustimmung und darum, sich ebenfalls für die angestrebte Veränderung einzusetzen. Achten Sie darauf, daß Sie etwaige Zweifel oder Widerstände nicht überhören. Ihr Geistkörper kann unter Umständen völlig andere Pläne für Ihre Zukunft haben als Sie. Bemühen Sie sich ernsthaft darum herauszufinden, was er mit Ihnen im Sinn hat. Stimmt Ihr Geist-Selbst Ihrem Vorhaben nicht zu, forschen Sie nach den Gründen. Vielleicht müssen Sie Ihr Ziel neu definieren. Ist es aber mit Ihren Plänen einverstanden, gehen Sie zum nächsten Schritt über.

Verfahren Sie nun in gleicher Weise mit Ihrem physischen Körper und zwar mit einem Körperteil nach dem anderen. Stoßen Sie irgendwo auf Widerstand, so basiert dieser vermutlich auf der Angst, etwas Vertrautes für etwas Unbekanntes aufgeben zu müssen. Nehmen Sie sich genügend Zeit, um mit jedem Körperteil Zwiesprache zu halten: Vermitteln Sie Ihrem gesamten Körper ein Gefühl von Sicherheit und fragen Sie ihn, was Sie tun können, damit er sich während des ganzen Prozesses wohl und im Gleichgewicht fühlt. Dieser Schritt ist außerordentlich wichtig und sollte nie übergangen werden. Wir Menschen neigen dazu, Veränderungen aus reiner Bequemlichkeit abzulehnen, deshalb müssen wir unbedingt dafür sorgen, daß sich der Körper so gut wie möglich fühlt.

Haben Sie erst einmal das Einverständnis Ihres physischen und Ihres geistigen Selbst erhalten sowie deren Zusicherung, daß sie sich voll und ganz dafür einsetzen werden, die von Ihnen angestrebte Veränderung Wirklichkeit werden zu lassen, sollten Sie außerdem noch Ihr Krafttier, einen Verbündeten oder vielleicht auch ein Naturelement um seine Unterstützung bitten.

Denken Sie an ein natürliches Element oder Phänomen, das für Sie »Veränderung« symbolisiert. Lernen Sie die Eigenschaften dieses Elementes kennen und erfahren Sie mit Hilfe der »Spür-Übung«, die wir Ihnen am Anfang dieses Buches vorstellten, wie es sich anfühlt.

Nun sind Sie für die schamanische Reise bereit, die Ihnen ermöglichen soll zu fragen, welche Hindernisse sich der geplanten Veränderung in den Weg stellen, und herauszufinden, welche konkreten Maßnahmen als nächstes nötig sind. In sehr ähnlicher Weise verfahren wir ja auch, wenn wir uns zur Lösung eines Problems auf die Reise begeben. Bitte vergessen Sie nicht, daß Hingabe eine wesentliche Voraussetzung für jede erfolgreiche Veränderung ist – akzeptieren Sie also alles, was Ihnen unterwegs begegnet oder was man Ihnen mitteilt, selbst wenn es etwas sein sollte, das Ihnen im Augenblick nicht gefällt. Nehmen Sie alle Informationen bereitwillig entgegen, ohne ein Urteil über sie abzugeben. Wenn Sie etwas nicht verstehen, bitten Sie um Erläuterungen.

Der folgende Schritt ist davon abhängig, was Sie während der Reise erfahren haben. Gestützt auf die im Geisterreich erhaltenen Informationen, werden Sie jetzt einen Handlungsplan entwerfen,

Übung Nummer 4: Zusammenfassung

1. Definieren Sie genau die von Ihnen gewünschte Veränderung.
2. Lassen Sie sich von Ihrem Geistkörper seine Zustimmung zu Ihrem Vorhaben geben.
3. Lassen Sie sich von Ihrem physischen Körper seine Zustimmung zu Ihrem Vorhaben geben.
4. Bitten Sie Ihr Krafttier oder Ihren Verbündeten um Hilfe.
5. Erzeugen Sie ein Bild der geplanten Veränderung.
6. Begeben Sie sich auf eine schamanische Reise mit dem Ziel »Veränderung«.
7. Erstellen Sie einen Handlungsplan.

dem Sie so getreulich wie nur irgend möglich folgen müssen. Dieser Plan sollte unbedingt auch alle weiteren Reisen und Übungen beinhalten, die Ihnen unter Umständen empfohlen wurden. Sind irgendwelche Informationen, die Sie während der Reise erhalten haben, jedoch vage und ungenau, dann wiederholen Sie die Übung und bitten Sie um konkretere Anweisungen.

Eine grundlegende Veränderung geschieht in der Regel nicht über Nacht: Zu ihrer Verwirklichung sind Entschlossenheit und mehrere kleine Einzelschritte nötig. Wir empfehlen Ihnen, im Laufe dieses Prozesses immer wieder einen Blick auf Ihren physischen und ihren geistigen Körper zu werfen, um zu sehen, wie es ihnen geht. Ein abrupter Wandel bereitet dem physischen Körper nicht wenig Probleme, und es dauert einige Zeit, bis er ihn integriert hat. Der Körper neigt nämlich dazu, jegliche Veränderung, sei sie nun positiver oder negativer Natur, als Streß zu empfinden. Einzelne kleine Schritte erlauben ihm jedoch, sich nach und nach an das angestrebte Ziel zu gewöhnen.

Die im fünften Kapitel vorgestellte Übung, in deren Verlauf wir unseren Körper symbolisch in seine Bestandteile zerlegen, erweist sich in Zeiten einschneidender Veränderung als ausgesprochen nützlich. Dies ist ganz besonders dann der Fall, wenn der physische Körper in irgendeiner Weise an einer solchen Veränderung teilhat – also beispielsweise dann, wenn wir abnehmen oder auch nur in ein Land mit ungewohntem Klima reisen wollen. Wenn wir uns vorstellen, daß wir unseren Körper neu modellieren, fällt er nicht selten etwas anders aus, als er zuvor ausgesehen hat. Vielleicht stellen wir fest, daß er schlanker geworden ist oder auch kräftiger – je nachdem, welche Veränderungen wir gerade anstreben.

Sehr hilfreich kann es auch sein, sich die Eigenschaften des von Ihnen ausgewählten natürlichen Elementes vorzustellen. Insbesondere dann, wenn Sie sich vom Gang der Ereignisse überfordert oder völlig aus dem Gleichgewicht gebracht fühlen, erweist sich diese Übung als in jeder Hinsicht wertvoll. Bedienen Sie sich Ihrer Ressourcen, Ihres Führers, Ihres Krafttieres und der Reisetechniken soviel und sooft, wie Sie ihrer bedürfen. Und vergessen Sie nie, gemäß Ihrem einmal aufgestellten Plan zu handeln. Die jeweils erzielten positiven Resultate werden Sie motivieren weiterzumachen, selbst wenn diese Resultate lediglich darin bestehen, daß Sie jeden einzelnen kleinen Schritt plangemäß ausgeführt haben.

Je größer Ihre Fähigkeit zur Veränderung ist, desto einschneidender kann die Veränderung auch ausfallen. Erinnern Sie sich noch an die Geschichte von den zwei Dörflern und der Eselherde? Genau dasselbe gilt auch für jede Veränderung. Ihr Geist-Selbst und Ihre schamanischen Reisen werden Sie wissen lassen, ob Sie – bildlich gesprochen – mehr abgebissen haben, als Sie auf einmal kauen können. Eine große Veränderung kann jederzeit in mehrere kleine Komponenten zerlegt werden. Machen Sie also stets nur einen Schritt auf einmal. Schließlich sind Sie ja auch nicht direkt von der Schulbank in eine leitende Position mit entsprechendem Einkommen gelangt. Ebensowenig haben Sie aller Wahrscheinlichkeit nach von einem Tag auf den anderen eine neue Sprache fließend sprechen gelernt. Machen Sie immer nur einen Schritt auf einmal – und achten Sie darauf, wie der Schamane sagen würde, daß jeder Schritt auch in die richtige Richtung weist!

Achtes Kapitel

Ihr Platz in der schamanischen Welt: Landkarten und Wege

Für den Schamanen ist es von höchster Bedeutung, seinen Platz in der Welt zu kennen. Wenn wir wissen, wohin wir gehören, können wir Chaos in Ordnung umwandeln und damit in der Lage sein, unsere Kraft geltend zu machen. Sind wir im Besitz einer übersichtlichen und detaillierten Geländekarte, wissen wir auch, in welche Richtung wir laufen müssen. Ohne eine solche sind wir jedoch regelrecht verloren, da wir ohne eine Orientierungsmöglichkeit unseren Bestimmungsort aller Wahrscheinlichkeit nach nicht erreichen werden. Nach schamanischer Vorstellung sind all diejenigen unter uns, denen eine solche »Lebenslandkarte« fehlt, letztlich ohne Kraft und daher auch nicht wirklich erfolgreich.

Dem Schamanen stehen mehrere Ordnungsprinzipien zu Gebote, die ihm mitteilen, wo genau er sich im jeweiligen Augenblick befindet. Diese seine »Landkarten« basieren auf der Natur und machen auf den ersten Blick vielleicht einen recht simplen Eindruck – bei näherer Betrachtung entpuppen sie sich jedoch als komplex und anspruchsvoll. Sie teilen dem Schamanen mit, wo er sich momentan im Verhältnis zum Zentrum des Universums befindet, und helfen ihm dabei, sich bei seinen Reisen auf der ewigen Suche nach Wissen und Kraft besser zu orientieren.

Eine dieser Landkarten ist der »Baum des Lebens«, das höchste Ordnungssystem des gesamten Kosmos. Dieser Baum, dessen Größe gewaltig ist, hat seine Wurzeln im Herzen der Erde: der Unterwelt, dem Reich der Toten. Dies ist das Land, wohin der Schamane reist, wenn er verlorengegangenes Wissen wieder abrufen oder mit den Ahnen in Verbindung treten möchte. Hier findet er auch viele Informationen, die ganz allgemein für das Überleben der Menschheit von Bedeutung sind und speziell das Heilen von Krankheiten zum Gegenstand haben. Dieses Reich der Unterwelt ist bekannt als die Schatzkammer, in der alle Instinkte und alles Wissen, das sich mit dem Überleben des physischen Körpers befaßt, aufbewahrt werden. Man sollte jedoch nie ohne einen Wächter oder Verbündeten in das Land der Toten reisen, da dort eine ganze Reihe von Gefahren lauern.

Der Stamm des Lebensbaumes befindet sich in der mittleren Welt, also dem »Land« unserer gewöhnlichen Realität. Hier sind die Antworten auf all unsere alltäglichen Probleme zu finden. Der Stamm des Baumes des Lebens wird nicht selten als Quadrat dargestellt, wobei jede Seite einer der vier Himmelsrichtungen entspricht. Die östliche Seite steht für den Frühling und jeglichen Neubeginn. Die südliche symbolisiert den Sommer, die Sonne, das Wachstum, alle äußere Bewegung sowie die Produktivität schlechthin. Die westliche Seite entspricht dem Herbst, jeder Vollendung, dem Tod und der Transformation, und die nördliche schließlich dem Winter, der Schwangerschaft beziehungsweise Trächtigkeit, der inneren Besinnung und Neugeburt.

Die Zweige des Lebensbaumes sind in der Oberwelt lokalisiert, dem Land der Inspiration und der Zukunftsvisionen. Es ist das Reich der Kreativität, der geistig-seelischen Höhenflüge und der unbegrenzten Freiheit.

Dem Schamanen gilt keine dieser Welten mehr als die anderen. So gibt er nicht etwa der Oberwelt den Vorzug vor den anderen beiden. Jede von ihnen hat ihren Platz im Kosmos, deshalb hütet er sich davor, die eine zugunsten einer anderen zu vernachlässigen. Jedes Reich hat seine eigenen Regeln, seine eigenen Merkmale und seine eigenen Gaben. Der Schamane tanzt, bildlich gesprochen, in jedem von ihnen und gleichzeitig auch in der Welt der gewöhnlichen Wirklichkeit – und so weiß er immer, wann er sich wohin wenden muß, um an eine gewünschte Information zu gelangen. Verblüffenderweise bedienen sich Schamanen bei ihren Reisen in die Geisterreiche überall auf der Welt der gleichen »Landkarte«.

Ein sibirischer Schamane kann die Reise eines Schamanen aus dem Südpazifik nachvollziehen, indem er sich an dessen ungefährer Position auf dem Baum des Lebens orientiert. Obgleich wir durchaus kleinere, lokale Karten von Reisen in bestimmte Gegenden der Geisterwelt besitzen, gibt es erstaunlicherweise keine Schrift oder tatsächlich gezeichnete Übersichtskarte, die diese allgemeine Erfahrung detailliert wiedergäbe. *Dieses* Wissen muß jeder Schamane durch eigene Erfahrung oder aber durch mündliche Unterweisung aufs neue erlangen.

Die andere Landkarte, deren sich die Schamanen bedienen, um Ordnung in das Universum zu bringen und ihren eigenen Platz darin zu finden, ist das Mandala, der »Kreis« oder das »Medizinrad«. Das Medizinrad gleicht insofern dem Baum des Lebens, als es in vier Quadranten unterteilt ist, die wiederum jeweils aus zwei Teilen bestehen und die den vier Himmelsrichtungen zugeordnet werden. Umfang und physische Form des Medizinrades entsprechen ungefähr denen der Mittleren Welt. Der Himmel über dem Medizinrad stellt die Oberwelt dar, und die Erde darunter symbolisiert die Unterwelt. Der Mittelpunkt des Kreises ist jedoch das Zentrum des Universums, und alle Punkte im, über und unter dem Medizinrad bewegen sich spiralförmig auf diesen Mittelpunkt zu. Nach schamanischer Vorstellung nimmt jeder von uns einen bestimmten Platz auf dem Medizinrad oder Mandala ein. Seine Position informiert uns darüber, wo wir uns gerade im Verhältnis zu unserem eigenen Geist-Zentrum befinden. Man kann jedoch nicht sagen, daß ein Platz besser sei als der andere – sie sind lediglich alle voneinander verschieden. Deshalb sind nach schamanischem Glauben alle Menschen »gleich« (das heißt, gleich*wertig*), und alle werden früher oder später ihr Geist-Zentrum entdecken. Wenn wir diesen Mittelpunkt aber bewußt erreichen, haben wir freien Zugang zu jedem beliebigen Punkt des Mandalas. Man könnte sagen, daß jeder Mensch paradoxerweise zwei verschiedene Stellen auf dem Rad gleichzeitig erfährt: seinen physischen Körper, der irgendwo auf der Kreisfläche plaziert ist, und sein Geist-Selbst, das sich im Zentrum befindet.

Je größer aber das Bewußtsein ist, das wir von dem Zentrum des Medizinrades oder Mandalas haben, desto größer ist auch die Kraft, die uns zur Verfügung steht. Deshalb zielt die Arbeit des Schamanen im wesentlichen darauf ab, ein inneres Gleichgewicht zu erlangen und im wahrsten Sinne des Wortes »zentriert« zu werden. Dabei erweisen sich Medizinrad und Mandala als hilfreiche Symbole.

Übung Nummer 1: Finden Sie Ihren Platz auf dem Medizinrad

Schließen Sie die Augen und entspannen Sie sich.

Stellen Sie sich ein großes Rad mit konzentrischen Kreisen vor, das durch zwei sich im Mittelpunkt schneidende Linien in vier gleiche Teile geteilt wird – etwa wie eine riesige Zielscheibe oder Windrose. Bezeichnen Sie die Endpunkte dieser Linien mit den Anfangsbuchstaben der vier Himmelsrichtungen, also N für Norden, S für Süden, O für Osten und W für Westen.

Geben Sie dem Mittelpunkt des Rades dieselbe Farbe wie seinem Rand. Anschließend können Sie, wenn Sie wollen, jedem konzentrischen Kreis oder jedem Quadranten eine andere Farbe zuordnen – je nachdem, wie weit Ihre Vorstellungskraft reicht.

Teilen Sie jedem Quadranten ein bestimmtes Krafttier zu. Denken

Sie nicht zuviel darüber nach – lassen Sie die Tiere einfach erscheinen.

Bitten Sie nun Ihr eigenes Krafttier oder Ihren Führer darum, Ihnen genau die Stelle auf dem Medizinrad zu zeigen, an der Sie selbst sich im Augenblick befinden. Vielleicht wird er Ihnen diesen Punkt durch einen Lichtfleck anzeigen, vieleicht auf eine andere Weise. Stellen Sie fest, in welchem Quadranten und wie nahe am Zentrum des Kreises Sie sich befinden. Achten Sie auch darauf, welches Tier »Ihren« Quadranten repräsentiert.

Vielleicht möchten Sie sich mit dem betreffenden Krafttier unterhalten und es fragen, was Ihre gegenwärtige Position für Sie bedeutet.

Danken Sie Ihren Helfern, besinnen Sie sich auf das Zimmer, in dem Sie sich gerade aufhalten, und öffnen Sie wieder die Augen. Schreiben Sie Ihre Erfahrungen auf, damit Sie sich später darauf beziehen können. Wenn Sie künstlerisch veranlagt sind, können Sie das Mandala und den Punkt, den Sie darauf einnehmen, auch zeichnen oder malen. Durch periodische Überprüfungen des Medizinrades werden Sie immer wissen, wo Sie gerade stehen und wo Sie sich jetzt im Verhältnis zu Ihrem Mittelpunkt befinden.

Übung Nummer 1: Zusammenfassung

1. Schließen Sie die Augen. Entspannen Sie sich.
2. Stellen Sie sich ein großes Medizinrad vor.
3. Teilen Sie es in Quadranten ein und »malen« Sie es »an«.
4. Lassen Sie jeden Quadranten durch ein bestimmtes Krafttier repräsentiert sein.
5. Bitten Sie Ihr eigenes Krafttier darum, Ihnen Ihre gegenwärtige Position auf dem Medizinrad zu zeigen.
6. Befragen Sie die Krafttiere.
7. Danken Sie ihnen und besinnen Sie sich wieder auf den Ort, an dem Sie sich gerade aufhalten.
8. Schreiben Sie nieder, zeichnen oder malen Sie, was Sie erfahren haben.

Die Schamanen haben festgestellt, daß die meisten Geschöpfe rundliche Formen besitzen und damit verkleinerte Wiedergaben des Medizinrades oder Kraftkreises darstellen. Baumstämme, Pflanzenstengel, Arme und Beine, Köpfe, das Rückgrat, die Körperorgane, Muschelschalen, Sonne, Mond, Sterne, Tornados, Wirbelwinde, Tannenzapfen und zahllose weitere natürliche Dinge sind gleichsam Miniatur-Medizinräder und gemahnen an den großen Kreislauf des Lebens. Den Schamanen ist auch aufgefallen, daß die Formen, die sie mit geschlossenen Augen wahrnehmen, in der Regel ebenfalls rund sind. Es ist auch kein Zufall, daß die Tunnel, durch die sie in die Geisterwelt reisen, sowie die Trommeln, die ihnen helfen, ihren Weg dorthin zu finden, gleichfalls einen kreisförmigen Querschnitt besitzen.

Es ist sogar so, daß das gesamte »Gewebe«, das die geistige und die gewöhnliche Welt in einem Zustand des Gleichgewichts erhält, aus runden Tunneln besteht, die bestimmte Regionen mit anderen verbinden. Der Schamane bedient sich irgendeiner beliebigen runden Öffnung, um in die Geisterwelt zu gelangen. Bei vielen Völkern gräbt sich der Schamane an der Stelle seines Hauses, wo er seine Rituale vollführt, selbst ein Loch in den Fußboden, um von dort aus direkt in die Geisterwelt zu reisen. So graben beispielsweise die Hopis und Navajos eine kleine Vertiefung, die sie *Sippapu* nennen, in den Boden ihrer *Kivas* (kreisrunde unterirdische Räume) und lassen aus den gleichen Gründen auch im Dach dieser Behausung eine Öffnung frei. Künstlerisch begabte Schamanen erschaffen auf der ganzen Welt neue »Zugänge« zum Geisterreich, indem sie an Höhlen- oder Hüttenwände und auf Felsen kreisrunde Gebilde zeichnen. Die Schamanen des tibetischen Buddhismus sind große Meister im Herstellen von *Tankas*, farbenprächtigen kreisförmigen Gemälden, welche die Geisterwelt in unserem Inneren wiedergeben.

Interessanterweise haben, wie Sie vielleicht wissen werden, Physiker vor nicht allzulanger Zeit die Existenz sogenannter »schwarzer Löcher« im Universum nachgewiesen: Stellen, wo riesige Mengen von Energie verschwinden. Dementsprechend nimmt man an, daß es auch »weiße Löcher« geben muß, aus denen dieselben gewaltigen Energiemengen wieder hervorströmen. Ob diese »Löcher« in irgendeiner Weise mit den Löchern der Schamanen in Zusammenhang stehen, sei dahingestellt, doch liegt dieser Schluß angesichts der verblüffenden Übereinstimmungen zwischen der modernen Physik und den Aussagen der Mystiker wohl recht nahe.

Im folgenden Abschnitt werden wir die sieben hauptsächlichen nicht-materiellen »Löcher« oder Öffnungen vorstellen, die für die Yoga-Schamanen in Indien, die Schamanen des tibetischen Buddhismus, der Ureinwohner Amerikas, Afrikas und anderer Kulturkreise eine wesentliche Rolle spielen. Diese »Tore zur Unterwelt« ergänzen die für gewöhnlich benutzten Höhleneingänge und anderen Erdöffnungen, mit denen wir es bislang zu tun gehabt haben.

Tunnel in die Geisterwelt

Tunnel oder Eingänge in die Geisterwelt gibt es überall in unserer Umgebung. Höhlen, Baumlöcher, heiße oder kalte Quellen sowie die Körperöffnungen – sie alle sind Tore, durch die wir in die Welt der Geister eintreten können. Diese Methode der Krafterlangung spielt beim Prozeß der schamanischen Reise eine wesentliche Rolle. Schamanen reisen durch diese Tunnel in andere Welten, um Macht, Wissen und verlorengegangene Schutzgeister abzurufen und zurückzuholen.

Nach schamanischer Überlieferung und zahlreichen mystischen Traditionen zufolge – wie beispielsweise dem Sufismus, tibetanischen Buddhismus und dem Hinduismus, um nur die bekanntesten zu nennen – findet man einige der Hauptkanäle im menschlichen Geistkörper selbst. In praktisch allen Kulturkreisen herrscht Übereinstimmung hinsichtlich der genauen Lokalisierung dieser Tunnel oder Energiewirbel. Über die genaue Anzahl dieser Kanäle gehen die Meinungen jedoch auseinander. Manche Systeme kennen drei, andere vier, fünf oder gar sieben. Wir werden hier den Anschauungen des Yoga folgen, der mit sieben Öffnungen arbeitet. Die Hindus und Buddhisten nennen diese Öffnungen »Chakras«. Dieses Wort stammt aus dem Sanskrit und bedeutet soviel wie »Rad« oder »Wirbel«. Die sieben Kanäle werden so bezeichnet, weil sie denjenigen, die sie sehen, als sich rasch drehende Wirbel farbiger Energie erscheinen. Wie auch immer man sie nennen mag – diese runden Energiekreise sind in der religiösen und schamanischen Kunst der ganzen Welt immer und immer wieder dargestellt worden.

Bei einem gesunden Menschen dehnt sich die Energie jedes Wirbels nach außen und innen in Form einer Unzahl feiner »Ranken« aus, die eine etwa eiförmige farbige Wolke um den Körper herum erzeugen. Die sieben »Tunnel«, von denen jeder Energie produziert, bilden somit die sieben Schichten dieses eiförmigen Geistkörpers. Hier handelt es sich in der Tat um denselben Geistkörper, den wir bereits im ersten Kapitel kennengelernt und mit dem wir seitdem gearbeitet haben. Wir werden ihn nun etwas genauer betrachten und seine »energetische Zusammensetzung« einer eingehenden Prüfung unterziehen, damit Sie seinen komplizierten Mechanismus ein wenig besser verstehen. Dieses Wissen aber wird Ihnen zu einer erfolgreicheren schamanischen *Schau* verhelfen.

Jede Schicht, die von einem dieser sieben Energiewirbel ausgeht, ist entsprechend der spezifischen Frequenz und Eigenschaft des jeweiligen Tunnels gefärbt. Bei einem gesunden Menschen sind die Farben in der Regel in Pastelltönen gehalten. Bei einem Kranken sind sie vielleicht besonders dicht, »fleckig« oder sehr dunkel.

Die Räder selbst sind, wie gesagt, sich unglaublich schnell drehenden Tunneln oder Röhren vergleichbar, die den gesamten Geistkörper von vorne bis hinten zu durchdringen scheinen. Entlang der Wirbelsäule – von deren unterstem Ende bis hinauf zum Scheitel – liegen die sieben Hauptkanäle. In den Körpergelenken sowie den Meridianen der chinesischen Akupunktur gibt es aber zusätzlich noch zahlreiche weitere, kleinere Tunnel. Sie können sich je nach dem Grad ihrer Aktivität entweder ausdehnen oder zusammenziehen. Wenn sie in hohem Maße energisiert und aktiv sind, nehmen sie etwa die Größe einer Untertasse an. Werden sie jedoch zu wenig benutzt oder sind sie gar völlig geschlossen, können sie dunkel oder so klein wie ein Pfennigstück werden. Bei den meisten Menschen, die sich innerlich im Gleichgewicht befinden, sind sie etwa so groß wie ein Mark- bis Fünfmarkstück.

Alle Tunnel sind miteinander durch Quergänge verbunden, die sich das Rückgrat hinauf- und hinunterbewegen. Diese Kanäle erlauben es den verschiedenen Öffnungen, miteinander in Harmonie zu arbeiten und in Verbindung zu bleiben. Gelegentlich – insbesondere infolge eines traumatischen Ereignisses, in Gefahrensituationen, bei extremer Niedergeschlagenheit oder nach einem Unfall – können sich die Tunnel schließen. Eine schamanische Erklärung für dieses Phänomen wäre, daß die jeweilige Person durch den Einfluß fremder Geister oder den Verlust ihres Schutzgeistes »entgeistet« wurde.

Mahtee wich den feuchten Farnwedeln aus, als er sich einen Weg durch die dichten Ranken bahnte, die den alten Pfad versperrten. Schließlich erreichte er eine große offene Lichtung, auf der Natas Dorf stand. Nata eilte herbei, um ihn zu begrüßen.

Endlich bist du gekommen!« rief sie, deutlich bekümmert. »Meiner Schwester Tia geht es nicht besser. Kannst du, sobald du gegessen hast, nach ihr schauen?«

»Bring mich jetzt zu ihr«, entgegnete Mahtee.

Tia lag auf einer Matte, vollkommen unbeweglich und teilnahmslos. Mahtee saß einen Augenblick lang still neben ihr und entspannte seinen Körper, während er seine Geist-Verbündeten um Rat bat. Dann zog er seine kleine Reisetrommel heraus und begann mit schnellem Rhythmus zu trommeln. Mit seiner schamanischen *Schau* betrachtete er Tias Geistkörper, und ihm fiel sofort die Abwesenheit ihres Krafttieres auf. Er sah auch, wie verdichtet und dunkel die Farbe um ihre Brust herum war. Als er genauer hinschaute, bemerkte er, wie aus einem der Kanäle zur Geisterwelt, der Öffnung in ihrem Kopf, ein schwarzer Schleim austrat, der lebendig zu sein schien. Er fragte seinen Schutzgeist, den Python, worum es sich dabei handeln könnte, und augenblicklich fing die Schlange bitterlich an zu weinen. Dann erkundigte sie sich bei Tias Geistkörper, ob er den Schleim entfernt haben wolle. Als der Geistkörper mit einem sofortigen und klaren Ja antwortete, zog die Schlange den schwarzen Schleim heraus und gab ihm die Gestalt eines jungen Mannes, der augenblicklich davonlief.

Tia schrie auf, krümmte sich und begann haltlos zu schluchzen. Mahtee begab sich rasch auf die Reise, um mit Hilfe seines Pythons Tias Krafttier zu suchen. Nachdem er es viermal gesichtet hatte, gelang es ihm, mit ihm zu sprechen und es, einen kleinen Vogel, dazu zu bewegen zurückzukehren. Dann beugte er sich schnell über Tias Kopf und blies mit aller Macht Tias Krafttier in die immaterielle Öffnung ihres Kopfes hinein.

Mahtee sagte ruhig zu Nata: »Sie wird bald wieder in Ordnung sein. Laß sie nach Herzenslust weinen. Sie trug eine verborgene Liebe zu einem jungen Mann aus dem Nachbardorf mit sich herum. Er ließ sie im Stich, als er merkte, daß sie keine Kraft mehr besaß. Sie hatte ihr Krafttier vernachlässigt und wurde deshalb von ihm genau wie von ihrem Liebhaber verlassen. Vielleicht hat sie nun ihre Lektion gelernt.

Nun aber bin ich hungrig. Bring mir bitte etwas zu essen.«

Jeder Tunnel oder Wirbel hat seine ganz besondere Qualität und Frequenz, die eine spezifische Körperregion beherrschen und bestimmte Funktionen des Bewußtseins mit Energie versorgen. So unterstehen beispielsweise die Überlebensfunktionen (Nebennieren) dem dritten Tunnel, während der fünfte für die Möglichkeiten des »Selbstausdrucks« (Stimmbänder) zuständig ist. Wenn wir also ein spezielles physisches oder energetisches Problem haben, kann es ausgesprochen nützlich und zeitsparend sein zu wissen, welcher Tunnel der jeweils verantwortliche »Ansprechpartner« ist.

Siebenter Tunnel: Scheitel – Zirbeldrüse – höheres Wissen, Spiritualität.
Sechster Tunnel: Zwischen den Augenbrauen – Augen, Hirnanhangdrüse – Wahrnehmung.
Fünfter Tunnel: Kehle – Stimmbänder, Schilddrüse – Kommunikation und Kreativität.
Vierter Tunnel: Brust – Herz, Thymusdrüse – Affinität und Selbstachtung.
Dritter Tunnel: Solarplexus – Nebennieren – Kraft und Emotionen.
Zweiter Tunnel: Unterleib – Uterus, Milz, Bauchspeicheldrüse – Sexualität, Fortpflanzung.
Erster Tunnel: Unteres Ende der Wirbelsäule – Gedärme, Keimdrüsen – Überleben.

Während eines Workshops berichtete ein knapp dreißigjähriger Sänger, seine Fähigkeit, Songs zu schreiben, sei versiegt. Im Verlauf einer einfachen schamanischen Übung fand er heraus, daß die Geistöffnung in seiner Kehle vollkommen blockiert war. Mit ein wenig Führung und konzentrierter innerer Arbeit gelang es ihm, sich einen Alligator aus der Kehle herauszuziehen, der prompt den leblosen Körper seines Vaters ausspuckte. In diesem Augenblick wurde dem Mann bewußt, daß er seinen letzten Song vor sechs Monaten geschrieben hatte, kurz bevor er seinem Vater einen Besuch in Boston abstattete. Sie hatten bei diesem Anlaß einen schlimmen Streit miteinander gehabt und im Anschluß jeden Kontakt abgebrochen.
Später erzählte der Sänger, er habe seinen Vater angerufen und sich wieder mit ihm vertragen. Bald darauf war er auch wieder imstande, Lieder zu schreiben.

Übung Nummer 2:
Die sieben Tunnel identifizieren

Entspannen Sie sich, schließen Sie die Augen und bedienen Sie sich Ihrer schamanischen *Schau*, um ein Bild (oder eine Empfindung) von Ihrem Geistkörper zu erhalten. Konzentrieren Sie sich nun auf die Körperstellen, an denen sich, wie ausgeführt, die sieben Tunnel befinden. Gehen Sie dabei der Reihe nach vor und beginnen Sie mit dem unteren Ende der Wirbelsäule. Dort also sollte Ihnen der erste Kanal erscheinen: Er ist rot und hat ungefähr die Größe eines Mark-

bis Fünfmarkstücks. Vielleicht sehen Sie auch ein größeres wirbelförmiges Energiemuster. Es sind »Glühfäden«, die von dem Kanal erzeugt werden und eine der Schichten Ihres Geistkörpers bilden.

Gehen Sie nun hinauf zu dem Bereich unterhalb Ihres Nabels, also in die Unterbauchregion, und lokalisieren Sie Ihren zweiten Tunnel. Er ist oftmals rosa- oder orangefarben.

Gehen Sie nun hinauf in den Bereich oberhalb Ihres Nabels, zu Ihrem Solarplexus, und lokalisieren Sie Ihre dritte Öffnung. Sie hat oftmals eine gelbe Farbe.

Gehen Sie hinauf in die Brustregion, in die Nähe Ihres Herzens, und lokalisieren Sie den vierten Tunnel, der grünfarbig oder auch golden sein kann.

Gehen Sie nun hinauf zu Ihrer Kehle und lokalisieren Sie den fünften Tunnel, der oft von blauer Farbe ist.

Gehen Sie hinauf zur Mitte Ihrer Stirn, an den Punkt zwischen Ihren Augenbrauen, und lokalisieren Sie den sechsten Tunnel: Er ist in der Regel indigofarben.

Gehen Sie hinauf zu Ihrem Scheitel und lokalisieren Sie Ihren siebten Tunnel, der zumeist eine violette Farbe hat.

Stellen Sie mit Hilfe Ihrer schamanischen *Schau* fest, ob Ihre Tunnel vertikal nacheinander ausgerichtet sind (also eine senkrechte Linie bilden) oder nicht und achten Sie darauf, welche Verbindungen und Durchgänge zwischen ihnen vorhanden sind. Solche kleinen Kanäle sehen in der Regel wie dünne Strohhalme aus, die von einem Tunnel zum nächsten führen.

Die Tunnel dienen auch als Speicher für Informationen, die in Form von Erinnerungen, Ängsten und Blockierungen aufbewahrt werden. Wenn der Schamane durch einen bestimmten Tunnel reist, stößt er nicht selten auf Hüter des in dem betreffenden Kanal angesammelten Wissens. Wir werden Ihnen dieses Phänomen in den folgenden Abschnitten näher erläutern. Dort werden wir die Funktionen der sieben Haupttunnel eingehender betrachten. Wir beginnen mit dem ersten – demjenigen am unteren Ende der Wirbelsäule – und arbeiten uns dann bis zum Scheitel hinauf.

Übung Nummer 2: Zusammenfassung

1. Schließen Sie die Augen und entspannen Sie sich.
2. Betrachten Sie mit Hilfe Ihrer schamanischen *Schau* nacheinander alle Tunnel.
3. Erster Tunnel: unteres Ende der Wirbelsäule, etwa drei Zentimeter oberhalb des Afters. Rot.
4. Zweiter Tunnel: Bauchregion. Etwa fünf Zentimeter unterhalb des Nabels. Orange.
5. Dritter Tunnel: Solarplexus. Gelb.
6. Vierter Tunnel: Brustregion. Grün.
7. Fünfter Tunnel: Kehle. Blau.
8. Sechster Tunnel: zwischen den Augenbrauen. Indigo.
9. Siebenter Tunnel: Scheitel. Violett.
10. Achten Sie auf die Ausrichtung der Tunnel und die zwischen ihnen existierenden Durchgänge.
11. Besinnen Sie sich wieder auf die gewöhnliche Wirklichkeit und öffnen Sie die Augen.

Der erste Krafttunnel

Die Funktionen dieser Öffnung, die sich am Kreuzbein oder der Basis des Rückgrates befindet, sind zahlreich und außerordentlich wichtig für die schamanische Arbeit. Hier ist der Zugang zu dem Ort, an dem alle instinktiven und genetischen Informationen gespeichert sind, die das Überleben betreffen. Hier findet sich auch alles Wissen unserer Vorfahren sowie archetypische Erinnerungen (so beispielsweise an frühere Existenzen). Sie warten nur darauf, durch schamanische Techniken angezapft oder abgerufen zu werden.

Dieser erste Tunnel ist auch als Speicher kraftvoller Energie bekannt, die, sobald sie freigesetzt wird, das Rückgrat hinaufsteigt und auf ihrem Weg alle anderen Tunnel aktiviert, bis sie den Scheiteltunnel erreicht. Die Hindus nennen diese latent vorhandene Energie die *Kundalini* oder Schlangenkraft. Sie kann durch bestimmte Meditationen, Konzentrationsübungen oder mit Hilfe eines Yogis aktiviert werden. Den Kung-Schamanen der Kalahari-Wüste zufolge, »enthält« die Basis des Rückgrates eine feurige Energie, *Num* genannt, die bei einem bestimmten Tanz durch Bewegungen des Beckens freigesetzt werden kann. Sie wandert daraufhin die Wirbelsäule entlang nach oben in den Schädel, wo eine Transformation, die sogenannte *Kia* stattfindet. Während des Kia-Zustandes können nicht nur beim Tänzer, sondern auch bei seinen Zuschauer enorme Heilkräfte mobilisiert werden.

Wenn ein Schamane diese Öffnung dazu benutzt, in die Geisterwelt zu gelangen, so trifft er mit ziemlicher Wahrscheinlichkeit auf vielfältige unterschwellige Ängste. Diese zeigen sich gewöhnlich in Gestalt von Dämonen, bösen Geistern oder bösartigen Insekten, Fischen und Tieren. Solche Kreaturen muß der Schamane erst »umgehen« oder aber sie erfolgreich bekämpfen, bevor sein Weg in die Reiche unbegrenzter Möglichkeiten frei ist.

Der erste Tunnel bildet die erste Schicht des in etwa eiförmigen Geistkörpers und steht in engem Zusammenhang mit der dynamischen Farbe Rot. Die Eigenschaften und die Vitalität dieser Schicht lassen den Gesundheitszustand eines Körpers mit am besten erkennen.

Ein Einblick in diese Öffnung kann uns genau verraten, auf welchem Niveau sich unsere Überlebenskräfte befinden. Lebensbedrohliche Unfälle oder andere furchterregende Situationen (wie beispielsweise finanzielle Katastrophen) können diesen ersten Tunnel weit aufgehen lassen und in uns das Gefühl entsetzlicher Angst, lähmenden Schreckens oder tiefer Verunsicherung hervorrufen. Ein solches unvermutetes rasches Sichöffnen dieses Tunnels bewirkt eine Reaktion, die als die energetische Entsprechung eines Adrenalinstoßes bezeichnet werden kann. Ein tiefgreifender Wandlungsprozeß, der möglicherweise an unseren grundlegendsten Überzeugungen rüttelt, kann den ersten Tunnel ebenfalls aktivieren.

Zu den in diesem Zentrum aufbewahrten Erinnerungen zählen Kindheitstraumata, Unfälle und lebensbedrohliche Ereignisse, die einst unseren Vorfahren zugestoßen sind. Auch unser eigenes »Geerdetsein«, also unsere Verbindung zur Erde, die uns ein Gefühl von Sicherheit vermittelt, wird durch diesen Tunnel aufrechterhalten.

Der zweite Krafttunnel

Der zweite Krafttunnel hat seinen Sitz direkt unter dem Nabel, in der unteren Bauchregion. Die mit diesem Zentrum assoziierten Funktionen sind ungehemmte Emotionen, Fortpflanzung, Fruchtbarkeit, sexuelle Anziehungskraft und ganz allgemein sexuelle Energie. Ebenso können alle Blockierungen oder Probleme in den genannten

Bereichen durch diesen Tunnel identifiziert und gelöst werden. Wenn der Schamane durch diese Öffnung auf Reisen geht, ist es durchaus möglich, daß er sich zunächst mit sexuellen Traumata seiner Kindheit, Jugend oder vergangener Existenzen auseinandersetzen muß. Häufig wird er Fruchtbarkeitssymbolen, Dämonen oder widerwärtigen Kreaturen begegnen, die im traditionellen Schamanismus wohlbekannte Erscheinungen sind.

Die mit dem zweiten Tunnel assoziierte Farbe ist in der Regel Rosa oder Orange, und das von ihm erzeugte energetische Feld bildet die zweite Schicht des Geistkörpers. Veränderungen oder Probleme, die mit dieser speziellen Öffnung zusammenhängen, können sich in physischer Form in der Bauchregion manifestieren.

Eine Frau, die an einem unserer Seminare teilnahm, erzählte uns, daß sie jedesmal, wenn sie mit einem bestimmten Mann ausging, anschließend fürchterliche Bauchschmerzen bekam. Sie dachte, dieser Umstand sei auf ihre Erregung über die Nähe dieses Mannes zurückzuführen. Bei näherer schamanischer Untersuchung stellte sie dann aber fest, daß ihre Gefühle für ihn eine solche Aufregung, die einen derartigen physischen Zustand hervorrief, nur sehr schlecht vertrugen. Als sie in dieser Weise in sich hineinblickte und die Situation mittels schamanischer *Schau* einer genaueren Prüfung unterzog, fand sie – wie erwartet – heraus, daß sich ihr Freund in ihrem zweiten Tunnel breitgemacht hatte. Genauer gesagt bemerkte sie, wie seine aufdringliche Energie versuchte, sie zu einer sexuellen Reaktion auf ihn zu veranlassen. Nun reinigte sie ihren zweiten Tunnel von seiner Energie und nahm notwendige Veränderungen daran vor, um zu einem Zustand innerer Ausgewogenheit zu gelangen. Sie stellte sich vor, wie die Öffnung dieses Tunnels auf die Größe eines Fünfmarkstücks zurückschrumpfte. Gleichzeitig mit ihrem Freund verschwanden auch ihre Bauchschmerzen. Bald darauf fing sie an, mit einem anderen, weniger aufdringlichen Mann auszugehen.

Die Arbeit mit dem zweiten Tunnel ist ein hervorragendes Mittel, unsere sexuellen und kreativen Energien am Leben zu erhalten. Sie hilft außerdem dabei, neue Projekte in Angriff zu nehmen und durchzuführen und undurchführbare aufzugeben.

Der dritte Krafttunnel

Der Solarplexus, wenige Zentimeter oberhalb des Nabels, ist der Ort, an dem der dritte Haupttunnel lokalisiert ist. Er ist gelb, und die von ihm erzeugte Energie bildet die dritte Schicht des Geistkörpers.

Dieser Tunnel wird mit Handeln, der Fähigkeit, sich durchzusetzen, »Bauch-Kraft« und dem Energiehaushalt des Körpers in Verbindung gebracht. Manche Menschen bedienen sich dieses Zentrums, um bei außerkörperlichen Erfahrungen, wie beispielsweise Astralreisen, den Körper zu verlassen und wieder in ihn zurückzukehren. Nicht selten erklären sie anschließend, »gesehen« zu haben, daß ihr Geistkörper durch eine »silberne Nabelschnur« mit ihrem physischen Leib verbunden war. Eine Reise durch diesen Tunnel konfrontiert den Schamanen oftmals mit bestimmten persönlichen Denkmustern, Vorstellungen oder falschen Auffassungen vom Wesen der Kraft sowie mit Hindernissen, die eine gezielte Anwendung dieser Kraft vereiteln können. Sind jedoch die furchterregenden Hüter dieses Zentrums erst einmal überwunden, erschließen sich uns Quellen wirklicher Macht, die sich als unschätzbarer Schlüssel zum Erfolg erweisen können.

Die Kräfte des dritten Tunnels können uns zu größerer Autorität und zu den Fähigkeiten eines guten Führers verhelfen oder auch einfach dazu, uns mehr Aufmerksamkeit zu verschaffen. Denken Sie an bekannte Opernsänger oder Dirigenten. *Sie* wissen, wie man erfolgreich Kraft durch diesen Tunnel abruft, und sie erreichen dadurch das von ihnen gewünschte Ziel – mag ihnen der dazu führende Vorgang nun bewußt sein oder auch nicht.

Der Buddha wird in der chinesischen Kunst mit einem sehr dicken Bauch dargestellt – im Fernen Osten ein Symbol großer Kraft und ausgewogener Energie. Tatsächlich spricht nichts dafür, daß Siddhartha Gautama, der Mann, der nach seiner Erleuchtung Buddha (»der Erwachte«) genannt wurde, dick gewesen sei.

Eine andere und feinere Aufgabe des dritten Kanals ist es, als eine Art Generator zu dienen und die Verteilung der Energie im ganzen Körper zu überwachen. Wir sprechen hier von der Energie, die unseren Geistkörper konstituiert. Obgleich sie nicht physikalisch meßbar ist, fühlen wir uns doch allgemein lustlos, müde und abgeschlagen, wenn sie nicht richtig funktioniert. Insbesondere vor oder nach einer Situation, die uns eine außergewöhnliche physische Anstrengung oder ein festes Auftreten abverlangt, ist es von entscheidender Wichtigkeit, daß wir den energetischen Zustand unseres dritten Krafttunnels überprüfen – desgleichen, wenn wir uns kraftlos oder erschöpft fühlen.

Tom, ein junger Börsenmakler, erzählte von einem Erlebnis, das ihn einiges über seinen dritten Tunnel lehrte. Ihm wurde eines

Tages bewußt, daß er jedesmal, wenn er seinen tüchtigen und ausgesprochen erfolgreichen älteren Bruder besuchte, seine Arme über der Magengegend verschränkt hielt. Während ihrer ganzen Kindheit und Jugend hatte Josh ihn dominiert. Nun begann Tom darauf zu achten, wie sich sein Solarplexus anfühlte, wenn sie beide zusammen waren.

Da er verstandesmäßig keine Erklärung für sein Verhalten fand, beschloß er, mit Hilfe seines Krafttieres einen Blick in den dritten Tunnel zu werfen. Was er sah, bestätigte seine Vermutung, daß hier irgend etwas nicht in Ordnung war. Direkt hinter dem Eingang zum Tunnel stand sein Bruder Josh und blockierte den Weg. Er wollte Tom nur für eine große Summe Geldes passieren lassen. Es war, als sei Josh im Besitz von Toms Kraft und ließe ihn nur gegen Bezahlung daran teilhaben. Nichts hatte sich seit ihrer Jugend geändert.

Tom wies sein Krafttier an, Josh hinauszuwerfen und von nun an nicht mehr hereinzulassen. Dann schrieb er seinen Namen überall an die Wände des Tunnels, um ihn als seinen Besitz zu kennzeichnen. Als er seinem Bruder das nächste Mal einen Besuch abstattete, fühlte sich sein Solarplexus hervorragend an. Interessanterweise entschuldigte sich Josh nach kurzer Zeit mit der Begründung, er müsse sich wegen dringender Geschäfte verabschieden.

Der vierte Krafttunnel

Der vierte Tunnel befindet sich im Brustbereich, in der Nähe des Herzens. Diese Öffnung wird mit Emotionen, Gefühlen, Vertrautheit, Selbstachtung und Sensibilität gegenüber unserer Umgebung assoziiert. Der vierte Tunnel verbindet die oberen und die unteren drei Tunnel und fungiert als eine Art Brücke oder Vermittler zwischen diesen beiden Dreiergruppen. Seine Farbe ist Grün, und die von ihm ausgestrahlte Energie bildet die mittlere Schicht des Geist-Selbst.

Der Schamane, der durch diesen Tunnel reisen möchte, begegnet nicht selten Zeichen und Symbolen für schmerzliche oder traurige Seelenzustände, die immer dazu tendieren, die Öffnung zu blokkieren. Jenseits dieser Hindernisse findet er jedoch in der Regel Inspiration und harmonische, befreiende Empfindungen.

Seit Marjorie diese schlimmen Auseinandersetzungen mit ihrer Mutter gehabt hatte, konnte sie einfach keine Beziehung mehr zu einer anderen Person aufbauen. Obgleich sie sich immer noch im Recht fühlte, war ihr all ihr Selbstvertrauen abhanden gekommen, und sie war keinerlei liebevoller Gefühle mehr fähig. Schließlich überprüfte sie ihre sieben Kanäle und stellte fest, daß der Herztunnel fest verschlossen war. Sie bat ihr Krafttier, ihr dabei zu helfen, ihn wieder zu öffnen, und als dies geschehen war, überwältigte Marjorie der Kummer. Während ihr die Tränen über das Gesicht rannen, hatte sie zum ersten Mal seit Jahren das Gefühl, wieder atmen zu können. Sie dachte daran, wie ihre Mutter einmal ihr Kätzchen weggegeben hatte zur Strafe dafür, daß ihre Tochter mit ihr gestritten hatte. Indem sie nun diese traurige Erinnerung freigab, war Marjorie auch wieder imstande, anderen Liebe entgegenzubringen. Und eines der ersten Dinge, die sie tat, war, sich ein kleines Kätzchen zu besorgen.

Diese Öffnung ist wahrscheinlich diejenige, welche die meiste Beachtung findet und welche am häufigsten benutzt wird. Wir alle benötigen nämlich, um Selbstvertrauen entwickeln zu können, Liebe und das Gefühl, von anderen akzeptiert zu werden. In der Regel sind wir alle empfänglich für die Reaktionen dieses Energiewirbels und die physischen Empfindungen, die er hervorruft. Nehmen Sie beispielsweise jemanden, der eine starke positive Ausstrahlung besitzt und den Sie für freundlich und großzügig halten. »Sehen« Sie diese Person nun einmal mit ihrer schamanischen *Schau*. Sie werden sich vermutlich von deren Herzgegend angezogen fühlen, da eben diese die Quelle all ihrer guten Eigenschaften ist. Umgekehrt verursachen dagegen Kummer und Schmerz »Herzleid« und Traurigkeit, die sich beide ebenfalls nicht selten in physischer Form in dieser Körperregion manifestieren. Das Schluchzen ist beispielsweise eine körperliche Reaktion auf das Freilassen einer Emotion aus dem vierten Tunnel. Da der vierte Kanal im wesentlichen emotionaler Natur ist, kann die Arbeit mit ihm ein wirklicher Schlüssel zum Erfolg werden. Gefühlsmäßige Interaktionen sind in der Regel stärker als solche, die vom Verstand her kommen. So kann die bewußte Aktivierung des vierten Tunnels von außerordentlichem Nutzen sein, wenn es darum geht, zu anderen Menschen eine Beziehung aufzubauen und zwischen ihnen und uns ein Band der Zuneigung zu knüpfen. Er kann uns auch insbesondere bei der Lösung eines Problems helfen, an dem auch andere Personen beteiligt sind.

Im vierten Tunnel können Kindheitserinnerungen aufbewahrt sein, die mit dem eigenen Selbstbild, dem Gefühl von Verlassenheit und Kummer zusammenhängen. Diese Öffnung ist in der Regel leichter verletzlich als die anderen, und es erweist sich nicht selten als notwendig, sie sorgsam zu beschützen.

Der fünfte Krafttunnel

Der fünfte Tunnel ist oberhalb der Brustgegend, in der Kehle lokalisiert, seine Farbe ist oft ein helles Blau, und seine Energie bildet die fünfte Schicht unseres Geistkörpers. Er steht in engem Zusammenhang mit schöpferischer Ausdruckskraft und der Fähigkeit zu »channeln«, das heißt, mit Geistern von Verstorbenen oder anderen Wesenheiten in Verbindung zu treten. Zu seinem Einflußbereich gehören auch das Innenohr und die Schädelbasis. Mit Hilfe des fünften Tunnels können wir unsere Fähigkeit, auf telepathischem Wege mit anderen Menschen zu kommunizieren sowie unsere eigenen inneren Botschaften zu vernehmen und anzuerkennen, in wesentlichem Maße steigern. Komiker, Redner, Lehrer und andere Personen, deren Beruf den ständigen direkten Umgang mit einer ganzen Reihe von Menschen erfordert, haben es gelernt, sich dieses fünften Zentrums – bewußt oder unbewußt – wirkungsvoll zu bedienen. Medien und andere Intuitive arbeiten ebenfalls hauptsächlich über den fünften Tunnel, vor allem auch deshalb, weil er mit dem Innenohr in Verbindung steht.

Zu den Hindernissen, die diesen Durchgang blockieren können, gehören Erinnerungen an lange zurückliegende Ereignisse, bei denen unser Wunsch nach Selbstdarstellung oder Kommunikation beschnitten wurde. Wenn wir also durch diesen Tunnel reisen, besteht durchaus die Möglichkeit, daß wir mit diesen Blockierungen, die sich als Dämonen, Drachen, Insekten und Tiere mit scharfen Zähnen darstellen können, konfrontiert werden.

Nicht zum Ausdruck gebrachte Emotionen, wie beispielsweise Ärger, verursachen eine Verengung dieses Kanals, die sich auf physischer Ebene zuweilen in Halsschmerzen oder einer heiseren Stimme manifestiert. Auch die möglicherweise auf Kindheitserfahrungen basierende Angst davor, zuviel Emotionen zu zeigen, könnte eine solche körperliche Reaktion hervorrufen. In jedem Fall sollten wir nach jeder Situation, in der wir nicht imstande gewesen sind, unsere Gefühle zum Ausdruck zu bringen, unseren fünften Kanal überprüfen. Ein solcher Checkup empfiehlt sich auch dann immer, wenn wir kurz davor stehen, unsere kommunikativen Fähigkeiten unter Beweis stellen zu müssen.

Der sechste Tunnel befindet sich zwischen den Augenbrauen, genau oberhalb der Nasenwurzel. Er ist die häufig auch als drittes Auge oder Ort der »schamanischen Schau« bekannte Öffnung. Indem wir diesen Durchgang benutzen, können wir in weite Fernen oder nahe Objekte stark vergrößert sehen. Die Ägypter stellten diesen Tunnel symbolisch in Form einer mit einem Band an der Stirn befestigten Schlange dar. Sie sollte die Fähigkeit repräsentieren, mikroskopartig in die Dinge hineinzuschauen.

Wenn wir es lernen, diesen Tunnel ganz nach Belieben zu benutzen, brauchen wir kein Mikroskop oder Röntgengerät, um durch Stoff, Knochen oder irgendeine andere Substanz hindurchzusehen. Die sechste Öffnung ermöglicht es uns, Krankheiten zu erkennen und zu wissen, welches Heilmittel dagegen anzuwenden ist. Andererseits läßt sich dieselbe Öffnung aber auch dazu benutzen, auf Reisen in – bildlich gesprochen – ferne Regionen zu gehen. In diesem Tunnel können uns Hindernisse begegnen, die uns das Sehen erschweren: Nebel, Dunkelheit, Trübheit. Zu den spezifischen Blokkierungen zählen auch Erinnerungen an lange zurückliegende Ereignisse, die in irgendeiner Weise unsere Fähigkeit zu sehen beeinträchtigten. Haben wir jedoch all solche Schwierigkeiten überwunden, stehen uns großartige visuelle Erfahrungen offen.

> Judith liebte es, Leute zu beobachten. Sie liebte Menschenmengen, liebte es, unterschiedliche Charaktere zu studieren, um deren Wesen zu ergründen. Abends aber verspürte sie oft Kopfschmerzen und einen Druck in der Stirngegend, die sie sich nicht erklären konnte. Erst als sie einiges über die Tunnel gelernt hatte, entdeckte Judith die Ursache für ihr Problem. Ihre auf andere Menschen bezogene, unstillbare Neugier bewirkte, daß sie so viele Informationen wie nur möglich in sich aufnahm. Sie neigte, mit anderen Worten, dazu, ihren sechsten Tunnel zu weit und zu lange zu öffnen – woraufhin sich die besagten physischen Reaktionen einstellten. Sie lernte es nun, die Öffnung zu überwachen, und die Kopfschmerzen verschwanden.

Wenn wir den sechsten Tunnel also zu weit öffnen, um eine für uns verwirrende Situation zu durchschauen und zu verstehen, kann die Folge eine physische Empfindung sein, die gewöhnlichen Kopfschmerzen ähnelt. Derartige Probleme sowie erhöhter Augendruck sind typische Fehlfunktionen des sechsten Tunnels und können mittels schamanischer Techniken geheilt werden.

Die mit dem sechsten Tunnel assoziierte Farbe ist Indigo, und die von ihm ausgehende Energie bildet eine der äußeren Schichten des Geistkörpers.

Der siebente Krafttunnel

Der siebte Krafttunnel ist am Scheitel lokalisiert, und manche Schamanen halten ihn für die Öffnung, durch welche der Geist bei der Geburt den physischen Körper betritt und ihn bei seinem Tod auch wieder verläßt. Die Hopis nennen diesen Durchgang *Kopavi*, was soviel bedeutet wie »die offene Tür«. Viele Schamanen glauben, daß ihr Geistkörper (ebenso wie ihr Krafttier) auf der ständigen Suche nach Kraft und Wissen durch diese siebte Öffnung im physischen Körper ein- und ausgeht. Kehren die Schamanen durch diesen Tunnel in ihren Körper zurück, bringen sie neugewonnenes Wissen und Energie mit sich, die dann in allen übrigen Tunneln verteilt werden kann.

Wie wir bereits in zweiten Kapitel erwähnten, wird die siebte Öffnung sowohl in der religiösen wie auch in der schamanischen Kunst als Aureole dargestellt, von der Lichtstrahlen ausströmen. Der sich durch alle Kulturkreise ziehende Brauch, sich vor »Höhergestellten« zu verbeugen, hat seinen Ursprung in der schamanischen Technik, Wissen, Energie, Kraft, Heilung oder verlorengegangene Schutzgeister buchstäblich in diese Öffnung »hineinzublasen«.

Alle zwei Jahre reiste Andrew nach Nordindien, um seinem Guru einen Besuch abzustatten. Jedesmal, wenn er sich wieder verabschiedete, rief ihn Guru Mataji zu sich und drückte seinen Scheitel gegen den seines Schülers. Und jedesmal war Andrew anschließend stundenlang fassungslos. In den auf den Abschied folgenden Tagen entdeckte er, daß er mehr Wissen besaß, als er es je für möglich gehalten hätte. Er sah die Welt durch die Augen seines Guru Mataji, und er war in Ekstase. Gleichzeitig fühlte er sich jedoch eine ganze Zeitlang völlig ungeerdet. Schließlich lernte Andrew es, seinen weit geöffneten Scheiteltunnel nach dem Abschied von seinem Guru wieder zu schließen. Auf diese Weise konnte er auch nach seiner Rückkehr in den Westen sein neugewonnenes Wissen bewahren und sich doch innerlich stabilisiert fühlen.

Der siebente Tunnel eignet sich hervorragend als Ausstieg aus dem Körper und Eingang in die Geisterwelt, da er mit dieser in sehr enger Beziehung steht und weil das durch ihn erlangte Wissen ausgesprochen spiritueller Natur ist. Die wenigsten Menschen werden sich jedoch seiner speziellen Funktion auch physisch bewußt. Bestenfalls spüren wir gelegentlich ein Kribbeln der Haut am Scheitel, wenn die siebte Öffnung sich erweitert oder zusammenzieht. Wir können es allerdings lernen, uns seiner Aktivität mehr bewußt zu werden, indem wir jeder Empfindung, die diese Region unseres Kopfes betrifft, größere Aufmerksamkeit schenken.

Die mit dem siebenten Tunnel assoziierte Farbe ist Violett; die von ihm ausgestrahlte Energie bildet die äußerste Schicht des Geistkörpers.

Am meisten werden Sie über Ihre verschiedenen Krafttunnel lernen, wenn Sie sie direkt erfahren und mit ihnen experimentieren. Hier folgt nun eine Übung, die Ihnen dabei helfen wird, sie einen nach dem anderen zu erforschen.

Übung Nummer 3: Erforschung der einzelnen Tunnel

Bedienen Sie sich stets der Reisemethode, wenn Sie mit einem oder mehreren Ihrer sieben Tunnel arbeiten möchten. Betreten Sie nie einen Tunnel ohne Begleitung eines Schutzgeistes oder Verbündeten. Diese Kraftwirbel sind hochenergetische Tore zur Geisterwelt, und Sie bedürfen dort unbedingt eines Führers. Stoßen Sie auf ein Hindernis, überlassen Sie es Ihrem Verbündeten, damit fertig zu werden. Insbesondere dann, wenn dieses Hindernis ausgesprochen unangenehmer Art ist, wenn es sich also beispielsweise um ein wildes Tier, ein Insekt oder auch um eine schleimartige Substanz handelt, versuchen Sie niemals, allein dagegen anzugehen.

Denken Sie daran, daß Sie sich vor Antritt einer solchen Reise möglichst gesund und stark fühlen sollten, um positive Resultate erzielen zu können. Haben Sie gerade eine Grippe, fühlen Sie sich depressiv oder sonstwie unwohl, empfiehlt es sich, lieber einen Freund zu bitten, die Reise für Sie zu unternehmen. Er kann sich einfach neben Sie legen, Sie an Schulter, Hüfte und Knöchel berühren und die nun folgenden Instruktionen befolgen. Was immer er nun erfährt oder entdeckt, wird ausschließlich Sie und Ihr Problem betreffen. Er kann auch sein eigenes Krafttier darum bitten, Sie in jeder Weise zu unterstützen. Sie müssen sich, während Ihr Freund auf

Reisen ist, lediglich ruhig verhalten. Anschließend können Sie sich dann mit ihm über seine Wahrnehmungen unterhalten.

Bei dieser Übung empfiehlt es sich, auf dem Rücken zu liegen. Sie können es sich aber auch in einem Sessel bequem machen – achten Sie nur darauf, daß Sie Ihr Rückgrat gerade halten. Entspannen Sie sich nun und schließen Sie die Augen. Lassen Sie ein Tonband mit Trommelmusik laufen oder einen Freund für Sie trommeln.

Erbitten Sie Hilfe und Führung von Ihrem Schutzgeist, Verbündeten oder Krafttier. Treffen Sie Ihren Führer am Eingang zu Ihrem Scheiteltunnel. Erklären Sie ihm, daß Sie einen bestimmten Tunnel erforschen möchten, oder teilen Sie ihm Ihr Problem mit und fragen Sie, welcher Tunnel dafür »zuständig« ist.

Laufen Sie dann den Scheiteltunnel unter Begleitung ihres Beschützers hinunter, bis Sie – auf Höhe Ihrer Stirn – den sechsten Tunnel erreichen. Ist es dieser, den Sie näher erkunden möchten, folgen Sie Ihrem Verbündeten hinein. Lassen Sie Ihren Führer alle Hindernisse aus dem Weg räumen, die Ihnen möglicherweise den Durchgang versperren.

Sie können jedoch auch zu einem der übrigen Tunnel weitergehen – zu ihrer Kehle, dem Herzen, dem Solarplexus, dem Bauch oder dem Ende der Wirbelsäule. Dringen Sie dann in den jeweiligen Tunnel vor, und lassen Sie die Dinge auf sich zukommen. Sie können sich in jedem Fall darauf verlassen, daß zwischen allem, was Sie dort erleben und erfahren, und den in dieser Körperregion aufbewahrten und zu dieser in Bezug stehenden Erinnerungen eine enge Verbindung besteht.

Kehren Sie wie immer rasch auf demselben Weg zu Ihrem Ausgangspunkt zurück. Vergessen Sie nicht, Ihrem Verbündeten für seine treuen Dienste zu danken.

Übung Nummer 3: Zusammenfassung

1. Legen Sie sich auf den Rücken oder setzen Sie sich bequem hin. Entspannen Sie sich und schließen Sie die Augen.
2. Erbitten Sie die Hilfe Ihres Schutzgeistes oder Krafttieres.
3. Treffen Sie Ihren Beschützer am Eingang des siebten Tunnels (Scheitel).
4. Erklären Sie ihm Ihr Problem. Fragen Sie ihn, welcher Tunnel dafür zuständig ist.
5. Betreten Sie den betreffenden Tunnel.
6. Erkunden Sie diesen Tunnel in voller Länge.
7. Kehren Sie auf demselben Weg zu Ihrem Ausgangspunkt zurück.
8. Danken Sie Ihrem Beschützer.

Die Bewachung und Beobachtung der Tunnel

Nur sehr wenige Menschen sind sich dieser sieben Haupttunnel tatsächlich bewußt. Wenn wir uns allerdings ein wenig mit der Körpersprache beschäftigen, werden wir feststellen, daß wir nicht selten ebendiese Öffnungen ganz automatisch mit den Händen, den Armen oder den Beinen bedecken. Wie oft können wir beobachten, daß jemand, der sich in irgendeiner Situation nicht wohl fühlt, die Arme über der Brust oder dem Solarplexus verschränkt? Andere fingern in der Gegend ihrer Kehle herum, wenn sie nicht wissen, was sie sagen sollen oder berühren ihre Stirn, wenn sie über irgend etwas nachgrübeln. Warum neigen wir denn unseren Kopf beim Beten oder um eine höhergestellte Person zu begrüßen? Warum falten wir die Hände vor der Brust, um Ehrfurcht auszudrücken oder zu beten? Oder haben Sie schon bemerkt, daß manche Menschen, wenn sie besonders nervös oder beunruhigt sind, die Hände auf ihrem Schoß verkrampft halten? Alle diese Verhaltensweisen bezeugen, daß wir – wenn auch völlig unbewußt – unsere Tunnel andauernd überwachen. Diese unbewußten physischen Methoden zur Bedeckung, Abschottung oder Kontrolle dieser sieben Öffnungen sind jedoch längst nicht so effektiv wie das bewußte Manipulieren und Bewachen der Tunnel mit Hilfe von Krafttieren.

Nach schamanischer Auffassung übertragen sich Informationen von einer Person auf die andere durch die Kraft und Intensität der diesbezüglichen Gedanken und Gefühle. Diese Gedanken und Gefühle werden durch die in den verschiedenen Tunneln herrschenden Aktivitäten erzeugt. Das Gehirn ist lediglich das physische Organ, das diese Kommunikation *organisiert*, sie aber keineswegs zustande kommen läßt.

Die sieben Haupttunnel im menschlichen Körper tauschen vermittels ihrer zahlreichen Verbindungsgänge kontinuierlich Informationen untereinander aus. Gleichzeitig fungieren sie als »Radiosender« und »-empfänger« für die verschiedenen Botschaften, die wir bewußt oder unbewußt an andere Personen aussenden oder von diesen erhalten. In der Regel sind solche Botschaften harmlos und nicht bedrohlich, zuweilen jedoch kann eine Sendung zu intensiv und energiereich für den jeweiligen Empfänger sein. Ist dies der Fall, erfolgt eine automatische körperliche Reaktion, die sich subjektiv als Unwohlsein oder objektiv als Abwehr- oder Verteidigungshaltung äußern kann. Besonders augenfällig ist dies, wenn eine dominante Persönlichkeit, beispielsweise ein Priester, dabei ist, eine Gruppe von Menschen zu schelten: Viele von ihnen halten dann die Arme über ihrem Solarplexus verschränkt.

Eine solch intensive Form der Kommunikation ist nicht immer klar erkennbar. So haben wir nach einem Gespräch mit jemandem, der zwar unauffällig, doch beharrlich herausfinden wollte, wie wir eine bestimmte Situation beurteilen, vielleicht starke Kopfschmerzen. Solche Leute klettern buchstäblich in unseren sechsten Tunnel hinein, um mit unseren Augen zu sehen. Ein solches Vorgehen ist im höchsten Grade aufdringlich, und wir sollten uns um unserer Gesundheit und inneren Ausgewogenheit willen unbedingt dagegen wehren. Oder aber wir fragen uns, wie wir so leicht auf jemanden hereinfallen konnten, der sich später als absoluter Windbeutel herausstellte. Er wußte eben, wie er unseren vierten Tunnel öffnen und in Besitz nehmen konnte. Erinnern Sie sich noch an die Geschichte der Frau, die jedesmal Bauchkrämpfe bekam, wenn sie einen bestimmten Mann getroffen hatte? Vielleicht sind Sie auch schon einmal mitten in der Nacht aufgewacht, weil Sie jemanden, den Sie am Tag gesehen hatten, nicht aus Ihrem Kopf verbannen konnten. Und so gibt es noch eine ganze Reihe weiterer Beispiele dafür, wie fremde Geister von uns Besitz ergreifen können – ein Eindringen, gegen das wir uns entschieden zur Wehr setzen sollten.

Es besteht ein grundlegender Unterschied zwischen wirklicher

Liebe und der Art aufdringlicher Aufmerksamkeit, die man zeitweise irrtümlich für wirkliche Zuneigung hält. Zu wirklicher Liebe gehört unbedingt Respekt für die Persönlichkeit des anderen. Man braucht in einem solchen Fall den Partner nicht zu manipulieren oder zu versuchen, mit ihm völlig zu verschmelzen, weil die Beziehung zu ihm auf Vertrauen und gegenseitiger Stärkung beruht. Lediglich in Extremsituationen, die die sofortige ungeteilte Aufmerksamkeit des anderen erforderlich machen, darf sich ein Partner auch einmal »aufdrängen«.

Wenn Sie Ihr Krafttier beauftragen, Ihre Tunnel zu bewachen und zu verteidigen, werden Sie kein Opfer unwillkommener Eindringlinge mehr sein. Sie können Ihrem Krafttier mitteilen, wann Sie allein bleiben möchten und wann Sie den Kontakt zu anderen Menschen wünschen. Die nun folgende Übung zeigt Ihnen, wie Sie Ihre Krafttunnel schützen und überwachen lassen können.

Übung Nummer 4:
Die Tunnel verteidigen

Entspannen Sie sich und schließen Sie die Augen. Überprüfen Sie mit Hilfe Ihrer schamanischen *Schau* jeden Ihrer sieben Tunnel – so, wie wir es Ihnen in der ersten Übung gezeigt haben.

Bitten Sie Ihr Schutztier oder Ihren Verbündeten, jedem Tunnel ein eigenes Krafttier zuzuteilen. Lassen Sie ihn solche Tiere aussuchen, die besonders gut dazu geeignet sind, den jeweiligen Tunnel zu bewachen, und die zu Ihrem Geistkörper in einer engen Beziehung stehen. Besprechen Sie dann mit jedem einzelnen Wächter Ihre Wünsche und Bedürfnisse und bitten Sie sie alle darum, Ihnen stets Meldung zu erstatten, wenn Sie sich unausgewogen fühlen oder ein Problem mit dem betreffenden Tunnel haben.

Tritt dann ein Problem auf, so bitten Sie sie, Ihnen schützend beizustehen und Ihnen zu helfen, im betroffenen Bereich neue Kraft anzusammeln. Wenn Sie also beispielsweise Kopfschmerzen haben, so bitten Sie die Wächter des sechsten und des siebten Tunnels, Ihnen mitzuteilen, wer im Augenblick an Sie denkt und warum er das tut. Bitten Sie sie darum, diese Person behutsam aus Ihrem Organismus zu entfernen und deren Aufmerksamkeit von Ihnen abzulenken.

Vergessen Sie nie, Ihren Wächtern zu danken. Wenn Sie möchten, daß Sie in Ihrer Nähe bleiben, sollten Sie sie regelmäßig um Hilfe bitten.

Übung Nummer 4: Zusammenfassung

1. Entspannen Sie sich und schließen Sie die Augen.
2. Überprüfen Sie Ihre sieben Tunnel mit Ihrer schamanischen *Schau*.
3. Bitten Sie um ein spezifisches Krafttier für jeden einzelnen Tunnel.
4. Besprechen Sie mit den sieben Wächtern Ihre Wünsche und Bedürfnisse.
5. Treten Probleme auf, so bitten Sie die jeweils zuständigen Krafttiere um Schutz und Hilfe.
6. Danken Sie Ihren Wächtern für ihre Hilfe.

Es ist jedoch nicht immer und bei jedem von uns nötig, alle Tunnel durch ein extra dafür abgestelltes Krafttier zusätzlich bewachen zu lassen. Es kann sogar so sein, daß ein übertriebener Schutz uns auf die Dauer der Fähigkeit beraubt, erwünschte Kontakte zu anderen Menschen aufzunehmen. Gerade wir Abendländer leiden beispielsweise sehr häufig unter chronischen Blockaden unseres vierten, also des Herztunnels. Die Folgen einer solchen Abschottung sind nicht selten Depressionen, Entfremdung, Isolation oder Einsamkeitsgefühle. Fühlen Sie sich also in irgendeinem Bereich zu verschlossen, bitten Sie Ihr Krafttier, Ihnen den betreffenden Tunnel mit Hilfe der in Übung Nummer 2 angegebenen Methoden zu öffnen.

Es gibt Zeiten, in denen wir zu einem bestimmten Menschen eine besonders enge Beziehung herstellen möchten, indem wir Botschaften zu einem seiner geistigen Tunnel schicken. Vielleicht wollen wir ihm Unterstützung oder Zuneigung übermitteln, während er beispielsweise eine Prüfung absolviert oder mitten in einer wichtigen Konferenz steckt oder aber einfach – aus welchem Grund auch immer – telefonisch nicht erreichbar ist. Hier folgt nun eine einfache Übung, die es Ihnen ermöglicht, mit jemandem zu kommunizieren, der sich augenblicklich nicht in Ihrer Nähe aufhält – ohne sich jedoch dessen Geistkörper unnötig aufzudrängen.

Übung Nummer 5:
Mit anderen kommunizieren

Entspannen Sie sich, schließen Sie die Augen und stimmen Sie sich in Ihre schamanische *Schau* ein. Die Konzentration auf den eigenen sechsten Tunnel (zwischen den Augenbrauen) erweist sich als ausgesprochen dienlich zur Entwicklung der schamanischen visionären Fähigkeiten.

Konzentrieren Sie sich nun mit Hilfe Ihrer schamanischen *Schau* auf den Tunnel der anderen Person, dem Sie Hilfe zukommen lassen oder mit dem Sie in Kontakt treten möchten. Ist Ihr Ansprechpartner also beispielsweise nervös, weil er eine Rede halten muß, so konzentrieren Sie Ihre Aufmerksamkeit am besten auf den Kehltunnel und schicken dorthin Ihre Botschaft.

Sprechen Sie dort mit dem betreffenden Menschen, gerade so, als stünde er vor Ihnen. Sie könnten beispielsweise sagen: »Entspann dich, du kannst dich gut ausdrücken, und du wirst alles Wissen und alle Informationen parat haben, die für einen hervorragenden Vortrag erforderlich sind. Sag ihnen X, Y, Z und so weiter.«

Beachten Sie aber bitte: Dringen Sie niemals in den Tunnel der anderen Person ein! Es ist nichts weiter nötig, als zu ihm (dem Tunnel) zu sprechen, und die betreffende Person oder ihr Schutzgeist wird Sie hören und entsprechend reagieren.

Denken Sie auch stets daran, den Betreffenden zu informieren, wenn Sie den Kontakt beenden wollen. Halten Sie Ihre Mitteilungen kurz: Sie möchten ihn ja schließlich nicht unnötig lange von einer wichtigen Arbeit abhalten! Er wird sich der Kontaktaufnahme vielleicht nicht bewußt werden, doch wird in diesem Fall sein Schutzgeist die Botschaft garantiert erhalten und weiterleiten.

Übung Nummer 5: Zusammenfassung

1. Entspannen Sie sich und schließen Sie die Augen.
2. Konzentrieren Sie sich mit Hilfe Ihrer schamanischen *Schau* auf einen Tunnel der anderen Person.
3. Sprechen Sie im Geiste mit ihm. Betreten Sie den Tunnel aber nicht.
4. Verabschieden Sie sich und beenden Sie den Kontakt.

Gelegentlich wird Sie jemand indirekt um Hilfe bezüglich eines seiner Tunnel bitten. So könnte Sie beispielsweise ein Freund fragen, ob Sie ihm wohl zeigen würden, wie er seine Intuition besser nutzen oder seine Visualisationsfähigkeit steigern kann. Mit Hilfe Ihrer schamanischen *Schau* können Sie sich nun den sechsten Tunnel des Betreffenden vorstellen und ihn genauer betrachten. Sagen Sie Ihrem Freund, was Sie sehen und warum seine Fähigkeiten gehemmt sind. Bitten Sie dann sein Krafttier, den Tunnel zu reinigen und Ihren Freund künftig bei seinen Bemühungen zu unterstützen. Ist sein Krafttier nicht zugegen, lassen Sie *Ihr* Krafttier diese Aufgabe erledigen.

Sie sollten jedoch niemals Ihre eigene Energie einsetzen oder aussenden, um jemandem zu helfen – denn niemand außer Ihnen kann sich dieser Energie bedienen. Jeder Mensch kann nur seine eigene Energie benutzen, um »Reparaturen vorzunehmen« oder zu innerem Gleichgewicht zu finden. Wenn wir uns unausgewogen, verwirrt oder krank fühlen, brauchen wir Zuspruch und Rat – aber keine fremden Substanzen, wie die Energie eines anderen Menschen. Verwenden Sie Ihre Energie also stets nur als Mittel zur Kommunikation. Die dazu benötigte Menge ist so gering, daß derjenige, dem Sie sie schikken, sie ohne Probleme assimilieren kann.

Wenn Sie allerdings versuchen, einen anderen Menschen zu heilen, indem Sie ihm reichliche Mengen Ihrer eigenen Energie schikken, so wird sich dieser nicht nur ausgelaugt und entmutigt fühlen, Sie werden sein Problem auch noch verschlimmern: Sie »übertünchen« es dann nämlich mit einer Energieschicht, welche die betreffende Person nicht verarbeiten kann. Bis sich der Betroffene ihrer endlich zu entledigen vermag, bleibt sie unter Umständen dort jahrelang liegen. Das ist der Grund, warum eine ganze Reihe sogenannter Helfer oder Heiler trotz allerbester Absichten letztlich mehr Schaden anrichten als Gutes bewirken.

Ein wirklich guter Schamane weiß, daß jede Heilung letztendlich in Wirklichkeit *Selbst*heilung bedeutet. Er kann die Schwierigkeit benennen, er kann die Problemzone angeben, er kann zu den Krafttieren oder Schutzgeistern des Kranken Kontakt aufnehmen und sich mit ihnen unterreden – aber dann muß er sich zurückziehen. Er erschöpft sich nicht selbst, und er ist auch nicht der Ansicht, daß er allein imstande ist, eine Heilung zu vollbringen. Er erfüllt lediglich die Funktion eines Maklers oder einer Hebamme – eines Vermittlers zwischen der Kraft der Geisterwelt und der physischen Realität.

Neuntes Kapitel

Die heilige Hochzeit: Die Entdeckung des Gleichgewichts

Kopf-, Herz- und Bauchmenschen

Es waren einmal drei Schwestern. Die erste war intelligent, wußte viel und konnte sich gut ausdrücken. Sie war eine rechte Leseratte und wußte mit großem Scharfsinn über philosophische, politische und wirtschaftliche Themen zu diskutieren.
Die zweite Schwester war Schauspielerin, mit einem ausgeprägten Hang zur Dramatik, der sich im Leben ebenso äußerte wie auf der Bühne. Sie konnte gleichsam auf Knopfdruck weinen und mit derselben Leichtigkeit in schallendes Gelächter ausbrechen. Da sie ein wenig sensitiv veranlagt war, wußte sie irgendwie immer, was als nächstes geschehen würde.
Die dritte Schwester aber war ein regelrechter Wirbelwind und ununterbrochen in Aktion. Sie liebte das Abenteuer und die ständigen Wirren des Lebens. Man sagte von ihr, sie könne niemals stillsitzen.
Nun geschah es, daß sich alle drei Schwestern in denselben Mann verliebten, einen geheimnisvollen Mann, über dessen Vergangenheit niemand etwas wußte. Er widmete jeder von ihnen gleich viel Aufmerksamkeit und ging auch abwechselnd mit allen dreien aus. Dieses Verhalten führte zu viel Streit und bösem Blut zwischen den Schwestern.
Eines Tages verschwand der geheimnisvolle Mann und ließ die drei Mädchen ohne ein Abschiedswort zurück. Die intellektuelle Schwester vergrub sich in ihre Bücher. Die emotionale Schwester zerfloß in Tränen und führte dann ihr »dramatisches« Leben in potenzierter Form weiter. Die abenteuerlustige Schwester verlor sich in endloser Aktivität. Und wiederum stritten die Schwestern miteinander, und jede von ihnen behauptete, ihre eigene Art und Weise, mit dem Verlust fertig zu werden, sei die beste.
Schließlich gingen sie zu einer weisen alten Frau, von der man ihnen erzählt hatte, in der Hoffnung, von ihr etwas über den Verbleib des geheimnisvollen Mannes zu erfahren. Die weise Frau hörte sich zunächst von jeder der Schwestern an, was sie zu sagen

hatte, versammelte sie dann alle drei bei sich und befragte sie nacheinander: »Wenn ein Feuer in eurem Haus ausbräche, was würdest du dann tun?« Die erste Schwester sagte: »Ich würde zunächst versuchen herauszufinden, wo genau der Brandherd ist, und dann die Feuerwehr alarmieren.« Die zweite Schwester sagte: »Ich wüßte schon im voraus, daß ein Feuer ausbrechen wird, und würde losschreien, um die anderen zu warnen.« Die dritte Schwester sagte: »Ich würde mir ein paar Laken holen, sie aneinander knoten und mich und die anderen an diesem Seil herablassen und so in Sicherheit bringen.« »Wer von euch hat nun recht?« fragte die alte Frau freundlich. Und wieder meinte jede der Schwestern, ihre Methode sei die beste.

Die alte Frau lächelte: »Jede eurer Methoden ist notwendig, und jede ist unvollständig ohne die anderen. Zusammen ergebt ihr ein wirklich leistungsfähiges Team.« Dann fragten die Schwestern: »Aber was ist mit unserem geheimnisvollen Mann?« Wieder sprach die alte Frau: »Er war ein Teil von euch, der nach einer vollkommenen Frau suchte, nicht nach drei miteinander streitenden Teilen. Aber er hat bewirkt, daß ihr euch näher mit euch selbst, mit euren Charakteren und Verhaltensweisen beschäftigt habt. Jede von euch ist sehr talentiert. Aber ihr habt nie zusammengehalten und eure Talente vereinigt. Er wird zurückkehren, wenn ihr wie *eine* Person geworden seid. Nun geht.« Die alte Frau lächelte wissend in sich hinein.

Wir leben in einer Welt voll unglaublicher Vielfalt und unendlicher Kreativität. Sowohl die gewöhnliche Welt als auch die Welt der Geister enthalten Myriaden von Formen und Typen, selbst innerhalb ein und derselben Art. Der Schamane weiß, daß jedes Wesen, mag es sich dabei um den Geist eines Gebirges oder den eines Marienkäfers handeln, bestimmte Aufgaben und Pflichten zu erledigen hat. Jede Art hat ihre Spezialisten, die dazu beitragen, die dynamische Spannung zwischen der gewöhnlichen Welt und der nicht-gewöhnlichen Wirklichkeit aufrechtzuerhalten. In der mineralischen Welt gibt es harte Metalle und weiche Metalle, leichtes vulkanisches Gestein und schweren Granit, scharfe Kristalle und glatten, geschmeidigen Talk. Auch Pflanzen äußern ihre Verschiedenartigkeit nicht nur durch ihre Größe und Form, sondern auch durch ihre Farbe, Struktur und Funktion. Insekten, Lurche, Reptilien, Vögel und Säugetiere nehmen alle ihren Platz in ihrer natürlichen Umgebung ein und leisten damit ihren Beitrag zum großen Ganzen.

Die Schamanen wissen, daß diese Vielfalt nicht nur in der Welt der gewöhnlichen Wirklichkeit, sondern auch in allen Reichen der Geisterwelt zu finden ist. Die Ober-, Mittel- und Unterwelt spiegeln jede auf ihre Weise die ungeheure Kreativität unserer gewöhnlichen Welt wider. Im Reich der Materie hat jeder Felsen eine unterschiedliche Form, Größe und Farbe, und in der Geisterwelt hat jeder von ihnen eine einzigartige »Prägung« und ein einzigartiges Energiemuster. Während es so ist, daß alle dem Kraftgewebe zugrunde liegenden Geister ein und dasselbe sind, hat jeder von ihnen »an der Oberfläche« doch seine eigene Ausprägung und seinen eigenen Charakter.

Auf allen Wirklichkeitsebenen gibt es Kategorien, die Gruppen ähnlicher Typen in einer Art oder »Wesensklasse« zusammenfassen. So gibt es beispielsweise im Bienenstock Gruppen von Bienen unterschiedlichen Temperaments, die im Laufe ihres Lebens unterschiedliche Aufgaben übernehmen. Aggressivere fungieren deshalb als Wächter und Krieger und beschützen die Königin und den ganzen Bienenstock. Andere eignen sich besser als Diener und werden dazu abgestellt, sich um die Larven zu kümmern. Wieder andere sind dazu bestimmt, Wachs zu produzieren und durch den Bau immer neuer Waben dafür zu sorgen, daß genügend Platz für den Honig und die Larven vorhanden ist.

Angesichts einer solchen Vielfalt in allen Welten ist es nur natürlich, auch bei uns Menschen nach Unterschieden zu suchen. Und wie bei allen anderen Lebewesen finden sich tatsächlich auch bei uns Klassen und Gruppen von Menschen, die sich ihrer Wesenart oder ihrem Typus nach als Spezialisten für jeweils bestimmte Aufgaben erweisen und letztlich alle dazu beitragen, daß wir als Gattung überleben können. Die Fähigkeit, mit unterschiedlich spezialisierten Menschen adäquat zu reden, ist der Schlüssel zur erfolgreichen Kommunikation. Ebenso wichtig ist es, daß wir unser eigenes Spezialgebiet herausfinden und uns damit vertraut machen. Zudem ist es so, daß zusätzlich zur jeweiligen »Spezialität« in jedem von uns auch Elemente aller übrigen Fähigkeiten und Seinsweisen stecken. So sollten wir letztlich dazu gelangen – bei gleichzeitiger Ausübung und Vervollkommnung unserer jeweiligen Talente –, alle unsere brachliegenden, uns weniger vertrauten Fähigkeiten ins Bewußtsein zu heben und zu entwickeln. Auf diese Weise nähern wir uns dem von allen Schamanen angestrebten Zustand der Ausgewogenheit immer mehr an.

Betrachten wir nun eine der verschiedenen möglichen Ebenen menschlicher Spezialisierung. Die Typen, die wir im folgenden beschreiben werden, gehören nicht ausschließlich der Welt des Schamanismus an, sondern werden – mehr oder weniger explizit – auch in einer großen Anzahl mystischer Traditionen erwähnt. Zur Charakterisierung dieser unterschiedlichen »Menschenarten« und Seinsweisen wollen wir uns der Terminologie der Navajo-Indianer bedienen.

Denken Sie sich den menschlichen Körper als ein großes Land, dessen natürliche Grenzen unsere Haut bildet. Stellen Sie sich weiterhin vor, daß alle wichtigen Organe große Städte sind, Drüsen und kleinere Organe aber Städtchen und Dörfer. Die Hauptarterien und -venen sind die Autobahnen und Bundesstraßen, welche die Städte miteinander verbinden, während die Nerven die Kommunikation zwischen diesen verschiedenen Zentren ermöglichen. Diese Städte, Dörfer und Straßen liegen in etwa bei jedem Menschen an der gleichen Stelle, die individuellen Unterschiede betreffen lediglich deren Größe, Kraft und Ausprägung. Bei manchen Menschen ist das Gehirn die »Hauptstadt«, bei anderen ist es das Herz, und wieder bei anderen ist der Bauch »Sitz der Regierung«. Grob gesprochen gibt es also drei verschiedene Menschenkategorien: Die »Kopfmenschen«, die »Herzmenschen« und die »Bauchmenschen«. Aus schamanischer Sicht liegt der Schlüssel zu Kraft und Weisheit im Wissen um die Funktionsweisen dieser drei Gruppen.

Die Zugehörigkeit zu einer dieser drei Klassen bestimmt auch, wie ein Mensch in einer beliebigen Situation reagiert. Ein Kopfmensch reagiert auf jeden äußeren Reiz mit Nachdenken, ein Herzmensch mit Emotionen und ein Bauchmensch mit Handlungen. Hier folgt nun eine etwas detailliertere Beschreibung der drei Kategorien in Verbindung mit einigen Hinweisen zur effektiveren Kommunikation mit jedem einzelnen Typus. Halten Sie sich bitte gegenwärtig, daß einer dieser Typen ihr eigener ist – und daß Selbsterkenntnis der Weg zu größerer innerer Ausgewogenheit ist.

Typ	**Vorherrschende Funktion**	**Stärken**	**Schwächen**
Kopf	Denken	analytisch; sprachbegabt; logisch; philosophisch; intelligent	langsam im Handeln; kalt; unnahbar; entfremdet
Herz	Fühlen	intuitiv; von rascher Auffassungsgabe; ausdrucksfähig; einfühlsam	irrational; subjektiv; sentimental
Bauch	Handeln	koordiniert; athletisch; aktiv; instinktsicher	impulsiv; stürmisch; unkontrolliert

Kopfmenschen

Kopfmenschen sind solche, die ihr Gehirn und ihre Stimmbänder zu ihrem Hauptwerkzeug gemacht haben. Gedanken und Worte stehen bei ihnen an allererster Stelle. Kopfmenschen sind für ihren großen Wortschatz bekannt sowie für ihre Fähigkeit, sich sehr gut und treffend auszudrücken. Die relativ langsame, aber exakte Verknüpfung von Begriffen ist ihr primäres Mittel, um Erfahrungen zu verarbeiten und weiterzugeben. Sie sind diejenigen Redner und Schriftsteller, deren Stärke in analytischem Denken, Logik und Philosophie liegt. Ihre Neigung, alle Erfahrungen in mundgerechte »Sprachbrocken« zu zerstückeln, gibt ihnen die Möglichkeit, ein Problem in seine Bestandteile zerlegen, um so an dessen eigentlichen Kern zu gelangen. Auf diese Weise sind sie imstande, Situationen begrifflich zu durchdringen und deren Ursachen zu erkennen. Diese Fähigkeit macht sie zu guten Wissenschaftlern, Forschern und Geschäftsleuten.

Kopfmenschen lieben es zu begründen, warum sie dies oder jenes tun, und sie erwarten von jedem ein ebensolches Verhalten. Sie denken in linearen zeitlichen Kategorien, und sie verlangen von jeder Äußerung, daß sie logisch sei. Ihre Lieblingsfrage ist: »Warum?« Sie sagen: »Ich will Antworten.« Auf Kopfmenschen darf man nicht mit einem Gefühl oder einer Emotion reagieren und erwarten, daß sie sich damit zufriedengeben. In extremeren Situationen neigen sie dazu, Gefühlsäußerungen als hysterisch, irrelevant oder störend abzutun. Sie begegnen Gefühlen allgemein mit Mißtrauen.

Kopfleute sind raschem Handeln abgeneigt. Sie sind eher dafür, ein Problem gründlich zu überdenken und zu analysieren, bevor sie aktiv werden. Für sie ist es wesentlich interessanter, über eine Sache nachzudenken oder über sie zu reden als sie tatsächlich in Angriff zu nehmen. Sie sind daher gute Planer, aber keine guten Produzenten – es sei denn das Produkt ist ein Artikel, ein Buch oder eine Rede.

Diese Neigungen können im Extremfall dazu führen, daß Kopfmenschen jeglichen Kontakt zu ihrem Herzen und ihrem Bauch verlieren. Die Hauptstadt ihres Landes liegt in der fernen Region des Kopfes, und die übrigen Städte werden schlechthin ignoriert oder spielen doch eine sehr untergeordnete Rolle. Kopfmenschen verstricken sich nicht selten in endlosen Analysen, bei denen das Herz kein Mitspracherecht hat und das menschliche Element vernachlässigt wird. So schneiden sie sich auch von der Möglichkeit ab, aktiv zu handeln – was ja die Haupteigenschaft der Bauchmenschen ist.

Für Kopfmenschen ist das Herz eine Satellitenstadt, deren einzige Daseinsberechtigung darin besteht, der Hauptstadt Hilfsdienste zu leisten. Gefühle und Emotionen werden nur in Verbindung mit Gedanken erfahren. Kopfleute neigen also mit anderen Worten dazu, sich über ihre Gedanken Sorgen zu machen. Ebenso wie das Herz ist auch der Bauch lediglich ein Satellit ihres Kopfes, und alle ihre Handlungen sind somit nur das Resultat von Gedanken.

Wie man mit Kopfmenschen umgeht

Hier nun einige Tips, wie Sie mit Kopfleuten zurechtkommen können:

- Zunächst einmal müssen Sie einen Kopfmenschen stets als ersten zu Wort kommen lassen – dann fühlt er sich gleich wohler. Dies gilt ganz besonders, wenn er gerade von einer (schamanischen) Reise zurückgekehrt ist. Lassen Sie ihn jedoch nicht endlos reden. Hören Sie bis zu einem bestimmten Punkt zu, und kommen Sie dann zu einer Entscheidung oder einem Schluß.

- Versuchen Sie, ihm dabei zu helfen, von der reinen Theorie zur praktischen Erfahrung zu gelangen.

- Haben Sie Geduld, und versuchen Sie nicht, zu schnell vorzugehen. Kopfmenschen neigen dazu, alles eher langsam zu verarbeiten. Sie denken in Worten, und das braucht seine Zeit.

- Wenn Kopfmenschen ein echtes Problem haben, dann sind ihre Gefühle und Handlungen der letzte »Ort«, an dem sie nach einer Lösung suchen würden. Stirbt ein ihnen nahestehender, geliebter Mensch, werden sie sich nicht ihrem Kummer hingeben, sondern sich endlose Gedanken machen über all die Folgen, die dieses Ereignis voraussichtlich nach sich ziehen wird. Sie brauchen in einem solchen Fall freundlich gebotene Hilfe und müssen dazu gebracht werden, alle verdrängten Gefühle zuzulassen. Ist dies erst einmal geschehen, benötigen sie oft auch Unterstützung, um geeignete Maßnahmen ergreifen zu können.

- Kopfmenschen sind stolz auf ihre Ideen, ihren scharfen Verstand und ihre analytischen Fähigkeiten. Denken Sie stets daran, sie wegen dieser ihrer Talente zu loben. Geben Sie ihnen konkrete Instruktionen und einen festen Rahmen. Das mögen sie.

- Kopfmenschen sind außerordentlich gut darin, sich an Details einer Vision oder Reise zu erinnern. Es ist jedoch durchaus möglich, daß sie Hilfe dabei brauchen, sich der Gefühlsnuancen der betreffenden Erfahrung zu entsinnen, die möglicherweise erst deren Sinn deutlich werden lassen. Sie haben durchaus emotionale Erlebnisse - sie neigen nur aus Gewohnheit dazu, sie unterzubewerten oder gar ganz zu ignorieren.

- Kopfmenschen können durch körperliche Bewegung, durch aktives Handeln (Bauch), Musikhören und Singen (Herz) zu größerer innerer Ausgewogenheit gelangen. Andererseits sind sie ausgesprochen unglücklich, beraubt man sie der Möglichkeit zu lesen, zu schreiben oder sich an philosophischen Diskussionen zu beteiligen.

Herzmenschen

Herzmenschen betonen die Herz- und Lungenregion ihres Körpers. *Sie* ist für sie das politische und wirtschaftliche Zentrum des Landes, Kopf und Unterkörper spielen dagegen nur eine untergeordnete Rolle. Gefühle, Emotionen und Inspiration gelten in ihrem Reich als ausschließliches Zahlungsmittel und verdienen ihrer Ansicht nach höchste Aufmerksamkeit.

Herzmenschen sind ausgesprochen aufnahmefähig und in der Lage, eine Situation oder ein Problem sehr schnell einzuschätzen. Sie verarbeiten nicht, wie die Kopfleute, begrifflich-verbal, sondern durch direkte Wahrnehmung. Sie können einen Raum betreten und im selben Augenblick wissen, daß irgend etwas dort nicht stimmt oder falsch läuft. Sie erkennen auch unmittelbar, wem sie ihr Vertrauen schenken können und wem sie besser aus dem Weg gehen sollten. Schwierigkeiten bereitet es ihnen allerdings, ihre Ahnungen und Empfindungen sich selbst oder anderen zu erklären. Ihre Art von Erkenntnis ist von einer verschwommeneren und weniger präzisen Art als die der Kopfmenschen.

Herzmenschen verarbeiten ihre Erfahrungen nicht linear, diskursiv, sondern auf eine eher »mehrdimensionale« (flächenhafte oder räumliche) Weise, die sich jeder logischen Bestimmung entzieht. Sie springen rasch und mühelos zwischen Zukunft, Vergangenheit und Gegenwart hin und her und vermischen die Zeitebenen, um zu einem Schluß zu kommen. Mit ihren »verrückten« Methoden und ihrer unheimlichen Fähigkeit, trotzdem beinahe immer den Kern der Sache zu treffen, treiben sie Kopfmenschen oft genug zum Wahnsinn.

Folgendes sollten Sie bedenken: Herzmenschen können eine Situation in der Regel dann sehr gut einschätzen, wenn diese sie innerlich nicht allzusehr betrifft oder ihr Ausgang für sie von keiner allzu großen Bedeutung ist. Eine Angelegenheit emotional wahrzunehmen ist *nicht* dasselbe, wie sich mit ihr gefühlsmäßig zu identifizieren, an ihr »hängenzubleiben«. »Hängen« kann man an allem: ein Kopfmensch an seinen Ideen, ein Handlungsmensch an seinen Aktivitäten und ein Herzmensch an seinen Gefühlen.

Herzmenschen betrachten in der Regel ihre »Kopfstadt« als hinterste Provinz und wenden sich nur dann an sie, wenn ein Gefühl analysiert werden muß. Deshalb denken und reden sie auch dann über ihre Gefühle, wenn diese im Augenblick überhaupt gar nicht aktuell sind. Für Herzmenschen dient die »Bauchstadt« lediglich dazu, Gefühle auszuleben, wie beispielsweise durch Theaterspielen, Tanzen oder spontane Einkäufe.

Ihre Sentimentalität und die Subjektivität ihrer Gefühle können Herzmenschen leicht in Schwierigkeiten bringen. Manches Mal halten sie ein Gefühl für eine objektive Wahrnehmung und gelangen so zu falschen Schlußfolgerungen und Fehleinschätzungen. Auch blokkieren sie sich nicht selten selbst die Straßen, die zu ihrem Kopf führen, und sind daher nicht imstande, bestimmte Situationen zu begreifen oder zu analysieren. Wenn sie sich zusätzlich noch, was leicht geschehen kann, von ihrem Bauch distanzieren, bleiben sie, da nunmehr völlig handlungsunfähig, in ihren Emotionen stecken und verlieren die Möglichkeit, neue Erfahrungen zu machen.

Wie man mit Herzmenschen umgeht

- Erlauben Sie dem Herzmenschen zunächst einmal, seinen Gefühlen Ausdruck zu verleihen, ob Sie nun darin einen Sinn sehen oder nicht. Halten Sie ihn dann nach und nach zu ein wenig mehr Objektivität an, indem Sie sachliche Fragen stellen und ein begriffliches »Gerüst« oder Bezugssystem aufbauen.

- Helfen Sie ihm, sich auf die Kraft und Stärke seiner unteren Körperhälfte zu konzentrieren und zwar insbesondere auf die Beine. Das wird ihn dabei unterstützen, sich auf dasjenige Körperteil zu »gründen«, der jede konkrete Handlung in wesentlichem Maße mitträgt und chaotische emotionale Überreaktionen einschränkt.

- Sie werden einen Herzmenschen nie dazu bringen, einem festgelegten und wohldurchdachten Plan zu folgen. Entweder wird er es schon aus reiner Opposition nicht tun, oder er ist einfach nicht dazu imstande, und Zwang würde lediglich unerfreuliche Ergebnisse zeitigen. Was Sie allerdings tun können, ist, darauf bestehen, daß er sich für die Erledigung jeder notwendigen Aufgabe eine bestimmte Frist setzt und diese auch einhält. Lassen Sie sich dies immer schriftlich bestätigen.

- Vertrauen Sie einem Herzmenschen, wenn er eine plötzliche Ahnung oder Empfindung hat. Er hat vermutlich recht, auch wenn es Ihnen verrückt vorkommt.

- Herzmenschen sind nicht selten große Künstler und Dichter. Bedienen Sie sich einer bildhaften, metaphorischen Ausdrucksweise, wenn Sie ihnen etwas verständlich machen oder sie dazu bringen wollen, an bestimmten Aktivitäten teilzunehmen. Noch besser ist es oft, ganz auf Worte zu verzichten und sich lieber auf die Überzeugungskraft sinnlicher Mittel, wie beispielsweise Bilder, zu verlassen. Herzmenschen sind sehr empfänglich für Farben, Formen und Muster.

- Herzmenschen sind in der Regel sehr gut im schamanischen Reisen, doch neigen sie nicht selten dazu, ihre Erfahrungen übermäßig zu dramatisieren und zuweilen auch zu verzerren. Helfen Sie ihnen dabei, genau zu formulieren, was sie erlebt haben. Lassen Sie sich die Ereignisse durch Gesten und Bewegungen anschaulich vorführen.

- Herzmenschen sind ausgesprochen einfühlsam, sie können sich aber leicht über Gebühr mit den eigenen Problemen oder auch denen anderer Menschen identifizieren. Helfen sie ihnen dabei zu erkennen, daß alle Probleme in Wirklichkeit Herausforderungen sind, die uns die Gelegenheit zu weiterem inneren Wachstum bieten.

- Herzmenschen können dadurch zu größerer Ausgewogenheit gelangen, daß sie sich einerseits körperlich betätigen (Bauch) und andererseits lesen oder sich mit Mathematik beschäftigen (Kopf). Beraubt man sie jedoch der Möglichkeit, sich emotional auszudrücken, können sie leicht in Wut geraten.

Bauchmenschen sind vorwiegend auf die handlungsorientierten Kräfte des Solarplexus und des Unterkörpers fixiert. Ihr Reich wird durch Aktion und Produktion regiert. Alle Gedanken und Emotionen werden durch ein »Handlungs-Sieb« gefiltert. Alle Ideen und Gefühle stehen im Dienste der Aktivität.

Bauchmenschen besitzen große natürliche Anmut und haben zumindest die Anlage zu einer athletischen Physis. Sie wissen ihren Körper instinktiv einzusetzen, ohne dazu Gedanken und Gefühle zu Rate ziehen zu müssen. Auch wissen sie mit Maschinen und Werkzeugen so gut Bescheid, daß sie imstande sind, Arbeitsprozesse durch geeignete Maßnahmen zu verkürzen und effektiver zu gestalten. Sie sind nicht selten hervorragende Piloten, Athleten, Ingenieure, Werkzeughersteller, Designer und Schlagzeuger.

Bauchmenschen sind die »Macher« schlechthin. Es fällt ihnen schwer, stillzusitzen, und sie sind nicht glücklich, wenn sie nicht auf Reisen gehen können – und sei es auch nur in Gedanken oder mit ihren Gefühlen. Wenn sie sich physisch nicht bewegen können, stellen sie sich nicht selten vor, daß sie bestimmte Dinge tun oder an einen beliebigen Ort reisen. Selbst ihre Emotionen treiben sie zur Bewegung oder zum körperlichen Abreagieren.

Bauchmenschen bedienen sich ihres Herzens, um ihren Bewegungen emotionalen Ausdruck zu verleihen, etwa durch Tanz oder Gesten und Mimik. Ihren Kopf stellen sie, etwa als Choreographen oder Ingenieure, dazu ab, über bestimmte Bewegungen nachzudenken und sie zu analysieren. Fällt ihnen etwas ein, möchten sie es am liebsten sofort in die Tat umsetzen. Zu philosophieren liegt ihnen nicht. Was sie wollen sind Leistung und Resultate.

Blockieren Bauchmenschen aber die Wege zu Kopf und Herz vollständig, werden sie leicht zu Robotern und bloßen Arbeitsmaschinen und können – durch völlig gedanken- und gefühlloses Handeln – im Extremfall für sich und ihre Mitmenschen eine echte Gefahr darstellen. Sie verstricken sich in planlosen Aktionen und produzieren unentwegt ohne eigentlich vernünftigen Grund und ohne Rücksicht auf die Bedürfnisse des großen Ganzen. Leider neigen Bauchmenschen aufgrund ihres impulsiven Charakters oft auch zu den verschiedensten Formen von Suchtverhalten. Ein unbequemes Gefühl oder unangenehme Gedanken können sie leicht dazu verleiten, sich dem Alkohol oder einer anderen Droge zu ergeben. Dies ist einer der Gründe, warum gerade Athleten nicht selten Suchtprobleme haben.

- Bauchmenschen benötigen viel Freiraum. Sie hassen es, wenn ihnen Grenzen gesetzt oder sie in irgendeiner Form gehemmt werden. Sperren Sie sie daher niemals ein. Teilen Sie ihnen Aufgaben zu, bei denen sie laufen, fahren, fliegen oder sich ganz allgemein bewegen können.

- Geben Sie Bauchmenschen möglichst oft die Gelegenheit, ihren Körper einzusetzen. Wenn Sie ihnen etwas beibringen möchten, lassen Sie sie zunächst die dazugehörigen Bewegungen ausführen. Sie lernen sehr viel besser »kinästhetisch« als durch den Einsatz von Worten oder Bildern. Sie reagieren positiv auf dreidimensionale Modelle, an denen man zur Demonstration ihrer Funktionsweise gegebenenfalls auch Veränderungen vornehmen kann.

- Loben Sie Bauchmenschen für ihre unglaubliche physische Anmut und bewundern Sie sie für ihre körperlichen Fähigkeiten. Wem schließlich außer ihnen würden Sie im Notfall das Flugzeug anvertrauen?

- Ein Bauchmensch erinnert sich sehr gut an Empfindungen und Bewegungen. Im Anschluß an schamanische Reisen lassen Sie ihn zunächst die ausgeführten Handlungen beschreiben: Unterstützen Sie ihn dann darin, auch die damit einhergegangenen Gefühle und deren Bedeutung zu identifizieren. Bauchmenschen haben durchaus Gefühle – sie messen ihnen lediglich keine oder nur sehr geringe Bedeutung bei.

- Bauchmenschen können impulsiv, spontan und manchmal auch streitlustig sein. Lernen Sie von ihrer Spontaneität und loben Sie sie dafür. Helfen Sie ihnen dabei, den Kontakt zu ihren tieferen Gefühlen und Emotionen herzustellen, bevor ihre Veranlagung selbstzerstörerische Züge annimmt. Ermutigen Sie sie dazu, bevor sie eine Aufgabe in Angriff nehmen, sich – und wenn auch nur für einige wenige Augenblicke – darüber Gedanken zu machen. Helfen Sie ihnen dabei, eher dynamisch als ungeduldig oder drängend zu sein.

- Bauchmenschen gelangen dadurch zu größerer Ausgeglichenheit, daß sie Musik hören, tanzen (Herz) oder lesen (Kopf). Das

Schlimmste für sie ist, keine Möglichkeit zu haben, sich zu bewegen – und sei es auch nur mit ihren Gedanken und ihren Gefühlen.

Unterarten

Jeder von uns ist im wesentlichen auf eine der drei genannten Kategorien spezialisiert: den Kopf, das Herz oder den Bauch. Es ist jedoch möglich, daß wir uns zudem noch einer der beiden anderen »Spezialistengruppen« – wenn auch in weniger starkem Maße – zugehörig fühlen. Wenn Sie also im Prinzip ein Herzmensch sind, könnten Sie trotzdem noch recht gut in »Kopfdingen«, aber sehr schlecht in bezug auf körperliche Aktivitäten sein. Sind Sie ein Kopfmensch, haben Sie möglicherweise gute Verbindungen zu ihrer Bauchregion, aber kaum eine Beziehung zu ihrem Herzen. Die folgende Tabelle gibt Ihnen eine übersichtliche Zusammenstellung der möglichen Kombinationen und ihrer spezifischen Weise, in der Welt zu wirken. Hier sind die sechs möglichen Unterarten:

Unterart	**schwächste Funktion**	**Stärke**	**Schwäche**
emotionaler Kopfmensch	Handeln	einfühlsam	sorgt sich
aktiver Kopfmensch	Fühlen	geistig produktiv	besessen
denkender Herzmensch	Handeln	dichterisch	introvertiert
aktiver Herzmensch	Denken	ausdrucksstark	melodramatisch
denkender Bauchmensch	Fühlen	produktiv	rücksichtslos
emotionaler Bauchmensch	Denken	dynamisch	impulsiv

Unsere Spezialisierung und Unterart verleihen der Welt ihre Mannigfaltigkeit und stellen sicher, daß es Experten für alle Bereiche des Lebens gibt.

Kopf, Herz und Bauch sind allerdings nicht dafür gedacht, vollkommen unabhängig oder in Isolation voneinander zu agieren. Nach schamanischer Auffassung sollte der Körper stets als eine harmonische Einheit handeln, und zwar dergestalt, daß jeder seiner Teile die Aktivitäten der jeweils anderen ausgleicht und komplementiert. Wenn die drei großen Bereiche in Einklang miteinander funktionieren, sind sie auch imstande, mit der Kraftquelle, der Geisterwelt, in effektiver Weise zu interagieren. Dies wiederum führt zu Erfolg in allen Lebensbereichen.

Schamanen streben unentwegt nach innerer Harmonie und Ausgewogenheit. Zu diesem Zweck trainieren sie ganz bewußt alle drei Aspekte ihres Wesens, um zu in jeglicher Hinsicht leistungsfähigeren Menschen zu werden. So gelten sie innerhalb ihrer jeweiligen Gemeinschaft nicht nur als Dichter und Künstler, sondern auch als scharfsinnige Denker. Darüber hinaus sind sie sehr aktive, gesunde und spontane Menschen, die gern reisen - sei es in der materiellen, sei es in der geistigen Welt.

Übung Nummer 1: Das Gleichgewicht herstellen

Hier folgt nun die Anleitung zu einer Reise, die dazu dient, inneres Gleichgewicht zu erlangen. Bitten Sie zunächst Ihren Schutzgeist oder Ihr Krafttier darum, Ihnen zu innerer Ausgewogenheit zu verhelfen. Wenn Sie sich nicht sicher sind, zu welcher Hauptkategorie von Menschen Sie gehören, bitten Sie Ihren Verbündeten, es Ihnen zu sagen. Sie können ihn auch nach Ihrer Unterart fragen. Er wird Ihnen Auskunft darüber erteilen, ob Sie nun ein denkender oder ein handelnder Herzmensch, ein emotionaler oder denkender Bauchmensch oder ein aktiver oder fühlender Kopfmensch sind. Bitten Sie ihn dann, Sie auf Ihrer Reise zu begleiten und Ihnen zu helfen, Informationen darüber zu erlangen, wie Sie die zwei schwächeren Aspekte Ihrer Persönlichkeit stärken können.

Übung Nummer 1: Zusammenfassung

1. Entspannen Sie sich und schließen Sie die Augen.
2. Bitten Sie Ihr Schutz- oder Krafttier, Ihnen dabei zu helfen, innere Ausgewogenheit zu erlangen.
3. Bitten Sie es gegebenenfalls darum, Ihnen zu sagen, welcher Kategorie Sie angehören.
4. Begeben Sie sich auf die Reise, um sachdienliche Informationen zu erlangen.
5. Danken Sie Ihrem Führer.

Übung Nummer 2: Innere Ausgewogenheit für Kopfmenschen

Wenn Sie drauf und dran sind, sich in endlosen Analysen und Gedankengängen zu verlieren, tun Sie etwas, was nichts mit dem jeweiligen intellektuellen Problem zu tun hat – etwas völlig anderes. Bewegen Sie sich. Hören Sie gefühlsbetonte Musik, singen, zeichnen oder malen Sie.

Kopfmenschen fühlen sich in der Regel am ehesten im fünften und sechsten Tunnel ihres Geistkörpers »zu Haus«. Dafür sind ihr zweiter, dritter und vierter Tunnel nicht selten teilweise oder ganz blokkiert. Das also sind die Bereiche, an denen Sie arbeiten, die Sie mit Hilfe Ihres Krafttieres erforschen und klären sollten.

Übung Nummer 3: Innere Ausgewogenheit für Herzmenschen

Wenn Sie in einem Sumpf aus Sentimentalität, Subjektivität und Emotionen zu versinken drohen, stehen Sie auf und verschaffen Sie sich Bewegung! Tanzen Sie, springen Sie oder kriechen Sie wie ein Reptil auf dem Bauch herum. Wählen Sie einen beliebigen Gegenstand aus und versuchen Sie herauszufinden, wie er hergestellt wurde oder wie er entstanden ist. Lassen Sie Ihre Energie einen Strich tiefer in Richtung Bauch fallen oder einen Strich höher in Richtung Kopf steigen. Unterhalten Sie sich ein wenig mit anderen Leuten.

Herzmenschen fühlen sich am ehesten im zweiten, dritten und vierten Kraftunnel zu Haus und sind dafür mit ihrem fünften und sechsten Tunnel nur wenig oder gar nicht vertraut. Wenn Sie also innere Ausgewogenheit anstreben, sollten Sie sich bei schamanischen Reisen vor allem auf die beiden letztgenannten konzentrieren.

Übung Nummer 4: Innere Ausgewogenheit für Bauchmenschen

Wenn Sie merken, daß Sie sich in Tätigkeiten verstricken, an denen weder Vernunft noch Gefühl beteiligt sind, hören Sie Musik und achten Sie auf alles, was sich in Ihrer Brustregion abspielt. Atmen Sie tief durch. Halten Sie inne und reflektieren Sie. Sprechen Sie mit jemandem über Ihr Vorhaben. Bringen Sie Ihre Sexualität mit Herz zum Ausdruck.

Bauchmenschen fühlen sich im ersten, zweiten und dritten Haupttunnel am wohlsten. Am wenigsten sind Sie mit dem vierten, fünften und sechsten Tunnel vertraut. Um zu innerem Gleichgewicht zu gelangen, sollten daher gerade diese Öffnungen besonders erforscht werden.

Magnetisch und dynamisch: Das weibliche und das männliche Prinzip

Eine weitere entscheidende Spezialisierung geht aus unserer Zugehörigkeit zu einem der zwei Geschlechter hervor. »Mann« oder »Frau« zu sein (das heißt, die entsprechende Rolle zu verkörpern) ist eine Spezialisierung, die unser Leben um »einzigartige« Talente und Fähigkeiten bereichert. Andererseits ist, aus schamanischer Sicht betrachtet, jedes Geschlecht das Komplement des anderen, jedes nur eine Hälfte des Ganzen und daher eine per definitionem unausgewogene Daseinsweise. Diese Aussage betrifft nicht nur den physischen Körper, sondern ebenso die geschlechtsspezifische Ausrichtung und Identität der Person in dem jeweiligen Körper. Weil ein Mensch eine Frau ist, muß er noch lange nicht weiblich »magnetisch denken«, und die Gedanken eines Mannes sind nicht notwendigerweise dynamisch. Es gibt durchaus Männer, die magnetischer sind als manche Frauen und durchaus Frauen, die dynamischer sind als manche Männer. Entscheidend ist, schamanisch gesehen, der Grad an innerer Ausgewogenheit, den ein Mensch in bezug auf diese beiden Pole erlangen kann.

Für den Schamanen ist das Gleichgewicht zwischen seinem weiblichen und männlichen, magnetischen und dynamischen, Yin- und

Yang-Aspekt von ausschlaggebender Bedeutung. Viele Schamanen sind der festen Überzeugung, daß sie ihr Handwerk erst dann wirklich verstehen, wenn sie diese Polaritäten harmonisiert, in wirklichen Einklang miteinander gebracht haben. In vielen Kulturen war es – und ist es zum Teil noch – für Schamanen üblich, sich eine Zeitlang oder auch auf Dauer wie ein Angehöriger des jeweils anderen Geschlechts zu kleiden und entsprechend zu leben. Diese »rituelle Geschlechtsumwandlung« wurde außer in Nordamerika – etwa bei den Stämmen der Arapaho, der Cheyenne und der Ute – auch bei den südamerikanischen, den sibirischen und den indonesischen Schamanen praktiziert. Diese Verhaltensweise ist kein Ausdruck einer kulturübergreifenden Sexualstörung (also kein Fall von Transvestitismus), sondern ein bewußter Akt, der den Zweck verfolgt, durch »Einübung des Andersseins« zu größerer Ausgewogenheit zu gelangen. Der Schamane bemüht sich durch seinen Rollentausch, jene höchste innere Einheit zu erzielen, die den in uns allen vorhandenen weiblichen und männlichen Aspekt in einer Art heiliger Ehe vereinigt. Sein Wunsch, diese Einheit herzustellen, ist so stark, daß er unter Umständen die härtesten Prüfungen auf sich nimmt, um sein Ziel zu erreichen. Die folgende Geschichte zeigt diesen Vorgang in einem traditionellen Kontext.

Mantuk war ein kräftiger Mann, für Eskimo-Verhältnisse sehr groß und ein ausgezeichneter Jäger und Fischer. Erst im letzten Jahr hatte er den Dorfwettbewerb im Speerfischen und Ziehen eines mit Fisch vollbeladenen Schlittens gewonnen. Das war, bevor er an den Pocken erkrankte, viele Tage im Koma lag und immer wieder in tiefen Visionen und Träumen versank. Pestak, der Dorfschamane, pflegte ihn während dieser Zeit und verhalf ihm nach und nach wieder zu seiner früheren Gesundheit. Obgleich sich Mantuk völlig von seinem Kampf mit der Krankheit erholte und seine alte Kraft wiedererlangte, wußte er doch, daß sich sein Leben von Grund auf geändert hatte.

Er versuchte, wie früher zu jagen und zu fischen, doch irgendwie war sein Herz nicht mehr bei der Sache. Er wußte, daß es an den Visionen lag, die er während der langen Dauer seines Komas gehabt hatte.

In einer dieser Visionen war Mantuk einer schönen Frau begegnet, die ihm sagte, er werde sich zwar erholen, solle dann aber den heilenden Weg einschlagen, den Weg des Schamanen. Dazu müsse er sich aber der schwierigsten Prüfung unterziehen, die ihm jemals auferlegt worden sei – schlimmer als seine gegenwärtige Krankheit. Sie sagte ihm, er müsse werden wie sie. Er verstand nicht, wie sie das meinte, und bat sie um eine Erklärung. Die Frau wiederholte jedesmal, wenn Mantuk sie sah, nur diese eine Botschaft. Als er sich vollständig erholt hatte, versuchte Mantuk an sein altes Leben anzuknüpfen, hatte allerdings keinen Erfolg mehr bei den üblichen Wettkämpfen. Schließlich erzählte er Pestak alles, was er in seinen Visionen gesehen und gehört hatte. Pestak saß still da und ließ sich die Sache eine ganze Weile lang durch den Kopf gehen. Dann sagte er zu Mantuk: »Du hast deinen Weg empfangen, aber du meidest ihn. Du weißt, daß du scheitern wirst, wenn du sie bekämpfst. Sie ist stärker als du, und du hast Angst vor ihr. Die einzige Lösung ist, zu tun, was sie verlangt, und wie sie zu werden. Dies bedeutet, das Leben eines Jägers aufzugeben und einen anderen Weg zu finden. Du mußt lernen, zu heilen und zu nähren. Du mußt aufnahmebereit und gefühlvoll werden. Dann wirst du Kraft und Stärke finden, und sie wird dich nicht besiegen.«

Mantuk war entsetzt, doch er wußte recht gut, daß Pestak recht hatte. Für die Dauer des folgenden Jahres gab Mantuk das Leben eines Jägers auf und wohnte statt dessen in Pestaks Haus – als Frau gekleidet. Er lernte in dieser Zeit alles über das Heilen. Dies war in der Tat die schwerste Prüfung, der er sich jemals unterzogen hatte – eine härtere noch als das Schlittenziehen oder Speerfischen oder die Krankheit. Mantuk wurde ein großer Schamane.

Nun ist es natürlich nicht nötig, daß Sie sich derart drastischen Maßnahmen unterziehen, um zu einem inneren Zustand der Ausgewogenheit zu gelangen. Wenn Sie jedoch ein wirklich starker und erfolgreicher Mensch werden wollen, sollten Sie sich in irgendeiner Form mit dieser in uns allen latent vorhandenen Polarität auseinandersetzen. Sie müssen herausfinden, welche Seite oder welcher Aspekt in Ihnen zugunsten Ihrer offensichtlichen Talente bislang unterdrückt oder ignoriert worden ist.

Um es noch einmal zu wiederholen: Wir möchten Ihnen hier nicht vorschlagen, Ihr Geschlecht zu wechseln. Wir möchten vielmehr, daß Sie versuchen, das relative Mengenverhältnis Ihrer dynamischen und Ihrer magnetischen Energie zu erspüren. Die Antwort auf diese Frage sagt Ihnen, worauf Sie sich in Zukunft besonders konzentrieren sollten, um ein Mehr an innerem Gleichgewicht zu erhalten. Nehmen wir also an, Sie seien eine Frau, hätten aber entdeckt, daß Sie zu fünfundsiebzig Prozent dynamisch orientiert sind und nur zu fünfundzwanzig Prozent magnetisch – dann müssen Sie sich von nun an bemühen, Ihre magnetische Komponente zu steigern. Sind Sie dagegen eine sehr feminine Frau, sollten Sie versuchen, Ihre maskulinen Aspekte zu entwickeln. Das gleiche gilt natürlich auch für Männer, bei denen ein großes prozentuales Übergewicht nach einer der beiden Seiten besteht.

Übung Nummer 5: Die Herstellung unseres dynamisch-magnetischen Gleichgewichts

Schließen Sie die Augen und entspannen Sie sich. Stellen Sie sich mit Hilfe Ihrer schamanischen *Schau* ein großes Mandala oder Medizinrad vor, das sich in einer Entfernung von etwa einem Meter vor Ihnen befindet. Stellen Sie sich weiterhin vor, daß es durch eine senkrechte Linie in zwei gleiche Hälften geteilt wird. Schreiben Sie auf die eine Hälfte »dynamisch« und auf die andere »magnetisch«. Geben Sie nun den zwei Seiten einen jeweils anderen Farbton. Dieses Bild symbolisiert das absolute Gleichgewicht von fünfzig Prozent Yang- und fünfzig Prozent Yin-Energie. Bitten Sie nun Ihr Krafttier darum, die Mittellinie so nach der einen oder anderen Seite zu verschieben, daß das Ergebnis Ihr augenblickliches Verhältnis zwischen den beiden widerspiegelt. Sehen Sie, wie die eine Seite wächst, während die andere gleichzeitig schrumpft. Welche Seite ist nun größer: die magnetische oder die dynamische? Schätzen Sie das Größenverhältnis in Prozenten ein. Nun wissen Sie, welcher Seite Sie sich von nun an mit größerer Aufmerksamkeit widmen müssen.

Übung Nummer 5: Zusammenfassung

1. Schließen Sie die Augen und entspannen Sie sich.
2. Stellen Sie sich ein Mandala oder Medizinrad vor.
3. Teilen Sie es in zwei Hälften.
4. Beschriften Sie eine Seite mit »dynamisch«, die andere mit »magnetisch« und geben Sie jeder eine andere Farbe.
5. Bitten Sie Ihr Krafttier, die Linie so weit nach links oder rechts zu verschieben, daß Sie Ihren augenblicklichen Zustand widerspiegelt.
6. Bestimmen Sie, wieviel Prozent des Ganzen nun jede Seite ausmacht.

Wenn Sie ein typisch »abendländisch« erzogener Mann sind, hat man Sie in Ihrer Kindheit wahrscheinlich gelehrt, Ihre magnetische Seite zu unterdrücken und mehr »macho« zu werden. Nach schamanischer Ansicht ist dies ausgeprochen ungesund, weil Sie auf diese Weise einige der wirkungsvollsten schamanischen Werkzeuge, die uns überhaupt zur Verfügung stehen, völlig verdrängen: Kreativität, Vorstellungskraft, Intuition, Emotion und Flexibilität. Um diese Fähigkeiten entwickeln zu können, müssen Sie jedes zu dynamische Verhalten aufgeben und sich Ihren latent vorhandenen weiblichen Aspekten öffnen. Sie brauchen nicht zu befürchten, daß Sie dadurch zu einem »Weichling« oder »Softy« werden. Denken Sie daran, daß Ihr Ziel *Ausgewogenheit* heißt, daß Sie also nicht zu einer Parodie des anderen Geschlechts werden sollen. Die Kraft liegt stets in der Mitte, niemals in einem Extrem.

Wenn Sie wie die meisten traditonell abendländisch erzogenen Frauen sind, haben Sie mit ziemlicher Wahrscheinlichkeit in sich den bestimmten, dynamischen Aspekt Ihrer Persönlichkeit zugunsten einer nachgiebigen, gehorsamen und manipulierbaren Grundhaltung unterdrückt. Sie haben vielleicht schon vor langer Zeit entdeckt, daß Ihnen diese Persona einzigartige Vorteile verschaffte, indem sie die ebenso klischeehaft spezialisierten Männer unserer Gesellschaft dazu animierte, Sie zu beschützen und unter ihre Fittiche zu nehmen. Damit haben Sie sich aber einige Ihrer wichtigsten Ressourcen abhandeln lassen: Sie haben Ihre Kraft aufgegeben und Ihre Fähigkeit, einfach loszugehen und sich genau das im Leben zu holen, was Sie haben möchten. Verloren ist jegliche Autorität und das Gefühl innerer Unabhängigkeit, das mit der dynamischen Seite der Persönlichkeit einhergeht. In diesem Fall sollten Sie sich, schamanisch gesprochen, in Richtung Mitte bewegen - sich schrittweise zur männlichen Seite hin verlagern, die so lange Zeit ungenutzt in Ihnen verborgen schlummerte.

Übung Nummer 6: Das Ausbalancieren der dynamischen und magnetischen Seite

Hier folgt nun eine doppelte Liste aller Handlungen, die Sie ausführen können, um die jeweils in Ihnen unterdrückte Seite in Ihre Persönlichkeit zu integrieren. Der erste Teil betrifft überwiegend maskuline, der zweite Teil überwiegend feminine Menschen. Denken Sie bitte daran, daß dies nichts mit dem biologischen Geschlecht zu tun zu haben braucht: Die Rede ist hier von der in uns jeweils vorherrschenden *Energieart*.

Wenn Sie ein überwiegend dynamischer Mensch sind, dann:

- Suchen Sie die Gesellschaft von Menschen, in denen sich die zwei Persönlichkeitsaspekte - soweit Sie es gefühlsmäßig beurteilen können - in einem ausgewogenen Verhältnis befinden. Wenn Sie sich ausschließlich mit ebenso dynamischen Menschen umgeben, wie Sie selbst es sind, wird sich Ihr Problem lediglich verschlimmern. In der Regel werden Sie feststellen, daß ältere Personen allgemein eine größere Ausgeglichenheit ausstrahlen als jüngere, weil sie mehr Zeit hatten, stereotype soziale Verhaltensweisen zu transzendieren und zu ihrem eigenen inneren Gleichgewicht zu gelangen.

- Machen Sie es sich zur Gewohnheit, solche Musik zu hören oder solche Filme anzuschauen, die Ihre Gefühle ansprechen. Sie werden vielleicht erkennen, daß Ihre stärkste unterdrückte Emotion der Kummer ist und daß Sie nichts so sehr brauchen wie ein befreiendes, schluchzendes Weinen. Sie könnten etwa traurig darüber sein, wieviel Mühe es kostet, immer und in allen Lebenslagen stark zu sein. Es ist aber auch möglich, daß die bei Ihnen am ehesten aufwallende Emotion der Zorn ist. Es bedarf einiger Disziplin, bis man imstande ist, die diesem Zorn zugrunde liegende Traurigkeit in sich aufsteigen zu lassen.

- Verbannen Sie Alkoholika und sonstige Drogen aus Ihrer Wohnung. Sie dienen in der Regel nur als Narkotikum, mit dessen Hilfe wir unseren Ärger und Kummer unterdrücken oder unsere Furcht bemänteln.

- Machen Sie lange Spaziergänge, wenn möglich in der freien Natur, und achten Sie dabei möglichst auf jede Kleinigkeit. Machen Sie sich bewußt, daß alles, was Sie sehen, – selbst ein Stein am Wegrand – lebendig ist und Ihnen etwas mitzuteilen hat.

- Kämpfen Sie gegen jede Neigung an, sich von gewalttätigen Szenen in Filmen oder Büchern faszinieren zu lassen. Derartige Regungen haben keine andere Wirkung, als den Status quo zu erhalten. Meiden Sie für eine Weile auch jede sportliche Betätigung, die in irgendeiner Weise Wettbewerbscharakter hat.

- Suchen Sie sich einen älteren Menschen, ein Kind oder ein Tier, für den oder das Sie sorgen können. Hören Sie ihm zu.

- Singen Sie.

- Bereiten Sie eine Mahlzeit zu und sorgen Sie dafür, daß Sie sie mit jemandem teilen. Bringen Sie ein selbst zubereitetes Gericht mit auf eine Party oder zu einer Versammlung.

- Malen oder zeichnen Sie Ihre Eindrücke von Ihrer Umgebung.

- Holen Sie alte Fotos von sich und Ihrer Familie aus Ihrer Kinderzeit hervor. Versuchen Sie sich in Ihre damaligen Gefühle einzustimmen. Sprechen Sie mental mit Ihrem Vater, Ihrer Mutter, Ihren Geschwistern und allen Personen, die damals für Sie eine Rolle spielten und von denen Sie Fotos besitzen. Erzählen Sie Ihnen alles, was Sie ihnen schon immer gern gesagt hätten – aber nie gesagt haben. Seien Sie ehrlich.

- Machen Sie es sich zur Gewohnheit, einem bestimmten Menschen jeden Tag mitzuteilen, wie Sie sich fühlen. Schweigen ist vielleicht »macho«, doch es wird Sie früh ins Grab bringen und zudem jede schamanische Bemühung zunichte machen.

- Sie sind es vermutlich gewohnt, alle Angstgefühle sogar vor sich selbst zu verbergen. Fangen Sie an, sich Ihre Ängste einzugestehen, und sprechen Sie dann auch mit jemand anderem darüber. Es ist vollkommen normal, sich vor manchen Dingen zu fürchten.

- Lernen Sie, bereitwillig Hilfe von anderen Menschen anzunehmen. Sie sind keine Insel. Sie können ohne die Unterstützung anderer nicht leben.

- Verbringen Sie mehr Zeit mit Sein, weniger Zeit mit Tun.

Wenn Sie ein überwiegend magnetischer Mensch sind, dann:

- Machen Sie es sich zur Gewohnheit, direkt zu sein. Wenn Sie etwas wollen, dann gehen Sie zu dem Menschen, der Ihnen dabei behilflich sein kann, es zu bekommen – nicht aber zu dem, der Ihnen lediglich zustimmt und, bildlich gesprochen, den Kopf tätschelt. Vermeiden Sie Geschwätz jedweder Art.

- Hören Sie auf zu reden und handeln Sie.

- Führen Sie täglich Aerobic-Übungen aus, um sowohl physische als auch innere Kraft zu erlangen.

- Erstellen Sie eine Liste aller mehr oder weniger alltäglichen Tätigkeiten, die Sie nicht beherrschen. Tun Sie alles, was nötig ist, um sich mit diesen Dingen vertraut zu machen und zu lernen, sie ohne fremde Hilfe zu erledigen. Es wäre beispielsweise möglich, daß Sie zu dem Zweck einen Kursus in Autoreparatur absolvieren müssen. Wechseln Sie einen Reifen, reparieren Sie einen Lichtschalter, machen Sie sich die Hände schmutzig. Wenn Sie anschließend keine Schmutzränder unter Ihren Nägeln vorweisen können, haben Sie noch nicht genug getan.

- Sehen Sie sich wenigstens ein paar Filme an, die Ihnen durch Darstellung aggressiver Verhaltensweisen ein unangenehmes Gefühl vermitteln. Gehen Sie in einen erotischen Film. Identifizieren Sie sich mit der jeweils dominanteren Person.

- Tun Sie zusammen mit Freunden etwas Produktives. Bauen Sie etwas. Initiieren Sie ein freiwilliges Hilfsprogramm für ältere oder obdachlose Menschen. Begnügen Sie sich nicht mit der Idee – führen Sie sie auch aus. Ergreifen Sie die Initiative.

- Lassen Sie sich »eindrecken«. Werden Sie einmal so richtig schmutzig und waschen Sie sich eine Weile nicht.

- Probieren Sie so viele neue Dinge aus wie möglich. Gehen Sie zu Orten, wo Sie noch nie zuvor gewesen sind. Lassen Sie sich auf das Abenteuer ein.

- Wenn es Ihnen schlecht geht, ist Ihre vertrauteste Empfindung die Depression. Da Sie sich vor Zorn fürchten, neigen Sie dazu, ihn herunterzuschlucken oder einfach zu ignorieren. Lassen Sie Ihren Zorn heraus. Achten Sie darauf, daß er sich auch tatsächlich gegen das Objekt Ihrer Aggressionen richtet. Vermeiden Sie passive Zornhandlungen, wie beispielsweise sich mit jemandem zu verabreden und dann einfach nicht zu erscheinen, weil Sie auf den Betreffenden wütend sind.

- Tun Sie Dinge einfach nur deshalb, weil Sie sie tun wollen und weil es Ihnen Vergnügen bereitet – nicht aber um der Wirkung willen, die Ihre Handlungen auf andere Menschen ausüben.

- Erstellen Sie eine Liste all der Menschen, von denen Sie sich abhängig fühlen, und schreiben Sie auf, in welcher Hinsicht Sie auf sie angewiesen sind. Überlegen Sie sich, wieviel von den Dingen, die Sie in Abhängigkeit von anderen Menschen bringen, Sie im Grunde auch allein erledigen könnten. Wenn Sie das nächste Mal vor einem Problem stehen, bewältigen Sie es aus eigener Kraft.

- Verbringen Sie mehr Zeit mit Tun und weniger mit Sein.

Übung Nummer 7:
Eine Reise zur Integration

Beginnen Sie Ihre Reise, indem Sie sich der Techniken bedienen, die Sie bislang gelernt haben. Erklären Sie Ihrem Schutzgeist, daß Sie Ihre magnetische und dynamische Seite gegeneinander ausbalancieren möchten und daß Sie dabei seiner Hilfe bedürfen. Bitten Sie ihn, Sie wenn möglich an einen Ort zu bringen, wo Sie Ihrem Gegenpol begegnen und sich mit ihm auseinandersetzen können.

Wenn Sie sehr magnetisch sind, erscheint Ihnen Ihre dynamische Seite vielleicht zunächst erschreckend und auf primitive Weise aggressiv. Möglicherweise werden viele behutsame Annäherungen nötig sein, bevor Sie tatsächlich mit ihr verschmelzen können. Handeln Sie hier nach eigenem Ermessen. Wenn Sie sehr dynamisch sind, wird die entgegengesetzte Seite Ihnen womöglich hexenhaft, boshaft oder auf hinterhältige Weise gefährlich vorkommen. Wiederum wird es einige Zeit und Geduld brauchen, bis Sie sich mit ihr anfreunden können.

Sie können sich natürlich wie immer darauf verlassen, daß Ihr Schutzgeist Ihnen beistehen und bei Bedarf nützliche Ratschläge erteilen wird. Die eigentliche Konfrontation werden Sie allerdings im wesentlichen allein bewältigen müssen.

Kehren Sie zurück und setzen Sie alle gewonnenen Erkenntnisse in die Praxis um.

Übung Nummer 7: Zusammenfassung

1. Entspannen Sie sich und schließen Sie die Augen.
2. Beginnen Sie Ihre Reise.
3. Bitten Sie Ihren Schutzgeist oder Ihr Krafttier darum, Ihnen zu helfen, zu innerer Ausgewogenheit zu gelangen.
4. Bitten Sie ihn oder es, Sie an einen Ort zu bringen, an dem Sie Ihren Gegenpol, Ihre schwächere Seite, treffen können.
5. Machen Sie sich mit dieser Seite vertraut und verschmelzen Sie mit ihr.
6. Bitten Sie Ihren Schutzgeist um Rat.
7. Kehren Sie zurück.
8. Danken Sie Ihrem Schutzgeist. Setzen Sie alle gewonnenen Erkenntnisse in die Praxis um.

Übung Nummer 8: Sich das Gegenteil vorstellen

Stellen Sie sich mit Hilfe Ihrer schamanischen *Schau* vor, wie Sie wären, wenn Sie dem anderen Geschlecht angehörten. Wie würden Sie aussehen, wenn Sie eine Frau wären? Oder ein Mann? Wie würden Sie sich verhalten? Was für Vorlieben hätten Sie? Von welcher Art von Mensch würden Sie sich angezogen fühlen? Was würde sich durch diesen Geschlechtswechsel in Ihrem Leben ändern? Würden Sie dieselben Dinge tun? Würden Ihre Ziele dieselben bleiben? Diese Übung wird Sie vielleicht einigen Mut kosten, doch führen Sie sie nach Möglichkeit konsequent durch. Welche Eigenschaften besitzt er oder sie? Wie bewegt er/sie sich? Das ist im Prinzip nicht viel anders, als wenn Sie Ihr Krafttier in sich zum Ausdruck kommen lassen. Vielleicht werden Sie sich bei dieser Übung etwas unbehaglich fühlen - schaden wird Ihnen die »schamanische Geschlechtsumwandlung« aber mit Sicherheit nicht. Im Gegenteil, sie wird Ihnen höchstwahrscheinlich einige wichtige Einsichten in bezug auf Ihre eigene Orientierung liefern sowie darüber, auf welche Weise Sie Ihre andere »Hälfte« unterdrücken. Um diese - und damit auch die andere Hälfte der Menschheit - verstehen zu können, müssen Sie eine Zeitlang, bildlich gesprochen, in ihren Schuhen stecken. Nichts anderes meint das alte indianische Sprichwort: »Beurteile mich nicht, bevor du nicht eine Meile in meinen Mokassins gelaufen bist.«

Wir haben Ihnen nun zwei der Möglichkeiten oder Wege beschrieben, die dazu geführt haben könnten, daß Sie ein zu einseitig orientiertes Leben führen. Wir haben Ihnen auch eine ganze Reihe von Übungen vorgestellt, die Ihnen dabei helfen werden, die für schamanische Arbeit so unerläßliche innere Ausgewogenheit zu finden. Hierzu aber bedürfen Sie der Fähigkeit, mit größeren Veränderungen ohne Probleme fertig zu werden. Wenn Sie also mit Hilfe der in diesem Kapitel vorgestellten Übungen eine größere Veränderung in sich eingeleitet haben, sollten Sie zum siebenten Kapitel zurückblättern und den Abschnitt, der von ebensolchen Veränderungen handelt, noch einmal durchlesen. Einige der dort gemachten Vorschläge könnten sich jetzt als nützlich erweisen. Vergessen sie nicht: Das Leben des Schamanen ist ständiger Wandel, und sein Weg verlangt ein hohes Maß an Flexibilität und Offenheit.

Zehntes Kapitel

Transformation durch Ritual und Zeremonie: Übungen

Das Treffen war hitzig und intensiv gewesen, und anschließend war die Luft, ja die ganze Atmosphäre im Raum zum Schneiden. Marians Wohnzimmer war geräumig genug, um die rund fünfzehn Personen aufzunehmen, die sich einmal im Monat trafen, um Gemeindeangelegenheiten zu erörtern. Nie hatte es ihr etwas ausgemacht, daß diese Versammlungen bei ihr stattfanden. Was sie allerdings störte, war die Atmosphäre im Zimmer, nachdem alle gegangen waren. Nach einer solchen Sitzung fiel es Marian mehrere Tage lang schwer, ihr Wohnzimmer zu betreten, geschweige denn, sich in ihm aufzuhalten. Es war, als ob all die Gegensätze und Spannungen der Diskussionen noch eine ganze Weile im Raum verblieben. Doch nun hatten sich die Dinge geändert.

Diesmal öffnete Marian, sobald alle gegangen waren, die Fenster sperrangelweit und trug einen Keramiktopf herein, in dem trokkene Salbeiblätter glimmten. Sie hatte sie bei einem Urlaub in der Wüste Utahs selbst gesammelt. Erinnerungen wallten in ihr auf: Sie dachte daran, wie sie neben den Salbeibüschen gesessen und sie um Erlaubnis gebeten hatte, sich einige ihrer Zweige abzubrechen. Die Büsche waren großzügig gewesen und hatten geradezu enthusiastisch reagiert. Sie hatten ihr nicht nur ihre Zweige angeboten, sie hatten Marian auch über ihre besonderen Eigenschaften informiert und ihr erklärt, wie sie sie dazu benutzen könne, die Atmosphäre in ihrer Wohnung zu reinigen.

Marian stand mitten im Zimmer und hob die Schale mit dem Salbei mit ausgestreckten Armen in Augenhöhe. Dann drehte sie sich langsam um sich selbst und beschrieb auf diese Weise mit dem rauchenden Gefäß ein imaginäres Medizinrad. Dann hielt sie einen Augenblick inne, um jede der vier Himmelsrichtungen anzurufen. Sie hob die Schale über ihren Kopf und senkte sie dann bis zum Boden, um erst den Himmel und dann die Erde anzurufen. Marian ließ den Rauch über ihren Körper fließen, indem sie ihn mit der Hand zu ihrer Brust lenkte, von da über ihren Kopf und dann über den übrigen Körper. Anschließend trug sie die Schale durch das

Zimmer und ließ den Rauch überallhin wehen, ganz besonders in die acht Ecken, wo die Luft immer sehr abgestanden war.
Trotz der Dichte und des Geruchs des Rauches, hatte Marian mit einem Mal das Gefühl, wieder atmen zu können. Sie zog die nach Salbei duftende Luft tief in ihre Lungen ein und spürte, wie ihr Körper sich entspannte. Ich danke dir, Salbei, für deine reinigende Kraft, dachte sie. Nun war ihr Wohnzimmer wieder bewohnbar.

Rituale und Zeremonien dienen den Schamanen auf der ganzen Welt seit jeher dazu, Kraft zu erlangen und die Geisterwelt zu ehren. Für den Schamanen ist ein Ritual eine Brücke zwischen der Welt der Geister und der Welt der gewöhnlichen Wirklichkeit. Er benutzt dabei natürliche, elementare Dinge: Salbei und andere Kräuter, Feuer, Kristalle, die sechs Himmelsrichtungen (das heißt einschließlich Zenit und Nadir), Kreise und andere natürliche Phänomene. In seine Rituale und Zeremonien bezieht der Schamane alle Sinne mit ein, um seine Erfahrung zu intensivieren und um seine Fähigkeit zu steigern, in einen anderen Bewußtseinszustand zu gelangen, sich zu transformieren und selbst Veränderungen zu bewirken.

Wenn Schamanen ihre Kraft manifestieren möchten, so tun sie es auf rituelle und zeremonielle Weise. Durch das Ritual werden sie an die Geisterwelt erinnert, diese wichtige Kraftquelle, und an die schamanische Perspektive, die sie gerade jetzt nicht außer acht lassen dürfen. Das Ritual hilft ihnen, nicht zu vergessen, daß Sie um das, was sie haben möchten, *bitten* müssen. Es fungiert als eine Art Zentrum, in dem sie ihr Ziel definieren, um Hilfe bei dessen Verwirklichung bitten, ihre Verbindung zum Kraftgewebe spüren oder überholte Pläne zugunsten neuer Absichten aufgeben können.

Sehen wir uns zunächst einmal an, welche Elemente oder Merkmale schamanische Rituale überall auf der Welt gemeinsam haben. Die meisten von ihnen lassen sich auch bei modernen Zeremonien wiederfinden, die auf alten schamanischen Praktiken basieren. Denken wir nur an die Eröffnungsfeierlichkeiten, die vor wichtigen Sportereignissen, bei politischen Empfängen, Gipfelkonferenzen oder anderen feierlichen Anlässen durchgeführt werden. Betrachten wir darüber hinaus die Rituale des Gottesdienstes oder bestimmter kirchlicher Feste. Obgleich sie, was das Zeremoniell angeht, mittlerweile oft ziemlich verwässert sind, eignen den meisten von ihnen doch immer noch die im folgenden aufgelisteten Charakteristika.

Ritual wie Zeremonie sind gekennzeichnet durch:

- die Ausnutzung der Kraft des Klanges, wie beispielsweise in Form von Musik, Trommeln, Rasseln, Singen und Rezitation –
- die Ausnutzung der Kraft der Bewegung in Form von Gesten, Haltungen, Handbewegungen und Tanzen –
- die Ausnutzung der Kraft des Geruchs durch das Verbrennen von Räucherwerk, Salbei, Salzkristallen und ähnlichem –
- die Ausnutzung der Kraft des Ortes, indem das Ritual oder die Zeremonie an einer »von sich aus« geweihten Stätte durchgeführt wird oder aber an einem »neutralen« Ort, dem die jeweilige Veranstaltung erst Kraft verleiht –
- die Ausnutzung der Kraft der Schutzgeister, Verbündeten oder Krafttiere, indem diese um ihre Gegenwart, Teilnahme und Hilfe gebeten werden –
- die Ausnutzung der Kraft all derjenigen, die physisch anwesend sind, indem sie dazu angehalten werden, zu beten und ihre Aufmerksamkeit auf ein gemeinsames Ziel zu konzentrieren.

Darüber hinaus werden sowohl das Ritual als auch die Zeremonie

- an bestimmten, bedeutungsvollen Tagen durchgeführt, wie beispielsweise zur Tagundnachtgleiche, zur Sonnenwende, bei Neumond, bei Vollmond, am Totensonntag, am Johannistag, vor der Ankunft des Monsuns und so weiter –
- als sogenannte »Durchgangsriten« in besonderen »Wendezeiten« vollzogen, etwa bei der Geburt, bei Eintritt in die Pubertät, bei der Hochzeit, beim Tod oder bei jeder Form von Initiation –
- zur Eröffnung oder zum Abschluß wichtiger Versammlungen durchgeführt, wodurch eine im weitesten Sinne »sakrale« Zeit abgegrenzt wird, in deren Verlauf ein besonderes Gremium etwa neue Verträge aushandelt oder Gesetze verabschiedet –

- durchgeführt, um den Übergang in einen anderen Bewußtseinszustand zu kennzeichnen, wie beispielsweise bei Beginn einer Reise oder eines Trancezustandes –

- durchgeführt, um wichtige Ereignisse zu feiern oder ihrer zu gedenken, wie beispielsweise Friedensschlüsse, Geburt oder Tod einer großen Persönlichkeit, Befreiung von Unterdrückung oder eine erfolgreiche Jagd –

- in Verbindung mit einem einschneidenden Vorkommnis durchgeführt, wie beispielweise dem Genesen von einer schweren Krankheit, einer Verletzung oder einem seelischen Trauma.

In Marians Geschichte haben Sie gesehen, wie Salbei rituell verbrannt werden kann, um ein Zimmer oder einen beliebigen anderen abgegrenzten Ort – und ebenso die dort befindlichen Menschen – vor oder nach einem wichtigen Treffen zu läutern. Nicht selten werden bei solchen Ritualen mehrere »Ingredienzen« vermischt oder miteinander in Verbindung gebracht. Das Anrufen der vier (oder sechs) Himmelsrichtungen sowie des Himmels und der Erde ist beispielsweise eine gebräuchliche Methode, eine Reise oder eine Veranstaltung gleich welcher Art zu eröffnen. Indem man diese sechs Richtungen anruft, »gründet« oder erdet man das betreffende Ereignis und räumt ihm einen zentralen Platz und damit eine wesentliche Bedeutung im Kosmos ein. Die sechs Himmelsrichtungen spielen auch bei der Anrufung des Medizinrades, des heiligen Kreises, der die Geisterwelt ehrt und einem Ereignis Kraft verleiht, eine wichtige Rolle.

Bei vielen der Rituale, die wir hier beschreiben werden, empfehlen wir Ihnen, ein uraltes schamanisches Instrument zu benutzen: die Rassel. Nun mag es Ihnen vielleicht etwas merkwürdig vorkommen, als Erwachsener eine Rassel zu schwingen – einen Gegenstand, der im Abendland praktisch nur noch als Babyspielzeug dient. Dieses »Spielzeug« kann jedoch auf eine lange Geschichte zurückblicken und wird seit jeher von Schamanen auf der ganzen Welt verwendet. Die Rassel muß daher in der Welt des Schamanismus eine ganz besondere Bedeutung und Kraft besitzen.

Rasseln werden in der Regel aus getrockneten Flaschenkürbissen angefertigt, in die man Bohnen oder Steinchen legt. Diese hat man entweder an einem heiligen Ort gesammelt oder von einem mächtigen Schamanen erhalten. Die Kürbisse werden dann mit einem Griff versehen und beliebig dekoriert. Manchmal verleiht man ihnen das

Aussehen von Tieren oder Wesen aus der Geisterwelt, da die Schamanen glauben, daß der Klang der Rasseln ihnen dabei hilft, das Tor zur Geisterwelt zu öffnen. Rasseln werden auch dazu benutzt, die Hilfe von Verbündeten und Schutzgeistern abzurufen. Während also die Trommel dazu dient, den Schamanen selbst in und durch die Geisterwelt zu tragen, bringt die Rassel die Welt der Geister und deren Bewohner näher an die gewöhnliche Wirklichkeit heran.

Rasseln werden auch dazu verwendet, Kraft zu bündeln und auszurichten, womit sie also die Funktion eines Zauberstabs erfüllen. Man kann mental Energie in sie leiten und durch sie in die Umgebung aussenden. So kann die Rassel einen heiligen Kreis beschreiben oder heilende Energie im Körper eines kranken Menschen verteilen.

Der Klang der Rassel erzeugt ein hochfrequentes Energiefeld, das es erleichtert, in einen veränderten Bewußtseinszustand überzugehen. Unserer Erfahrung nach fällt es den allermeisten Menschen schwer, auf rasches Rasseln *nicht* zu reagieren. Es erzeugt eine Atmosphäre gespannter, ahnungsvoller Erwartung, das Gefühl, daß ein außergewöhnliches Ereignis unmittelbar bevorsteht. Wir empfehlen, mit einem Wort, bei Zeremonien Rasseln zu verwenden, da ihr Geräusch die Beteiligten auf äußerst effektive Weise einstimmt und die Pforten zu Kraft und Kreativität öffnet.

Einfaches Eröffnungsritual

Bringen Sie ein wenig Salbei zum Glimmen und verwenden Sie ihn, wie in Marians Geschichte beschrieben, zum Reinigen des Raumes. Wenn Sie zu mehreren sind, können Sie die Schale einfach im Kreis herumgehen lassen und dadurch jedem Anwesenden ermöglichen, sich den Rauch mit der Hand zuzufächeln – sehr gut eignet sich dazu aber auch eine Feder – und sich so von Kopf bis Fuß zu reinigen.

Eröffnungsritual für die Reise oder andere schamanische Prozesse

Stellen Sie sich in die Mitte des Raumes, das Gesicht nach Osten gewandt, und benutzen Sie Ihre Rassel. Drehen Sie sich nun im Uhrzeigersinn um Ihre eigene Achse und beschreiben Sie dabei mit der Rassel, die Sie ununterbrochen schütteln, einen Kreis. Sind Sie zu mehreren, können Sie auch im Uhrzeigersinn um die Gruppe herumgehen und dabei die Rassel über dem Kopf jedes Anwesenden schütteln.

Stellen Sie sich nun wieder mit dem Gesicht nach Osten in die Mitte des Zimmers und rufen Sie die Kraft und den Geist des Ostens an. Schütteln Sie die Rassel über Ihrem Kopf für die Oberwelt, dann in Höhe der Brust für die Mittelwelt, dann in Höhe der Taille für die Unterwelt. Sie können dabei ein paar Worte sprechen, wie etwa: »Geist des Ostens, Zeit des Frühling und Region des Sonnenaufgangs, bringe bitte deine Inspiration und Kreativität zu unserer Versammlung. Wir danken dir für das Licht, das du uns spendest.«

Drehen Sie sich im Uhrzeigersinn weiter; halten Sie inne, sobald Sie in Richtung Süden stehen; rufen Sie die Kraft und den Geist des Südens an, rasseln Sie und sprechen Sie beispielsweise: »Geist des Südens, Jahreszeit des Sommers und Ort der Produktivität, des Wachstums und der Ernte, bringe bitte deine Energie und Produktivität in unsere Versammlung. Wir danken dir für deine Wärme.«

Drehen Sie sich weiter nach Westen, rasseln Sie und sagen Sie etwas wie: »Geist des Westens, Jahreszeit des Herbstes und Ort der Vorbereitung, bringe bitte deine Kräfte der Innerlichkeit in unsere Versammlung. Wir danken dir für deine Einsicht.«

Wenden Sie sich, immer im Uhrzeigersinn, nach Norden, rasseln und sagen Sie etwa: »Geist des Nordens, Jahreszeit des Winters und Ort der Reinigung, bringe bitte deine Kräfte der Erneuerung in unsere Versammlung. Wir danken dir für deine Geduld.«

Wenn Sie möchten, können Sie nun auch noch den Himmel droben und die Erde zu Ihren Füßen als fünfte und sechste Himmelsrichtung in das Ritual mit einbeziehen.

Sind Sie nicht allein, so erweist es sich als wirkungsvoll, je einen freiwilligen Helfer in eine der Himmelsrichtungen zu stellen. Jeder sollte dabei diejenige Himmelsrichtung wählen, die ihm aus irgendeinem Grund im Augenblick am meisten bedeutet. Vielleicht fühlt sich jemand besonders inspiriert - ein Gefühl, das mit dem Osten in Verbindung steht. Ein anderer fühlt sich kraftvoll und produktiv und »gehört« daher nach Süden. Der dritte ist zur Zeit besonders besinnlich, und würde daher am besten zum Westen passen. Wieder ein anderer schließlich befindet sich in einer Phase der Erneuerung, einem Zustand, der dem Norden zuzuordnen ist. Jeder Helfer sollte so stehen, daß er von der Himmelsrichtung aus, die er gewählt hat, dem Mittelpunkt des Kreises zugewandt ist. Sie können, wenn sie möchten, ein paar von Herzen kommende Worte über die jeweilige Himmelsrichtung sagen.

Eröffnungsritual: Zusammenfassung

1. Stellen Sie sich, nach Osten gewandt, in die Mitte des Raumes. Schwingen Sie Ihre Rassel.
2. Drehen Sie sich im Uhrzeigersinn und beschreiben Sie dabei mit der Rassel, während Sie sie ununterbrochen schütteln, einen Kreis.
3. Wenden Sie sich nach Osten. Rufen Sie seine Kraft und seinen Geist an.
4. Schütteln Sie die Rassel für die Ober-, die Mittel- und die Unterwelt.
5. Bewegen Sie sich im Uhrzeigersinn weiter, wenden Sie sich dabei erst nach Süden, dann nach Westen und schließlich nach Norden.
6. Rasseln Sie auch für den Himmel und die Erde als die fünfte und die sechste Himmelsrichtung.

Kraftlieder

Obgleich es eine ganze Reihe von traditonellen Liedern und Gesängen gibt, die anläßlich schamanischer Zeremonien gesungen werden, haben Schamanen in der Regel ihre eigenen Geist- oder Kraftlieder. Diese Lieder stellen sich spontan bei ihnen ein und können zu einem festen Bestandteil ihres schamanischen Handwerkszeugs werden. In der Regel empfängt der Schamane das Lied von seinem Schutzgeist – als eine Art Talisman oder als ein Mittel, Kraft herbeizurufen. Ein solcher Gesang kann kurz, aber auch lang und kompliziert sein – im allgemeinen besteht er aber nur aus einer einzigen Strophe oder einer Reihe von Lauten, die in einem bestimmten Rhythmus oder zu einer einfachen Melodie rezitiert oder gesungen wird. Man kann zu einem solchen Lied trommeln, oder es auch ohne jegliche Begleitung singen. Hier folgen nun zwei Beispiele einfacher Kraftlieder.

Lied 1

Oh Wasser, du bist mein Freund,
Oh Wasser, du bist mein Freund,
Du wiegst mich an deiner Brust,
Du erfüllst mich mit Stärke,

Du umgibst mich, du leitest mich,
Oh Wasser, Wasser, oh Wasser.

Lied 2

Hah hey, hah hey, hey hey hey
Hah hey, hah hey, hey hey hey
Fliege mich, Bär, fliege mich, Bär
Dorthin, wo du den Himmel füllst,
Fliege mich, Bär, fliege mich, Bär,
Immer höre ich deinen Namen,
Fliege mich, Bär, fliege mich, Bär.
Erfüll mich mit deiner Kraft,
Fliege mich, Bär, Fliege mich, Bär
Umgib mich mit deinem Pelz,
Hah hey, hah hey, hey hey hey
Hah hey, hah hey, hey hey hey.

Solche Kraftlieder erinnern den Schamanen daran, daß sein Schutzgeist ihn verteidigt und vor jedem Schaden bewahrt. Indem er sie singt, ehrt er seine Verbündeten und beschwört er deren Kräfte, damit sie ihn beschützen und ihm helfen. Auch gemahnen ihn diese Lieder stets an die Tatsache, daß er mit der Geisterwelt in ständiger Verbindung steht und sich nicht im »Traum« der gewöhnlichen Wirklichkeit verliert. Das Singen eines Kraftliedes erfüllt ihn mit Stärke und einem Gefühl der Sicherheit.

Kraftlieder werden in der Regel anläßlich bestimmter Zeremonien gesungen, bei »Durchgangsriten« oder in Situationen, in denen man Hilfe benötigt. So könnte beispielsweise ein Kraftlied direkt vor einem Heilritual gesungen werden oder auch vor dem Antritt einer schamanischen Reise, bei der man Aufschluß über ein heikles Problem zu erhalten hofft. Wir können einen solchen Gesang aber auch vor einer schwierigen Unterredung anstimmen, vor einem Treffen, einer Prüfung oder jeder anderen Situation, bei der wir mehr Kraft als gewöhnlich brauchen. So kann es von größtem Nutzen sein, ein Kraftlied zu singen, bevor man sich einer Operation oder einem anderen medizinischen Eingriff unterzieht.

Hier folgen einige Tips, wie Sie Ihre eigenen Kraftlieder entdekken können:

- Gehen Sie wie gewohnt auf eine schamanische Reise, diesmal aber zu dem Zweck, ein Kraftlied zu finden. Erklären Sie Ihrem Verbündeten, daß dies der Grund für Ihre Reise ist. Erlauben Sie Ihrem Verbündeten, Sie an einen Ort zu bringen, wo Sie ein Lied finden können oder wo Ihnen eines übergeben wird. Wenn Sie zurückgekehrt sind, üben Sie den Gesang so lange, bis Sie die Worte, Klänge, den Rhythmus und die Melodie vollkommen beherrschen.

- Nehmen Sie eine Trommel, beginnen Sie rhythmisch zu trommeln und entspannen Sie sich. Halten Sie sich dabei gegenwärtig, daß ein Kraftlied nach Ihnen Ausschau hält. Wenn Sie sich ihm öffnen, wird die Kraft des Liedes Sie durch den Trommelschlag finden. Sobald Sie anfangen, irgendwelche Wort- oder Klangfetzen zu vernehmen, ändern Sie nach und nach den Rhythmus Ihres Trommelschlages, bis er sich dem des Liedes angepaßt hat. Machen Sie sich keine Gedanken, wenn es Ihnen zuerst so vorkommt, als seien Sie es selbst, der das Lied komponiert – dieses Gefühl hat man bei fast jeder schamanischer Arbeit. Setzen Sie sich über diese Empfindung hinweg und machen Sie weiter – lassen Sie mehr und mehr zu Ihnen »durchkommen«. Seien Sie beharrlich, aber zugleich locker, verspielt: Versuchen Sie nichts zu erzwingen. Wenn Sie das Gefühl haben, daß die Sache in Arbeit ausartet, hören Sie auf und versuchen Sie es zu einer anderen Zeit noch einmal. Sie können unbegrenzt viele Kraftlieder haben, im allgemeinen werden Sie sich aber bei Ihrer Arbeit auf ein oder zwei Lieblingsgesänge verlassen.

Der große Wert von Kraftliedern ist, daß sie ein neues Element in unsere schamanischen Bemühungen einbringen. Gesang umgeht den ununterbrochen ablaufenden – und vielfach an unseren Kräften zehrenden – inneren Monolog und erlaubt uns außerdem, bevor wir uns einer wichtigen Aufgabe oder Herausforderung stellen, in eine andere, geeignetere Gemütsverfassung zu gelangen. Kraftlieder erinnern uns an unsere verborgenen Ressourcen, an unsere innere Führung und an das gewaltige »Gewebe«, das uns trägt und erhält. Sie lassen uns erkennen, daß wir nicht allein sind.

Schamanischer Tanz

Tanz ist ein integrierter Bestandteil vieler schamanischer Zeremonien und Rituale – und dies aus gutem Grund. Tanzen ist eine ganz ausgezeichnete Methode, zwischen dem Kraftgewebe und der physischen Welt Ausgleich und Harmonie herzustellen. Die Bewegungen des schamanischen Tanzes sind sowohl Ausdruck wie Freisetzung von Emotionen und somit auch ein Mittel zur Transformation. Sie erlauben es dem Tänzer, blitzschnell von einem Bewußtseinszustand in einen anderen zu wechseln, und fördern dadurch die für die schamanische Arbeit so wesentlichen Trancezustände.

Der schamanische Tanz erfüllt eine Reihe von wichtigen Funktionen. Zunächst einmal vermittelt er jedem, der ihn sieht, eine Geschichte oder eine Reihe von Gefühlen. Der Tanz verändert die Atmosphäre so, daß jeder Zuschauer zum Teilnehmer an einer Vision, einer Jagd oder einem Abenteuer wird. Jeder Anwesende macht eine Wandlung durch und wird so auf die bevorstehende Begegnung mit der geistigen Welt vorbereitet.

Zusätzlich öffnen die Bewegungen des Tanzes – die Körperhaltungen und Gesten – Zugänge in die Geisterwelt. Der schamanische Tanz bereitet den Tänzer auf tiefere innere Erfahrungen vor. Durch die fließenden, sich ständig verändernden Bewegungen des Tanzes setzt der Schamane kraftvolle Energien in seinem Körper frei. Die dynamische Abfolge von Gesten und Stellungen läßt an allen Gelenken die »Energiedämme« aufgehen. Dies ist deshalb besonders wichtig, weil an den Rückenwirbeln die sieben Haupttunnel liegen und weitere, kleinere Tunnel durch alle übrigen Gelenke verlaufen. Tanzen sorgt für Harmonie und inneres Gleichgewicht im Körper, es richtet die Tunnel nacheinander aus und hilft, dort vorhandene Blokkierungen zu entfernen. Dadurch schafft es die beste Grundlage für längere schamanische Reisen.

Nach oder während einer Geistreise zu tanzen hilft uns, unseren Erfahrungen sinnlich erfahrbare Gestalt zu verleihen, wodurch sie sich uns wiederum weit besser und dauerhafter einprägen. Indem wir unsere Erlebnisse tanzen, können wir diese nicht nur an andere vermitteln – wir erhöhen damit auch die Wahrscheinlichkeit, daß unsere Visionen Wirklichkeit werden. Wenn der Schamane beispielsweise eine visionär geschaute erfolgreiche Jagd in Tanz umsetzt, wird auch die nächste reale Jagd mit ziemlicher Sicherhheit gut ausfallen.

Die zahlreichen Formen schamanischen Tanzes reichen von gruppenorientieren, methodischen Schritten und Gesten bis hin zu wilden, spontanen Bewegungen, die zutiefst persönlichen, ekstatischen Erfahrungen entspringen. Nicht selten bereiten einstudierte konventionelle Tanzschritte den Boden für einen echten schamanischen Trancezustand, aus dem heraus sich willkürliche und spontane Bewegungen wie von selbst ergeben.

Wir raten Ihnen, erst eine Zeitlang allein zu üben. Später können Sie, wenn Sie möchten, auch andere an Ihrem Tanz teilnehmen lassen. Die Tänze, die wir Ihnen im folgenden vorstellen, haben keine festgelegten Schritte oder Regeln. Sie sind ganz einfach auszuführen und erfordern keinerlei tänzerische Begabung oder Ausbildung. Beim schamanischen Tanz kommt es nicht darauf an, wie Sie dabei *aussehen* – was ausschließlich zählt, ist, wie Sie sich dabei *fühlen*. Sie sollten jedoch, wenn möglich, in einer guten körperlichen Verfassung sein, damit Ihnen nicht zu schnell die Luft ausgeht.

Tanzritual Nummer 1:
Der Vorbereitungstanz

Suchen Sie einen Platz auf, an dem Sie ungestört sind. Räumen Sie alles aus dem Weg, was Sie beim Tanzen behindern könnte. Es erweist sich als hilfreich, wenn der Raum im Halbdunkeln liegt. Vielleicht möchten Sie ihn auch zunächst mit Salbeirauch reinigen oder die sechs Himmelsrichtungen anrufen.

Zum Klang Ihrer eigenen Handtrommel oder Rassel (oder auch zum Klang eines Tonbands) beginnen Sie, einfache Hüpfbewegungen zu machen, wie Sie sie vielleicht von afrikanischen Tänzen her kennen. Sie brauchen sich gar nicht von der Stelle zu bewegen. Was Sie tun sollten, läßt sich am ehsten mit »auf-der-Stelle-Joggen« umschreiben. Sie werden feststellen, daß sich *lautes* Trommeln oder Rasseln besonders hilfreich auswirkt.

Konzentrieren Sie sich mit halbgeschlossenen Augen auf den Klang der Trommel oder Rassel. Während Sie halbbewußt darauf achten, daß Sie Ihre Position beibehalten und nicht gegen irgend etwas stoßen, begeben sich sich nun im Geist an einen Ort in der freien Natur, an dem Sie sich in der Vergangenheit besonders kraftvoll gefühlt haben. Dies könnte irgendwo am Meer oder in einem Wald sein, auf einer Wiese oder einem Berg, in einer Wüste, einer Höhle – oder wo immer sonst Sie sich irgendwann einmal frei und stark gefühlt haben.

Ihr Tanz kann so lange dauern, wie Sie möchten, mindestens aber fünf Minuten. Schamanen tanzen stundenlang ohne eine Unterbrechung, aber sie sind natürlich durchtrainiert und zu unglaublichen physischen Leistungen fähig. Sie brauchen also nicht den Ehrgeiz zu haben, es ihnen von Anfang an nachzutun – obgleich Sie schon versuchen sollten, Ihre Ausdauer mit der Zeit so weit zu steigern, daß Sie Ihren Tanz auf etwa fünfzehn Minuten ausdehnen können.

Zeigen Sie das Ende des Tanzes an, indem Sie dreimal kräftig auf die Trommel schlagen, und ruhen Sie sich dann etwa fünf Minuten lang aus. Wenn Sie möchten, können Sie sich anschließend auf eine schamanische Reise begeben. Sie werden überrascht sein, wie hilfreich sich ein solcher Tanz als Vorbereitung auf schamanisches Problemlösen oder jede andere schamanische Arbeit auswirkt!

Der große Wert dieses Tanzes ist, daß er Sie lehrt, gleichzeitig mit einem Fuß in der Welt der gewöhnlichen Wirklichkeit und mit dem anderen in der Geisterwelt zu stehen. Er hilft Ihnen dabei, diese Fähigkeit zu trainieren und sich dadurch auf Situationen vorzubereiten, in denen Sie, etwa um Rat einzuholen, einen »kurzen Abstecher« in die Geisterwelt machen müssen, ohne daß uneingeweihte Anwesende etwas davon merken. In vielen solchen Fällen werden Sie vermutlich keine Möglichkeit haben, sich durch einen Tanz auf die Reise einzustimmen – doch Sie werden dann imstande sein, auch ohne diese Hilfe von einer Welt in die andere zu gelangen. In diesem Sinne ist der schamanische Tanz ein hervorragendes Training, um sich auf solche Situationen vorzubereiten.

Tanzritual Nummer 1: Zusammenfassung

1. Suchen Sie eine ruhige Umgebung auf. Treffen Sie alle nötigen Vorbereitungen.
2. Beginnen Sie zu trommeln oder zu rasseln (oder lassen Sie ein entsprechendes Band laufen). Fangen Sie an, sich auf der Stelle zu bewegen.
3. Reisen Sie mental zu einem Ort, an dem Sie sich stark und frei fühlen.
4. Tanzen Sie so lange weiter, wie Sie möchten (doch nicht weniger als fünf Minuten).
5. Beenden Sie den Tanz mit drei festen Schlägen auf Ihre Trommel oder Ihrer Rassel.
6. Begeben Sie sich, wenn Sie möchten, auf eine schamanische Reise.

Tanzritual Nummer 2:
Der Reisetanz (fortgeschritten)

Treffen Sie, wie für den vorigen Tanz, alle nötigen Vorbereitungen. Wenn Sie möchten, können Sie eine Rassel benutzen. Bei dieser Übung erweist es sich als hilfreich, wenn jemand anders für Sie die Trommel schlägt – Sie können aber auch eine Tonbandaufnahme oder eine Schallplatte abspielen. Es braucht sich dabei nicht um reine Trommelmusik zu handeln, doch sollten Sie darauf achten, daß Sie nichts verwenden, was zu sehr in eine bestimmte emotionale Richtung tendiert.

Stellen Sie sich nun in die Mitte des Zimmers, schließen Sie die Augen und rufen Sie Ihr Krafttier oder Ihren Schutzgeist an. Erklären Sie ihm Ihr Problem oder stellen Sie ihm die Frage, die Sie beschäftigt, und folgen Sie dann seinen Instruktionen.

»Tanzen« Sie die nun folgende Reise: Illustrieren Sie alles, was Sie gerade erleben, durch entsprechende Gesten und Bewegungen. Bedienen Sie sich der Rassel, um bestimmte Ereignisse in Ihrer Vision zu beschreiben. Ziel dieses Tanzes ist es, jegliches hemmende, begrenzte Ichgefühl zu verlieren, so daß Sie völlig in der Erfahrung aufgehen.

Erlauben Sie der Reise, ihren Höhepunkt zu erreichen und anschließend zu einem natürlichen Abschluß zu gelangen. Bezeichnen Sie das Ende mit drei starken Trommelschlägen oder rasseln Sie dreimal kräftig.

Tanzritual Nummer 2: Zusammenfassung

1. Treffen Sie alle nötigen Vorbereitungen.
2. Beginnen Sie zu rasseln oder spielen Sie Trommelmusik vom Band ab.
3. Teilen Sie Ihrem Krafttier oder Wächter den Zweck Ihrer Reise mit.
4. Befolgen Sie seine Instruktionen.
5. Tanzen Sie Ihre Reiseerfahrungen.
6. Beenden Sie den Tanz mit drei Schlägen.
7. Danken Sie Ihrem Beschützer.

Schutz und Kraftzuwachs durch Verwendung von Quarzkristallen

Von allen Gesteinsgeistern spielen Kristalle für den Schamanen die größte Rolle. Nach schamanischer Auffassung sind Kristalle empfindungsfähiger als andere Mineralien, und sie besitzen spezifische Eigenschaften, die für die schamanische Arbeit von besonderem Wert sind. So führen die meisten Schamanen ständig Kristalle in ihrer »Werkzeugtasche« (das heißt ihrem Medizinbeutel) mit sich. Hervorragende Dienste leisten Kristalle allgemein dadurch, daß sie unsere visionären Fähigkeiten steigern, für eine klare Einsicht sorgen und Energie übertragen. Darüber hinaus *verstärken* sie aber auch die Energie, die sie nach dem Willen des Schamanen von einem Ort zu einem anderen leiten. Kristalle erweisen sich als ausgesprochen hilfreich bei Heilritualen, indem sie die Heilenergie des Schutzgeistes mental zu dem kranken Körperteil lenken. Gegen die Stirn gehalten, intensivieren sie die Fähigkeit zu schamanischer *Schau* und gestatten es so – wie die Kristallkugel der Hellseherin – wahrzunehmen, was sich an einem ganz anderen Ort ereignet.

Beschaffung und Vorbereitung eines Kristalls

Nach traditionell schamanischer Auffassung besitzen diejenigen Kristalle die größte Kraft, die man selbst gefunden oder von einem anderen Schamanen geschenkt bekommen hat. Für die meisten von uns besteht die einzige Möglichkeit, sich einen geeigneten Stein zu beschaffen, allerdings darin, ihn in einem Mineraliengeschäft zu kaufen. Aber auch ein solcher Kristall erfüllt seinen Zweck – vorausgesetzt Sie reinigen ihn, bevor Sie ihn benutzen.

Klarheit, Form und Größe des Kristalls haben einen wesentlichen Einfluß auf seine Kraft und seine besonderen Eigenschaften. Schamanen versuchen stets solche Steine zu erhalten, die besonders rein und ohne Abplatzungen oder innere Brüche sind. Die Spitze sollte möglichst klar ausgeprägt und scharf und die Facetten möglichst gleichmäßig sein. Je weniger Abplatzungen und Unregelmäßigkeiten der Kristall aufweist, desto größer ist seine Leitfähigkeit.

Der Schamane zieht es in der Regel vor, seinen Kristall verborgen zu halten und ihn nicht wie ein Schmuckstück offen am Hals zu tragen. Ein Quarzkristall fungiert ganz allgemein als Verstärker, und der Schamane möchte nicht unbedingt alle seine Erfahrungen »in verstärkter Form« machen. Nach Gebrauch reinigt er ihn, damit er für das nächste Mal sauber und frisch ist. Das Waschen in Meerwasser, das Vergraben in Salz, das Eintauchen in Salbeirauch oder auch das Einfrieren sind ausgezeichnete Methoden, Kristalle von angesammelter Energie zu reinigen. Das Einfrieren erweist sich als ganz besonders effektiv, da die niedrige Temperatur dafür sorgt, daß der Stein die verbrauchte Energie freiläßt. Dieser Prozeß ist in etwa mit dem Löschen eines Tonbands oder einer Computerdiskette vergleichbar.

Die Anpassung Ihres Quarzkristalls

Vielleicht möchten Sie Ihren Kristall auf Ihre eigene Persönlichkeit einstimmen. Gehen Sie folgendermaßen vor:

Frieren Sie den Kristall für mehrere Tage in Ihrer Tiefkühltruhe oder, wenn Sie die Möglichkeit dazu haben, im Schnee ein. Halten Sie sich dann den frisch gereinigten Kristall mit der Spitze nach oben an die Stirn und sagen Sie etwas wie: »Hallo, Geist des Kristalls. Ich bin froh, daß du zu mir gekommen bist. Danke für deine Hilfe. Hast du irgendwelche besonderen Eigenschaften, über die ich Bescheid wissen sollte?« Lauschen Sie der mentalen Antwort oder achten Sie auf das Bild, das vor Ihrem geistigen Auge erscheint. Dann fahren Sie fort: »Ich würde dich jetzt gern auf meine persönliche Geistenergie einstimmen. Ich heiße ...« Projizieren Sie Ihren Namen dreimal in den Kristall. Dann planen Sie, den Stein zu einem bestimmten Zweck zu verwenden: also beispielsweise um Ihre schamanische *Schau* zu verbessern, um die Geistenergie Ihres Beschützers in Ihre Unternehmungen einfließen zu lassen, um zu heilen – oder auch für alle diese Zwecke zusammen. Bekräftigen Sie vor sich selbst die Absicht, ihn ausschließlich zum eigenen und fremden Nutzen einzusetzen.

Halten Sie den Kristall nun, immer noch mit der Spitze nach oben, gegen Ihre Brust, in Höhe des Herzens, und überfluten Sie ihn mit einem positiven Gefühl, das Sie im Hinblick auf seine künftige Verwendung empfinden.

Nun ist Ihr Kristall auf Sie eingestimmt. Behalten Sie im Sinn, daß Sie jedesmal aufs Neue so verfahren müssen, wenn Sie den Stein gereinigt haben. Säubern Sie ihn, sobald Sie das Gefühl haben, daß es Zeit dazu ist.

Die Erschaffung eines reinen, sicheren und kraftvollen Ortes

Sie haben vielleicht ein privates Plätzchen, an dem Sie arbeiten oder meditieren und das Sie rein und friedvoll halten möchten. Außer daß sie diesen Ort durch gelegentliches Räuchern mit Salbei regelmäßig läutern, möchten Sie dort vielleicht noch ein höherfrequentes Energiefeld erzeugen. Sie können das dadurch erreichen, daß Sie ihn mit unterschiedlich angeordneten Quarzkristallen umgeben. Die daraus resultierende Verstärkung des Energieflusses kann Ihnen dabei helfen, klarere und kreativere Gedanken zu fassen, und sich darüber hinaus ganz allgemein inspirierend auswirken. Sie werden außerdem feststellen, daß sich Ihre schamanische Arbeit an diesem Platz weit erfolgreicher als anderswo gestaltet: Ihre Reisen werden klarer, durchsichtiger und kraftvoller, als Sie es je für möglich gehalten hätten. Dies ist nun eine der Weisen, auf die Sie die Kristalle anordnen könnten:

Für dieses Ritual benötigen Sie wenigstens vier Kristalle. Ihre jeweilige Mindestgröße hängt davon ab, welche Ausdehnung der »umhegte« Raum haben soll. Je größer er ist, desto größer müssen auch die Kristalle sein. Für ein Geviert von etwa neun Quadratmetern sind vier Kristalle von je fünf Zentimetern Größe völlig ausreichend.

Reinigen Sie die Kristalle, stimmen Sie sie auf Sie ab und sagen Sie ihnen, welche Absicht Sie mit ihnen verbinden. Erklären Sie ihnen, daß Sie sie zusammen benutzen wollen, um einen sicheren, kraftvollen Ort zu schaffen, an dem Sie arbeiten oder spielen können. Bitten Sie sie um die Erlaubnis fortzufahren.

Stecken Sie um Ihre Arbeitsecke (Ihren Schreibtisch, Ihr Büro, Ihr Studio, Ihre Dunkelkammer, Ihren Versammlungsort oder was auch immer) eine runde oder viereckige Fläche ab.

Plazieren Sie nun je einen Kristall in eine der vier Himmelsrichtungen, und zwar so, daß er mit der Spitze nach innen zeigt, zum Zentrum der umhegten Fläche. Wenn Sie sechs Kristalle haben, können Sie zwei davon für die Ober- und die Unterwelt in die Mitte stellen, wobei der eine mit der Spitze nach oben und der andere, durch irgend etwas gestützt, mit der Spitze nach unten weisen sollte.

Nun haben Sie einen »verstärkten« Arbeitsbereich, in dem sich Ihre Kreativität um ein Vielfaches steigern kann. Vermeiden Sie es, diesen Bereich zu betreten, wenn Sie sich zynisch oder sonstwie negativ gestimmt fühlen.

Die Erschaffung eines eigenen Kraftortes

Die Erschaffung eines Kraftortes ähnelt in mancherlei Hinsicht dem gerade beschriebenen Kristall-Ritual zur Sicherung und Energisierung eines privaten Arbeitsbereichs. Dieser Kraftort wird manchmal auch als Medizinrad bezeichnet. Es ist ein Ort, den Sie immer wieder für Rituale, Reisen oder auch –, je nachdem, wie groß Sie ihn machen – für Versammlungen benutzen können. Allein schon im Mittelpunkt dieses Ihres ganz persönlichen Mini-Kraftorts zu sitzen wird Sie energisieren und mit neuer Kraft erfüllen.

Wählen Sie einen Platz aus, wenn möglich im Freien, der eben ist, ruhig gelegen und an dem Sie sich wohl fühlen.

Sammeln Sie nun Steine, Tannenzapfen oder andere natürliche Objekte, die Sie irgendwie ansprechen, und stecken Sie damit einen Kreis ab.

Der Kreis sollte nach Möglichkeit einen Durchmesser von mindestens zweieinhalb Metern haben. (Diese Größe ist optimal für eine Person, doch können Sie diesbezüglich beliebig variieren). Reinigen Sie nun den markierten Bereich mit glimmendem Salbei. Wenn mehrere Personen an diesem Ritual beteiligt sind, können sie auch beim Räuchern mithelfen.

Graben Sie anschließend ein kleines Feuerloch in die Mitte des Platzes oder legen Sie einen großen Steinbrocken oder ein anderes Kraftobjekt dorthin. Rufen Sie den Geist des Himmels über Ihnen und den der Erde unter Ihnen an.

Legen Sie je einen größeren Stein oder anderen Gegenstand in die vier Himmelsrichtungen und rufen Sie dabei die jeweilige Richtung an. Zur Verstärkung der Energieschwingungen können Sie dort, wenn Sie möchten, auch Kristalle plazieren. Legen Sie weitere Steine in die »Zwischenrichtungen« – also Nordosten, Südwesten und so weiter.

Es steht Ihnen frei, nach Belieben weitere Steine oder Gegenstände um den Kreis herum zu legen. Benutzen Sie den Kreis, um in ihm schamanische Reisen zu unternehmen oder auch einfach nur um neue Kraft zu tanken. Sie werden feststellen, daß sich Vögel und andere Tiere von ihm angezogen fühlen – insbesondere Katzen, die immer sehr empfindsam auf Energiefelder reagieren.

Visionssuche

Die Visionssuche ist eine zeitlose symbolische Wallfahrt zu einem persönlichen Kraftort, mit dem Ziel, innere Führung und Klarheit zu erhalten. In früheren Zeiten diente die Visionssuche dazu, die eigene persönliche Kraft zu prüfen und zu entwickeln, da das Warten auf ein Gesicht sehr viel Geduld und Durchhaltevermögen erfordert. Von jedem Kontinent sind uns andere Formen der Visionssuche bekannt. Manche bestanden in jahrelangen einsamen Wanderungen in einem wilden Landstrich, in deren Verlauf man nicht nur beweisen mußte, daß man imstande war, allein zu überleben, sondern auch, daß man über ausreichende spirituelle Kraft verfügte. Andere Suchende begaben sich zu Kraftorten, um dort, in der Hoffnung, eine Vision zu erhalten, für drei Tage zu verweilen. Wieder andere gingen in der Dunkelheit einer Schwitzhütte oder eines anderen von der Außenwelt abgeschlossenen Raum auf eine mehrere Tage dauernde innere Reise. Eine Visionssuche kann aber auch einfach in einem in der Einsamkeit des Gebirges oder des Meeresstrandes verbrachten Nachmittag bestehen.

Gleichgültig, für welche Form von Visionssuche wir uns letztlich entscheiden, kann das Erlebnis, wenn wir es gründlich geplant haben und mit einer demütigen Haltung angehen, unser ganzes weiteres Leben verändern. Unserer Erfahrung nach haben schon Menschen aus allen Schichten und Berufen sowie jeden Alters in außerordentlichem Maße von diesem altehrwürdigen Ritual profitiert. Es hilft uns, unser Gemüt zu beruhigen, uns zu zentrieren, uns auf das Kraftgewebe einzustimmen und Antworten auf unsere schwierigsten Probleme zu erhalten. Es kann uns sogar dabei helfen, unseren weiteren Lebensweg abzustecken oder zu entscheiden, was wir im einzelnen vor unserem Tod noch vollbringen möchten.

Bei der Vorbereitung und Ausführung jeder Visionssuche – sei sie nun kurz oder lang, anstrengend oder einfach – sind gewisse allgemeine Regeln zu beachten. Bitte behalten Sie diese stets in Erinnerung, wenn Sie an die Planung gehen.

Wahl des Ortes

Suchen Sie sich einen ruhigen Platz, der fernab von jeglichem Verkehr und wenn möglich in der freien Natur liegen sollte. Wählen Sie einen Ort, den Sie schon immer besonders gern mochten. Lassen Sie stets einen Freund wissen, wohin Sie gehen und wann Sie zurückzukehren gedenken. Besser wäre es sogar, wenn Sie jemand begleiten würde, der in derselben Gegend und während derselben Zeitspanne selbst auf Visionssuche gehen möchte.

Wahl des Zeitpunktes

Setzen Sie fest, wie lange Ihre Reise dauern soll. Bedenken Sie dabei, daß länger nicht unbedingt auch besser ist. Im Schamanismus gibt es keinerlei »Macho-Allüren«. Wenn Sie sich nicht sicher sind, wieviel Zeit Sie brauchen werden, fragen Sie Ihr Krafttier um Rat. Wenn Sie über Nacht oder gar mehrere Tage lang an Ihrem gewählten Ort bleiben möchten, müssen Sie natürlich auch mehr mitnehmen als für eine Sitzung, die nur einen Nachmittag dauern soll. Wählen Sie eine Zeit aus, in der Sie keine wichtigen anderweitigen Verpflichtungen haben. Geburtstage und sonstige wichtige Feiertage empfehlen sich in der Regel ganz besonders für die Visionssuche - vorausgesetzt natürlich, daß Sie dann nicht irgendwelche familiären Pflichten zu erfüllen haben.

Wahl der Frage

Machen Sie sich rechtzeitig Gedanken darüber, was Sie fragen möchten. Geht es Ihnen um die allgemeine Ausrichtung Ihres Lebens, oder suchen Sie eher nach der Lösung eines bestimmten Problems? Fragen Sie gegebenenfalls Ihr Krafttier um Rat. Denken Sie über Ihre Frage einige Tage lang nach, bevor Sie sich auf die Visionssuche begeben.

Persönliche Vorbereitung

Es ist üblich, vor und während einer Visionssuche zu fasten - und zwar einmal allgemein als persönliches Opfer, dann auch als Zeichen dafür, daß man ernsthaft um Hilfe bittet. Es ist allerdings nicht nötig, daß Sie sich *jeglicher* Nahrung enthalten, da dies ohne entsprechende Eingewöhnung zu gesundheitlichen Problemen führen kann. Es reicht völlig, wenn Sie sich die letzten paar Tage vor dem Ritual im Essen einschränken und auf Alkohol und die Einnahme sonstiger Drogen ganz verzichten. Während der Dauer der Visionssuche empfiehlt es sich, nur ein wenig Saft oder Wasser zu trinken. Lassen Sie sich hierin von Ihrem Gesundheitszustand und gegebenenfalls den Anweisungen Ihres Arztes leiten.

Was Sie benötigen

Es ist nicht viel, was Sie zur Visionssuche benötigen. Wasser, eine Trommel, eine Rassel, Salbei, Streichhölzer, eine Jacke, eine Decke oder einen Schlafsack, eine Sonnenbrille, einen Notizblock, einen Stift oder auch einen Kassettenrecorder könnten im wesentlichen Ihre ganze Ausrüstung ausmachen. Manche Leute nehmen auch irgendein inspirierendes Buch mit, wie beispielsweise Gedichte oder das I Ging, oder auch Tarot-Karten. Im allgemeinen gilt jedoch: je geringer die Ablenkungen desto besser. Lassen Sie also Radios und Knabbersachen zu Hause.

Was Sie tun müssen

Wenn Sie an dem von Ihnen gewählten Ort angekommen sind, suchen Sie sich mit Hilfe Ihrer Rassel einen geeigneten Platz. Halten Sie die Rassel vor sich, schütteln Sie sie dabei und »folgen« Sie ihr, bis sie nicht mehr weiter möchte. Sie können sich aber auch einer der in früheren Kapiteln beschriebenen Techniken zum Aufspüren eines Kraftortes bedienen. Natürlich sind alle diese Methoden sehr subjektiv - nichtsdestotrotz funktionieren sie ausgezeichnet.

Rufen Sie die sechs Himmelsrichtungen an und markieren Sie mit Hilfe von Zweigen, Steinchen oder Tannenzapfen einen Kraftkreis um sich herum. Indem Sie dies tun, verwandeln Sie diesen Bereich in eine natürliche Pforte, durch die sich die Geisterwelt manifestieren kann.

Machen Sie es sich nun bequem, schließen Sie die Augen und begrüßen Sie Ihre Umgebung: die Pflanzen, Bäume, Insekten und alles, was sonst zugegen ist. Bitten Sie alle diese Wesen um Führung und Beistand bei Ihrer Visionssuche. Dieses Ritual kann ruhig etwas länger dauern; lassen Sie sich Zeit damit.

Es steht Ihnen völlig frei, sich während der Visionssuche jeder der in diesem Buch beschriebenen Techniken zu bedienen. Begeben Sie sich auf die Reise, singen, tanzen oder sitzen Sie still, lauschen Sie, schauen Sie und genießen Sie das Beisammensein mit Mutter Natur.

Manche Menschen finden die Erfahrung bedeutsamer, wenn sie die ganze Nacht (oder auch mehrere Nächte) hindurch wach bleiben, während andere es vorziehen, wenigstens ein paar Stunden zu schlafen. Entscheiden Sie selbst, was das Beste für Sie ist.

Wonach Sie Ausschau halten sollten

Verbringen Sie Ihre Zeit damit, Ihre unmittelbare Umgebung kennenzulernen. Kleine natürliche Zeichen sind Gaben an Sie von der Geisterwelt, und können wichtige Botschaften darstellen, die mit Ihrer Suche oder Ihrem Problem in Zusammenhang stehen: eine Feder, ein Besuch von einem Tier oder einem Schmetterling, eine vorüberziehende Wolke, der Schrei eines wilden Tieres. Alle diese an sich gewöhnlichen Dinge und Ereignisse sind im nicht-gewöhnlichen Kontext der Visionssuche von Bedeutung. Denken Sie daran, daß die Geisterwelt sich oft natürlicher Zeichen bedient, um sich mit Ihnen in Verbindung zu setzen. Erwarten Sie also bitte nicht, daß der Himmel sich auftut oder die Erde bebt oder etwas ähnliches Aufsehenerregendes geschieht. Die Geisterwelt ist eher diskret und hält nichts von bombastischen Effekten. Lernen Sie zuhören und auf feine Zwischentöne achten. Sie müssen nicht erst eins über den Schädel bekommen, um etwas zu lernen.

Hindernisse

Wenngleich die Visionssuche durchaus ein sehr intensives Erlebnis sein kann, geht sie nicht selten doch auch mit Langeweile und mentaler ebenso wie physischer Rastlosigkeit einher. Psyche und Körper können Ihnen die verschiedensten Streiche spielen: Erinnerungen, mechanisch ablaufende Gedankenfetzen und Sorgen über die tausenderlei Dinge, die Sie nach Ihrer Rückkehr werden erledigen müssen, können Sie mit großer Hartnäckigkeit verfolgen. Sie können müde werden und sich fragen, was in aller Welt Sie hier draußen tun, während Sie doch genausogut zu Hause in Ihrem warmen Bett liegen könnten. Vielleicht überraschen Sie sich auch dabei, daß Sie einzig und allein ans Essen denken – oder an etwas zu trinken, Bier oder heiße Schokolade. Vielleicht sind Sie versucht, einen kleinen Abstecher in die nächste Ortschaft zu machen, um einen Happen zu essen, oder gar die ganze Sache abzubrechen und vorzeitig nach Hause zurückzukehren. Am besten ist es, diese typischen Ablenkungen zu ignorieren sie beziehungsweise einfach zur Kenntnis zu nehmen, ohne weiter auf sie einzugehen. Denken Sie daran, daß es keinen Sinn hat, seinen Gedanken und Gefühlen Widerstand zu leisten. Viel besser ist es, sie so, wie sie kommen, zu akzeptieren und anschließend loszulassen. Wenn Sie versuchen, gegen diese Ablenkungen anzugehen, werden sie höchstens nur noch schlimmer. In unseren Arbeitsgruppen haben wir immer wieder festgestellt, daß diejenigen unter uns, die konsequent an ihrem einmal gefaßten Plan bis zum Ende festhalten, viel größeren Gewinn aus ihren Erfahrungen ziehen als jene, die irgendwann vor den Schwierigkeiten kapitulieren. Die Hindernisse sind Teil der Erfahrung und *kein* negatives Werturteil über unsere »spirituellen Fähigkeiten«. Wir können viel aus ihnen lernen.

Der Abschluß der Visionssuche

Haben Sie das Ende der festgesetzten Zeitspanne erreicht, danken Sie den Geistern des Ortes und stellen Sie den ursprünglichen Zustand wieder her. Lassen Sie keinerlei Spuren Ihrer Anwesenheit zurück.

Machen Sie sich keine Gedanken, wenn Sie keine klaren Antworten oder Botschaften während Ihrer Visionssuche erhalten haben, denn oftmals dringen die gewonnenen Einsichten nicht sofort bis ins Bewußtsein vor. Schon nach wenigen Tagen werden Sie jedoch überrascht sein, welche Erkenntnisse und welch eine Klarheit sich nach und nach einstellen. Gelegentlich dauert es allerdings Wochen, Monate, wenn nicht gar Jahre, bis Sie wirkliche Einsicht erlangen. Denken Sie daran, daß sich schamanische Zeitvorstellungen von den unsrigen unterscheiden.

Teilen

Sie können Ihre Einsichten und Erfahrungen mit einem Freund oder einer Gruppe spirituell orientierter Menschen teilen. Bitten Sie sie darum, Ihre Erfahrungen nicht zu analysieren oder sie aus ihrer eigenen Sicht der Dinge heraus zu interpretieren. Ein solches Vorgehen könnte die positiven Wirkungen des Erlebnisses für Sie verzerren. Sie werden jedoch feststellen, daß allein dadurch, daß Sie über Ihre Visionssuche sprechen, Sie diese »wirklicher« werden lassen, Sie die gemachten Erfahrungen eher verstehen und Nutzen daraus ziehen können. Auch das Aufschreiben Ihrer Erlebnisse erweist sich während des Integrationsprozesses als ausgesprochen hilfreich.

Manchmal empfiehlt es sich jedoch, eine Erfahrung für sich zu behalten und sie – oder selbst einzelne Aspekte davon – mit niemandem zu teilen. Einige schamanische Traditionen sprechen sich für, andere gegen das Teilen aus. Wir sehen die Vorteile von beiden Ansichten, da unterschiedliche Umstände und Zeiten auch unterschiedliche Methoden erfordern. Verlassen Sie sich in dieser Beziehung einfach auf Ihr Gefühl.

Die Kraft durch das Licht nutzbar machen

Überall auf der Welt haben die Schamanen eine ganz besondere Beziehung zur Sonne und deren Haupteigenschaften »Hitze« und »Licht«. Obgleich ein Großteil der schamanischen Arbeit während der Nacht oder mit geschlossenen Augen durchgeführt wird, mißt der Schamane dem Sammeln und Speichern von Licht als einem wichtigen Bestandteil seiner Bemühungen sehr große Bedeutung bei. Seit jeher haben es Schamanen genossen, stundenlang in der Sonne zu sitzen und das Licht in sich aufzunehmen und für ihre nächtlichen Aktivitäten zu speichern. Viele Schamanen der Vergangenheit waren Sonnenverehrer und starrten mitunter direkt in das glühende Gestirn, um dessen Kraft möglichst unmittelbar zu empfangen. Worum es ihnen ging, war, soviel Sonnenlicht wie möglich in ihre Augen dringen zu lassen.

Sie jedoch sollten unter keinen Umständen direkt oder auch indirekt in die Sonne schauen, da Sie sich dadurch irreparable Augenschäden zuziehen könnten. Angesichts der Zerstörung der Ozonschicht halten wir es auch nicht für empfehlenswert, daß Sie Ihre nackte Haut der Sonne aussetzen. Doch allein der Aufenthalt im Freien, wobei Sie indirekt – selbst im Schatten eines Baumes – durch Haut und Augen das Sonnenlicht absorbieren, ist eine ausgezeichnete schamanische Methode, Kraft zu erlangen.

Sie haben nun viele Rituale, Zeremonien und Übungen kennengelernt, deren sich Schamanen auf der Suche nach Kraft und Selbsterkenntnis bedienen. Behalten Sie bitte in Erinnerung, daß diese Rituale zahllose Formen annehmen und Gegenstand unzähliger persönlicher Interpretationen sein können. Vergessen Sie auch nicht, daß der Schamanismus etwas sehr Persönliches ist, etwas, das keinem Dogma oder strengen Regeln unterworfen werden darf. Alles, worum es uns dabei gehen sollte, ist, daß seine Übungen, seine Rituale und Zeremonien eine positive Wirkung auf uns ausüben.

Elftes Kapitel

Das schamanische Spiel des Lebens: Das grosse Gemälde

Der klapprige alte Volkswagen holperte über die Furchen der Wüstenpiste, die im Morgenlicht des kalten Dezembertages kaum auszumachen war. Der wenig befahrene steile Nordausgang des Death Valley verlangsamte die Fahrt des altersschwachen Käfers zu einem regelrechten Kriechen. Regen fiel herab, drang durch das morsche Kabriodach und tropfte auf die Ponchos der Reisenden.

»So, es regnet also nie in Death Valley«, beschwerte sich Lena, während sie mit Hilfe eines Kleiderbügels die Scheibenwischer hin- und herbewegte. Sie bedachte Jose, der schweigend das Auto den Hang hinauf manövrierte, mit einem entrüsteten Blick.

»Meine Hand friert mir ab, und ist das da das, wofür ich es halte?« Lena zeigte auf das Weiß am Straßenrand, die ersten Anzeichen von Schnee auf dem Paß.

»Mach dir keine Sorgen. Wir haben Schneeketten dabei«, murmelte Jose und versuchte, nicht gegen die Windschutzscheibe zu atmen, damit sie nicht auch noch zu allem Überfluß beschlug.

Keine zwei Kilometer weiter lag der Schnee dann in der Tat so hoch, daß es höchste Zeit wurde, die Ketten auf die Reifen zu montieren. Jose entriegelte die Kofferraumklappe, stieg aus und suchte nach den Ketten. »Aha, hier sind sie ja«, rief er triumphierend.

Einige Minuten später hörte ihn Lena von unter dem Auto her fluchen. »Was ist los?« rief sie verärgert. Die kalte Nacht in dem feuchten Zelt hatte ihre Spuren hinterlassen.

Jose kam zum Fenster. Sein Gesicht drückte Verwunderung aus. »Die Ketten passen nicht. Ich muß aus Versehen die für den Honda mitgenommen haben, sie sind viel zu klein. Verdammt! Und wir haben nur noch genügend Benzin, um weiter bis nach Lone Pine zu fahren. Wir können hier also nicht mehr umkehren.«

Lena starrte ihn ungläubig an: »Ich dachte, du hättest sie anprobiert.« Mit diesen Worten stieß sie die Wagentür auf, schlug sie krachend hinter sich zu und stapfte frustiert und zornig die schneebedeckte Straße hinunter. »Was für ein furchtbarer Schlamassel«, rief sie wütend aus und ließ mit ihren Stiefeln den Schnee aufwirbeln. Sie tat sich entsetzlich leid, und sie hatte von allem die Nase voll.

Nachdem sie, die Augen auf den Boden gerichtet, ein paar Minuten lang so vor sich hin geschlurft war, fielen ihr Tierspuren im Schnee auf. »Hmm, was ist das?« fragte sie sich. Als sie nun begann, die Spuren eingehender zu untersuchen, schaute sie um sich und nahm zum erstenmal die eindrucksvolle Landschaft wahr. Nun, das ist ja gar nicht so übel hier, dachte sie. »Hier leben immerhin Tiere, und wenn es alle Jubeljahre einmal schneit, bricht für sie auch nicht die Welt zusammen. Sie machen einfach das Beste daraus.« Ihre Gedanken fingen an zu wandern. Lena erinnerte sich an ihr Krafttier und mußte an die latente, unberührte Kraft dieser Landschaft denken. »Die Natur funktioniert immer«, sagte sie zu sich selbst und begann zu grinsen, als sie an ihr scheinbar hoffnungsloses Problem dachte. Die Gefühle des Ärgers und der Frustration verblaßten und wichen bald der vertrauten Unbeschwertheit und Gewißheit, die, seit sie sich ernsthaft mit dem Schamanismus beschäftigte, ihre Grundstimmung ausmachten.

Sie hörte den fernen Schrei eines Vogels und mußte wieder an ihr Krafttier denken, die große Ohreule, einen Verbündeten, den sie jederzeit um Rat und Beistand bitten konnte. Sie schloß die Augen, rief ihn an und fragte: »Was würdest du an meiner Stelle tun?«

Eule saß auf dem dicken Ast einer Kiefer und starrte sie an: »Du hast recht, wenn du in diesen Wüstenbergen Kraft spürst. Sie üben einen heilenden Einfluß auf dich aus. Warum die Hetze? Du hast dich nach seelischer Heilung gesehnt, und nun befindest du dich an einem Ort, der die besten Voraussetzungen dafür bietet. Schöpfe Kraft aus den Mineralien, die dich umgeben. Erlaube ihnen, dein inneres Gleichgewicht wiederherzustellen. Wenn du genug Kraft erhalten hast, wird sich schon ein Ausweg finden.«

Lena lachte: »Du meinst, das hier ist in Wirklichkeit eine Heilerfahrung?«

Eule legte den Kopf schief und nickte: »Es könnte eine sein.«

Lena dachte einen Augenblick nach und sagte dann: »Na schön. Ich denke, ich hab's verstanden. Es ist Zeit loszulassen und einfach zu empfangen.«

In der Zwischenzeit hatte Jose bis zur Erschöpfung versucht, die Schneeketten behelfsmäßig an den Reifen zu befestigen. Nach den obligatorischen Flüchen und verzweifelten Versuchen, das Problem vielleicht doch noch in den Griff zu bekommen, hatte er es schließlich aufgegeben und war die Straße weiter bergauf gewandert. Sein Kopf schwirrte von all den Warnungen, die er gelesen hatte, und von düsteren Gedanken an winterliche Wüstenpässe ohne Reparaturwerkstätten, Tankstellen und Verkehr. Und er hatte zu allem Überfluß ein schlechtes Gewissen, daß er Lena zu diesem Abenteuer überredet hatte. Es dauerte einige Minuten, bis er sich beruhigt und gefaßt hatte.

Nun, dachte er dann, ich war schon früher in solchen Situationen. Wir schaffen es irgendwie schon. Also kann ich das hier genausogut genießen. Wollen doch mal sehen, was ich entdecke. Er stand eine Weile still da und befragte seinen spirituellen Führer, den Hirsch.

Hirsch sprach: »Du solltest froh sein, weil du Kraft bewiesen hast. Schließlich bist du gerade dabei, dir einen alten Traum zu verwirklichen. Weißt du nicht mehr? Du hast dir doch schon immer gewünscht, einmal zu erleben, daß es im Death Valley regnet oder schneit. Nun hast du, was du wolltest. Kannst du es genießen? Die Erfüllung deines Traums mehrt deine Kraft. Und das wiederum ebnet dir den Weg für den nächsten Schritt.«

Es war wohl kein bloßer Zufall, daß ich die Ketten verwechselt habe, dachte Jose. Mein Geist-Selbst wollte einfach sicherstellen, daß ich mich lange genug hier aufhalte, um Freude daran zu finden. Ich muß meine Einstellung ändern. Wir haben genug zu essen und alles Notwendige dabei. Ich meine, wir sollten einfach in Ruhe abwarten.

Zwei Stunden später sahen Lena und Jose vom Gipfel des Berges aus, auf den sie geklettert waren, auf die glatte Straße hinunter, während die Schneeflocken still und sachte auf die Wüste hinabrieselten. Plötzlich sahen sie, wie sich etwas bewegte. Das Unmögliche bog um die Kurve und fuhr gemächlich die Straße entlang. Ein alter Schneepflug arbeitete sich kriechend von der Höhe des Passes die holprige Straße hinab – kein gemeindeeigener Schneepflug, sondern der eines Bergarbeiters.

Die Fahrt durch die felsigen schneebedeckten Wüstenberge hätte nicht schöner sein können. Das alte Kabrio rüttelte und schaukelte Kilometer um Kilometer hinter dem Schneepflug her, langsam genug, um ihnen die Gelegenheit zu geben, die Erfahrung in aller Ruhe auszukosten. Jose und Lena lachten über ihre Dummheit und schwelgten staunend in ihrer Hochstimmung. Das große Gesamtbild fühlte sich immer so an.

Wir wollen nun die Grundprinzipien des Schamanismus noch einmal wiederholen, damit Sie sich rasch die entscheidenden Aspekte dieses wirkungsvollen Weges in Erinnerung zurückrufen können. Denken Sie für den Anfang daran, daß der Schamanismus eine uralte, auf der ganzen Welt bekannte Strategie zur Erlangung von Kraft und Selbsterkenntnis ist. Da er lediglich Disziplin und Übung verlangt, kann er von jedem jederzeit und an jedem Ort angewandt werden, ohne daß es irgend jemandem auffällt – sofern dies nicht erwünscht ist. Der Schamanismus kennt keine Hierarchie und keine Dogmen. Gleichwohl lassen sich bestimmte grundsätzliche Anliegen und allgemeine, »kultur-unspezifische« Erkenntnisse auflisten, die im gewissen Sinne als seine »Spielregeln« bezeichnet werden können. Wenn wir diese Regeln beherzigen, wird uns das Leben erheblich weniger Probleme und daher um so mehr Freude bereiten. Wie die oben angeführte Geschichte zeigt, fühlt man sich dann auch weit mehr für das eigene Schicksal verantwortlich und steht dem Leben allgemein sehr viel positiver gegenüber. Die Spielregeln des Schamanen lauten:

- Es gibt eine gewöhnliche Welt, die nach den bekannten Gesetzen der Physik und Chemie funktioniert.

- Es gibt eine nicht-gewöhnliche Welt oder Geisterwelt, die nach vollkommen anderen und wesentlich flexibleren Regeln funktioniert.

- Die Geisterwelt unterteilt sich in drei Ebenen: die Unterwelt, Ort der Herausforderung, des Mysteriums und der Konfrontation mit der Angst; die Oberwelt, Ort der Inspiration und des kosmischen Wissens; die Mittelwelt, Ort der inneren Ausgewogenheit und Integration.

- Es gibt allgemeingültige »Landkarten« der Geisterwelt, die jedem Schamanen zeigen, wo er sich gerade befindet. Das Medizinrad oder Mandala und der Baum des Lebens sind unmittelbar verständliche Landkarten, die alle Ebenen der Geisterwelt zeigen.

- Die gewöhnliche Welt ist in ihrem Dasein abhängig von der Geisterwelt. Alles Dingliche der materiellen Welt hat seinen Ursprung in der Geisterwelt. Elemente, Steine, Pflanzen, Tiere und Menschen sind lebendig und besitzen Geistkörper, die nach den Regeln der Geisterwelt funktionieren.

- Der Strom der Kraft fließt vom Geisterreich oder Kraftgewebe in die konventionelle Welt.

- Der Schamane sollte wissen, wie er direkten Zugang zu seinem Geistkörper erhält und wie er in der Geisterwelt mit ihm umzugehen hat, da dies der Schlüssel zu Kraft und Erfolg ist.

- Mit Hilfe spezieller schamanischer Techniken können Tore oder Tunnel zur Geisterwelt geöffnet werden. Sobald man diese Tore durchschreitet, heben die Regeln der Geisterwelt diejenigen der gewöhnlichen Realität auf. Auf diese Weise kann man Zeit und Raum manipulieren und die materielle Wirklichkeit ganz direkt gemäß den eigenen Wünschen umgestalten.

- Vorstellungskraft, Konzentration und Wille sind die Mittel, mit deren Hilfe sich diese Tunnel oder Durchgänge in die Geisterwelt öffnen lassen.

- Rituale, Zeremonien, Trommeln und Rasseln steigern unsere Fähigkeit, die Türen zur Geisterwelt zu öffnen.

- Wenn wir in die Geisterwelt reisen, um Wissen oder Informationen zu erlangen, bedürfen wir unbedingt eines Schutzgeistes, eines Verbündeten oder eines Krafttieres als Führer und Berater. Wesentlicher Bestandteil einer wirkungsvollen Reise ist es, zu diesen Wesen – beziehungsweise zu einem von ihnen – eine gute Beziehung aufzubauen.

- Indem wir die Kraft, die uns zuteil wird, dazu einsetzen, uns selbst und anderen zu helfen, erlangen wir noch mehr Kraft.

- Das Wissen um die richtige Verwendung von Kraftorten und Kraftobjekten ist ein Schlüssel zur Steigerung der eigenen Leistungsfähigkeit.

- Erschaffen und Zerstören sind die zwei Seiten einer einzigen Medaille. Nur wenn man um deren Wirken und Funktion weiß, kann man wirklichen Erfolg haben. Um etwas zu erschaffen, müssen wir lernen, es zu zerstören – denn der Tod ist eine Vorbedingung für neues Leben. So müssen wir, um unser Leben verändern zu können, alte Überzeugungen durch neue ersetzen.

- Um die Möglichkeit für Wachstum zu schaffen, müssen wir Beschränkungen auflösen. Da das Universum von Natur aus »expansiv« ist und sich ständig weiter ausdehnt, empfiehlt es sich, dieser allgemeinen Tendenz zu folgen.

- Ausdehnung und Wachstum bedeuten, daß wir uns grundsätzlich auf Veränderungen einzustellen haben. Es ist jedoch immer nur soviel Wandlung möglich, wie unser physischer Leib auf einmal verkraften kann. So müssen wir geduldig, Schritt für Schritt bergauf schreitend, unserem Ziel zustreben. Wenn wir zu schnell vorgehen, kann es passieren, daß wir unsere Kraft und alles bisher Erreichte wieder verlieren.

- Wir müssen uns klare, erreichbare Ziele stecken und dann entsprechend handeln, um sie zu realisieren.

- Wir können nur dann wirklich Erfolg haben, wenn wir uns eingehend mit der jeweiligen Spezialität - den Talenten und Anlagen - anderer Menschen befassen und es lernen, mit ihnen zu kommunizieren. Indem wir herausfinden, wie wir unsere magnetische und unsere dynamische Seite - sowie Kopf, Herz und Bauch - aufeinander abstimmen können, schaffen wir die besten Voraussetzungen, um Kraft zu entwickeln.

- Durch Tanzen, Singen, Spielen und Lachen erlauben wir es der Kraft, mit immer größerer Intensität durch uns zu fließen.

Woran wir erkennen, daß wir bei unseren schamanischen Bemühungen erfolgreich sind

Wenn wir erst einmal eine gute Beziehung zur Geisterwelt aufgebaut haben und mit Kraft erfüllt sind, können wir anhand einer Reihe von wichtigen Symptomen erkennen, daß wir uns auf dem richtigen Weg befinden. Zunächst einmal erleben wir eine ganze Reihe unerwarteter »Fügungen«, die uns vielleicht auf den ersten Blick einfach wie besonders glückliche Zufälle erscheinen. Die Dinge arbeiten für uns oder verlaufen ganz nach unseren Wünschen. Hindernisse auf unserem Weg verschwinden eins nach dem anderen, während unsere Mitmenschen unter Umständen weiterhin mit ihnen zu kämpfen haben.

Es ist darüber hinaus nicht ungewöhnlich, daß wir an den unwahrscheinlichsten Orten für uns wichtige Begegnungen haben oder Bekanntschaften schließen. Während seiner Reisen in Asien übte sich Jose regelmäßig in schamanischen Techniken. Einmal betrat er in Kathmandu die Lobby eines Hotels, um nach dem Weg zu fragen, und lief direkt in die Arme seiner Akupunkteurin aus Berkeley (Kalifornien). Sie war im Begriff aufzubrechen. Sie wollte zu einem einsam gelegenen Kloster fahren, um dort ihren Lehrer, einen hohen buddhistischen Lama, zu besuchen. Dies interessierte Jose sehr, denn genau darauf hatte er die ganze Zeit gehofft: in Nepal einen guten Lehrer zu finden. So lud sie ihn ein, sie zu begleiten, und damit begann für ihn ein außergewöhnliches Abenteuer, das die folgenden Wochen zu einem unvergeßlichen Erlebnis werden ließ.

Solche sogenannten Zufälle passieren jedem von uns. Wenn wir uns allerdings einer schamanischen Weltsicht befleißigen, treten solch magische Ereignisse bald immer häufiger und regelmäßiger auf. Schamanen gilt dies als höchst positives Zeichen.

Als nächstes stellen wir vielleicht fest, daß unsere intuitiven Fähigkeiten und unsere Bewußtheit zunehmen. Wir können plötzlich Hindernisse erkennen, bevor sie zu groß geworden sind, und wir wissen, wie wir am besten zu befriedigenden und erfreulichen Ergebnissen gelangen. Wir bekommen ein immer feineres Gespür für die Gedanken und Gefühle anderer Menschen und können daher wesentlich leichter und schneller eine Beziehung zu ihnen herstellen. Wir wissen, was um uns herum geschieht, und befinden uns daher weit seltener in einem Zustand der Ratlosigkeit und Verwirrung.

Ein anderes Zeichen erfolgreicher schamanischer Bemühungen ist ein Zuwachs an Kreativität. Wir merken, daß wir mit einem Mal Probleme sehr rasch und effektiv lösen können, über die wir uns früher lange und vergeblich den Kopf zerbrochen hatten. Wir erkennen, daß Hindernisse in Wirklichkeit Herausforderungen sind, deren Bewältigung uns immer stärker und selbstsicherer macht. Auch der Drang, sich künstlerisch zu betätigen, nimmt zu, und wir halten mehr und mehr Ausschau nach Möglichkeiten, dem mannigfaltigen und reichen Innenleben, das sich in uns entfaltet, Ausdruck zu verleihen.

Wir werden mitfühlender und barmherziger, und es fällt uns immer schwerer, eines unserer Mitgeschöpfe – sei es nun ein Tier, eine Pflanze, ein Stein oder aber ein Mensch – rücksichtslos zu behandeln. Unsere Fähigkeit zu lieben nimmt in einem solchen Maße zu, daß wir schließlich den Wunsch haben, jeden Menschen in möglichst vielen Situationen erfolgreich zu sehen. Wir bemühen uns, wo immer und wann immer möglich, das Leiden zu lindern. Unser Respekt für andere Menschen und deren Erfahrungen nimmt täglich zu. Wir sind nicht mehr imstande, unsere Mitmenschen negativ zu beurteilen, weil wir sie verstehen und weil wir erkennen, daß sie, genauso wie wir selbst, kostbare lebendige Teile des Kraftgewebes sind.

Ebenso werden wir aber merken, daß sich unsere Selbstachtung und die Fähigkeit, uns selbst zu lieben, erheblich steigern. Wir gehen mit unserem Körper rücksichtsvoller um und ehren ihn, indem wir ihm Bewegung verschaffen und ihm die Nahrung zuführen, die er braucht, um stark und energiegeladen zu bleiben. Wir werden gesünder, und das erleichtert es uns, die Kraft, die wir mit Hilfe der schamanischen Techniken erworben haben, wirksam zu nutzen.

Wenn unsere schamanischen Bemühungen erfolgreich waren, wird uns außerdem bewußt, daß wir die Welt in einem weit größeren Kontext sehen. Wir empfinden dankbare Ehrfurcht vor der Quelle der wunderbaren inneren Gaben, die wir auf unserem Weg empfangen. Wir werden bescheidener, ja demütiger, weil wir nunmehr wissen, daß wir nicht die Quelle der Kraft und des Lichtes sind, sondern nur eines der vielen Mittel, durch welche diese zum Ausdruck gelangt. Wir stellen uns dem Universum zur Verfügung, damit es durch uns wirken möge. Und je mehr Kraft wir imstande sind zu kanalisieren, desto weniger halten wir uns das selbst zugute.

Die Fortsetzung des Weges

Nachdem Sie sich nun mit erprobten schamanischen Techniken zur allgemeinen Steigerung Ihrer Leistungsfähigkeit und persönlichen Kraft vertraut gemacht haben, möchten Sie sich vielleicht eingehender, ernsthafter mit dem Schamanismus beschäftigen. In diesem Fall würden wir Ihnen empfehlen, sich einen Lehrer oder Führer zu suchen, der Sie bei Ihren weiteren Bemühungen leitet und unterstützt. Wir können Ihnen natürlich nicht sagen, an wen genau Sie sich wenden sollten, da dies eine Angelegenheit ist, die jeder selbst entscheiden muß. Immerhin wissen Sie mittlerweile, wie Sie Ihre schamanische Kraft einsetzen können, um den für Sie geeignetsten Lehrer oder Führer herbeizurufen – handle es sich nun um ein körperloses Geistwesen oder um einen Menschen aus Fleisch und Blut. Vielleicht werden Sie entdecken, daß Ihre besten Lehrer die Tier-, Pflanzen- oder Geistführer sind, die Sie schon während Ihrer bisherigen inneren Reisen kennengelernt haben. Oder aber Sie finden heraus, daß Sie doch lieber mit einem Menschen arbeiten möchten, der Ihnen zeigt, »wo es langgeht«, und Sie auf Ihrem Heilerweg begleitet.

Denken Sie daran, daß es jede Menge Leute gibt, die sich für Experten in Sachen Schamanismus ausgeben und Ihnen nur allzugern sagen werden, was Sie tun sollen. Viele der besten heutigen Schamanen bezeichnen sich allerdings gar nicht als solche, und sie sehen auch nicht wie traditionelle »Medizinmänner« aus. Andererseits ist vielleicht gerade ein durch und durch traditionell aussehender Schamane der Lehrer, den Sie persönlich brauchen. Sie müssen daher lernen, unter die Oberfläche zu schauen, wenn Sie den für Sie geeignetsten Führer finden wollen.

Vielleicht möchten Sie in ein fernes Land reisen, um den Schamanismus in einer exotischen und stimulierenden Umgebung zu studieren. Manchmal bewirkt ein solcher »kultureller Luftwechsel« und Ausstieg aus seiner gewohnten Umgebung, daß sich die Tore zur eigenen inneren Kraft tatsächlich sehr schnell öffnen. Sie könnten allerdings anschließend Probleme damit haben, das, was Sie in einem fremden Kontext gelernt haben, in Ihre eigene Welt zu transponieren. Wie es um Ihre schamanischen Fähigkeiten tatsächlich bestellt ist, zeigt sich nämlich erst dann, wenn Sie wieder mit Ihrem Alltagsstreß konfrontiert sind.

Auch sollten Sie nicht glauben, daß Sie mal eben während einer zweiwöchigen Urlaubsreise alles über den Schamanismus lernen können. Wirkliches Lernen erfordert Disziplin, Geduld und ausdauernde Übung. Bei den Lakota Sioux etwa dauert die Ausbildung zum Schamanen sechzehn Jahre!

Heutzutage herrschen ganz bestimmte Ansichten darüber, wer oder wer nicht ein Schamane werden könne. Einige vertreten die Meinung, Menschen aus Industrienationen hätten kein recht, schamanische Techniken zu erlernen oder gar zu praktizieren, weil ihnen der entsprechende kulturelle Hintergrund fehle. Andere sind dagegen der Auffassung, der Schamanismus sei für jeden da, gleichgültig welcher Rasse er angehört oder wo er kulturell beheimatet ist, und sie glauben, niemand habe ein Exklusivrecht auf diese Lehre und ihre wirkungsvollen praktischen Übungen. Obgleich wir Ihnen empfehlen würden, sich selbst eine Meinung über diesen Punkt zu bilden, glauben wir doch, daß alle Menschen das Recht haben, zu lernen und mehr zu wissen.

Hier folgen nun einige Tips, wie Sie Lehrer einschätzen und den für Sie geeignetsten auswählen können.

Halten Sie nach einem Lehrer Ausschau der:

- Sinn für Humor hat,
- Ihnen hilft, über Ihre Eitelkeit zu lachen,
- zu spielen weiß,
- eine kraftvolle Persönlichkeit besitzt,
- allen Lebewesen gegenüber Respekt bezeigt,
- Respekt für seine Umgebung bezeigt,
- sich selbst achtet,
- gütig und mitleidig ist,
- imstande ist, die Wahrheit zu sagen und direkt zu sein,
- imstande ist, durch das eigene Beispiel zu lehren,
- einen globalen Standpunkt vertritt,
- den Standpunkt vertritt, daß wir alle das gleiche wollen,
- eher einbezieht als ausschließt,
- einen guten Ruf hat,
- Fehler gestattet,
- nicht vollkommen ist,
- flexibel ist,
- keine Angst vor Gefühlen hat.

Meiden sollten Sie dagegen einen »Lehrer«, der:

- überheblich ist und sich herablassend verhält,
- Menschen wegen ihrer Zugehörigkeit zu einer bestimmten Rasse oder Kulturgemeinschaft diskriminiert,
- den Standpunkt vertritt, daß »wir« besser sind und »die anderen« uns nur schaden wollen,
- ein Eiferer ist,
- keinen Weitblick hat,
- aggressiv oder gewalttätig ist,
- gefühllos ist,
- keinen Spaß versteht,
- den Standpunkt vertritt: »Tu das, was ich sage, nicht das, was ich tue«,
- ein starker Trinker ist oder zu viele Drogen nimmt,
- schmeichlerisch ist,
- herrschsüchtig ist,
- Ihnen das Gefühl gibt, grundsätzlich im Unrecht oder gar ein »Ausgestoßener« zu sein, wenn Sie Fragen stellen beziehungsweise Zweifel anmelden,

- lehrt, indem er Sie heruntermacht oder Sie vor anderen als negatives Beispiel hinstellt,
- in erster Linie das große Geld machen will,
- Helfer, Anhänger oder fortgeschrittene Schüler hat, die sich Ihrer Ansicht nach unpassend verhalten und denen Sie dennoch gehorchen sollen,
- glaubt, daß die äußere Form eines Rituals wichtiger ist als die Ergebnisse,
- vorgibt, perfekt zu sein,
- zu idealistisch und nicht praktisch ist.

Gleichgültig, zu welchem Lehrer Sie sich hingezogen fühlen oder mit welchem Sie arbeiten werden, können Sie davon ausgehen, daß Sie letztlich alles lernen werden, was Sie wissen wollten. In gewissem Sinne können Sie überhaupt nichts falsch machen, da Sie ohnehin nur einen zeitweiligen Platz auf dem Medizinrad einnehmen. Ihre Position ändert sich ständig und bewegt sich immer weiter in Richtung Zentrum. Selbst, wenn Sie zu dem Schluß kommen sollten, der Schamanismus sei nichts für Sie, wird Ihre Entscheidung richtig sein. Schamanen sind von der Wahrheit dieser Aussage überzeugt. Sie bemühen sich stets, dort, wo sie gerade sind, ganz und gar gegenwärtig zu sein und sich nicht gegen den Platz zu wehren, den sie im jeweiligen Moment auf dem Kraftkreis einnehmen. Sie haben allerdings Ziele, die ihnen dabei helfen, sich solchen Positionen auf dem Medizinrad zu nähern, die ihnen mehr Befriedigung und Wissen schenken.

Wir hoffen, daß Sie aus dem, was wir und unsere Helfer in diesem Buch geschrieben haben, Nutzen ziehen konnten. Wir hoffen, daß Sie sich der unerschöpflichen Ressourcen, die in Ihrem Inneren ruhen, bewußt geworden sind und daß diese Ihnen immer größere Kraft und Stärke schenken werden. Und nicht zuletzt hoffen wir, daß Sie sich dieser inneren Möglichkeiten stets nur zu Ihrem eigenen Besten und zum Wohle Ihrer Mitmenschen bedienen werden.

Obgleich wir während des ganzen Buches von Geistern, Verbündeten, Helfern und so weiter gesprochen haben, möchten wir an dieser Stelle doch noch einmal betonen, daß wir, trotz der mannigfaltigen Formen, die die Geisterwelt annehmen kann, dennoch glauben, daß es nur einen allumfassenden Geist gibt, der die Quelle, der Ursprung, aller Kraft ist. Wir sind davon überzeugt, daß wir alle Mitschöpfer dieses Großen Geistes und gleichzeitig ein Teil von ihm sind. Mögen Sie immer den Weg der Wahrheit gehen, den Weg der Schönheit, den Weg der Liebe und der Kraft!

Anhang

Hilfsmittel des Schamanen

Trommeln, Rasseln und andere Hilfsmittel: Es gibt eine große Vielfalt an Trommeln, Rasseln, Kristallen, Tonbändern und anderen Dingen, die bei der schamanischen Arbeit von großem Nutzen sein können. Sie brauchen sich nichts besonders Ausgefallenes oder Exotisches anzuschaffen, um die beschriebenen Techniken erfolgreich ausführen zu können.

Trommeln: Zur Not erfüllt jede Trommel ihren Zweck. Einen besonders guten Klang haben mit Naturfell bespannte Instrumente mit einem Durchmesser von etwa vierzig und einer Höhe von etwa zwanzig Zentimetern. Sie sind handlich und leicht zu transportieren. Größere Trommeln haben einen tieferen und lauteren Klang und eignen sich besser für die Gruppenarbeit. Wassertrommeln haben eine sehr volle und tiefe Resonanz, doch erfordert ihre Benutzung große Sorgfalt und Kenntnis. Schallplatten oder Tonbandkassetten mit Trommelmusik genügen vollkommen für schamanische Reisen – vorausgesetzt, Ihre Anlage hat einen guten Klang. Wir selbst haben mit Tonbändern gute Erfahrungen gemacht.

Wenn Sie eine Trommel kaufen wollen, probieren Sie erst mehrere aus, ehe Sie sich entscheiden. Wählen Sie eine, deren Klang voll und tief ist. Die Wahl einer Trommel ist ein ganz persönliches Ritual, das Ihnen Freude machen wird. Eine kalte Trommel verliert in der Regel ihre Spannung. Bringen Sie sie also in ein warmes Zimmer oder halten Sie sie vorsichtig über ein Feuer, und das Fell wird sich wieder straffen.

Rasseln: Die Rasseln der Indianer und anderer Naturvölker werden im allgemeinen aus getrockneten Kürbissen hergestellt, in die man Kiesel oder Samen füllt. Sie können sie in Läden kaufen, die mit folkloristischen Dingen handeln. Wir persönlich ziehen die mit leuchtenden Farben bemalten Hopi-Rasseln vor, die oft bestimmte Tiere darstellen sollen. Auch die Rasseln der Huichol haben einen schönen hohen, für schamanische Arbeit gut geeigneten Klang. Sie können aber auch Maracas (Rumbakugeln) zum Rasseln verwenden. Nach Auskunft von Michael Harner haben die in Musikläden erhältlichen »professionellen« Maracas einen hervorragenden Klang. Denken Sie aber bitte daran, daß alle Rasseln naturgemäß etwas empfindlich sind und bei rauher Behandlung zerbrechen.

Kristalle und andere Mineralien: Die meisten guten Mineraliengeschäfte führen Kristalle und andere Steine, die Ihnen bei Ihrer persönlichen »Energiearbeit« gute Dienste leisten werden. Zur Auswahl eines Kristalls lesen Sie bitte noch einmal den entsprechenden Abschnitt im neunten Kapitel. Sie müssen nicht unbedingt viel Geld ausgeben, um heilkräftige Mineralien zu bekommen. Es ist vielmehr eine Tatsache, daß gerade einige der (für schamanische Zwecke) besten Kristalle und Halbedelsteine sich nicht besonders zur Verarbeitung als Schmuckstücke eignen und daher auch nicht teuer sind. Fluorit (Flußspat) etwa ist ein ausgesprochen reinigendes Mineral und gleichzeitig ebenso billig wie leicht zu finden.

Salbei: Salbei können Sie in jedem Supermarkt, billiger aber in der Apotheke kaufen. Er eignet sich hervorragend zum Reinigen und Erneuern der Atmosphäre in jedem beliebigen Raum. Am besten ist es, wenn Sie ein Stückchen glühende Holzkohle in eine Keramikschale oder -schüssel legen und mit Salbei zudecken. Aber achten Sie darauf, daß Sie keinen Brand verursachen!

Bibliographie

Acterberg, J.: *Imagery in Healing: Shamanism and Modern Medicine.* Shambhala, Boston 1985.

Andrews, Lynn: *Der Flug des siebten Mondes. Die Lehren der Medizinfrau.* Aus dem Amerikanischen von Jürgen Saupe. Goldmann, München 1988.

Andrews, Lynn: *Die Jaguarfrau. Und die Lehre des Schmetterlingsbaumes.* Aus dem Amerikanischen von Jürgen Saupe. Goldmann, München 1989.

Andrews, Lynn: *Die Kristallfrau. Und die Schwestern der Traumzeit.* Aus dem Amerikanischen von Karin Hirschmann. Sphinx, Basel 1989.

Andrews, Lynn: *Die Medizinfrau. Der Einweihungsweg einer weißen Schamanin.* Aus dem Amerikanischen von Thomas Lindquist. Rowohlt Taschenbuch Verlag, Reinbek 1983.

Andrews, Lynn: *Die Sternenfrau. Aus Sternen sind wir gemacht, und zu den Sternen müssen wir zurückkehren.* Aus dem Amerikanischen von Karin Hirschmann. Sphinx, Basel 1988.

C. G. Jung und Marie von Franz (Herausgeber): *Der Mensch und seine Symbole.* Walter, Olten und Freiburg 1988.

Campbell, Joseph: *Mythologie der Urvölker. Die Masken Gottes.* Aus dem Amerikanischen von Hans-Ulrich Möhring. Sphinx, Basel 1991.

Castaneda, Carlos: *Die Lehren des Don Juan. Ein Yaqui-Weg des Wissens.* Aus dem Amerikanischen von Céline und Heiner Bastian. Fischer Taschenbuch Verlag, Frankfurt 1973.

Castaneda, Carlos: *Eine andere Wirklichkeit. Neue Gespräche mit Don Juan.* Aus dem Amerikanischen von Thomas Lindquist. Fischer Taschenbuch Verlag, Frankfurt 1975.

Castaneda, Carlos: *Reise nach Ixtlan. Die Lehre des Don Juan.* Aus dem Amerikanischen von Thomas Lindquist. Fischer Taschenbuch Verlag, Frankfurt 1976.

Castaneda, Carlos: *Der Ring der Kraft. Don Juan in den Städten.* Aus dem Amerikanischen von Thomas Lindquist. Fischer Taschenbuch Verlag, Frankfurt 1978.

Castaneda, Carlos: *Der zweite Ring der Kraft*. Aus dem Amerikanischen von Thomas Lindquist. Fischer Taschenbuch Verlag, Frankfurt 1980.

Castaneda, Carlos: *Die Kunst des Pirschens*. Aus dem Amerikanischen von Thomas Lindquist. Fischer Taschenbuch Verlag, Frankfurt 1983.

Castaneda, Carlos: *Das Feuer von innen*. Aus dem Amerikanischen von Thomas Lindquist. Fischer Taschenbuch Verlag, Frankfurt 1987.

Castaneda, Carlos: *Die Kraft der Stille. Neue Lehren des Don Juan*. Aus dem Amerikanischen von Thomas Lindquist. Fischer Taschenbuch Verlag, Frankfurt 1992.

Cirlot, J. E.: *A Dictionary of Symbols*. Philosophical Library, New York 1962.

Clark, K.: *Animals and Men*. William Morrow, New York 1977.

David, J.: *Michael's Gemstone Dictionary*. Touchstone Books, Orinda, Kalifornien, 1987

Eaton, Evelyn: *Ich sende eine Stimme. Eine weiße Medizinfrau erzählt*. Goldmann, München 1988.

Eaton, Evelyn: *Schamane und Medizinrad. Eine Medizinfrau geht den indianischen Weg des Wissens*. Goldmann, München 1989.

Eliade, Mircea: *Geschichte der religiösen Ideen*. Drei Bände. Herder, Freiburg 1985–1987.

Eliade, Mircea: *Schamanismus und archaische Ekstasetechnik*. Aus dem Amerikanischen von Inge Köck. Suhrkamp 1975.

Freud, Sigmund: *Die Traumdeutung. Über den Traum*. S. Fischer, Frankfurt 1987.

Freud, Sigmund: *Totem und Tabu*. Fischer, Frankfurt 1986.

Halifax, Joan: *Die andere Wirklichkeit der Schamanen – Erfahrungsberichte von Magiern, Medizinmännern und Visionären*. O. W. Barth Buch im Scherz Verlag, Bern und München 1981.

Halifax, Joan: *Shaman: The Wounded Healer*. Cross Road, New York 1982.

Harner, Michael: *Der Weg des Schamanen. Ein praktischer Führer zu innerer Heilkraft*. Aus dem Amerikanischen von Agnes Klein, die Werner Zurfluh für freundliche Unterstützung dankt. Rowohlt Taschenbuch Verlag, Reinbek 1986.

Heinz, R. (Herausgeber): *Proceedings of the Third International Conference on the Study of Shamanism and Alternate Modes of Healing*. Beacon Press, Boston 1982.

Jaffé, Aniela: »Symbolismus in der Kunst«. In C. G. Jung und Marie von Franz (Herausgeber): *Der Mensch und seine Symbole*. Walter, Olten und Freiburg 1988.

Kakar, Sudhir: *Schamanen, Heilige und Ärzte. Psychotherapie und traditionelle indische Heilkunst.* Biederstein, München 1984.
Kier, A. (Herausgeber): *Magic, Faith, and Healing.* Macmillan, New York 1964.
Lamb, F. B.: *Wizard of the Upper Amazon.* Houghton Mifflin, Boston 1975.
Larsen, Stephen: *Reisen nach innen. Swedenborg und die visionäre Überlieferung der Menschheit.* Aus dem Amerikanischen von Hella und Friedemann Horn. Swedenborg, Zürich 1986.
Leadbeater, C. W.: *Die Chakras. Eine Monographie über die Kraftzentren im menschlichen Ätherkörper.* Aus dem Englischen von Hans W. Schiff. Bauer, Freiburg 1988.
Little, M., und S. Foster: *The Book of Vision Quest.* Island Press, Covelo, Kalifornien, 1980.
Lopez, Berry: *Arktische Träume. Leben in der letzten Wildnis.* Deutsch von Ilse von Strasmann. Claassen, Düsseldorf 1987.
Motoyana, H.: *Science and the Evolution of Consciousness.* Autumn Press, Brookline, Massachusetts, 1978.
Mukerjee, R.: *The Symbolic Life of Man.* Hind Kitabs, Bombay 1959.
Murphy, J. M.: »Psychotherapeutic Aspects of Shamanism on St. Lawrence Island«. In Ari Kiev (Herausgeber): *Magic, Faith, and Healing.* Free Press, New York 1964.
Neihardt, John G.: *When the Tree Flowered: an Authentic Tale of the Old Sioux World.* Pocket Books, New York 1951.
Nicholson, S. (Herausgeber): *Shamanism: An Expanded View of Reality.* Theosophical Publishing House, Wheaton, Illinois, 1987.
Nowak, M., und S. Durrant: *The Tale of the Nivsan Shamaness: A Manchu Folk Epic.* University of Washington Press, Seattle 1977.
Park, W. Z.: *Shamanism in Western North America.* Nortwestern University, Chicago 1938.
Pearce, Joseph Chilton: *Magical Child: Rediscovering Nature's Plan for Our Children.* Dutton, New York 1977.
Pearce, Joseph Chilton: *Magical Child Matures.* Dutton, New York 1985.
Schwarz, J.: *The Path of Action.* Dutton, New York 1977.
Schwarz, J.: *Voluntary Controls.* Dutton, New York 1978.
Schwarz, J.: *Human Energy Systems.* Dutton, New York 1980.
Schwarzer Hirsch/Neihardt, John G.: *Ich rufe mein Volk.* Walter, Olten und Freiburg 1956.
Segal, J. (Herausgeber): *Imagery: Current Cognitive Approaches.* Academic Press, New York 1971.

Sheehan, P. W. (Herausgeber): *The Function and Nature of Imagery.* Academic Press, New York 1972.

Shephard, P.: *Thinking Animals: Animals and the Development of Human Intelligence.* Viking Press, New York 1978.

Shorr, J. E. (Herausgeber): *Imagery: Its Many Dimensions and Applications.* Plenum Press, New York 1980.

Singer, J.: *Imagery and Daydream Methods in Psychotherapy.* Academic Press, New York 1974.

Stevens, Jose: *Power Animals, Animal Imagery, and Self Actualisation.* (Dissertation). California Institute of Integral Studies, San Francisco 1983.

Stevens, Jose: *The Michael Handbook.* Warwick Press, Orinda, Kalifornien, 1987.

Stevens, Jose: *Tao to Earth: Michael's Guide to Relationships and Growth.* Affinity Press, Berkeley 1988.

Storm, Hyemeyohsts: *Sieben Pfeile. Indianerroman.* Übersetzt von Bernd Peyr unter Mitarbeit von Ralf Jackewitz. Fink, München 1980.

Storm, Hyemeyohsts: *Mentor und der Magische Kreis. Erzählungen.* Aus dem Amerikanischen von Klaus Boer. Boer, München 1986.

Sun Bear/Wabun: *Das Medizinrad. Eine Astrologie der Erde.* Goldmann, München 1987.

Underhill, R. M.: *Singing for Power.* University of California Press, Berkeley 1938.